法学教室LIBRARY 　Thinking and Enjoying Criminal Law
Saeki Hitoshi

刑法総論の
考え方・楽しみ方

佐伯仁志

有斐閣

はしがき

　本書は，法学教室に連載した「刑法総論の考え方・楽しみ方」に，その後の判例・学説の動きを加筆し，さらに，連載時にとりあげることのできなかったテーマを幾つか追加したものである。連載は，読者の方に，刑法総論の基本的な考え方を理解していただき，自分で考えることの面白さをわかっていただくことを目標としていた。刑法総論は，多くの学説が対立しており，初学者には理解が難しい点が多いので，判例・学説がどのような意味をもっており，なぜそのように考えられているのか，そしてどのように考えるべきなのかを，なるべくわかりやすく説明することに努めた。目標がどのくらい達成できたかはわからないが，幸い多くの読者の方から好意的な評価をいただき，連載終了後は，早く本にするようにとのご希望をいただいた。にもかかわらず，筆者の怠慢で本書の出版が遅くなってしまったことをお詫びしたい。本書を読まれた方が，刑法を学ぶことを楽しいと思っていただけたとしたら，これにすぐる喜びはない。

　連載時には，青山ふみえさんに大変お世話になった。刑法を学ぶことが楽しいとはいっても，いつまでも考えていることが好きで筆の遅い筆者が，毎月原稿を完成させるのは正直大変であった。辛抱強く原稿を待ってくださり，校正で多くの間違いを修正してくださった青山さんに心からお礼を申し上げたい。何度かお休みをいただきながらも，なんとか2年間連載を続けることができたのは，青山さんのおかげである。単行本化に当たっては，最初，大森響さんが担当してくださったが，筆者がぐずぐずしている間に部署を変更になられた。大森さんには心からお詫び申し上げる。その後，田中朋子さんが担当してくださった。田中さんは，何かと口実を設けて先延ばしにしようとする筆者に何度も督促をしてくださり，懇切丁寧な校正をしてくださった。田中さんには，「民法と刑法」の連載および単行本化を担当していただき，また，本書を担当していただけたことを嬉しく思っている。田中さんに心からお礼を申し上げる。

最後に，私事になって恐縮であるが，郷里で一人暮らしをしている父と亡き母に本書を捧げることをお許しいただきたい。

　2013 年 3 月

佐 伯 仁 志

目 次

第1章 刑法の基礎理論　1

- I 刑罰理論 …………………………………………………………………… 1
    - 1 刑罰の意義に関する諸説　1　　2 応報刑論の問題点　2
    - 3 目的刑論の問題点　3　　4 応報刑論と目的刑論の統合　5
- II 刑法の任務 ………………………………………………………………… 7
    - 1 刑法と道徳の保護　7　　2 結果無価値論・行為無価値論との関係　7
    - 3 判例の立場　9
- III 刑法の補充性・謙抑性 …………………………………………………… 11
    - 1 制裁の種類　11　　2 制裁の選択　12
- IV おわりに …………………………………………………………………… 15

第2章 罪刑法定主義　16

- I 罪刑法定主義の内容 ……………………………………………………… 17
    - 1 罪刑法定主義の内容　17　　2 罪刑法定主義の憲法的地位　17
    - 3 罪刑法定主義の根拠　18
- II 遡及処罰の禁止 …………………………………………………………… 19
    - 1 憲法39条の意義　19　　2 被告人に不利な判例変更　20
- III 類推解釈の禁止 …………………………………………………………… 24
    - 1 類推解釈と拡張解釈　24　　2 被告人に有利な類推解釈　25
- IV 明確性の原則 ……………………………………………………………… 26
- V 刑法の解釈と立法 ………………………………………………………… 27
- VI おわりに …………………………………………………………………… 29

第3章 構成要件論　31

- I はじめに …………………………………………………………………… 31
- II 構成要件とその機能 ……………………………………………………… 32

Ⅲ 構成要件の罪刑法定主義機能 …………………………………………… 34
    1 罪刑法定主義機能の意味 34 2 罪刑法定主義機能を重視した構成要件 35
Ⅳ 構成要件と違法判断の関係 ……………………………………………… 36
    1 構成要件の違法推定機能 36 2 構成要件解消説・後置説 38
Ⅴ 構成要件と故意・過失 …………………………………………………… 39
    1 故意・過失の体系的地位 39 2 構成要件の故意規制機能 41
Ⅵ おわりに …………………………………………………………………… 43

第4章 因果関係(1) 45

Ⅰ はじめに …………………………………………………………………… 45
Ⅱ 条件関係 …………………………………………………………………… 47
    1 通説とその問題点 47 2 合法則的条件関係説 50 3 規範的条件関係説（論理的結合説）51
Ⅲ 結果回避可能性 …………………………………………………………… 53
    1 結果回避可能性判断の必要性 53
    2 結果回避可能性の判断方法 54
Ⅳ おわりに …………………………………………………………………… 58

第5章 因果関係(2) 60

Ⅰ はじめに …………………………………………………………………… 60
Ⅱ 実行行為概念 ……………………………………………………………… 61
Ⅲ 相当因果関係説とその問題点 …………………………………………… 63
    1 判断基底をめぐる議論 63 2 客観説の問題点 63 3 折衷説の問題点 65 4 相当因果関係説の問題点 66
Ⅳ 相当因果関係説の再構成 ………………………………………………… 68
    1 相当性の判断方法 68 2 正犯性（遡及禁止論）の問題 71
    3 客観的帰属論との関係 72
Ⅴ 判例の理解 ………………………………………………………………… 73
    1 判例は条件説か 73 2 判例は客観的相当因果関係説か 75
    3 判例は客観的帰属論か 76
Ⅵ おわりに …………………………………………………………………… 78

第6章　不作為犯論　80

- I　はじめに　……………………………………………………………… 80
- II　罪刑法定主義との関係　……………………………………………… 81
- III　保障人的地位の発生根拠　…………………………………………… 83
  - 1　形式的根拠　83　　2　実質的根拠　86　　3　筆者の見解　89
  - 4　筆者の見解に対する批判　92　　5　新判例　96
- IV　おわりに　……………………………………………………………… 97

第7章　違法性の判断　98

- I　はじめに　……………………………………………………………… 98
- II　違法性判断の構造　…………………………………………………… 98
  - 1　結果無価値の必要性　98　　2　違法性阻却の原理　100
  - 3　違法性判断の基礎事情　101　　4　事前判断と事後判断　104
- III　主観的違法要素　……………………………………………………… 106
  - 1　主観的違法要素を認めるかどうか　106　　2　故意　108
  - 3　目的犯　109　　4　傾向犯　110　　5　表現犯　112
- IV　おわりに　……………………………………………………………… 113

第8章　正当防衛論(1)　114

- I　はじめに　……………………………………………………………… 114
- II　正当防衛権の諸相　…………………………………………………… 114
- III　正当防衛の正当化根拠　……………………………………………… 117
  - 1　法確証の利益説　117　　2　自己保全の権利　120　　3　緊急権としての正当防衛　121　　4　責任阻却との関係　124
- IV　不正の侵害　…………………………………………………………… 125
  - 1　対物防衛　125　　2　適法行為　129
- V　急迫性　………………………………………………………………… 130
  - 1　急迫性と「不正」の質　130　　2　急迫性の始期　131　　3　急迫性の終期　133　　4　急迫性と侵害の予期　134

第9章　正当防衛論(2)　136

- I　はじめに　……………………………………………………………… 136

v

Ⅱ　防衛の意思 …………………………………………………………… 136
　　　1　防衛の意思と攻撃の意思　136　　2　偶然防衛　138
　Ⅲ　防衛行為の相当性 …………………………………………………… 140
　　　1　従来の通説への疑問　140　　2　判例の理解　141
　　　3　判例の評価　145　　4　防衛行為の必要最小限度性　148
　　　5　私見への批判　149
　Ⅳ　喧嘩闘争・自招防衛 ………………………………………………… 154
　　　1　喧嘩闘争と積極的加害意思　154　　2　挑発防衛・自招侵害　155
　Ⅴ　おわりに ……………………………………………………………… 160

第 10 章　正当防衛論(3)　161

　Ⅰ　はじめに ……………………………………………………………… 161
　Ⅱ　過剰防衛の類型 ……………………………………………………… 161
　Ⅲ　刑の減免根拠 ………………………………………………………… 163
　Ⅳ　判例の展開 …………………………………………………………… 166
　Ⅴ　若干の検討 …………………………………………………………… 171
　　　1　判例の評価　171　　2　量的過剰における違法減少　175
　Ⅵ　おわりに　175

第 11 章　緊急避難論　177

　Ⅰ　はじめに ……………………………………………………………… 177
　Ⅱ　緊急避難の本質 ……………………………………………………… 179
　　　1　学説の状況　179　　2　責任阻却説について　180　　3　可罰的違
　　　法性阻却説について　181　　4　法益同価値の場合について　183
　　　5　生命対生命の場合について　184
　Ⅲ　緊急避難の要件 ……………………………………………………… 189
　　　1　現在の危難　189　　2　やむを得ずにした行為　191
　　　3　害の均衡　193　　4　過剰避難　197
　Ⅳ　おわりに ……………………………………………………………… 198

第 12 章　被害者の同意とその周辺(1)　200

　Ⅰ　はじめに ……………………………………………………………… 200

Ⅱ　被害者の同意の諸類型 …………………………………………………… 200
　　　1　国家的法益・社会的法益と被害者の同意　200　　2　被害者の同意の体系的地位　202
　Ⅲ　被害者の同意の根拠 ……………………………………………………… 204
　Ⅳ　同意の要件 ………………………………………………………………… 207
　　　1　同意の時期　208　　2　同意の表示　209　　3　同意の認識　210
　　　4　同意能力　210　　5　同意の対象・程度　213　　6　強制に基づく同意　214　　7　錯誤に基づく同意　216

第13章　被害者の同意とその周辺(2)　223

　Ⅰ　傷害罪と被害者の同意 …………………………………………………… 223
　　　1　学説の状況　223　　2　判例の状況　224
　Ⅱ　推定的同意 ………………………………………………………………… 227
　Ⅲ　治療行為 …………………………………………………………………… 232
　Ⅳ　危険の引受け ……………………………………………………………… 233
　Ⅴ　おわりに …………………………………………………………………… 235

第14章　故意論(1)　236

　Ⅰ　はじめに …………………………………………………………………… 236
　Ⅱ　未必の故意に関する学説 ………………………………………………… 238
　　　1　蓋然性説　239　　2　認容説　242　　3　動機説　245
　　　4　実現意思説　247
　Ⅲ　若干の検討 ………………………………………………………………… 248
　　　1　ここまでに明らかになったこと　248　　2　残された問題　248
　　　3　幾つかの補足　253
　Ⅳ　おわりに …………………………………………………………………… 255

第15章　故意論(2)　257

　Ⅰ　はじめに …………………………………………………………………… 257
　Ⅱ　方法の錯誤の扱い ………………………………………………………… 257
　　　1　具体的符合説の意味　257　　2　抽象的法定符合説の問題点　258
　　　3　客体の錯誤と方法の錯誤の区別　260　　4　中間説（修正具体的符合

　　　　説）について　263
　Ⅲ　故意の個数について ………………………………………………………… 263
　Ⅳ　抽象的法定符合説の前提条件について …………………………………… 266
　　　1　未必の故意との関係　266　　2　予見可能性による限定　267
　　　3　「敵・味方」による区別　268　　4　量刑での配慮　269
　　　5　まとめ　271

第16章　故意論(3)　272

　Ⅰ　はじめに ……………………………………………………………………… 272
　Ⅱ　因果関係の錯誤 ……………………………………………………………… 272
　　　1　因果経過の認識　272　　2　遅すぎた構成要件の実現　275
　　　3　早すぎた構成要件の実現　276
　Ⅲ　抽象的事実の錯誤 …………………………………………………………… 280
　　　1　法定的符合説と抽象的符合説　280　　2　判例の立場　281
　　　3　構成要件的符合説における符合の範囲　284
　Ⅳ　おわりに ……………………………………………………………………… 289

第17章　過失犯論　290

　Ⅰ　はじめに ……………………………………………………………………… 290
　Ⅱ　過失犯の構造 ………………………………………………………………… 291
　　　1　学説の展開　291　　2　判例の立場　294
　Ⅲ　予見可能性をめぐる諸問題 ………………………………………………… 295
　　　1　過失の標準　295　　2　予見可能性の対象　299　　3　予見可能性
　　　の程度　305　　4　「契機」の認識　307
　Ⅳ　過失犯の限定 ………………………………………………………………… 309
　　　1　許された危険　309　　2　信頼の原則　312
　Ⅴ　おわりに ……………………………………………………………………… 314

第18章　責任論　316

　Ⅰ　はじめに ……………………………………………………………………… 316
　Ⅱ　責任論 ………………………………………………………………………… 316
　　　1　責任主義　316　　2　責任の概念　317

- III 責任能力 …………………………………………………………………… 321
  - 1 責任能力の基準と判断方法 321　2 責任能力の体系的位置 322
  - 3 心神喪失者・心神耗弱者の扱い 324
- IV 原因において自由な行為 ………………………………………………… 325
  - 1 学説の状況とその検討 325　2 判例の状況 329　3 実行の着手後の心神喪失・心神耗弱 333
- V おわりに ………………………………………………………………… 336

第19章　未遂犯論　337

- I はじめに ………………………………………………………………… 337
- II 実行の着手時期 ………………………………………………………… 337
  - 1 予備・未遂の処罰 337　2 「実行の着手」の意義 338
  - 3 実質的危険説の残された問題 340
- III 不能犯 …………………………………………………………………… 348
  - 1 実行の着手との関係 348　2 具体的危険説の問題 348
  - 3 客観的危険説の問題 350　4 判例の立場 352
- IV 中止犯 …………………………………………………………………… 354
  - 1 刑の減免の意味 354　2 刑の減免根拠 355
  - 3 犯罪の中止 359　4 中止行為の任意性 364
  - 5 中止犯規定の実務的意義 368

第20章　共犯論(1)　370

- I はじめに ………………………………………………………………… 370
- II 共犯の因果性 …………………………………………………………… 370
  - 1 因果共犯論 370　2 共犯の従属性 373
- III 共同正犯 ………………………………………………………………… 382
- IV 未遂の教唆 ……………………………………………………………… 384
- V 承継的共犯 ……………………………………………………………… 385
- VI 共犯からの離脱 ………………………………………………………… 388
- VII おわりに ………………………………………………………………… 392

第21章 共犯論(2)　393

- I はじめに …………………………………………………………… 393
- II 共謀共同正犯 …………………………………………………… 393
  - 1 共謀共同正犯と狭義の共犯　393　　2 最高裁判例　395
  - 3 裁判例における正犯と共犯の区別　398　　4 学説　400
  - 5 若干の検討　404
- III 実行行為を行う従犯 …………………………………………… 408
  - 1 共謀共同正犯論の裏面　408　　2 わが国の判例　409
  - 3 若干の検討　410　　4 背後の正犯　411

第22章 共犯論(3)　413

- I はじめに …………………………………………………………… 413
- II 共犯と身分 ……………………………………………………… 413
  - 1 65条1項と2項の関係　413　　2 罪名従属性の問題　417
  - 3 刑法65条の適用範囲　418
- III 必要的共犯 ……………………………………………………… 420
  - 1 必要的共犯の概念　420　　2 多衆犯と共犯規定　420
  - 3 対向犯　421
- IV 過失犯の共同正犯 ……………………………………………… 423
  - 1 過失と共犯　423　　2 判例の状況　424　　3 学説の状況　427
  - 4 若干の検討　428
- V 不作為と共犯 …………………………………………………… 430
  - 1 不作為犯に対する共犯　430　　2 不作為による共犯　431

事 項 索 引 ………………………………………………………………… 436
判 例 索 引 ………………………………………………………………… 438

凡　　例

◆単行本

浅田	浅田和茂『刑法総論〔補正版〕』（成文堂，2007年）
井田	井田良『講義刑法学・総論』（有斐閣，2008年）
伊東	伊東研祐『刑法講義総論』（日本評論社，2010年）
伊藤ほか	伊藤渉＝小林憲太郎＝鎮目征樹＝成瀬幸典＝安田拓人『アクチュアル刑法総論』（弘文堂，2005年）
今井ほか	今井猛嘉＝小林憲太郎＝島田聡一郎＝橋爪隆『刑法総論〔第2版〕』（有斐閣，2012年）
植松	植松正『再訂版　刑法概論Ⅰ総論』（勁草書房，1974年）
内田	内田文昭『改訂　刑法Ⅰ総論〔補正版〕』（青林書院，1997年）
大越	大越義久『刑法総論〔第5版〕』（有斐閣，2012年）
大塚	大塚仁『刑法概説（総論）〔第4版〕』（有斐閣，2008年）
大谷	大谷實『刑法講義総論〔新版第4版〕』（成文堂，2012年）
小野	小野清一郎『刑法講義総論〔新訂版〕』（有斐閣，1948年）
川端	川端博『刑法総論講義〔第2版〕』（成文堂，2006年）
斎藤	斎藤信治『刑法総論〔第6版〕』（有斐閣，2008年）
佐伯	佐伯千仭『刑法講義総論〔4訂版〕』（有斐閣，1981年）
佐久間	佐久間修『刑法総論』（成文堂，2009年）
鈴木	鈴木茂嗣『刑法総論〔第2版〕』（成文堂，2011年）
曽根	曽根威彦『刑法総論〔第4版〕』（弘文堂，2008年）
高橋	高橋則夫『刑法総論』（成文堂，2010年）
団藤	団藤重光『刑法綱要総論〔第3版〕』（創文社，1990年）
内藤・(上)(中)(下Ⅰ)(下Ⅱ)	内藤謙『刑法講義総論(上)(中)(下Ⅰ)(下Ⅱ)』（有斐閣，1983年，1986年，1991年，2002年）
中山	中山研一『刑法総論』（成文堂，1982年）
西田	西田典之『刑法総論〔第2版〕』（弘文堂，2010年）
西田ほか・注釈	西田典之＝山口厚＝佐伯仁志編『注釈刑法第1巻総論』（有斐閣，2010年）
西原・(上)(下)	西原春夫『刑法総論(上)〔改訂版〕／(下)〔改訂準備版〕』（成文堂，1993年）
野村	野村稔『刑法総論〔補訂版〕』（成文堂，1998年）
林	林幹人『刑法総論〔第2版〕』（東京大学出版会，2008年）
平野・Ⅰ，Ⅱ	平野龍一『刑法総論Ⅰ，Ⅱ』（有斐閣，1972年，1975年）
平野・概説	平野龍一『刑法概説』（東京大学出版会，1977年）

福田	福田平『全訂刑法総論〔第5版〕』（有斐閣，2011年）
藤木	藤木英雄『刑法講義総論』（弘文堂，1975年）
堀内	堀内捷三『刑法総論〔第2版〕』（有斐閣，2004年）
前田	前田雅英『刑法総論講義〔第5版〕』（東京大学出版会，2011年）
牧野	牧野英一『刑法総論』（有斐閣，1948年）
町野	町野朔『刑法総論講義案Ⅰ〔第2版〕』（信山社出版，1995年）
松宮	松宮孝明『刑法総論講義〔第4版〕』（成文堂，2009年）
山口	山口厚『刑法総論〔第2版〕』（有斐閣，2007年）
山中	山中敬一『刑法総論〔第2版〕』（成文堂，2008年）

◆ 判例集

刑録	大審院刑事判決録
刑集	大審院・最高裁判所刑事判例集
裁判集刑	最高裁判所裁判集刑事
高刑集	高等裁判所刑事判例集
下刑集	下級裁判所刑事裁判例集
東高刑時報	東京高等裁判所刑事判決時報
裁時	裁判所時報
裁特	高等裁判所刑事裁判特報
刑月	刑事裁判月報
新聞	法律新聞

◆ 雑誌

警研	警察研究
刑法	刑法雑誌
現刑	現代刑事法
ジュリ	ジュリスト
判時	判例時報
判タ	判例タイムズ
法教	法学教室
法時	法律時報
法セ	法学セミナー
曹時	法曹時報

最判解刑事篇平成（昭和）○年度
　　最高裁判所判例解説刑事篇平成（昭和）○年度

第1章
刑法の基礎理論

I 刑罰理論

1 刑罰の意義に関する諸説

　刑法総論のはじめに，刑罰の意義・本質が必ず論じられる。刑罰は，国民の自由・財産，時には生命さえ奪うものであるから，その正当化が必要であり，刑罰の意義・本質を論じることの第1の目的は，刑罰の正当化根拠を明らかにするためである。なぜ人を処罰することができるのかという疑問を一度も抱いたことのない人は，それだけで法律家としての資質に欠けているように思われる。

　応報刑論は，刑罰は，罪を犯した者に対してその責任に応じて科すものであり，そのような応報の実現が正義にかなっていること自体によって正当化される，と主張する。これに対して，目的刑論は，刑罰は，犯罪を防止するために科すものであり，犯罪を防止することによる社会全体の利益によって正当化される，と主張する。目的刑論は，行為者に刑罰を科すことによって，一般国民による将来の犯罪を防止しようとする一般予防論と，当該行為者による将来の犯罪を防止しようとする特別予防論に分かれる。現在では，刑罰は応報であると同時に犯罪予防の効果を持つことによって正当化されるとする，いわゆる相対的応報刑論（統合説）が通説となっている。

　ここまでは，刑法総論を勉強した者であれば誰でも知っていることであろう。そして，読者の多くが，相対的応報刑論を採っているのではないだろうか。問題は，応報刑論と目的刑論の問題点を充分理解したうえで相対的応報刑論を採っているのか，そして，どのように応報刑論と目的刑論を結びつけ

ようと考えているのか，という点にある。両極端な2つの説が主張されている場合に，両者を折衷した立場がもっとも妥当な説となることは，よくあることである。しかし，そのような折衷説は，他の2つの説の問題点を充分理解したうえで考えられたものでなければ，両説の問題点を併せただけの説になってしまうおそれがある。相対的応報刑論も，単に応報刑論と目的刑論を結びつけただけのものであれば，両者の問題点が加算され増幅されるだけである。

2 応報刑論の問題点

応報刑論は，行為者の責任に応じた刑罰だけを正当化することによって，責任主義と罪刑の均衡を基礎づけることができる点で優れている。しかし，応報刑論には，次のような問題点がある。

第1に，応報刑論，特に絶対的応報刑論は，刑罰を科すことが正義にかなった良いことだと考えるので，必罰主義に陥るおそれがある。このことは，社会が解散する際にも，監獄にいる最後の殺人犯人を処刑しなければならない，とするカントの主張によく表れている。責任主義は，責任があれば必ず処罰がなされるべきであるとする積極的責任主義と，責任がなければ処罰してはならないとする消極的責任主義に分けることができるが，絶対的応報刑論は積極的責任主義と結びついているのである。

第2に，応報刑論が基礎に置く行為者の責任は，自由意思を前提にしているが，自由意思は科学的に証明されていない，という問題がある。もっとも，わが国の学説の多くは，科学的事実として，あるいは刑罰制度に不可欠な公理として，一定程度の自由意思の存在を認めている（団藤重光博士の「決定されつつ決定する」という言葉が有名である）。

第3に，応報による正義の実現は，国家の任務ではない，という問題がある。君主が神ないし神の代理と考えられていた時代には，応報の実現が国家の任務であると考えることに説得力があったかもしれない。しかし，現代国家の任務は，国民の利益を守り社会の福祉を増進させることにあり，正義の実現にあるわけではない。天に代わって悪を懲らしめる権限は，現代国家にはないのである。このように考えれば，絶対的応報刑論だけでなく，相対的

応報刑論であっても，国家の刑罰制度を応報の観点から基礎づけようとする見解は，とりえないことになる。

3 目的刑論の問題点

目的刑論は，刑罰の犯罪防止効果を問題にする点で，刑罰を合理的・科学的に論じることができるという長所を有している。啓蒙主義時代の一般予防論は，旧体制下の恣意的で過酷な刑罰制度に対する批判として大きな影響力を持ったし，新派の特別予防論は，行刑の近代化に大きな役割を果たした。

皮肉なことに，このような目的刑論の長所は，目的刑論に対する疑問も生んでいる。刑罰による犯罪者の改善効果や一般予防効果は，多くの実証的研究にもかかわらず，科学的に証明されているとはいえないからである。しかし，国の政策は，その効果が相当程度信頼できるものであれば，科学的に完全に証明されている必要まではないであろう。その意味では，少なくとも一般予防の効果は，国家の刑罰制度を正当化するに足る程度には，信頼できるのではないかと思われる。目的刑論には，しかし，さらに次のような問題がある。

まず，特別予防論については，犯罪者の改善に必要な限り，軽微な犯罪であっても長期の拘禁刑が正当化されてしまう，という問題がある。逆に，どんなに重大な犯罪であっても，再犯可能性のない行為者に対しては，刑罰を科すことができない，という問題もある。さらに，特別予防論にとっては，客観的行為よりも行為者の危険性の方が重要であるから，特別予防論と犯罪論が結びつくと，刑法が主観化して処罰範囲が著しく広くなってしまう，という問題もある。以上のような問題があるため，現在では，特別予防論だけで刑罰を正当化しようとする見解は，ほとんど見られなくなっている。

次に，一般予防論についても，一般予防の必要が大きければ，行為者の責任の量を超えた刑罰が正当化されてしまう，という問題がある。一般予防論は，刑罰は重ければ重いほどよいという威嚇刑主義に陥ってしまうおそれがあるという批判もよくみられる。もっとも，最近の一般予防論は，刑罰による威嚇を問題にする消極的一般予防論と，規範の実効性に対する国民の信頼を維持・強化することを問題にする積極的一般予防論とを区別したうえで，

積極的一般予防論をとれば，罪刑均衡の原則を導くことができる，と主張している。国民の正義観念に反するような過酷な刑罰を科すことは，国民の規範に対する信頼を弱体化させ，刑罰の一般予防効果を減少させるので，正当化されない，というのである。

　たしかに，一般の国民が犯罪を行わないのは，刑罰が怖いからではなく，犯罪になるような行為はしてはいけないことだと考えているからであろう。その意味で，威嚇よりも国民の規範意識の維持が重要であるというのは正しい。そこから，むやみに刑罰に頼るべきではないという結論を導くのであれば，正当な主張であろう。しかし，積極的一般予防論は，規範が守られている状態それ自体が重要と考えるため，逆に，規範違反があれば常に処罰すべきであるという立場につながるおそれが強い。また，積極的一般予防論から罪刑均衡の原則を本当に導くことができるのかも，明らかではない。どのくらい過酷な刑罰であれば国民の規範に対する信頼が弱体化するのかはわからないし，仮に，信頼の弱体化による抑止効果の減少が認められるとしても，威嚇効果の増大と比較して全体として抑止効果が減少するのかどうかもわからないからである。そもそも，積極的一般予防論をとる者の多くは，そのような実証性をはじめから問題にしていないように思われる。そのような主張は，「犯罪は法の否定であり，刑罰は法の否定の否定である」というヘーゲルの絶対的応報刑論に一般予防論の衣を着せただけ，と評されても仕方がないであろう。

　一方，消極的一般予防論をとれば，刑罰は重ければ重いほどよいということになるわけではない。ある犯罪に対する刑罰を重くしすぎると，他の犯罪に対する抑止力が失われてしまうからである（仮に強盗罪の刑罰が死刑であれば，強盗犯人が被害者を殺害することに対する刑罰の抑止力は働かなくなってしまう）。また，刑罰の執行コストを考えれば，必要以上に重い刑罰は，刑事政策的に是認されない。しかし，消極的一般予防論から，罪刑の均衡を失した刑罰が肯定されてしまうおそれは，否定できないであろう。

　一般予防論のより根本的な問題は，一般国民による犯罪を予防する効果によって個人に対する刑罰を正当化できるのか，という点にある。憲法が保障する基本的人権は，多数の利益のために個人の利益を犠牲にするという功利

主義的主張に対抗する「切り札」としての役割を有しているのであり[1]，国民多数の利益のために個人の人権を犠牲にすることは許されないはずだからである。したがって，個人に刑罰を科すことの正当化は，犯罪防止という社会の側の利益ではなく，当該個人の責任に求められなければならない。

4 応報刑論と目的刑論の統合

このように応報刑論にも目的刑論にも問題があるとすると，どのように両者を統合すれば，問題点を解消することができるのであろうか。

その一つの試みとして有力に主張されているのが，刑罰の意義を一般予防に求めながら，責任による外在的制約を認める見解である。応報刑論から導かれる責任主義と罪刑の均衡を，刑罰の基礎づけとしてではなく制約原理として認める見解である。このように解すれば，一般予防論の問題点を回避できるとともに，応報刑論の問題点も回避することができる[2]。

この見解は，よく考えられた優れた見解であるが，責任を単なる制約原理として刑罰の本質から除外してしまう結果，刑罰と保安処分の区別がなくなってしまう，という問題を抱えているように思われる。刑罰と保安処分は，どちらも「犯罪」防止のために国民の自由を制限する点で共通しているが，刑罰は法的非難である点で保安処分とは本質的に異なっている。しかし，法的非難としての刑罰の本質は，責任を単なる外在的制約として見る見解からは出てこない。

応報は国家の任務でないから，刑罰権の正当化根拠として応報刑論を用いることはできない。しかし，刑罰に応報的非難の性格ももたせたい。そんな都合のいい理論構成がありうるのであろうか。筆者は，イギリスの法哲学者であるH.L.A.ハートの見解が，そのような理論なのではないかと思ってい

---

[1] 長谷部恭男『憲法〔第5版〕』108頁以下（2011年）参照。
[2] C. ロクシン「国家の刑罰の意義と限界」同（宮澤浩一監訳）『刑法における責任と予防』1頁以下（1984年）参照。同論文は，ドイツの学生のために書かれたもので，井田良教授の名訳で読むことができるので，図書館で探して読んでほしい。なお，連載時には，内藤謙博士の見解（内藤・(上)124頁以下）をロクシン説と並んで引用していたが，内藤博士の見解は，刑罰に犯罪に対する反作用という意味での「応報」の要素が内在していることを認めて，刑罰と保安処分を区別しているので，ここに挙げるのは適当でなかった。私見は，刑罰に応報の要素が内在している根拠を説明しようとしたものである。

る。ハートは，国家の制度としての刑罰制度の正当化（マクロレベルの正当化）と特定の個人の処罰の正当化（ミクロレベルの正当化）を区別したうえで，刑罰制度の正当化としては一般予防論を採り，個人処罰の正当化としては応報刑論を採る[3]。このように考えることで，刑罰論と国家観との整合，法的非難としての刑罰の本質，罪刑の均衡の要請，消極的責任主義という課題をすべて充たすことができるのである。自由意思の問題についても，刑罰制度の必要性を前提としたうえで，そのような刑罰制度をどのように運営することが，憲法が要請する人間の尊厳と自律性の尊重と調和的なのか，という問題として考えれば，自由意思を仮定した責任を基礎に置く刑罰制度の方が望ましい，と考えることも可能である[4]。

筆者は，異なるレベルでの正当化というハートの説を初めて読んだとき，目から鱗が落ちたように思ったが，読者の方はどう思われただろうか。

刑罰論の最後に，注意すべき点をあげておきたい。まず，応報刑論は，責任に応じた刑罰が正当であるとするものであって，結果に応じた刑罰が正当とするものではない。また，応報刑論でいう応報とは，被害者や社会の応報感情の満足と同じではない。被害者の応報感情の満足によって刑罰が正当化されるのであれば，身寄りのない者や嫌われ者の生命は，刑法で保護されなくなってしまうであろう。また，国民の処罰感情がそのまま応報の判断になるのであれば，国民多数の利益のために個人の権利が侵害されることを防ぐという消極的責任主義の役割は失われてしまうであろう。重大な結果が生じたとき，被害者や国民の処罰感情が高まることがあるが，それをそのまま量刑に結びつけることが応報刑論の帰結なのでは決してない。

---

3) H.L.A.Hart, Punishment and Responsibility, p.9-11（1968）参照。
4) 本文のように考えることも可能であるが，無原因という意味での自由意思が人間の尊厳と自律性にとって不可欠なものであるかについては，現在では疑問をもっている。本書318頁以下参照。

II 刑法の任務

1 刑法と道徳の保護

　国家の刑罰制度が犯罪を防止するためにあるとして，次に問題になるのは，刑法は，どのような行為を犯罪として防止すべきなのか，という点である。この刑法の任務をめぐる問題については，以前は，刑法の任務は基本的な道徳秩序の保護にあるとする立場が有力であったが，現在では，刑法の任務は法益の保護につきるとする立場が通説化している。筆者も，後者の立場が妥当だと考える。

　その理由は，第1に，現行憲法の下では，国家が，個人に優越する立場で，何が道徳的に正しいことかを判断する権限は有していないこと，第2に，価値観の多様化した現代社会では，ある道徳を正しいものとして刑罰で強制することは妥当でないこと，第3に，道徳それ自体を守ることは，個人の内心の問題であって，法的に強制するのは適当でないこと[5]，などである。

　もちろん，殺人をはじめとする主要な犯罪は，すべて重大な道徳違反行為であるから，刑法と道徳が密接な関係を有していることは疑いない。また，責任非難と国民の道徳観念も密接な関係を有している。道徳の保護は刑法の任務でないとする見解は，刑法と道徳が無関係であるべきだと主張しているわけではなく，法益と直接関係のない道徳それ自体を保護するために刑罰を使用すべきでない，と主張しているだけである。

2 結果無価値論・行為無価値論との関係

　刑法の犯罪論において，戦前は，旧派と新派の学派の争いが中心的位置を占めていたが，戦後，新派の主張に対する支持が急速に失われ，学派の争い

---

[5] 社会心理学では，自発的に行われている行動に対して，サンクションによる強制を加えると，内在的な動機づけが失われてしまう，という有名な研究がある。山岸俊男『社会的ジレンマのしくみ』123頁以下（1990年）参照。

は終焉していった。新派の学説（例えば，不能犯に関する主観的危険説）は，現在でも学説の一つとして教えられているが，それは，学説の理解に役立つ思考モデルとして教えられているだけであって，実践的な意義は失っている。

　旧派と新派の争いに代わって，戦後の刑法学において中心的な位置を占めてきたのは，結果無価値論と行為無価値論の争いである。この争いを正確に理解するためには，結果無価値論と行為無価値論の争いには，異なった２つの論点がからんでいることを理解する必要がある。第１は，法益以外の道徳それ自体を刑法で保護すべきか，という，すでに触れた問題である。第２は，違法判断は事前判断であるべきか，主観的違法要素をどこまで認めるべきか，といった違法性判断の構造をめぐる問題である。

　結果無価値論は，法益の侵害・危殆化だけが違法判断に重要と考える立場であるから，道徳それ自体を刑法で保護すべきであるという立場とは結びつかない。これに対して，行為無価値論は，結果無価値以外の無価値さも違法論で考慮する立場であるから，法益以外の道徳の価値を刑法の保護対象とする立場とも結びつき得る。実際にも，ドイツにおける行為無価値論の代表的主張者であったヴェルツェルは，そのような見解をとっていた。戦後の結果無価値論の代表的論者である平野龍一博士が批判の対象とした行為無価値論も，道徳秩序の刑法的保護を肯定する立場と結びついた行為無価値論であった[6]。平野説が，戦後の刑法学界で大きな影響力をもった一つの理由は，刑法の任務は法益保護にあるという極めて説得的な主張が広く受け入れられたことにあると思われる。

　しかし，行為無価値論と道徳保護との間に必然的な結びつきがあるわけではない[7]。刑法の任務を法益保護に求めながら，行為無価値を考慮する立場もあり得るし，現在では，そのような立場が，ドイツでもわが国でも一般的

---

[6] 平野龍一「結果無価値と行為無価値」法教37号20頁以下（1983年）〔同『刑法の機能的考察』（1984年）所収〕は，講演を基にしていてわかりやすいので，是非読んでほしい。

[7] 井田良「結果無価値と行為無価値」現刑１号84頁（1995年）は，行為無価値論とモラリズムの結びつきを「偶然的なものにすぎない」とするが，両者が親和性をもっていることは否定できないであろう。同論文は，わが国の現在の行為無価値論を知るのに最適の文献である。

である。現在の結果無価値論と行為無価値論の争いは，刑法の任務が法益保護にあることを共通の前提としながら，これを達成するために，刑罰をどのようにどこまで用いるべきかをめぐる争いなのである。

このような学説状況の下で，刑法の任務を道徳の保護に求める立場をなお行為無価値論と呼んで批判するのは，学説の理解を混乱させ，その説得力を弱めるだけである。行為無価値論は，その他の場面では有力に主張されているので，刑法の任務を道徳の保護に求める立場もなお学説上有力であるかのように誤解されてしまうからである。

3　判例の立場

このように刑法の役割をめぐる議論は，学界ではほぼ決着のついた問題であるが（問題はその先にある），この議論が意義を失ったかというと，そうではない。その理由は，実務においては，なお道徳の保護を刑法の任務と考える立場（このような立場を，ハートは，リーガル・モラリズムと呼んで批判したが，ここでは，日本語で，醇風美俗論と呼んでおきたい）が強いからである。そのことを示す代表的な判例が，尊属殺人罪に関する大法廷判決（最大判昭和48・4・4刑集27巻3号265頁）と外務省機密漏洩事件最高裁決定（最決昭和53・5・31刑集32巻3号457頁）である。

尊属殺人罪に関する大法廷判決は，従来の判例（最大判昭和25・10・25刑集4巻10号2126頁）を変更して，刑法200条の尊属殺人罪を違憲としたが，「尊属に対する尊重報恩は，社会生活上の基本的道義というべく，このような自然的情愛ないし普遍的倫理の維持は，刑法上の保護に値するものといわなければならない」と判示して，被害者が尊属であることを理由として刑を加重すること自体は合憲とした。最高裁は，この考えに基づいて，尊属傷害致死罪は合憲としている（最判昭和51・2・6刑集30巻1号1頁）。

尊属に対する尊重報恩という道徳を刑法で保護することは，憲法の平等原則に反する点で違憲というべきであるが，特定の道徳を刑法で保護している点でも，妥当ではない。もちろん，殺人の被害者が尊属であることが量刑上の情状として考慮されることはあり得る。しかしそれは，個別具体的事情によるのであって，単に尊属であるというだけで刑を重くするのは，尊属は尊

属であることそれ自体によって尊重に値するという儒教的（封建的）道徳を刑法で保護していることにほかならない。

外務省機密漏洩事件最高裁決定は，新聞記者である被告人が外務省職員Aをそそのかして機密資料を持ち出させた行為について，「被告人は，当初から秘密文書を入手するための手段として利用する意図で右Aと肉体関係を持ち，同女が右関係のため被告人の依頼を拒み難い心理状態に陥ったことに乗じて秘密文書を持ち出させたが，同女を利用する必要がなくなるや，同女との右関係を消滅させてその後は同女を顧みなくなったものであって，取材対象者であるAの個人としての人格の尊厳を著しく蹂躙したものといわざるをえず，このような被告人の取材行為は，その手段・方法において法秩序全体の精神に照らし社会観念上，到底是認することのできない不相当なものであるから，正当な取材活動の範囲を逸脱しているものというべきで」あり，国家公務員法111条（109条12号，100条1項）の罪が成立する，と判示した。

下心を持って異性に近づいて相手を利用することは，けしからん行為であるが，そのこと自体を処罰すべきであると思う人はほとんどいないであろう。にもかかわらず，違法性阻却の判断においては，そのようなけしからん行為であることを理由として，可罰性が肯定されている。全法秩序の観点からの違法性判断という判例の立場については検討が必要であるが（違法論で検討する），仮にこの立場を前提に考えたとしても，判例の結論には疑問がある。判例が，国民の知る権利の実現という優越的利益の存在を認めたうえで，取材方法への道徳的非難を理由に行為の違法性を認めたのだとすれば，結局，道徳を刑法で保護しているのと実質的に等しいからである。判例の立場からは，被告人に愛情があれば本件行為は違法でなかったのであろうか。愛情があったかどうかというような微妙な問題を裁判所が判断して，刑罰を科すかどうかを決めるべきなのだろうか。それとも，最高裁は，夫のある女性と不倫関係をもつこと自体が可罰的違法性を基礎づけるというのであろうか。

時代と学説の変化にもかかわらず，実務で醇風美俗論が根強く残っていることの一つの理由は，判例変更が容易でないことにあるように思われる。

1950年に尊属殺人罪の合憲判決が出てから，違憲判決が出るまでには，23年の歳月と，長年の性的虐待に耐えられなくなった娘が父親を殺害したという悲惨な事例が必要であった。その後，判例は変更されることなく維持され（検察官が尊属殺人罪で起訴することはなくなったので，尊属殺人罪の判例を変更する機会はなかったが），立法によって尊属加重規定が削除されるまでには，さらに22年の歳月と刑法の平易化という契機が必要であった。しかし，判例も不変でないことは，まさに尊属殺人罪違憲判決が示している。学説は，結果無価値論者と行為無価値論者が共同戦線を張って，醇風美俗論を強く批判していくべきである。

III 刑法の補充性・謙抑性

1 制裁の種類

　刑法の任務が法益の保護にあるとしても，法益を保護するための手段は刑法に限られるわけではない。ドイツの有名な刑法学者であるリストが「最良の社会政策は最良の刑事政策である」と言ったように，犯罪の原因となっている社会的原因を取り除く方が，刑罰を用いるよりも犯罪の防止に有効な場合は多い。また，規範の維持・強化のためには，規範を学習させ内面化させるための躾や教育が重要である。
　規範違反に対する制裁についても，法的制裁のほかに社会的制裁があり，重要な役割を果たしている。わが国の刑罰が，アメリカの刑罰と比べてかなり緩やかであったのは，わが国の方が社会的制裁が強かったことが，大きな要因であると思われる。法的制裁の中にも，刑事制裁のほかに，行政制裁も存在している[8]。さらに，損害賠償の制裁的機能も無視できない。最近，名誉毀損訴訟で裁判所が認容する損害賠償額がかなり上がっており，名誉毀損行為に対する抑止力は高まっている。
　このように法益保護のための手段は多数存在しており，刑罰は，制裁の中

---

[8]　詳しくは，拙稿「制裁」小早川光郎編『岩波講座・現代の法4　政策と法』215頁以下（1998年）〔『制裁論』（2009年）所収〕参照。

でもっとも厳しく，また社会的コストの大きいものであるから（副作用の強い薬によくたとえられる），他の制裁で充分でない場合に限って刑罰を用いるべきである。これが，刑法の補充性・謙抑性である。この言葉は，刑法総論を勉強した者なら誰でも知っているであろうが，単に知っているだけでなく，刑法の補充性・謙抑性を常に意識して解釈論・立法論を行うことが重要である。

2　制裁の選択

地方自治法14条3項は，「地方公共団体は，……その条例中に，条例に違反した者に対し，2年以下の懲役若しくは禁錮，100万円以下の罰金，拘留，科料若しくは没収の刑又は5万円以下の過料を科する旨の規定を設けることができる」と規定している。あなたが，地方自治体の生活安全課に勤務していて，たばこの吸い殻等のポイ捨て行為を禁止する条例の制定を検討していると仮定しよう。あなたは，条例違反に対してどのような措置を規定することが望ましいと考えるだろうか。

東京都の特別区の多くが，たばこの吸い殻等のポイ捨てを禁止する条例を有しているが，その違反に対する措置は，おおむね4つのタイプに分かれている。

第1は，違反に対して罰金を規定するものである。例えば，「新宿区空き缶等の散乱及び路上喫煙による被害の防止に関する条例」は，美化推進重点地区内の公共の場所に空き缶・吸い殻等をみだりに捨てた者に対して，2万円以下の罰金を規定している（14条）。

第2は，過料を規定するものである。過料は，行政罰であり，刑罰である罰金や科料と混同してはならない（新聞記事などでもときどき混同されている）。このタイプの最初の例は，2002年に制定された「安全で快適な千代田区の生活環境の整備に関する条例」である。同条例は，路上禁煙地区内でのたばこの吸い殻のポイ捨てだけでなく路上喫煙も罰則付きで禁止した全国で初めての条例として，マスコミで大きく報道された。違反者に対する罰則は，条例で2万円以下の過料と規定されており（24条1項2号），実際には2000円の過料が違反者から徴収されている[9]。

第3は，違反に対して改善命令を出し，命令違反に罰金を科すものである。例えば，「目黒区ポイ捨てなどのないまちをみんなでつくる条例」は，違反の是正に必要な措置を勧告し，勧告に従わない者に対しては，勧告に従うことを命令し，その命令違反に3万円以下の罰金を規定している（11条・12条・15条）。千代田区の条例も，吸い殻その他の廃棄物・置き看板等の放置が，「生活環境を著しく害していると認められる者に対し，期限を定めて必要な改善措置を命じることができる」と規定し（15条），改善命令違反に5万円以下の罰金を規定している（25条）。千代田区が，改善命令違反にだけ罰金を規定したのは，「生活環境の著しい侵害」というある程度重大な法益侵害が生じた場合にのみ刑罰を用いるという，刑法の謙抑性を考慮したものと評価することも可能である。また，区長の改善命令に従わないような悪質な者に対しては，警察の力を借りる必要があると考えたのかもしれない（過料事件では逮捕などの強制捜査はできない）。なお，千代田区の条例は，改善命令違反者の氏名・住所等を公表することとしている（15条2項，施行規則4条）。このような公表も，制裁の一種といえるであろう。

　第4のタイプは，制裁を特に定めないものである。例えば，2005年改正前の「中野区吸い殻，空き缶等の散乱防止に関する条例」は，違反者に対し，区長が必要な指導を行うことができる（9条），と規定するだけであった。たばこの吸い殻等のポイ捨てはモラルの問題であって，制裁になじまない，という意見を反映したものであろう[10]。

　犯罪の多発と検挙率の低下に悩んでいる警察が，たばこの路上喫煙や吸い殻等のポイ捨てを積極的に取り締まってくれるとはとても思えない。警察が被疑者を検挙して検察に事件を送致してくれたとしても，検察官が積極的に起訴してくれるとも思えない。結局，たばこのポイ捨てに罰金を定めている自治体は，実際に違反者を警察に告発して処罰されることを期待しているの

9）　過料導入の経緯を含めて，詳しくは，千代田区生活環境課『路上喫煙にNO！――ルールはマナーを呼ぶか』25頁以下（2003年）参照。さらに，この問題の詳しい検討として，深町晋也「路上喫煙条例・ポイ捨て禁止条例と刑罰論――刑事立法学序説」立教法学79号57頁以下（2010年）参照。

10）　中野区は，2005年の改正で，違反者に対して区長が必要な措置をとることを命じて，その違反者を1万円以下の過料に処する旨を規定している（11条）。第5のタイプということになる（ただし，この規定は，未施行のようである）。

ではなく，刑罰が科される行為であることを宣言すること自体による効果，いわゆる刑法の規制機能に期待しているのであろう。しかし，実際の適用を予定しない刑罰法規が規制機能を持ちうるかは，疑問である。虎は嚙みつくおそれがあるから恐れられるのであって，張り子の虎とわかれば馬鹿にされるだけである。また，軽微な法益侵害に対する制裁として刑罰を用いることは，刑罰全体の感銘力を減少させる恐れもある。刑罰といっても，非常に軽微な法益侵害に対しても科される，たいしたことのないものである，という印象を国民に与えてしまうからである。

　これに対して，過料は，罰金より軽微な制裁であるとしても，実際の機能においては，より有効で痛みをもったものとなりうる。刑罰を科すためには，警察や検察の協力が必要であるが，過料は，自治体がやる気になれば，自分たちで違反者を摘発して，過料を支払わせることができるからである。形だけの刑罰を規定するよりも過料の方が，ずっと実効的であり得るのである。実際にも，新宿区の条例を適用して罰金が科された例は1件もないそうであるが（朝日新聞2004年1月26日夕刊），千代田区の条例は，区の職員が見回りを行い，2003年11月1日から2004年9月30日までの間に約5000人の違反者に過料を課したそうである（朝日新聞2003年10月8日朝刊）[11]。罰金は，地方自治体の条例違反に対する罰金であっても国の歳入になるが，条例違反に対する過料は地方自治体の歳入になるので，その点でのメリットもある。

　罰金にするか過料にするかについては，執行手続のほかに，履行確保の点でも違いがある。罰金であれば，これを支払わない者は労役場留置に収容され（刑18条），最終的には「身体で支払わされる」ことになっている。これに対して，過料であれば，そのような手段はないので，滞納者には催告をして，それでも払わなければ，最終的には滞納者の財産に強制執行をするしかない。しかし，少額の過料の徴収に強制執行手続を用いるというのは，あまり現実的ではないであろう。大量処理をしなければならない場合は特にそう

---

[11]　その後の状況を見ると，2002年11月から2009年6月までの違反件数は5万1704件で，2006年に月1000件ほどあった違反件数が月600件ほどに減少し，吸い殻の数も1000本以上あった調査地点の1つでは10数本に減っており，罰則の効果があったものと評価されている（東京新聞2009年8月4日朝刊）。

である。放置違反駐車について車両の使用者に違反金の納付を命じる制度において，その履行確保手段としてどのような方法があり得るか考えてみてほしい[12]。

Ⅳ　おわりに

　筆者が刑法を勉強して感じた魅力の一つは，刑法学が，法解釈の問題だけでなく，人を処罰できるのはなぜかという哲学的問題，人はなぜ罪を犯すのか，刑罰はその防止に役立つのかという実証的問題，どのような行為にどのような制裁を用いるべきなのかという政策的問題など，幅広い領域にわたっていることにあった。刑法総論の連載の始めに，刑法の基礎理論を採り上げたのは，読者の皆さんに，そのような刑法学の魅力を少しでも感じていただきたかったからである。読者の中には，自分が学びたいのは刑法の解釈論であって，それ以外の問題を考えることは時間の無駄だ，と思った人もいるかもしれない。しかし，それは間違いである。法解釈において，最後の最後に問題となるのは，解釈者の価値判断であり，その際には，上記のような問題について学んでいることが重要である。また，現代社会のように動きの激しい社会においては，従来の解釈が役に立たない新しい問題が次々生じてきており，そのような問題を適切に解決するためには，解釈論以外の知識も重要になってくる。条例を含めた刑罰法令の立法が盛んに行われるようになった時代の法律家には，刑事の立法論に積極的にかかわっていくことも求められている。刑法以外の法学，さらには法学以外の様々な学問を広く勉強することで，刑法総論の勉強は，一層おもしろくなるはずである。

---

12)　その1つの答えとして，道路交通法51条の7を参照。

第2章

罪刑法定主義

2002年12月某日，大学からの友人である刑事裁判官Aと刑法学者Bの居酒屋での会話

A：裁判官の給与も下がる時代になって大変だよ。
B：日本の不況は裁判所のせいなんだから自業自得だろう。
A：知財訴訟かなんかのこと？
B：知財訴訟のことなんかおれは知らないよ。刑事裁判のことにきまってるだろ。
A：なんで刑事裁判と日本の不況が関係あるんだよ。
B：〈鴨（合鴨？）のくわ焼を食べながら〉日本の裁判官が「鴨に逃げられても捕獲した」なんて判決出すから[1]，経済犯罪の処罰範囲が曖昧になってしまう。日本のビジネスマンは，儲かりそうな新ビジネスを見つけても，関係法令の罰則をこの調子で解釈されたら処罰されるかもしれないと思って躊躇してしまう。その結果，ビジネスチャンスを逃して，日本の不況が続くのさ。鴨に逃げられた間抜けな奴を処罰したことによる経済的損失は膨大なものだぜ。
A：またお前の与太話かよ。

---

1) 最判平成8・2・8刑集50巻2号221頁は，「食用とする目的で狩猟鳥獣であるマガモ又はカルガモをねらい洋弓銃（クロスボウ）で矢を射かけた行為について，矢が外れたため鳥獣を自己の実力支配内に入れられず，かつ，殺傷するに至らなくても，鳥獣保護及狩猟ニ関スル法律1条の4第3項を受けた同告示3号リが禁止する弓矢を使用する方法による捕獲に当たるとした原判断は，正当である」と判示している。

I 罪刑法定主義の内容

1 罪刑法定主義の内容

罪刑法定主義とは，何が犯罪になりどのように処罰されるかを，あらかじめ法律で定めておかなければならない，とする原則である。そこでいう「法律」とは，国会で定める形式的意味での法律でなければならないと解されている（法律主義）。罪刑法定主義の派生原則としては，遡及処罰の禁止，類推解釈の禁止，絶対的不定期刑の禁止がある[2]。

現在の刑法学では，アメリカの実体的デュー・プロセス論の影響を受けて，以上のような伝統的な罪刑法定主義の内容に，刑罰法規の明確性，刑罰法規の内容の適正さ，罪刑の均衡の原則等の「適正処罰の原則」を付け加える見解が，一般的になっている[3]。筆者は，明確性の原則以外の適正処罰の原則，特に内容の適正さは，伝統的な罪刑法定主義とは異なった性格を有しているので，罪刑法定主義とは別個の原則として位置づける方が望ましいと考えている[4]が，名前だけの問題といえばいえる。

2 罪刑法定主義の憲法的地位

罪刑法定主義は，刑法には規定されていないが，刑法の上位規範である憲法上の原則とされている。まず，法律主義の根拠として，憲法41条を挙げることができる。また，憲法73条6号但書は，政令に罰則を定めるためには法律の特定委任が必要であることを規定して，法律主義を裏側から定めている。次に，憲法39条前段が，遡及処罰の禁止を規定している。さらに，通説は，憲法31条の「法律」に実体刑法が含まれ，罪刑法定主義は憲法31

---

[2] 本稿の執筆にあたっては，長谷部恭男東京大学教授との会話から多くの有益な示唆を得た。
[3] 実体的デュー・プロセスの理論については，刑法学における先駆的業績として，芝原邦爾『刑法の社会的機能』（1973年），最近の業績として，萩原滋『実体的デュー・プロセス理論の研究』（1991年）を参照。また，憲法学における批判的見解として，松井茂記「実体的デュー・プロセス理論の再検討」阪大法学141=142号316頁以下（1987年）参照。
[4] 同旨の見解として，大越・34-35頁，萩原・前掲注3)271頁以下など参照。

条によって一般的に保障されている，と解している。明確性の原則が憲法31条の問題であることは，判例によっても認められている（最大判昭和50・9・10刑集29巻8号489頁）。

適正処罰の原則を罪刑法定主義の内容とする通説は，憲法31条にいう「法律」は「適正な法律」でなければならないと解することで，適正処罰の原則も憲法31条の保障に含まれるものと解している。しかし，刑罰法規の内容が個別の人権規定に反していれば，そのことによって違憲無効となるのであって（例えば，刑法200条の尊属殺人罪は，憲法14条1項に違反し無効である），憲法31条が直接問題になるわけではない。特にこの点では，個人の自律権・自己決定権を保障している憲法13条が重要である。

罪刑法定主義が憲法上の原則とされることから，罪刑法定主義違反の法律は違憲無効であり（憲98条），罪刑法定主義違反の法適用は上告理由となる（刑訴405条1号）。

3 罪刑法定主義の根拠

罪刑法定主義は，4つの異なった要請に基づいている。

第1は，何が犯罪になりどのように処罰されるかを，あらかじめ国民に示すことによって，国民の予測可能性と行動の自由を保障するという，自由主義の要請である。この要請から，遡及処罰の禁止，類推解釈の禁止，絶対的不定期刑の禁止などの原則が導かれる。明確性の原則も，第1の要請に基づくものといえる。

第2は，何が犯罪になりどのように処罰されるかを，国民の代表である国会が法律によって定めるべきである，という国民主権および議会制民主主義の要請である。予測可能性の保障だけが問題ならば，法律が国会の制定法である必要は必ずしもなく，法律主義は，第2の要請から導かれるものである。類推解釈の禁止は，後で述べるように，第2の要請から導かれる部分もある。

第3は，「民主主義の圧政」から個人の人権を守るという意味での自由主義の要請である。議会制民主主義の下では，国民の多数派によって少数派の権利が不当に侵害されるおそれがある。そのような危険から個人を守るのが

憲法の保障する人権であり，これを担保するのが裁判所の違憲立法審査権である。刑罰内容の適正さの原則は，第3の要請に基づいているものである。

第4は，刑罰権行使の公正さの確保という要請である。遡及処罰の禁止や絶対的不定期刑の禁止は，第4の要請にも基づいている。

このように罪刑法定主義が，複数の（時には相対立する）要請に由来するものであることを理解しておくことは，以下で見るように，罪刑法定主義の内容を考えるうえで重要な意味をもっている。

II 遡及処罰の禁止

1 憲法39条の意義

憲法39条は，「実行の時に適法であった行為」と規定するだけであるが，行為時に違法であるが罰則がなかった行為を事後立法で罰則を定めて処罰することも禁止されていると解すべきことについては，異論がない。例えば，過失の器物損壊行為を事後的に過失器物損壊罪を設けて処罰することはできない。

さらに，行為時に規定されていた刑よりも重い刑で処罰することも，憲法39条に違反すると解すべきである[5]。この見解に対しては，刑の重さに対する信頼は法的保護に値しないという批判があり得るが[6]，仮にそうだとしても，国家が事後的に刑を重くしてこれを適用することは公正さに欠け，許されるべきではない[7]。先ほど述べたように，罪刑法定主義の基礎には，刑罰権行使の公正さの確保という要請も含まれていると解すべきなのである。したがって，刑法6条を廃止したうえで，器物損壊罪（刑261条）の法定刑

---

[5] わが国も批准している国際人権B規約15条1項は，「何人も，実行の時に国内法又は国際法により犯罪を構成しなかった作為又は不作為を理由として有罪とされることはない。何人も，犯罪が行われた時に適用されていた刑罰よりも重い刑罰を科されない」と規定している。

[6] 違法性の錯誤に関する文脈においてであるが，髙山佳奈子『故意と違法性の意識』297頁（1999年）は，「刑法は『重い罪なら犯さないが軽い罪なら犯す』という自由も認めないので，『軽い刑ですむであろう』という，法定刑に関する期待は保護されない」とする。

[7] 平野・I 68頁，山口・15頁。憲法学においても通説である。樋口陽一ほか『注釈日本国憲法(上)』801頁〔佐藤幸治〕（1984年）参照。

の上限を3年から10年に改正してこれを遡及適用することは，憲法39条に違反する。

2 被告人に不利な判例変更

遡及処罰の禁止に関連して，被告人に不利な判例変更に憲法39条が適用されるか，という問題が議論されている[8]。従来の通説は，判例は法源ではないので，憲法39条は適用されない，と解してきた。最高裁も，岩手教組第2次上告審判決（最判平成8・11・18刑集50巻10号745頁）において，行為当時の最高裁判所の判例の示す法解釈に従えば無罪となるべき行為であっても，これを処罰することは憲法39条に違反しない，と判示している。

これに対して，被告人に不利な判例変更に遡及処罰の禁止が及ぶことを肯定し，最高裁が，従来なら不可罰または軽い罪とされる行為を可罰的または重い罪にする場合は，判例変更を将来に向かって宣言し，当該事案は従来の判例に従って判決すべきである（判例の不遡及的変更と呼ばれる），という見解も有力に主張されている。この見解には，判例の法源性を根拠とする見解[9]と，判例の法源性を否定して，国民の予測可能性の保障を根拠とする見解[10]がある。第1の見解に対しては，判例を法源と見ることは法律主義に反するという批判が，第2の見解に対しては，判例は個別の事件に対する解

---

[8] この問題に関する先駆的業績として，田中英夫「判例の不遡及的変更」法協83巻7=8号1005頁以下（1966年），小暮得雄「刑事裁判の規範的効力」北大法学論集17巻4号641頁以下（1967年）参照。比較的最近のものとして，鋤本豊博「地方公務員法違反の争議行為の可罰性(下)」北大法学論集44巻6号1964頁（1994年），中山研一「判例変更と遡及処罰の問題(1)〜(6・完)」判評482号（判時1664号）〜487号（1679号）（1999年）〔同『判例変更と遡及処罰』（2003年）所収〕，安田拓人「判例の不利益変更と遡及処罰の禁止」森本益之ほか編『大野眞義先生古稀祝賀 刑事法学の潮流と展望』45頁以下（2000年），奥村正雄「判例の不遡及的変更」現刑31号44頁以下（2001年）など参照。

[9] 小暮・前掲注8) 648頁以下，西原春夫「刑事裁判における判例の意義」団藤重光＝斎藤寿郎監修『中野次雄判事還暦祝賀 刑事裁判の課題』310頁（1972年），金沢文雄「罪刑法定主義の現代的課題」中山研一ほか編『現代刑法講座第1巻』95頁以下（1977年），奥村・前掲注8)50頁，浅田・65頁，大谷・504頁，曽根・17頁，高橋・35頁，団藤・50頁，野村・55頁など参照。

[10] 村井敏邦「判例変更と罪刑法定主義」一橋論叢71巻1号47頁以下（1974年）参照。さらに，寺崎嘉博「遡及処罰禁止原則における判例変更の法的機能」Law School 36号138頁（1981年）も参照。

決であるから，法律に対する信頼と判例に対する信頼を同一視することはできないという批判が，なされている。

　第1の見解に対する批判は，法律主義との関係では正当なものであるが，そのことは，国民の予測可能性の保障との関係でも，判例を法律と同じに扱わないでよいということを意味しない。確定した判例が裁判官と国民に対する指針として実際に機能している以上，判例に対する信頼を保護する必要があることは否定できないであろう。たしかに，法律に対する信頼と判例に対する信頼は全く同じではないかもしれないが，この点は，刑罰権行使の公正さの確保というもう一つの要請を併せて考慮することで解決できるように思われる。被告人の側からみれば，国会も最高裁判所も国家の最高機関であることには変わりがなく，事後的に自らの立場を変えて処罰することが公正でないのは，法改正による場合も判例変更による場合も同じだからである。結論として，予測可能性の保障と刑罰権行使の公正さの確保という2つの要請から[11]，判例変更にも遡及処罰の禁止を及ぼすべきである。条文解釈としても，単に「実行の時に適法であった行為」としか規定していない憲法39条を，判例の示す法解釈に従えば適法であった場合も含めて解することは，それほど無理な解釈ではない。もし，憲法39条を直接適用することに抵抗があるのであれば，同条の趣旨ないし精神を援用して，同じ結論を導くことも可能である[12]。学説には，法律の規定がないことを判例の不遡及的変更を否定する理由とする見解があるが，憲法上の要請だとすれば，法律に規定がないことは障害とならないはずである[13]。

　通説は，被告人の信頼の保護は，違法性の錯誤の問題として扱い，違法性の意識の可能性がない場合は，責任を否定して不可罰とすることで妥当な解決を図ろうとしている[14]。このような解決をとるためには，違法性の意識

---

11) その意味で，憲法39条が適用されるのは判例変更の場合に限られ，従来判例がなかった分野で新しい判例を出すことは，国民がそのような処罰はなされないだろうと信頼していた場合であっても，憲法39条の問題とはならない（そのような解釈が法文の範囲内にある限り，憲法31条の問題にもならない）。この点については，橋爪隆教授に示唆を受けた。

12) 憲法31条の適用を示唆するものとして，髙井裕之「判評」法教202号117頁（1997年）参照。

13) 髙橋一修「先例拘束性と憲法判例の変更」芦部信喜編『講座憲法訴訟第3巻』178頁（1987年）は，実体法上の根拠を最高裁の規則制定権に求めることができる，とする。

不要説に立つ大審院以来の判例が変更される必要があるが，それは十分可能であろう。すでに下級審レベルでは，違法性の意識不要説は維持されていないし，最高裁も，違法性の意識の可能性について判断を示すようになっているからである（最決昭和62・7・16刑集41巻5号237頁参照）。そして，判例を信頼したことは，違法性の錯誤に相当な理由がある場合の典型例であるから，行為者の責任を否定することで，その信頼を保護することができる。

しかし，責任論による解決には，2つの問題がある。第1は，判例に対する信頼の保護や国家の刑罰権行使の公正さの確保の要請は，一般的なものであって，行為者について個別的に検討される責任の問題として解決するだけでは，不十分であると思われる点である。第2は，責任論による解決では，判例変更による刑の加重の場合を解決することが困難な点である。例えば，最高裁が，不法領得の意思必要説を変更して，従来，器物損壊罪で処罰されていた行為を窃盗罪で処罰することが可能だろうか。判例変更に憲法39条の適用を認める立場からは，これを否定することができる[15]。同じ結論を違法性の錯誤の問題としてとるためには，法定刑の錯誤についても刑法38条3項但書を適用する必要があるが，これはかなりの少数説である[16]。

他方で，判例変更に憲法39条の適用を認める見解にも，解決しなければならない問題が幾つかある。中でも重要な問題は，何が判例でどのような場合に判例変更となるのかが必ずしも明確でないことである。例えば，前述した岩手教組事件判決の事案について，被告人の行為が行われた昭和49年3月当時の判例は，同じ地公法に関する都教組事件判決（最大判昭和44・4・2

---

14) 町野・48頁，山口・16頁，髙山佳奈子「判評」ジュリ1132号160頁以下（1998年）参照。さらに，岩手教組事件第2次上告審判決の河合伸一裁判官の補足意見も参照。この見解に対しては，行為時の判例に従っていた行為者に錯誤はなく，錯誤の擬制にすぎない，という批判がしばしばなされている。しかし，通説が，判例の新解釈は「本来そうであるべきものであった」と解する以上，錯誤は認められる。最高裁判事も行為者もともに錯誤に陥っていたのである。髙山・前掲ジュリ162頁参照。

15) もっとも，田中・前掲8)1054頁は，「従来の判例に依拠することが合理的であったか」という点を問題にして，従来の判例に従っても犯罪が成立する場合には，新判例に従って処罰してよいとする。しかし，刑罰権行使の公正さの観点からは新判例による処罰を認めるべきではないであろう。

16) 町野朔「『違法性』の認識について」上智法学論集24巻3号231頁（1981年），井田・378頁参照。

刑集23巻5号305頁）であり，行為当時の判例の示す法解釈に従えば無罪となるべき事案であった，という理解がある。しかし，都教組事件判決は全農林警職法事件判決（最大判昭和48・4・25刑集27巻4号547頁）によって実質的に変更されていたのであり，行為当時の判例の示す法解釈に従っても有罪になる事案であったと理解すべきであると思われる[17]。ここで問題となっているのは，形式的な判例変更の有無ではなく，実質的な予測可能性や公正さの確保だからである。結局，何が判例でどのような場合に「遡及適用」が禁止される判例変更となるのかは，国民の予測可能性の保障と刑罰権行使の公正さの確保という観点から，個別に裁判所が判断するしかないであろう。その意味では，違法性の錯誤による解決と似てくるが，当該被告人の信頼でなく一般人の信頼が問題とされる点と，刑の加重の場合にも重い法定刑を適用することができない点で，罪刑法定主義の問題として扱う意義がある。

　より困難な問題は，従前の判例で不可罰になる事件を検察官が判例変更を求めて訴追できるのか，という問題である[18]。もしできないとすれば，その限りで，判例変更ができなくなってしまう。もっとも，同じ問題は，錯誤論による解決にも存在している。被告人が判例に依拠したことに相当の理由があると認められる場合には，判例が変更されたとしても被告人は無罪となるからである。なお検討が必要であるが，ここでは，判例の不遡及的変更を認める以上，検察官は，それを求めて訴追することが許されると解しておきたい。そう解したとしても，判例の遡及的変更による処罰を認める見解に比べて，被告人に不利な解釈とはいえないであろう。また，仮にこのような訴追を認めない見解を採ったとしても，判例の内容やその射程について常に議論の余地があり，多くの場合検察官は有罪判決を求めて起訴をすることができることを考えると，判例変更に対する憲法39条の適用を否定する決定的理由にはならないと思われる。

　以上に対して，将来に向けた判例変更の宣言は傍論にすぎず，判例としての効果を持たないのではないかという問題は，あまり重要でないと思われる。厳密にいえば傍論である判示が判例として機能していることは，少なく

---

[17]　髙井・前掲注12)117頁，髙山・前掲注14)162頁参照。
[18]　鋤本・前掲注8)1934頁参照。

ないからである。将来に向けた判例変更の宣言が判例として機能することは，疑いないと思われる。

III 類推解釈の禁止

1 類推解釈と拡張解釈

一般に，類推解釈（類推適用）であれば罪刑法定主義違反で許されないが，拡張解釈であれば許される，といわれている。したがって，どちらの解釈であるかが重要になるが，ある解釈が類推解釈なのか拡張解釈なのかについては，学説がしばしば分かれている。しかも，類推解釈であれ拡張解釈であれ，国民の予測可能性を害するような解釈は許されないともいわれるし，他方で，類推解釈の形式をとること自体が許されないともいわれている。このように議論が錯綜しているのは，この問題に，法適用の結果が国民の予測可能性を害しないかという実質面の問題と，法適用の論理形式が類推か拡張かという形式面の問題とが，混在しているからである。これらの問題は，罪刑法定主義の基礎にある第1と第2の要請から，次のように整理することができる[19]。

まず，予測可能性の保障の要請からは，類推解釈であれ拡張解釈であれ，国民の予測可能性を害するような解釈は許されない。もっとも，拡張解釈を法律の文言の日常用語の範囲内での解釈と定義すれば，そのような解釈が予測可能性を害することはないので，拡張解釈は常に許されることになる。しかしそれは，論理形式としては拡張解釈であっても，日常用語を超えた国民の予測可能性を害するような解釈は拡張解釈ではない，と定義することによって，結論が先取りされているからである。

次に，議会制民主主義の要請からは，国民の予測可能な解釈であっても，刑罰法規の適用に類推解釈の形式をとることは許されない。このような解釈は，ある行為に当該刑罰法規が当てはまらないことを認めながらこれを適用

---

[19] 詳しくは，拙稿「類推解釈の可否と限界」現刑31号34頁以下（2001年）参照。

するものであって，法律主義に反するからである。論理的形式としての類推解釈の問題が法律主義の問題であることは，例示のある条文の解釈を考えると明らかである。例えば，刑法125条は，「鉄道若しくはその標識を損壊し，又はその他の方法により」と規定しており，裁判官は，何が「その他の方法」に該当するかを，例示からの類推によって判断するしかない。それが罪刑法定主義違反とされないのは，立法者自身が裁判官による類推を指示しているからである。

2 被告人に有利な類推解釈

罪刑法定主義は，被告人保護のための原則であるから，被告人に有利な類推解釈は許される，と多くの教科書に書いてある。しかし，罪刑法定主義が議会制民主主義の要請にも基づいているのであれば，裁判官が国会の定めた違法性阻却事由や責任阻却事由を勝手に類推適用することは，立法者の権限を侵すものであって，許されないはずである[20]。罪刑法定主義は被告人保護のための原則であるから，それは罪刑法定主義違反ではない，ということは可能であるが，それで法律主義違反（憲法41条違反）の問題が消えてなくなるわけではない。

もちろん被告人に有利な類推解釈をしなければ憲法違反になる場合には，合憲的限定解釈として許される場合がある。例えば，被告人に有利な類推解釈の例として挙げられる，期待不可能性に基づく責任阻却は，責任主義を憲法13条に基づく憲法上の原則だと解すれば，合憲的限定解釈として説明することができる。しかし，被告人に有利な類推解釈をすべて合憲的限定解釈ということはできないであろう。

そうすると，被告人に有利な類推解釈が認められるのは，刑法の違法性阻却事由や責任阻却事由が開かれた形で規定されており，立法者が裁判官による補充を認めているためである，と考える必要がある。したがって，立法者が，犯罪阻却事由を厳密に規定しており，裁判官による補充を認めない趣旨であることが窺える場合には，これを裁判所が類推解釈によって拡張するこ

---

[20] 高橋・36頁は，被害者・コミュニティ側の予測可能性も問題となるので，拡張解釈のみが許される，とする。

とは，法律主義に違反し許されない。

Ⅳ　明確性の原則

　明確性の原則についても，罪刑法定主義の基礎にある複数の要請を考慮して，次のように整理することができる。
　まず第1に，予測可能性の保障の観点からは，当該法律自体によって処罰範囲の明確性が確保されている必要は必ずしもない。法律の委任を受けた政省令，さらには，行政庁の通達や公表されたガイドラインも含めた全体として明確性が担保されていれば，予測可能性の保障の要請は充たされている。
　第2に，以上を前提にしたうえで，どこまで法律自体によって処罰範囲の明確性が担保されていなければならないかは，法律主義の問題であり，国家機関内部の権限分配の問題である。国民の予測可能性が問題となっている場合には，国の側の取締りの便宜等を理由としてこれを制限することは許されないが，法律主義が問題となっている場合には，立法者が具体的な処罰範囲の設定を行政庁の判断に委任することが望ましいと考え，そのことに合理性が認められる限り，下位規範への明示・黙示の委任を広く認めてよいであろう。
　第3に，個人の自由保障の要請からは，処罰範囲が明確であっても，個人の自由を不当に侵害する刑罰法規は，憲法13条違反として違憲とされなければならない。過度に広範な刑罰法規が違憲となるのは，そのためである。この場合，裁判所が合憲的限定解釈によって，処罰範囲を適切な範囲に限定することは，それが裁判官による立法として法律主義に反しないこと，および，解釈の結果が国民の予測可能性を保障する程度に明確であることの2点を充たしていれば，許される。
　福岡県青少年保護育成条例事件の最高裁判決（最大判昭和60・10・23刑集39巻6号413頁）は，「本条例10条1項の規定にいう『淫行』とは，広く青少年に対する性行為一般をいうものと解すべきではなく，青少年を誘惑し，威迫し，欺罔し又は困惑させる等その心身の未成熟に乗じた不当な手段により行う性交又は性交類似行為のほか，青少年を単に自己の性的欲望を満足さ

せるための対象として扱っているとしか認められないような性交又は性交類似行為をいうものと解するのが相当である。……このような解釈は通常の判断能力を有する一般人の理解にも適うものであり，『淫行』の意義を右のように解釈するときは，同規定につき処罰の範囲が不当に広過ぎるとも不明確であるともいえないから，本件各規定が憲法31条の規定に違反するものとはいえ〔ない〕」と判示した。この判決には，①実質的に裁判官による立法であって法律主義に反するのではないか（本判決の少数意見参照），②解釈によって示された要件，特に後者の要件が，不明確ではないか，③後者の要件による処罰は，実質的に道徳の保護と変わらないのではないか，といった問題がある。

V　刑法の解釈と立法

わが国の裁判所は，大審院の時代から現在に至るまで，裁判所が処罰に値すると考える行為が新たに生じると，刑罰法規を柔軟に解釈することでこれに対処してきた[21]。代表例として，古くは，旧刑法366条にいう「所有物」に電気が含まれるとした判決（大判明治36・5・21刑録9輯874頁），刑法129条にいう「汽車，電車」にガソリンカーが含まれるとした判決（大判昭和15・8・22刑集19巻540頁），比較的最近では，公文書のコピーが公文書偽造罪の客体になるとした判決（最判昭和51・4・30刑集30巻3号453頁）などがある。

わが国の裁判所が，このように柔軟な解釈態度をとってきたのは，刑事立法がなかなか進まない状況の下で，明治40年に制定された刑法を新しい状況に対応させるためには，柔軟な解釈が必要である，という政策判断があったためであろう。裁判所には，新しい状況に対して柔軟に対応しなければ，「社会の現実と矛盾を生じ，かえって国民の法に対する信頼と尊敬の念をそこない，法律蔑視の風潮を引き起こすことになりかねない」[22]という考えがあったと思われる。

---

21)　松尾浩也「判評」松尾ほか編『刑法判例百選Ⅰ〔第4版〕』5頁（1997年）参照。

しかし，新しい問題に裁判所が解釈で対処しようとすることには，次のような問題がある。
　第1に，刑事裁判は，新しい問題に含まれている多様な利害を集約調整するのに適した場とはいえない。現在の立法は，様々なチャンネルを通じて集められた意見を集約して法案の作成が行われる。例えば，内閣提出法案については，所管官庁におかれた審議会等において，専門家や有識者によって関係者のヒアリングを含めた議論が重ねられる。その結果作成された原案は，パブリックコメントに付され，必要に応じて修正が行われる。法案の作成過程においては，関係省庁との調整や内閣法制局のチェックも行われる。国会では，両院の委員会と本会議で審議が行われ，最終的に法律が成立する。個別の事件について当事者主義と各種の証拠法則の制約の下で判断を行う刑事裁判において，同じような作業をすることは不可能である。
　第2に，罪刑法定主義の原則によって，裁判所の柔軟な解釈には限界がある。にもかかわらず，裁判所が新しい状況に解釈で対処しようと努めることは，裁判所が国民の過大な期待を担うことになり，裁判所の権威にとってかえって危険である。そもそも，新しい問題への対処は裁判所の問題でなく国会の問題である，と言うことによって，裁判所や法に対する信頼が失われるのであろうか。むしろ毅然とした態度をとることによって，信頼は高まるのではないであろうか。
　以上のような問題があっても，わが国では，裁判所の柔軟な解釈態度を正当化する状況が存在していた，という評価はあり得るであろう。仮にこれを認めたとしても，そのような状況は，現在では大きく変化している。
　第1に，近時の刑事立法の動きは，迅速になってきており，柔軟な解釈の根拠とされてきた刑事立法の遅れは，過去の問題となっている。例えば，刑法の改正に限っても，最近の改正で，国民以外の者の国外犯（3条の2），支払用カード電磁的記録に関する罪（163条の2以下），危険運転致死傷罪（208条の2），自動車運転致死傷罪（211条2項），集団強姦罪（178条の2），人身売買罪（226条の2），強制執行妨害目的財産損壊等の罪（96条の2），不正指

22）　藤木・45頁。

令電磁的記録に関する罪（168条の2，168条の3），などの罪が新設されている。個々の立法の当否は別にして，刑事立法が遅いということはなくなっているのである。このような状況の下で，裁判所が柔軟な解釈態度を維持することは，刑事立法の大きな障害となる。立法者が，妥当と考える処罰範囲を表す文言を選んで条文を作成しようとしても，その文言が裁判所によって拡張解釈される可能性があると，適切な条文を作成することが困難になるからである。裁判所の緩やかな解釈態度は，一方で，できの悪い法律を作る行政部・立法部を甘やかし，他方で，きちんとした法律を作ろうとする行政部・立法部に負担をかけているのである。

第2に，現在のわが国は，規制改革によって，政府が事前に様々な指導を行う事前規制社会から，明確なルールを定めてルール違反に制裁を科す事後規制社会への転換を目指している。そのような政策目標の実現にとって，裁判所が柔軟な解釈態度をとっていることは，大きな障害になる。従来の判例・学説は，目の前の事件に対処するために緩やかな解釈をとることの波及効果について無頓着すぎたように思われる。本稿の冒頭に挙げた刑法学者の話は，たしかに立証することのできない話ではあるが，荒唐無稽な与太話ともいえないのである[23]。

現在の裁判所は，刑罰法令を厳格に解釈して新しい問題への対応をできるだけ立法に任せることが求められているのである。

VI　おわりに

罪刑法定主義は，複数の異なった要請に基づく複合的な性格を有している。本章で読者の皆さんに理解してもらいたかったことの一つは，ある考え

---

[23]　鳥獣保護法は平成14年に全面改正され，最判平成8・2・8（前掲注1）参照）で適用が問題となった規定については，未遂犯を処罰する規定が設けられた（鳥獣の保護及び狩猟の適正化に関する法律83条2項）。判例の解釈は，数年で不要になったのである。カモに逃げられた被告人を処罰した判例は，後世に何を残したのであろうか。拙稿「巻頭言：お気に入りの事件」法教334号1頁（2008年）参照。この判決を含めて，類推禁止の問題に関する詳細な研究として，川口浩一「刑法における類推禁止の原則（上・下）」関西大学法学論集57巻3号36頁（2007年），6号74頁（2008年）参照。

を，その根拠に遡って理解し，分析的に検討することの重要性である。そうすることで，今まで見えていなかったことが見えてくる楽しさを味わってもらいたい。

　もう1つは，現在のわが国における刑法解釈のあり方である。読者の皆さんには，新しい時代に相応しい刑法の解釈態度を身につけてもらいたい。

　最後に，1つ重要な注意をして，本章を終わることにしたい。刑法総論の授業は，限界事例を採り上げて議論することが多い。限界事例を用いれば，問題点を鮮明に示すことができるので，限られた時間で問題点を理解してもらうためには，このような方法には合理性がある。しかし，限界事例についての話ばかり聞かされていると，通常の刑法の解釈運用について誤解してしまうおそれもある。読者のなかにも，罪刑法定主義は日本の実務に定着していないという印象をもたれた方がいるかもしれない。もしそうだとすれば，それは誤解である。例えば，刑法134条の秘密漏示罪の主体に，医師は挙がっているが看護師は挙がっていない[24]。患者の秘密保護の観点からいえば，医師が漏らす場合も看護師が漏らす場合も法益侵害の程度に変わりはないし，職業上の義務の重要性の観点からいっても，両者にそれほどの違いはないであろう（少なくとも「祈禱若しくは祭祀の職」にある者よりは，看護師の方が現代社会において重要な役割を担っていると思われる）。だからといって，刑法134条を看護師の秘密漏示に類推適用しようとは，まともな法律家は誰も考えてこなかった。それは，わが国で罪刑法定主義が定着しているからであり，そのことの重要性は，強調してもしすぎることはない。罪刑法定主義の様々な原則を学ぶことは重要であるが，罪刑法定主義の基本をしっかり身につけることはもっと重要である。

24）　最近まで，特別法にも看護師の秘密漏示を処罰する規定はなかった。現在は，保健師助産師看護師法44条の3によって，看護師等の秘密漏示が処罰される。

第3章

構成要件論

I　はじめに

　わが国の刑法学では、犯罪を「構成要件に該当する違法で有責な行為である」と定義することが一般化している。この定義は、犯罪の成立要件を、構成要件該当性、違法性、有責性に分けて、この順番で分析する犯罪論体系を前提にしている。そして、このような犯罪論体系の中心に置かれているのが「構成要件」という概念である。『法学教室』誌では、以前に、「刑法学習の第1ハードル　構成要件」と題する特集が行われており、その冒頭で次のように述べられている。

> "タートベシュタント（Tatbestand)"すなわち構成要件の語は、19世紀初頭から用いられるようになったと言われているが、20世紀のドイツで理論的に深く展開され、やがて日本にも導入された。しかし、この概念の複雑さを反映して、現在、構成要件に関する学説は多岐にわたっている……。刑法総論を学ぶ際、構成要件の理論について正しく理解することは、犯罪論体系を習得する上の重要なポイントであるとともに、学習者にとっては最初の難関でもある。[1]

---

1)　法教166号7頁（1994年）。本特集の各論文、曽根威彦「行為類型としての構成要件」（8頁）、山中敬一「構成要件概念の新構想――客観的構成要件と主観的構成要件」（14頁）、井田良「犯罪論体系と構成要件概念――違法類型説の立場から」（20頁）は、現在でも構成要件論を学ぶ上で最適のものである。比較法に興味のある方は、同特集の、江口三角「構成要件とフランス刑法学」（26頁）、拙稿「構成要件とアメリカ刑法学」（31頁）も参照していただきたい。さらに、最近の論考として、特集「刑法学における『犯罪体系論』の意義」法時1042号（2012年）所収の各論文がある。

本章の目的は，読者がこの「第1ハードル」につまずくことなく進んでいけるよう手助けしようというものであるが，その方法は，高いハードルを跳び越すことができるように読者の脚力を鍛えよう，というものではなく，できるだけ低いハードルを跳ぼうというものである。

II　構成要件とその機能

構成要件概念に関するわが国の学説は，構成要件を違法・責任と中立的な行為の類型と解する説（行為類型説），違法な行為の類型と解する説（違法類型説），違法で有責な行為の類型と解する説（違法・責任類型説）の3つに大きく分けることができる。さらに，これらの説は，故意・過失を構成要件の要素とするかどうかで分かれている。

このうちのどの説が妥当かは，構成要件にどのような機能を期待するかによって決まる問題である。構成要件は，現実の世界に存在している「物」ではなく，犯罪論に役立てるための道具として，学者によって創り出された概念である。それは，単なる概念であるから様々に定義することができ，道具であるから役に立つかどうかによって優劣が判断される。そして，道具は，用途によって役に立つかどうかが変わってくるし（ワインオープナーはコルク栓を抜くのには役立つがワインをそそぐのには役に立たない），同じ用途でもいろいろな道具が存在していて（コルク栓を抜くのにもいろいろな道具がある），どれが便利であるかは，ある程度使う人の好みの問題である。同じことは，犯罪論上の道具概念である構成要件についてもいえるのであって，様々な構成要件概念について，「どれが『正しい』かを議論することは，あまり意味がない」[2]といわれるのは，そのためである。

それでは，構成要件には，どのような役割が期待されているのであろうか。学説で構成要件の機能として考えられているものを挙げると，①個々の刑罰法規に規定された犯罪類型に当たらない行為は処罰されないことを示す「罪刑法定主義機能（保障機能）」，②犯罪を相互に区別し，個別化する「個

---

2)　平野・I 99頁。

別化機能」,③構成要件に該当する行為は例外的に違法性阻却事由が存在しない限り違法であるという「違法推定機能」(さらに,責任推定機能を認める見解もある),④違法性および有責性の判断の内容を構成要件に関連づけ制約する機能,⑤故意の対象を示す「故意規制機能」,⑥未遂・共犯・罪数などの諸問題について解決基準を提供する機能,⑦刑事訴訟法335条1項の「罪となるべき事実」を示す訴訟法的機能などがある。

　もちろん,構成要件概念が,当然にこのような機能を持っているというわけではない。価値中立的な行為類型としての構成要件は③の機能を持たないし,違法類型としての構成要件は①②⑦の機能を充分には持たない。構成要件の概念をめぐる争いは,これらの機能のうちでどれを構成要件に期待すべきなのか,という点をめぐる争いなのである。そして,「一つの構成要件概念に複数の役割を担わすことは方法論的に誤りであるばかりでなく,異質な役割を無理に負わせることにより,構成要件の概念を犯罪要素としての役割を果たすのに不適当なものとしてしまうという弊害を生む」[3]という,正当な指摘がなされている。もちろん,構成要件概念が複数の役割を無理なく担うことができるのであれば,それに越したことはない。しかし,それは結果であって,まずは,構成要件に持たせるべき機能を一つ決めて,そのような機能を最も適切に果たすことのできる構成要件の概念を決定し,その後で,そのような構成要件が,他にどのような機能も持つことができるかを検討すべきなのである。

　それでは,構成要件に最も期待される機能は何かといえば,罪刑法定主義機能であろう。もともと,ベーリングが構成要件を犯罪成立の一要件としたのは罪刑法定主義の要請を示すためであったし,現在でも,多くの論者が構成要件の罪刑法定主義機能を重視している。そこで,以下では,まず構成要件概念を罪刑法定主義機能との関係で検討し,次に,違法性判断との関係を検討し,最後に,故意・過失との関係を検討することにしたい。

---

[3]　町野朔「構成要件の理論」芝原邦爾ほか編『刑法理論の現代的展開・総論Ⅰ』6頁(1988年)〔同『犯罪論の展開Ⅰ』(1989年)所収〕。

Ⅲ 構成要件の罪刑法定主義機能

1 罪刑法定主義機能の意味

　構成要件の機能のうちで最も基本的で重要なものは，罪刑法定主義機能であるが，構成要件の概念と罪刑法定主義が論理必然的に結びついているわけではない[4]。このことは，わが国に構成要件理論を導入された小野博士や瀧川博士が類推解釈を肯定されていたことに，明瞭に示されている[5]。町野教授は，このことを認められたうえで，「構成要件に罪刑法定主義機能を肯定する考え方は，刑罰法規の拘束力を認め，そこから形成された犯罪類型たる構成要件に該当しない行為は処罰することが許されないという意味で，構成要件の犯罪限定機能を認めるのに対して，構成要件を罪刑法定主義から解放すべきだとする見解は，構成要件に右のような犯罪限定機能を認めない立場である」と言われる[6]。しかし，そのような犯罪限定機能は，構成要件自体が有しているというよりも，刑罰法規の拘束力を認めることが有しているものなのである。

　もちろん，罪刑法定主義に忠実な刑罰法規の解釈によって得られた構成要件に裁判官が拘束されれば，罪刑法定主義は保障される。刑罰法規の解釈を通じて構成要件を定立する作業において刑罰法規の拘束力を認めることを第1次的保障機能，そのような構成要件に裁判官による個別の法適用が拘束されることを第2次的保障機能と呼んで区別するとすれば，構成要件が有しているのは主として第2次的保障機能なのである。もちろん，2次的だからといって重要でないというわけではない。

　以上は，構成要件は刑罰法規の解釈によって導き出されるものである，と

---

[4]　小野清一郎『犯罪構成要件の理論』216頁以下（1953年）〔初出は1928年〕参照。
[5]　小野・52頁，瀧川幸辰「刑法総論」『瀧川幸辰刑法著作集第1巻』155頁以下（1981年）〔初出は1929年〕参照。瀧川博士は，その後，類推解釈否定説に変わられるが，それは，博士が，階級対立が存在している資本主義社会では，罪刑法定主義を厳守しなければ刑法が階級的抑圧の手段となってしまう，という認識に立つようになられたからである。
[6]　町野・前掲注3)11-12頁。

いう理解を前提としたものであるが，構成要件論の中には，構成要件は「指導形相」であって犯罪類型に対して論理的に先行する，という理解もある。

確かに，法律の要件は，言語によって記述され，その意味が伝達されるものであるから，言語が指し示すイメージが何らかの形で人々に共有されていなければ，その内容を理解することができない。「刑法199条の構成要件とは，現実に数多くみられる『人殺し』に共通するものが，われわれの心に焼きついてできあがった『人殺し』の型である」[7]という説明が，そういうことを意味しているのであれば，了解可能である[8]。

しかし，構成要件を「指導形相」として理解することには，それ以上の，「形成され構造化されるべき事物の先取りされた姿形」というプラトンのイデア論的意味が込められているように思われる。しかし，罪刑法定主義によって刑罰法規への裁判官の拘束を認めながら，なぜ法律の文言を超えた何ものかに裁判官が拘束されることを認めなければならないのかは，筆者には理解が困難である。構成要件は，個別の犯罪の要件として理解すれば十分であり，それ以上の哲学的意味づけは無用であろう。

それでは，構成要件は，その定立の段階で保障機能をまったく持たないかというと，そうではない。構成要件は，犯罪類型であるから，その要件は，類型的・形式的なものでなければならないと解すれば，構成要件はその定立の段階でも一定の保障機能を有しうる。しかし，規範的構成要件の存在が避けられない以上，このような意味での罪刑法定主義機能には限界があることも確かである。

2　罪刑法定主義機能を重視した構成要件

いずれにしても，構成要件に最も期待される機能が罪刑法定主義機能であるとすれば，構成要件は，違法・責任類型でなければならないであろう。立法者は，行為の類型的違法性だけでなく類型的有責性も考慮して，処罰に値

---

7) 内田・84頁。
8) もっとも，立法者は，新しい事象について技術的・専門的概念を用いて刑罰法規を作ることも可能であり，また，誰も考えつかなかった斬新な方法で人を殺しても殺人罪の成立を認めるべきであるから，「あらかじめ心に焼きついてできあがった型」だけを構成要件というわけにもいかないであろう。

する行為の類型を刑罰法規に規定するのであり，個別の犯罪を構成する要素には，違法要素だけでなく責任要素も含まれているからである。例えば，刑法各則に規定された主観的要素は，それが主観的違法要素であれ，主観的責任要素であれ，構成要件要素とされなければならない。証拠隠滅罪における「証拠の他人性」のような客観的責任要素も同様である[9]。

構成要件を違法・責任類型と解することは，わが国では，当初から小野博士や佐伯千仭博士が主張されていたことであり[10]，ごく自然な理解のように思える。にもかかわらず，学説で反対が強いのは，違法要素と責任要素を同じ構成要件に属させることによって，違法と責任の区別が曖昧になることをおそれるからである[11]。そのようなおそれが，単なる杞憂とはいえないことも確かである。しかし，主観的違法要素を認める以上，構成要件から責任要素を排除しても，違法と責任の混同は起こりうるのであって，その防止策は，構成要件から責任要素を排除することではなく，違法判断と責任判断を厳密に分けることであろう。違法と責任の区別を不明確にする違法・責任類型説は妥当でないが，当罰性を規定する異質な2つの要素が構成要件に類型化されて含まれていると考える違法・責任類型説は，決して不当でないのである[12]。

Ⅳ 構成要件と違法判断の関係

1 構成要件の違法推定機能

構成要件論の歴史においては，ベーリングによって違法性・有責性という価値判断から中立的な行為の類型として構想された構成要件が，しだいに違法類型として理解されるようになっていった。構成要件を，原則として違法な行為の類型と解すると，構成要件に該当する行為は，違法性阻却事由が存

---

9) 山口・33頁は，違法類型説から「証拠の他人性」を構成要件要素とするために，客観的責任要素の存在を否定している。
10) 佐伯・125頁参照。
11) 山口・31頁参照。
12) 町野・前掲注3)18頁参照。

在しない限り違法と判断される，という意味で，違法推定機能を有することになる[13]。ただし，ここでいう「推定」とは，訴訟法でいう推定を意味しているのではないことに注意が必要である[14]。それは，単に，構成要件は，例外的な違法性阻却事由がなければ可罰的に違法な行為の類型であるから，違法性阻却事由がなければ違法である，という定義上あたりまえのことを言っているにすぎない[15]。

これに対して，現在でも，当初のベーリングの構想を支持する行為類型説が有力に主張されている[16]。しかし，刑罰法規は，類型的に違法で有責な処罰に値する行為を立法者が規定したものであって，構成要件を実質的な違法・有責性を考慮することなく解釈することはできない。仮にそのような構成要件概念が可能であったとしても，そのような構成要件は，過度に広範なものとなり，罪刑法定主義機能を充分に果たすことはできない（過度に広範な刑罰法規は違憲とされることを想起すべきである）。

論者は，「構成要件－違法性阻却」という通説の判断では，①犯罪成立要件を判断するテストの回数が減るので，判断の信頼度が低下する，②積極的に「違法な行為」を確認することができない，③違法の程度を論じることができない，と批判する[17]。しかし，いずれも適切な批判とは思われない。まず，第1の批判については，テストの回数が多ければ多いほど信頼度が高まるということはないのであって，構成要件該当性を判断した後で，その実

---

[13] 同様の意味で，違法・責任類型説からは，構成要件的故意を含めた有責類型に該当すれば，原則として違法類型に対応した責任が認められる，という意味で，責任推定機能を認めることができる。

[14] 平野龍一「構成要件という概念をめぐって」同『犯罪論の諸問題(上)』11頁以下（1981年）参照。これに対して，鈴木茂嗣「犯罪論の体系(2)」法学論叢138巻4＝5＝6号71頁以下（1996年）〔同『犯罪論の基本構造』（2012年）所収〕は，訴訟法上の一定の推定関係を意味すると解すべきである，とする。

[15] 違法推定機能は，構成要件に該当する行為は「通常」違法であるということさえ意味しない。例えば，通説によれば医師の手術も傷害罪の構成要件に該当するので，傷害罪の構成要件に該当する行為のうちで，医療行為として違法性が阻却される行為の数は，違法性が阻却されない行為の数（ちなみに2002年の傷害罪の認知件数は3万6324件である）よりはるかに多いであろう。

[16] 内田・86頁以下，曽根・前掲注1)8頁以下，山火正則「構成要件の意義と機能」『刑法基本講座第2巻』14頁以下（1994年）など参照。

[17] 曽根・前掲注1)9頁。

質的違法性を判断することは，無駄が多い。第2の批判については，構成要件を違法性阻却事由に該当しなければ可罰的に違法といえるだけの類型に限定して解釈すれば問題はなく，また，構成要件の違法推定機能を認めると超法規的違法性阻却事由が認められなくなるなどということもありえない[18]。第3の批判についても，構成要件該当性判断によって，可罰的な程度に違法であることの判断がなされるのであり，それ以上の違法の程度は違法性阻却や量刑において問題にすれば充分である。

むしろ，構成要件と違法判断を切り離すことが，構成要件の制限を離れて自由に違法性を判断できることを意味しているのであれば，それは不当である[19]。例えば，傷害罪それ自体の違法性は，傷害行為の違法性として判断されるべきであって，無免許医療であることの違法性や保険金詐欺の違法性は考慮されるべきではない（ただし，違法性阻却の判断については別個の考慮が必要である[20]）。

2 構成要件解消説・後置説

構成要件は違法類型であるから，刑罰法規を解釈して構成要件を定める際には，行為の可罰的違法性を考慮する必要がある。そこで，学説では，構成要件が違法類型であることを強調して，構成要件該当性判断を違法性判断の一部に解消してしまう見解も主張されている[21]。しかし，構成要件該当性判断と違法性判断には，質的な違いがある。構成要件は，あくまで類型的・形式的でなければならないからである。どのような構成要件とするかは，実質的考慮が必要であるが，そのような考慮の結果として定立される構成要件は，個別的・実質的なものでなく，類型的・形式的なものでなければならないのである。構成要件該当性判断を違法性判断の一要素としてしまう見解

---

[18] 町野・前掲注3)32頁参照。
[19] 山口・30頁参照。内田・92頁注6は，積極的な違法判断とは，消極的な違法性阻却事由判断では足りないという意味のもので，実体法の外部にある不明確・不安定な「価値」を導入しようとするものではない，と反論している。
[20] 本書103頁以下参照。町野・前掲注3)29頁が，行為無価値論においては，法益内容によって規定された不法の相対性は存在しえないと言うのは，言いすぎであろう。
[21] 西原・(上)154頁以下参照。

は，両者の判断の質的違いを（少なくとも犯罪論の体系上）捨象してしまう点で，妥当でないと思われる。

　構成要件と違法性判断の関係については，違法性判断を構成要件該当性判断に先行させる見解も主張されている。最近では，鈴木茂嗣教授が，実体論的な「犯罪類型」論と認定論的な「構成要件」論を区別しなければならないとされたうえで，実体論としては，違法性・有責性・当罰性を論じた後に，「犯罪類型」該当性を取り上げるべきである，と主張されている[22]。

　確かに，刑罰法規を解釈して構成要件を定立する際には，違法類型説の立場からは，可罰的違法性の考慮が，違法・責任類型説の立場からは，可罰的違法性・有責性の考慮が必要であり，そのためには，違法や責任が何を意味するかをあらかじめ知っていなければならない[23]。その意味では，鈴木教授の指摘は，正当である。しかし，鈴木教授が，通説が構成要件該当性判断を違法性判断の前に行うべきであるとしていることを，単なる認定論の問題として理解されていることは，妥当でないと思われる。罪刑法定主義の下では，何が違法であるかは立法者が定めた刑罰法規に従って決定されるのであって，構成要件を離れて違法性を考えることはできないからである。構成要件該当性を違法性阻却の前に判断することは，単に認定論の問題を超えて，犯罪実体論上の意味を有しているのである。

V　構成要件と故意・過失

1　故意・過失の体系的地位

　故意・過失の体系的地位については，構成要件論と故意・過失論が交錯す

---

[22]　鈴木・17頁以下および同・前掲注14)基本構造29頁以下参照。鈴木教授の「犯罪類型」は，違法・責任類型説の構成要件概念とほぼ同じものである。鈴木教授は，混乱を避けるために，これを「構成要件」でなく「犯罪類型」と呼ぶべきであると言われるのであるが，すでに定着している名前を変えることは，かえって混乱を招くように思われる。

[23]　そのことは，これまでも当然意識されてきたのであって，多くの教科書では，構成要件論の前に，「刑法の任務」，「刑法の原則」，「犯罪論の体系」といった題のもとで，違法や責任に関する一般論が展開されている。

るため,学説の対立が複雑になっている。まず構成要件を違法類型と解する立場から,故意・過失を責任要素と解して構成要件に含まれないと解する見解と,故意・過失を違法要素と解して構成要件に含める見解がある。次に,構成要件を違法・責任類型と解する立場から,故意・過失を構成要件に含める見解がある。筆者は,最後の見解に立っている[24]。

構成要件が罪刑法定主義機能を果たすためには,故意・過失も構成要件要素とすることが望ましい。例えば,過失器物損壊罪が存在しないにもかかわらず,過失の器物損壊行為に器物損壊罪の構成要件該当性を認める必要はない。また,罪刑法定主義は,単に処罰されるかどうかだけでなく,どのような法定刑の罪で処罰されるかについても妥当するから,罪刑法定主義機能に個別化機能も必要であり,そのためにも故意犯と過失犯の区別が必要である。したがって,構成要件を違法・責任類型と解する立場から,故意・過失を責任類型に属する構成要件的要素と解することが,適当であると思われる。

これに対して,町野教授は,構成要件が違法要素と責任要素からなることを認めながら,故意・過失は非類型的な心理状態にとどまるから犯罪類型でないとして,構成要件の要素であることを否定される[25]。しかし,故意・過失は,一般的な心理状態ではなく,たとえば,殺人の故意,窃盗の故意として,犯罪類型の一部をなしているのであるから,このような説明は説得的ではないように思われる[26]。

もっとも,故意の内容に違法性の意識ないしその可能性を含める場合には,そのような意識ないし可能性は,非類型的な心理状態にとどまるから,構成要件の要素ということはできない。また,違法性阻却事由に属する事実の認識も,個別の犯罪類型に関係づけられているわけではないから,構成要件の要素とはいえない。したがって,これらの認識を故意の内容とするのであれば,構成要件的故意とは別個の責任故意として理解する必要がある。構成要件が犯罪成立の原則類型だとすれば,違法性阻却事由が例外的事由であ

---

[24] 構成要件と故意の関係については,すでに,拙稿「故意・錯誤論」山口厚=井田良=佐伯仁志『理論刑法学の最前線』98頁以下(2001年)で検討している。
[25] 町野・前掲注3)22頁。
[26] 山口・32頁参照。

る以上，その認識も例外的事由であり，構成要件には属さないと解すべきなのである。

故意・過失を構成要件要素と解すると，誤想防衛で事実を誤認したことに過失がある場合には，故意犯の構成要件該当性を認めた行為に過失犯が認められることになるという，いわゆるブーメラン現象がおこって不当である，という批判がある[27]。このような批判は，故意と過失は，故意が結果の認識，過失が結果の不認識という形で，相互に排他的関係にあるという考えに基づいているが，このような常識的な考えを疑ってみるべきである。過失は単なる結果の不認識ではなく（それは無過失も同じである），結果の予見可能性こそが過失の本質的要素である。そうであれば，故意と過失は結果の予見可能性という部分で重なり合っていることになる[28]。故意犯の構成要件に該当するということは過失犯の構成要件に該当しないということではないと考えれば，構成要件的故意を肯定したうえであらためて過失犯の成立を認めることに不都合はない。

2 構成要件の故意規制機能

構成要件が故意規制機能を持つとされたのは，もともとは，ドイツ刑法が「法定の構成要件に属する事実を知らなかったときは，この事実は帰責できない」と規定していたためであるが，このような規定を持たないわが国においても同様に解されている。

故意を構成要件要素とすることについては，構成要件の故意規制機能が失われてしまうことが問題とされている[29]。たしかに，行為者が自分が故意

---

[27] 川端・381頁参照。これに対して，西田典之「構成要件の概念」西田典之＝山口厚編『刑法の争点〔第3版〕』15頁（2000年）は，違法構成要件該当性→違法阻却→責任構成要件該当性→責任阻却，という順番で判断することにすれば，このような問題を避けることができる，とする。

[28] 髙山佳奈子『故意と違法性の意識』136頁以下（1999年）参照。このことは，構成要件要素としての故意と過失は予見可能性という部分で重なり合っているというだけであって，故意が認められれば常に過失犯を認めてもよいと言っているわけではない。もし故意と過失が排他的なものであれば，過失犯で起訴された被告人は，結果発生の認識を有していた合理的疑いがあると無罪になってしまうが，その結論は不当である。

[29] 山口・30頁。

を有しているということを認識するということは意味がないから，故意を構成要件要素とすれば，その部分では，構成要件は故意規制機能を持たなくなる。しかし，構成要件のすべての要素が故意規制機能を持つわけではないことは，違法類型説の論者も認めているのではないであろうか。構成要件全体が故意規制機能を持つためには，構成要件はすべて客観的要素で構成されている必要があるが，主観的違法要素を認める以上，そのような構成要件概念は採り得ないからである。そうだとすれば，故意を構成要件の要素としたうえで，主観的要素は故意の対象とならない，とすることに，何か不都合があるとは思われない。故意が構成要件の要素でありながら故意の対象とならないのは，目が身体の一部でありながら目が目を見ることがないのと同様である。

　構成要件の故意規制機能との関係では，違法性阻却事由に属する事実の認識をどのように扱うかが問題となる。この問題を考えるうえでは，まず違法性阻却事由に属する事実の錯誤をどのように扱うかが問題である。もし，これを違法性の錯誤として故意を阻却しないものと解するのであれば（いわゆる厳格責任説），故意の対象は構成要件該当事実だけであり，故意規制機能は，構成要件に属する事実は故意の対象となるという積極面だけでなく，構成要件に属する事実以外は故意の対象にならないという消極面でも妥当することになる。これに対して，違法性阻却事由に属する事実の錯誤による故意の阻却を認める立場に立つ場合には，3つの選択肢がある。第1は，故意規制機能を積極面についてだけ肯定し，消極面については否定することである。構成要件に属しない事実であっても違法性を基礎付ける事実については認識していなければならない（違法性阻却事由に属する事実を認識していた場合は故意が阻却される），と解することになる。第2は，故意を構成要件的故意と責任故意に区別することを前提として，構成要件の故意規制機能は構成要件的故意にだけ妥当すると考えることである。違法性阻却事由に属する事実を認識していた場合は，構成要件的故意ではなく，責任故意が阻却されることになる。第3は，故意規制機能を積極・消極両方について認めたうえで，違法性阻却事由を消極的構成要件要素と解する，いわゆる消極的構成要件要素の理論[30]を採用することである。

まず，厳格責任説は妥当でない。故意の責任非難を考える上で，違法性を基礎付ける事実が原則的類型に属しているか例外的事情に属しているかは重要ではないからである。そのうえで，どの見解が妥当かといえば，筆者は，構成要件的故意と責任故意を区別する立場に立つので，第2の見解が妥当であると考えている。第3の見解をとらないのは，違法性阻却事由は個々の犯罪類型とは関係のない一般的なものであり，その判断も犯罪類型としての構成要件該当性判断と個別・具体的な違法性阻却の判断とは異質なものだからである[31]。

もっとも，故意規制機能を認めるといっても，それは刑法38条の「特別の規定」がない場合のことであって，過失犯において故意が必要ないのは当然であるし，立法者は，故意と過失の複合形態を認めることも可能であるから，構成要件の一部については過失で足りる，ということもあり得る[32]。さらに，判例のように結果的加重犯の重い結果に過失を不要と解すると，構成要件の一部には過失も不要なものがあることになる。

Ⅵ　おわりに

本稿の結論は，構成要件を違法・責任類型として理解し，故意・過失も責任類型としての構成要件に含める，というものである。この構成要件概念は，罪刑法定主義に最も適合し，学生や一般の人にも理解しやすいものである。たくさん並んでいるハードルの中では最も低くて跳びやすいものではないかと思う。このような構成要件概念に対して，平野博士は，「ここに至る

---

30)　中義勝『誤想防衛論』（1971年）参照。
31)　井田・前掲注1)22頁参照。井田教授は，その後改説され，消極的構成要件要素の理論を採用されている。井田良「違法性阻却事由の理論」現刑9号83頁以下（1999年）参照。井田教授の2つの論文が，どちらもそれぞれ説得的であることは（「矛盾」の語源を思い出してしまうが，決して皮肉で言っているわけではない），この問題が論理的に決着のつく問題ではなく，構成要件の使い方の問題であることをよく示しているように思われる。
32)　筆者は，名誉毀損罪をそのような構成要件と解している。拙稿「名誉とプライヴァシーの保護」芝原邦爾ほか編『刑法理論の現代的展開・各論』85頁（1996年）参照。違法性と関連する客観的処罰条件について予見可能性（さらには予見）を要求する見解については，佐伯千仭「客観的処罰条件」『刑法における違法性の理論』149頁以下（1974年），松原芳博『犯罪概念と可罰性』225頁以下（1997年）など参照。

と，構成要件理論は崩壊したとさえいってよい」[33]と批判されているが，構成要件が犯罪要件の総体と等しくなってしまったわけではないので「崩壊した」とは思われない。

　もしかすると筆者は，学生時代に刑法学の第1ハードルを跳び忘れたまま，現在に至ってしまったのかもしれない。本章を読んだ結果，構成要件論はたいしたことがないからハードルを気楽に跳び越えて前に進もうと思われるか，筆者の二の舞にならないように構成要件論をしっかり勉強してハードルを跳び越えようと思われるか，それは読者しだいである。いずれであっても，教師としての役目は果たしたことになるであろう（後者の場合は反面教師であるが）。

---

[33]　平野・Ⅰ98頁。

第4章

因果関係 (1)

I　はじめに

　構成要件要素として結果の発生が要求されている犯罪が成立するためには，行為と結果の間に因果関係が必要である[1]。わが国の通説によれば，因果関係の判断は，行為（実行行為）と結果の間の条件関係の判断と，条件関係が認められることを前提とした相当因果関係の判断の，2段階の判断として行われる。このような通説の判断枠組みは，行為と結果の間の事実的つながりを判断した上で，そのようなつながりが認められる場合を，さらに法的・規範的観点から限定しようとするものであり，前者を事実的因果関係の判断，後者を法的因果関係の判断と呼ぶことができる[2]。

　学説では，因果関係の意義について様々な議論がなされているが，結果犯において行為と結果の間に少なくとも事実的因果関係が必要であることは，罪刑法定主義の当然の要請である。例えば，AとBがCを殺害する故意でそれぞれ独立にCに向かって拳銃の引き金を引いて弾が発射され，Cに弾が1発命中してCが死亡した場合に，当たった弾がAが撃ったものであれば，Aの行為だけがCの死亡結果と因果関係を有しているのであって，Aだけが「人（C）を殺した」といえる。したがって，Bの行為がいかに危険なものであったとしても，Bが殺人既遂の責任を負うことはない（AとBに

---

[1] 本章については，連載時に，草稿段階で小林憲太郎教授に読んでいただき，多くの貴重な示唆をいただいた。

[2] この点の区別を犯罪論体系の上で明確にしているのが，事実的因果関係を行為論の問題，法的因果関係を構成要件該当性の問題とする学説である。曽根・51頁以下，69頁以下，高橋・112頁参照。構成要件論に行為論を先行させる立場を採るのであれば，この見解が一貫していると思われる。

意思の連絡があれば，Bも共同正犯として殺人既遂の責任を負う）。Cに当たったのがどちらが撃った弾なのかを合理的疑いを超える程度に証明することができなければ，どちらも未遂の責任しか負わない[3]。

　通説の判断枠組みに対しては，第1段階の事実的因果関係の判断と，第2段階の法的因果関係の双方について有力な批判がなされている。まず，第1段階の判断については，条件関係の判断も刑事責任を限定するための規範的判断として理解したうえで，結果回避可能性が認められない場合には条件関係を否定する見解が主張されている。第2段階の判断については，逆に，因果関係を事実的判断に限定し，法的・規範的観点からの限定を因果関係とは別の結果帰属の判断枠組みで行おうとする見解が主張されている。客観的帰属論と呼ばれるこの見解は，ドイツの通説であり，近時わが国でも支持者が増えてきている。本章では，因果関係(1)として，第1段階の問題を扱い，次章で因果関係(2)として，第2段階の問題を扱うことにしたい。

　次の事例は，本章で扱うものである。Aの行為と被害者の死亡結果との間に因果関係（結果の帰属）が認められるかを，II以下を読む前に考えてみてほしい（事例の順番は出てくる順である）。

　事例1　死刑囚Cに恨みをもっているAが，死刑執行ボタンを押そうとした執行官Bを押しのけて，執行予定時刻に自らボタンを押して死刑囚Cを死亡させた。
　事例2　AとBがそれぞれ独立に致死量の毒薬をCの飲み物に混入し，それを飲んだCが死亡した。
　事例3　医師Bが毒蛇にかまれたCに1本しかない血清を注射しようとしたところ，Aがこの血清を奪って捨ててしまったためCが死亡した。
　事例4　医師Aが患者Bに治療薬と毒薬を間違えて注射して死亡させてしまったが，正しい治療薬を注射しても予見不可能なBの特異体質によって同じように死亡したであろう。

---

3) このような原則の例外が，同時傷害の特例（刑法207条）であり，その合憲性をめぐって議論がある。

事例5 事例4で，AがBに毒薬を注射したのはBを安楽死させるためであり，Aは殺人の故意を有していた。

事例6 AがBの頭部を殴打してBを死亡させたが，BはAに殴打されなくてもほぼ同時刻に落石で頭を打って死亡していたであろう。

Ⅱ 条件関係

1 通説とその問題点

通説は，行為と結果の事実的なつながりを条件関係と呼んで，これを「あれ（その行為）なければこれ（その結果）なし」という条件関係公式（仮定的消去法）によって判断している。そして，条件関係公式のあてはめにおいては，まず第1に，結果を具体的・個別的にとらえなければならない，とする。例えば，Aが瀕死の病人Bに毒薬を飲ませてBが10分後に死亡したが，Aが毒薬を飲ませなくても数日後にはBは死亡したであろう，という場合，結果を10分後の死と具体的にとらえて条件関係公式を適用すべきであり（Aが毒薬を飲ませなければBが10分後に死亡することはなかったので条件関係が肯定される），Aが毒薬を飲ませなくてもBは（数日後に）死亡したであろうとして条件関係を否定してはならない。

第2に，通説は，条件関係公式の適用にあたって，「取り除く」のは行為者の現実に存在した行為だけであり，他の行為または事情を仮定的に「付け加えて」はならない，とする。例えば，**事例1**の場合，Aがボタンを押さなければBが押したであろうという仮定的事情を付け加えてはならず，Aがボタンを押した行為とCの死亡との間の条件関係が肯定される。

第3に，結果を惹起しうる代替的原因が複数存在する択一的競合の場合，例えば，**事例2**の場合，条件関係公式を適用すると，Aの行為がなくともBの行為によってCは死亡し，Bの行為がなくともAの行為によってCが死亡するから，条件関係が否定される。通説は，この結論を不当として，択一的競合の場合は，条件関係公式を，「いくつかの条件について，それを択

一的に取り除いたのでは結果は発生するが，累積的に全部を取り除くと結果が発生しない場合には，おのおのの条件がその結果を引き起こしたものである」と修正して条件関係を肯定しなければならない，とする。

(1) 結果の具体的・個別的把握

まず，条件関係公式の適用にあたって，結果を具体的・個別的にとらえなければならないという点については，あまり異論がない。もっとも，結果をどこまでも具体化・個別化してよいわけではない。例えば，Ａが左向きに寝ている瀕死の患者Ｂを右向きにした後，Ｂが死亡した場合，結果を「右向きに横たわったＢの死」ととらえると，Ａの行為とＢの死亡結果との間に条件関係が肯定されてしまう。しかし，右向きにしたことがＢの死因や死亡時期に影響を与えていない限り，そのような判断が適当でないのは明らかである。どこまで結果を具体化・個別化すべきかは，当該構成要件にとって何が重要な事実かによって判断する必要がある。殺人罪の構成要件にとって死体がどちらを向いているかということそれ自体は，重要でないのである。

(2) 仮定的事情の付け加え禁止

通説が主張する「仮定的事情の付け加え禁止」に対しては，①もともと条件関係公式は仮定的判断を行うものであって付け加え禁止の根拠が明らかでない，②不作為や救助的因果経過の阻止の場合には仮定的事情を付け加えて判断せざるをえない，という批判がなされている。救助的因果経過の阻止とは，事例３のような場合である。不作為の場合は，作為義務のある作為がなされていれば結果が発生しなかったか，という形で仮定的事情を付け加えて条件関係を判断しなければならないし，救助的因果経過の阻止の場合も，Ａが血清を奪わなければＢが血清をＣに注射してＣの命が助かったか，という形で仮定的事情を付け加えて条件関係を判断しなければならない。

②の批判に対しては，次のように答えることができるであろう。すなわち，不作為の場合は，単なる不作為ではなく，作為義務のある作為をしないことが問題となっているのであるから，不作為を取り除いて考えるということは，作為義務のある作為がなされた状態を付け加えることを意味する。同様に，救助的因果経過の阻止の場合は，Ｂの不作為を介して結果を発生させ

る場合であり，作為によって不作為を強制している場合であるから，通常の不作為と同様に仮定的事情を付け加えることが必要になるのである。したがって，これらのことからただちに，作為犯一般について仮定的事情の付け加えが許されることにはならない[4]。

それでは，①の批判に対する答え，すなわち付け加え禁止の根拠はどこにあるのであろうか。それは，通説が条件関係の判断において行おうとしているのが，行為と結果の事実的つながりの確認であり，そうだとすれば，結果に影響を与えなかった仮定的事情を付け加えて条件関係を判断すべきではないからである。つまり，付け加え禁止は，仮定的判断をその本質とする条件関係公式に内在している制約ではなく，行為と結果の間の事実的つながりを発見するという目的から来ている外在的な（事実的因果関係の判断にとっては本質的な）制約なのである。

(3) 択一的競合事例

一般に択一的競合とされる事例については，もう少し事実関係を明確にして，場合を分けて考える必要がある[5]。まず第1に，致死量の2倍の毒を飲んだことによって被害者の死期が早まった場合は，結果を具体的に把握することで条件関係を認めることができる[6]。第2に，一方の毒薬だけが効いて被害者が死亡した場合は，先に効いた方についてのみ条件関係が肯定される[7]。どちらの毒が効いたか証明できない場合は，「疑わしきは被告人の利益に」の原則に従い，共に殺人未遂となる。「いずれが効いて死亡したのかが証明できない場合」を択一的競合として条件関係を肯定する見解は，妥当でない[8]。第3に，両方の毒がどちらも被害者に作用し，具体的形態においても単独の場合と全く同じ経過をたどって被害者が死亡した場合があり，こ

---

[4] 井田良「因果関係の理論」現刑4号65頁（1999年）参照。
[5] 曽根・53-54頁，内藤・(上)255頁以下参照。
[6] もっとも，生命は一瞬一瞬が重要であるからといって，1秒でも死期を早めれば条件関係を認めてよいかは疑問の余地がある。この点については本章Ⅲの結果回避可能性の部分を参照されたい。なお，死期を早くした場合だけでなく遅くした場合にも，条件関係が認められることに注意が必要である。
[7] 毒が効いたかどうかは，「先行の事実が後行の事実を『力によって支配した』という個々の論者の感覚の表現に過ぎない」（町野朔『犯罪論の展開Ⅰ』166頁以下〔1989年〕）わけではなく，科学的な証明の問題である。

れが真の択一的競合である（以下，「択一的競合」はこの場合を指す）。この場合に，条件関係公式をそのままあてはめれば，条件関係は否定されてしまう。通説は，これを不当として条件関係公式を修正するのであるが，共犯でないのになぜ併せて取り除くことが許されるのか明らかではない，という批判がなされている。

　通説の理由として挙げられているのは，「①独立して人を殺害しうる行為をし，その結果人が死んでいるのに両者とも殺人未遂とするのは常識に反すること，②少なくとも半分は結果の発生に寄与していること，③実行行為に予定されている結果が発生しているのにその点の責任を問えないのは不合理であること，④重畳的因果関係の場合と比べ，より危険な行為をしていながら未遂にとどまるのは不均衡であること」などである[9]。しかし，①と②は，「行為の結果人が死んでいる」「半分は寄与している」という，因果関係の存在を前提とした議論であり，結論の先取りである。③は，因果関係の断絶の場合は，殺害する危険性を含んでいる行為をして結果が発生しても，条件関係が否定されるのであるから，理由にならない。④も，より危険な行為をしてもその行為によって結果が生じなければ未遂になるのは当然であって，それ自体は理由にならない。結局，通説は，択一的競合の場合には，どちらの行為も結果と事実的つながりをもっているから条件関係を肯定すべきである，という判断を先にして，条件関係公式を無理にこれにあわせようとしているのである。

2　合法則的条件関係説

　通説が，因果関係判断の第1段階で，行為と結果の間の現実的な事実のつながり（事実的因果関係）を確認しようとしていることは，支持されるべきである。通説の問題点は，条件関係公式によって示される行為と結果の関係がこのような事実的つながり以上のものを示している，ということを十分意

8）　逆に，択一的競合の事例をすべて「いずれが効いて死亡したのかが証明できない場合」と考える見解（例えば，井田・前掲注4)65頁）も，妥当でない。山中・257頁，成瀬幸典「条件関係について」森本益之ほか編・大野眞義先生古稀祝賀『刑事法学の潮流と展望』128頁（2000年）参照。

9）　大谷・212頁。

識していないことにある。条件関係公式は，事実的因果関係を判断するための（不完全な）手段にすぎないのであり，すでに行為と結果の事実的つながりが判断できているのであれば，条件関係公式にこだわる必要はないのである。

ドイツでは，因果関係の判断は，因果法則に則した個別具体的な連関の存否の判断であるとする合法則的条件関係説が通説となっており，わが国でも近時支持を増やしている[10]。通説の実態はまさに合法則的条件関係説なのであり，基本的にこの見解が妥当であると思われる。

もっとも，行為と結果の事実的つながりの判断が，科学法則や経験則によって行われなければならないのは当たり前のことであるから，あえて合法則的条件関係説と呼ぶ必要はないともいえる[11]。また，合法則性を強調すると，行為と結果の間に一般的な合法則的関係があればよいという誤解（これは過小な要求であり，具体的な行為と結果の間に合法則的関係がなければならない）や，すべての事象経過の一齣一齣について合法則的つながりが証明されなければならないという誤解（これは過大な要求であり，行為と結果の間の合法則的関係が証明されれば足りる）が，生じるおそれもある。因果関係の第1段階の判断は，単に事実的因果関係の判断と呼べば十分であろう。

3　規範的条件関係説（論理的結合説）

以上のような通説の考えに対して，町野朔教授は，刑法の因果関係は自然的科学的因果関係とは異なり条件関係公式で示される行為と結果の間の論理的結合関係を意味し，刑事責任を限定するためのものである，と主張された（論理的結合説）[12]。当該行為を行わなくとも結果が生じた場合（事後的にみ

---

10)　山中・259頁以下，林陽一『刑法における因果関係理論』33頁以下（2000年），川口浩一「因果関係(1)——条件関係について」西田典之ほか編『刑法の争点』20-21頁（2007年）など参照。
11)　吉岡一男「条件関係における択一的競合について」法学論叢126巻4＝5＝6号159頁（1990年），成瀬・前掲注8)127頁参照。
12)　町野・前掲注7)111頁以下参照。この論文（「条件関係論」〔初出1969年〕）は，町野教授の処女論文（今でもこのような表現が適切かどうかわからないが）であり，筆者は，研究者生活を始めてすぐの時期にこの論文を読んで感動した。因果関係論に興味がある人，法律の論文を読んで頭をすっきりさせたい人は，この論文や同書に収められている他の論文を是非読んでいただきたい。

て結果の回避可能性がない場合）には，行為が結果を「支配した」とはいえないので，結果の帰責を否定すべきである，というのである。そして，町野教授は，仮定的事情を付け加えて条件関係を判断して，**事例 1** では条件関係を否定し，**事例 2** のような択一的競合事例についても条件関係を否定するのである。その後，町野教授の見解は，その基本部分において，山口厚教授をはじめ有力な支持を集めている[13]。

しかし，結果犯において行為者が責任を負うのは，その行為が結果を惹起したからであり，因果関係は単なる論理的結合関係につきるわけではないであろう（論理で人が死ぬわけではない）。そこで，山口教授は，条件関係の判断に事実的因果関係と結果回避可能性の 2 つの判断が含まれていることを認めながら，なおこれを条件関係という要件に統合すべきである，と主張された[14]。後で結果回避可能性判断を行うのであれば，事実的因果関係の確認は犯罪の成立要件として独立の意味を持たない，というのである。

これらの見解は，条件関係の判断を，刑法の目的からする規範的判断として理解して，これを結果回避可能性の判断とする見解であり，以下では，規範的条件関係説と呼ぶことにしたい。不作為犯や過失犯において結果回避可能性が問題となることは，一般に認められていることである。規範的条件関係説は，これを故意作為犯を含めた犯罪成立の一般的要件として因果関係論に位置づけて，条件関係の要件とする見解であるといえる。

結果回避可能性判断の必要性とその判断方法については次に検討するが，結果回避可能性の要件が故意作為犯に共通するものであったとしても，因果関係判断の第 1 段階は，やはり事実のつながりの確認であるべきであり，事実的因果関係と結果回避可能性は別個の要件として扱うべきだと思われる。その理由は，第 1 に，行為と結果の事実的つながり（行為が結果を惹起した

---

13) 山口厚『問題探究刑法総論』7 頁以下（1998 年），林・114 頁以下，鈴木左斗志「刑法における結果帰責判断の構造」学習院大学法学会雑誌 38 巻 1 号 181 頁以下（2002 年）など参照。さらに，結果回避可能性を結果の要件で考慮する見解として，小林憲太郎『因果関係と客観的帰属』39 頁（2003 年）参照。
14) 山口・前掲注 13)11 頁［なお，山口・55 頁］，林・124 頁参照。これに対して，町野教授と同様に，事実のつながり自体は意味を持たないと主張する見解として，鈴木・前掲注 13)176 頁参照。

こと）は，結果犯の本質的要素であり，このことを積極的に示すことが重要だと考えるからである。犯罪論の体系は，犯罪の成否を選別するためだけでなく，犯罪の成立を適切に説明するものでもなければならないからである。第2に，結果回避可能性の判断は，刑法の観点からするきわめて規範的な判断であって，事実的因果関係の判断とは性格が異なっており，両者を区別した方が混乱が少ないと思われるからである[15]。

Ⅲ　結果回避可能性

1　結果回避可能性判断の必要性

不作為犯の成立に結果の回避可能性が必要であることは一般に認められている。同様に，過失犯の成立においても結果の回避可能性が必要とされている。例えば，過失犯で結果回避可能性が問題となった有名な事例としては，京踏切事件がある。機関手である被告人が，前方不注視のため踏切上にいた生後1年9月の幼児に気づかず轢死させてしまった，という事案について，大審院は，被告人が前方を注視して，被害者の存在を認識しえた時点で警笛を吹鳴し非常制動の措置をとったとしても，被害者の死亡を避けえたとはいえないから，被告人の前方注視の懈怠は結果の原因とはいえない，と判示した（大判昭和4・4・11新聞3006号15頁）。最近の最高裁判決にも，自動車を運転していた被告人が，徐行義務を怠って黄色点滅信号の交差点に進入し，交差道路を暴走してきた車両と衝突して同乗者を死亡させたという事案について，減速して交差点内に進入していたとしても衝突を回避することができたとはいえない，として業務上過失致傷罪の成立を否定したものがある（最判平成15・1・24判時1806号157頁）。

問題は，故意作為犯においても同様に結果回避可能性が問題となるかどう

---

[15]　例えば，規範的条件説の立場からは，事実的因果関係がそもそも存在しない因果関係の断絶の場合と，事実的因果関係は存在するが結果回避可能性が存在しない場合とが，同一に扱われてしまうため，結果回避可能性の判断方法によっては，因果関係の断絶の場合にも条件関係が肯定されてしまうという問題が生じてしまう。両者を区別すれば，因果関係の断絶の場合には，結果回避可能性を論じるまでもなく，因果関係が否定される。

かである[16]。**事例4**と**事例5**について考えてみたい。**事例4**の場合，医師Aが過失で患者Bを死亡させたが，過失のない治療を行っていてもBは同じように死亡したであろう，というのであるから，判例・通説の立場からは，結果回避可能性がないので過失犯の成立は否定されるであろう。それでは，**事例5**の場合はどうだろうか。**事例4**と**事例5**は故意があるかないかに違いがあるだけであり，Aが医師としての義務に従った行為を行っていたとしても結果が発生していたという事情には違いがない。そうだとすれば，**事例5**についても結果回避可能性がなかったことを理由に結果の帰責を否定すべきではないであろうか（殺人未遂罪の成立は認めうるであろう）。もしこれを否定するとすると，「悪しき意思」を理由に犯罪の成立を認めているとの批判を受けざるをえないと思われる[17]。

2　結果回避可能性の判断方法

結果回避可能性の判断にあたっては，行為者の結果回避行為としてどのような行為を仮定するのか，行為者以外の第三者の行為や自然現象をどこまで考慮するのか，という点が，決定的に重要であるが，これは難問である。以下では，代表的な2つの見解をとりあげて検討することにしたい。

(1)　行為者の行為の場合

行為者が右手の拳銃を発射しなかったとすれば，左手の拳銃で射殺したであろう，として結果回避可能性を否定すべきでないことは，誰も否定しないであろう。そこで，山口教授は，なすべき行為として仮定すべきなのは，作為犯の場合には単なる不作為であり，不作為犯の場合は作為義務が肯定され

---

[16] 井田良「コメント」山口厚=井田良=佐伯仁志『理論刑法学の最前線』48頁（2001年），高橋・116頁，山中・244頁は，結果回避可能性を過失犯の要件とする。結果回避可能性の問題を検討する最近の論文として，齋野彦弥「結果回避可能性(上)(中)」現刑60号55頁以下，63号62頁以下（2004年），小林憲太郎「信頼の原則と結果回避可能性」立教法学66号1頁以下（2004年）〔同『刑法的帰責』136頁以下（2007年）所収〕参照。

[17] 山口・55頁参照。筆者は，以前この問題を検討した際に，因果関係論において結果回避可能性の考慮は不要であるという立場を最初とり，その後，考慮されるとしても限定されたものであるという立場をとった。拙稿「因果関係論」山口=井田=佐伯・前掲注16)3頁以下参照。本稿でも結果回避可能性を限定的にのみ考慮する立場は変わっていないが，前稿では故意作為犯においても結果回避可能性が考慮されることが明確でなかった。

る作為である，と主張されている[18]。これに対して，町野教授は，作為の場合にも「法の期待に反しない行為」を想定すべきである，と主張されている[19]。作為犯の場合に単なる不作為を仮定するのでは，上記事例のすべてに結果回避可能性が肯定されてしまう[20]。それが妥当でないとすれば，「法の期待に反しない行為」を想定すべきであろう。

(2) 第三者の行為の場合

第三者の行為が問題となっている場合については，町野教授は，代替的原因が現実化している場合と現実化していない場合を区別したうえで，現実化している行為は考慮し，現実化していない行為については「法の期待に反しない行為」だけを考慮すべきである，と主張されている。例えば，AがCを射殺したが，Aが拳銃を発射しなければBがほぼ同時刻にCを射殺したであろう，という場合には，Bの違法な行為は考慮されないので，結果回避可能性が肯定される[21]。これに対して，択一的競合の事例については結果回避可能性が否定され，**事例1**でも，執行官による死刑執行は適法行為であるから，結果回避可能性が否定される。

この見解について，山口教授は，現実化の有無による取扱いの区別に十分な理由があるかを問題とされる。すでに時限爆弾を仕掛けた者と手投げ弾を投げようと身を潜めて被害者を待ちかまえている者との間で，一方では考慮し，一方では考慮しないという区別をすることができるのか，他人の犯罪的意思も所与の現実であるから，現実化した行為との間にはいわば現実化の程

---

[18] 山口・55-56頁。
[19] 町野・前掲注7) 168頁以下参照。
[20] 京踏切事件を不作為の事例として結果回避可能性を肯定することは困難だと思われる。詳しくは，鈴木・前掲注13) 180頁以下参照。
[21] 町野・前掲注7) 169頁参照。これらの事例の場合，Cの死亡時期が多少は遅くなるであろうから結果が異なる，という見解があるかもしれない。しかし，**事例1**で，押しのけられた執行官がすぐ隣にいて全く同時刻にボタンを押せたという場合を想定することは可能である。また，仮に多少遅かったとしてもそれだけで結果が異なるとして結果回避可能性を肯定してよいかは疑問である。例えば，京踏切事件で急ブレーキをかけていれば被害者を轢く時間が多少遅くなっていたであろうし，最判平成15年の事案でも，徐行運転をしていれば衝突の時間が遅くなって被害者の死亡時間も多少遅くなっていたであろう。したがって，結果を具体化すれば結果回避可能性が肯定され，過失犯の成立が認められることになるが，判例はそのような立場は採っていないし，採るべきでもないであろう。そうだとすれば，結果の同一性は，ある程度抽象化して考えなければならないのである。

度の差があるにすぎないのではないか、というのである[22]。そして、山口教授は、行為者の行為以外については、すべて予測判断による見解を支持されていた。しかし、この見解では、第三者がほぼ同時に被害者を殺害しようとしていると、被害者の保護が失われてしまい、明らかに不当であろう。そこで、山口教授も、「行為者の『なすべき行為』を仮定した場合に予測されるに過ぎない代替的原因である他人の行為の考慮は否定される」という立場に変わられている[23]。

町野教授も山口教授も、結果発生前に現実化した第三者の行為については常に考慮している[24]。しかし、現実化した行為（例えば時限爆弾を仕掛けた）といっても、その行為から結果が発生したわけではないのであるから（その場合は因果関係の断絶になる）、法はそのような行為から結果が発生することも否認しているはずである[25]。別の言い方をすれば、法益侵害を発生させる危険のある行為をした者は、その行為が結果に実現するまでは、結果発生を防止する措置をとることが法によって期待されているはずであり、すでに行われたというだけで所与の前提としてしまうことはできないはずである。

さらに、第三者の現実化していない行為について法が期待する行為を常に考慮してよいかについても疑問がある。**事例1**については、死刑執行が適法であるのは法的手続に従って行われた場合だけであるから（死刑執行予定時刻になれば誰でも死刑囚を殺害してよいわけではない）、死刑執行官による行為を法が期待する行為として付け加えて結果回避可能性を否定するのは、適当でないと思われる。

---

22) 山口・前掲注13)14頁。
23) 山口・56-57頁。これに対して、自らの意見で左右しえない第三者の行為は、自然現象と同様、違法・適法にかかわらず付け加えるべきとする見解として、松原芳博「刑法総論の考え方(5)」法セ656号121頁（2009年）参照。
24) 現実化しているかどうかの判断を結果発生時でなく行為時に求める見解もある。この見解では、択一的競合事例において、行為に先後があれば先の行為者にだけ条件関係が肯定され、行為が同時であれば双方に条件関係が肯定されることになる。小林・前掲注13)46頁以下参照。
25) 鈴木・前掲注13)201頁参照。鈴木教授は、さらに、そもそも仮定的判断である結果回避可能性の判断において、「『現実化したもの』などといったカテゴリーを設定しようとすること自体が、ナンセンスだといわざるをえない」(202頁)と批判している。

(3) 自然現象の場合

町野教授も山口教授も，自然現象はすべて考慮する，ということで一致している。したがって，事例6の場合には，落石が自然現象といえる限り（すなわち，人の過失によるものでない限り），結果回避可能性が否定されることになる。しかし，刑法が防止しようとしているのは，単なる人の死ではなく，人の行為によって惹起された人の死なのであるから，自然現象によって惹起された人の死と人の行為によって惹起された人の死は別のものと考えるべきであると思われる[26]。死亡することが決まっていた人はほぼ同時刻に誰でも殺害してよいというのは，死刑囚は誰でも殺害してよいというのと同じように，不当であろう。泳いでいた人を射殺したが，射殺しなくともほぼ同時刻にそばにいた鮫に食べられて死亡したであろう，という場合に，結果の帰属を否定する理由はないと思われる。このことは，泳いでいた人を鮫と間違えて射殺してしまったという過失事例に変えても，同じであろう。落石が人の過失によるものであれば殺人既遂になり，不可抗力であれば殺人未遂になるとして区別する理由があるとは思われない。

以上のように，結果回避可能性を判断する際に仮定的事情をどこまで考慮するかについて意見の対立があるのは，「結果回避可能性が単なる事実概念ではなく，処罰の合理性にかかわる規範的概念」であり，この点について意見の相違があるからである。山口教授によれば，結果回避可能性が考慮されるべきであるのは，「当該結果は回避不能だったのであり，そのような行為を処罰の対象としても，将来における（同様の状況における）法益侵害の抑止という刑罰目的の観点から，処罰を正当化できない」からである。しかし，犯罪抑止は行為の時点で働くものであり，行為者は行為の時点で事後的な結果回避可能性を知ることはできないから，犯罪抑止の観点から事後的な

---

[26] 山口厚「コメント」山口＝井田＝佐伯・前掲注16）35頁は，「行為者が被害者に毒物を服用させたところ，それが効く前に，それと無関係に心臓発作で被害者が死亡した場合に行為者を殺人既遂で処罰することが妥当であるとは思われない」ことを，反論として挙げている。しかし，この事例は，因果関係の断絶の事例であり，事実的因果関係自体が存在しないのであるから，既遂処罰が否定されるのは当然であり，このことをもって，本文のような場合にも既遂を否定すべきことを基礎づけることはできない。ここにも事実的因果関係の判断と結果回避可能性の判断を一緒にすることの問題が現れている。

結果回避可能性の必要性を基礎づけることはできないように思われる[27]。また，第三者の行為や自然現象によって侵害されることが想定される法益は，刑法的保護がなくなってしまう，ということも原則として認めるべきでないと思われる。その意味で，結果回避可能性の考慮は，限定されたものであるべきである[28]。

通説は，過失犯において，行為者が「法の期待する行為」（過失のない行為）を行ったとしても，まさにその行為から実質的に同じ結果が生じる場合については，結果回避可能性の欠如を理由に過失犯の成立を否定している。その実質的根拠は，法の期待する行為を行った場合には処罰されないこととの均衡にあるのであろう。そのような考慮は妥当なものであるが，同様の考慮が故意作為犯の場合にも必要な場合はあると思われる。したがって結果回避可能性は過失犯・故意犯に共通の要件として扱うべきであるが，その判断は，すでに見たようにきわめて規範的性格の強い判断であり，事実的因果関係の判断とは別個に，法的因果関係論（ないしは客観的帰属論）に位置づけるべきである。

Ⅳ　おわりに

因果関係の問題は，現在の学界で最もホットなイシューである。学生の皆さんがどこまで最先端の議論を理解しておく必要があるかは難しい問題である。特に結果回避可能性の問題は，難問であり（しかも，本章で扱ったのは問題の一部にすぎない），まだまだ検討が必要である。しかし，論じられていることに重要な問題が含まれていることは確かであり，何が問題となっている

---

[27] 小林・前掲注13）32頁以下。そこで，小林教授は，結果回避可能性を結果の概念に含ませる見解を主張されている。その意図は理解できるが，結果回避可能性がない場合一般について「結果」がないということは，日常用語の意味とあまりにかけ離れていて，適当とは思えない。京踏切事件において，幼児の死亡結果が存在しないとはとてもいえないであろう。それとも，筆者の頭が固いだけであろうか。
[28] 鈴木・前掲注13）204頁は，「行為に対する結果帰責の根拠になるのは，あくまでその行為の『結果に対する寄与度（影響の大きさ）』だとすれば，回避を要求される対象も，まさにその『結果に対する寄与度（影響の大きさ）』だと理解すべき」であるとして，ほぼ同じ結論を導いている。

のかを理解しておくことは必要であり有益であろう。学者は，単に頭の体操をしているのではなく，現実の問題を解決しようとして様々な理論を考えている。それが時に些末に思えたり非現実的に思えたりしても，新しい問題を解決するために重要な意味を持っていることは多い。新しい問題が生じたときに真に役に立つのは，理論的な基礎であり，そして，新しい問題は次々に生じてくるのである。

第5章

因果関係(2)

I はじめに

　前章で述べたように，通説は，刑法上の因果関係を事実的因果関係（条件関係）よりも限定しようとしている。通説が，そのために用意している枠組みは，第1に，実行行為概念であり，第2に相当因果関係説である。学説では，長い間，相当因果関係説が圧倒的通説であり，その内部で，どのような事情を基礎にして相当性を判断するのかという問題（判断基底の問題）が盛んに議論されてきた。

　しかし，後述の大阪南港事件などを契機として，相当因果関係説における相当性の判断方法に不明確ないし不適切な点があることが意識されるようになり，「相当因果関係説の危機」ということが言われるようになった。相前後して，因果関係論を事実的因果関係の判断に限定した上で，結果帰属の限定は客観的帰属論という別の枠組みで行うことを主張する見解が有力になってきた。これに対して，相当因果関係説を「危機」から救い出そうとする様々な試みもなされ，現在の因果関係をめぐる議論は，きわめて錯綜した状態にある。そこで，本稿では，実行行為概念について簡単に触れた後で，相当因果関係説のどのような点が問題となっているのかを，できるだけわかりやすく示すことに努めたい[1]。

---

1) 本章も，前章に続いて，小林憲太郎教授に読んでいただき，貴重なご意見をいただいた。記して感謝したい。なお，本章で十分に触れることのできなかった点もあるので，拙稿「因果関係論」山口厚＝井田良＝佐伯仁志『理論刑法学の最前線』7頁以下（2001年）をあわせて読んでいただけると幸いである。

II 実行行為概念

　通説は，因果関係の起点を，単なる行為ではなく，構成要件に該当する行為，すなわち，実行行為と解している[2]。通説によれば，実行行為は，因果関係の起点となるだけでなく，未遂犯を成立させる実行の着手行為であり，正犯行為でもある。したがって，結果発生の危険の著しく低い行為から結果が生じた場合[3]には，因果関係を判断する前に実行行為性が否定され，既遂はもちろん未遂も成立しないことになる。しかし，このような通説の立場には次のような問題がある。

　第1に，因果関係の起点となる行為と未遂の成立時期は分けて考えるべきである。例えば，毒入りの食物を郵便で送った場合のような離隔犯の事例において，判例（大判大正7・11・16刑録24輯1352頁）は，相手の家に配達されてこれを飲みうる状態になって初めて殺人未遂罪の成立を認めており，実行行為と未遂の成立時期は分離している。実行行為性の判断は，事前的な危険判断であり，結果発生のある程度の危険があれば足りるのに対して，未遂の成立時期の判断は，未遂結果が発生したかという事後的な危険判断であり，より高度の切迫した危険が必要である[4]。

　第2に，通説によれば，正犯か共犯かは，実行行為の時点で決まっており，その後の事情はすべて因果関係の問題ということになるが，このような立場は妥当でないし，通説自体も維持できていない[5]。例えば，医師Aが事情を知らない看護師Bに毒入りの薬を渡して患者Cに注射するように命

---

[2] もっとも，行為の構成要件該当性は，結果が発生して行為と結果との間の因果関係が認められて初めて認められるのであるから，通説の用語法は，ミスリーディングである。批判として，髙山佳奈子「相当因果関係」山口厚編著『クローズアップ刑法総論』12頁（2003年）参照。ただし，団藤博士のように，構成要件該当と構成要件充足を区別する見解（団藤・123頁）は，このような批判を免れている。

[3] 雷に当たって死ねばよいと思って森に行かせたら，本当に雷に当たって死亡した，という事例（雷事例）や，飛行機が墜落して死ねばよいと思って飛行機に乗せたら，本当に飛行機が墜落して死亡した，という事例が，よく例としてあげられる。

[4] 未遂犯も未遂結果の発生が必要な結果犯であることについて，山口厚『危険犯の研究』56頁以下（1982年）参照。さらに，本書341頁以下を参照。

[5] 島田聡一郎『正犯・共犯論の基礎理論』2頁以下（2002年）参照。

じたところ，Bは途中で毒であることを知ったがそのままCに注射してCを死亡させた，という事例について，通説は，間接正犯の未遂と教唆の既遂が成立する（前者が後者に吸収される）と解しており，因果経過の途中で正犯が共犯に変わることを認めている。

それでは，因果関係の起点としての実行行為概念はどうであろうか。このような実行行為概念さえ不要とする見解も有力である[6]。危険性の著しく低い行為から結果が生じた場合は，因果経過が異常なものとして因果関係が否定されるので[7]，実行行為を独立に問題にすることは有害無益である，というのである。

たしかに，行為無価値論の立場から実行行為を犯罪の本質と考えることには疑問がある。犯罪の本質は法益侵害またはその危険性の惹起にあると考える結果無価値論の立場が妥当である。しかし，刑法の目的を法益保護のための一般予防に求める以上，刑法が行為規範としての性格を有していることは否定できないのであって，どのような行為が事前に禁止されているかを国民に示すことも犯罪論の重要な役割であると思われる[8]。行為時の事前判断で結果発生のある程度高度の危険がある行為を実行行為として取り上げることは，不当なことではないであろう。

---

[6] 山口厚『問題探究刑法総論』2頁以下（1998年）〔山口・50-51頁は，実行行為概念を認めている〕，髙山・前掲注2)13頁など参照。

[7] 未遂犯の成否については，未遂結果と行為との間の因果関係の有無が別途判断されることになる。山口・前掲注6)探究6頁参照。

[8] 杉本一敏「相当因果関係と結果回避可能性(6・完)」早稲田大学大学院法研論集106号409頁以下（2003年）参照。井田教授は，結果無価値論の立場から刑法の行為規範性を否定する見解を，「モラリズム排除という至上命題のための『肉を切らせて骨を断つ』論理といえるかもしれない」と評されている。井田良「結果無価値と行為無価値」現刑1号83頁（1999年）。過去にはそのような必要もあったのかもしれないが，モラリズム排除の主張が共有されるようになった現在では，あえて肉を切らせる必要はないと思われる。さらに，結果無価値論・行為無価値論の問題と因果関係論に論理的関係はないことについて，鈴木左斗志「因果関係の相当性について」刑法43巻2号234頁以下（2004年）参照。

Ⅲ 相当因果関係説とその問題点

1 判断基底をめぐる議論

通説が結果の帰属を限定するために用いる第2の枠組みは,「事態の推移を一般的に類型化して考察し,実行行為から一定の結果が発生するのが相当である場合に限り,刑法上の因果関係を認めようとする」相当因果関係説である[9]。相当因果関係説は,相当性をどの範囲の事情を基礎(判断基底)にして判断するかについて,主観説,客観説,折衷説に分かれている。主観説は,行為当時に行為者が認識・予見した事情および認識・予見し得た事情を基礎に相当性を判断すべきであるとする。客観説は,裁判時に立って,行為当時に客観的に存在したすべての事情および行為後に生じた客観的に予見可能な事情を基礎に相当性を判断すべきであるとする。折衷説は,行為当時に一般人が認識・予見可能な事情および行為者が特に認識・予見していた事情を基礎に相当性を判断すべきであるとする。主観説は因果関係を主観化しすぎるとしてほとんど支持がなく[10],折衷説と客観説が拮抗してきた。

2 客観説の問題点

客観説の最大の論拠は,客観的であるべき因果関係が行為者の主観によって左右されるのは不当である,ということにある[11]。しかし,客観的であるのは事実的因果関係であって,これを刑法の観点から限定しようとする相当因果関係(法的因果関係)が,行為者の主観によって左右されることはおかしなことではないであろう。

そもそも客観説のいう客観的予見可能性とは何なのだろうか。もしそれが

---

9) 内藤・(上)267頁。
10) 近時,因果関係を「行為者が自己の意見に基づいて結果発生を左右した」関係と理解して,主観説と同様の基準を主張する見解として,辰井聡子『因果関係論』106頁以下(2006年),同「因果関係論——解題と拾遺」川端博ほか編『理論刑法学の探究1』1頁以下(2008年)参照。
11) 内藤・(上)273頁,林・135頁,平野・Ⅰ141頁,山口・59頁など参照。

一般人の予見可能性だとすれば，行為者が特に知っていた事情を利用して結果を発生させた場合にも，因果関係が否定されてしまい明らかに不当である。そこで，およそ誰かが知り得た事情はすべて考慮するのであれば[12]，極めて広い範囲で因果関係が肯定されてしまう。例えば，AがBに傷害を負わせて，Bが入院中に病院の火災で死亡したという病院火災事例においても，火災の発生が誰か（例えば病院の管理者）に予見可能であれば，因果関係が肯定されてしまうが，これは妥当でないであろう。

客観説には，行為時の事情と行為後の事情を区別できるのかという疑問もある[13]。行為後に生じた事情の原因はすでに行為時に存在しているはずであるから，客観説を一貫させれば，すべての事情を考慮に入れることになりかねない。このような疑問に対しては，行為後の事情とは，事実の存在それ自体をいうのではなく，その事実が行為に起因する因果の流れに介入し，結果の発生に一定の影響を及ぼしたことをいうものである，という反論がなされている[14]。しかし，そうであれば，行為時の事情とされてきた被害者の特殊事情，例えば血友病や結核の病巣も，被害者が傷害を負った後で，血液凝固の阻害や治療薬の結核病巣への作用といった形で結果発生に寄与しているのであるから，行為後の事情として扱わなければならなくなるであろう。

そこで，最近では，行為時か行為後かで判断基準を区別しない見解も主張されるようになっている。一般予防の観点から介在事情の利用可能性を基準とする見解は，そのなかで最も有力な見解である[15]。しかし，この見解に対しても，行為者が特に知っていた事情は利用可能なのではないか，という疑問がある。また，利用可能性を緩やかに考えれば，介在した事情はほとんどすべて利用可能であるから，条件説に近くなってしまい，逆に，利用可能性を厳格に考えれば，因果関係が認められる範囲がきわめて限定されてしまう。例えば，医療過誤などの他人の過失行為が介在して死亡結果が生じた場

---

12) 林・136頁は，「行為の時点で最も高度の認識能力をもった人間」を基準とする。
13) 山中・267頁，山口・前掲注6)探究18頁参照。
14) 曽根威彦「相当因果関係の構造と判断方法」司法研修所論集99号12頁（1997年）〔同『刑法における結果帰属の理論』（2012年）所収〕参照。
15) 町野・164頁以下，山口・前掲注6)探究26頁以下，髙山・前掲注2)26頁以下，堀内・73頁以下参照。

合には，他人の過失行為を利用することは困難であるから，因果関係が否定されてしまうであろう。

利用可能性説は，その根拠にも問題があるように思われる。論者は，利用可能性の必要を一般予防の観点から説明するのであるが，一般予防は事前に行為の時点で機能するものであって，行為後に異常な介在事情があったからといって処罰を否定する理由はないであろう。国民の行動の自由の保障の観点からも，法益侵害の危険の高い行為を行う自由を保障する必要はないはずである[16]。

特殊な事情が介在した場合にも，それを知っている者には偶然的なこと，異常なことはないのであるから，法的因果関係を適切に限定するためには，行為者の主観を考慮に入れて判断すべきであり，この点では客観説よりも折衷説の方が優れている。行為者の主観を考慮に入れて判断するといっても，判断の対象はあくまで客観的な因果経過であり，行為者の主観はそのような因果経過の相当性を判断するための資料として用いられているにすぎないのであるから，因果関係と責任を混同していることにはならない[17]。

3 折衷説の問題点

それでは，折衷説が妥当かというと，折衷説にも問題がある。まず，折衷説には，「一般人の予見可能性」という判断基準が明確でないという問題がある。例えば，医師の過失が介在して被害者が死亡した場合，そのような過失が一般人に予見可能であるかどうかをどのように判断するのであろうか。医師の過失はありがちだというのであれば[18]，交通事故の方がはるかにあ

---

[16] 髙山・前掲注2)26頁が，国民の自由を保障する必要のある事例として挙げているのは「雷事例」であって，事前の危険性が低い場合である。

[17] 折衷説と客観説の違いが実務で問題となっているのは主に傷害致死罪においてであり，結果的加重犯の重い結果に予見可能性を要求すれば，客観説で因果関係を肯定しても，不当な結論にはならない，といわれることがある。しかし，故意犯の場合（例えば，殺人の故意で被害者に向けてピストルを撃ったところ，狙いがそれて腕に当たったが，被害者の特殊事情のために死亡した，というような場合）には，通説からは故意を否定することができないので，折衷説と客観説で結論に差が出ることに注意が必要である。

[18] 判例は，医師の過失が死亡の一因をなしたとしても因果関係を認めることができるとしており（例えば，大判大正12・5・26刑集2巻458頁参照），学説も過失が重大でない場合については一般に因果関係を肯定している。裁判例を含めて，町野・176頁参照。

りがちであるから，被害者を病院に運ぶ車が交通事故にあって被害者が死亡した交通事故事例においても，相当性を肯定することになってしまう。かといって，「一般人の予見可能性」を厳格に解すると，他人の過失行為が介在したような場合には，ほとんどの場合に因果関係が否定されてしまうであろう。結局，折衷説は，直感的に因果関係を認めるべきであると考えた場合には，介在事情の予見可能性を肯定し，認めるべきでないと考えた場合は，予見可能性を否定しているのではないかという疑いがあるように思われる。

　折衷説は，その理由付けにも疑問がある。まず，構成要件が有責類型でもあることが折衷説の根拠としてあげられているが[19]，構成要件を違法・有責類型と解したとしても，因果関係は客観的構成要件に属する客観的帰属の問題であるから，このような理由付けは成り立たない。また，行為が主観と客観の全体構造を有しているということも折衷説の根拠とされるが[20]，因果関係論は，行為と結果の間のつながりの問題であって，行為が主観と客観の全体構造を有していたとしても，そのことから直ちに因果関係の判断に行為者の主観を考慮すべきであるということにはならない。行為が主観と客観の全体構造を有しているからといって，人の死の結果も行為者の主観を考慮して判断すべきである，という者はいないであろう。これらの折衷説の理由付けは，因果関係は客観的なものであるから，という客観説の理由付けが疑問なのと同程度に疑問なものである。

4　相当因果関係説の問題点

　相当因果関係説には，客観説か折衷説かという問題とは別に，相当性の判断構造が明確でないというより基本的な問題がある。従来の相当因果関係説に関する議論は，もっぱら判断基底の問題だけを議論していて，相当性の判断において判断基底を画することの意味と判断基底を画した後の判断方法が必ずしも明確でなかった。この点を浮き彫りにしたのが大阪南港事件である。

　最高裁平成2年11月20日決定（刑集44巻8号837頁）は，被告人の暴行

---

19)　団藤・177頁。
20)　福田・107頁注5。

により意識を失って倒れていた被害者に何者かがさらに暴行を加えて死亡させたが、第2の暴行は第1の暴行によりすでに生じていた脳出血を拡大させ幾分死期を早める影響を与えたにすぎなかった、という事案について、「犯人の暴行により被害者の死因となった傷害が形成された場合には、仮にその後第三者により加えられた暴行によって死期が早められたとしても、犯人の暴行と被害者の死亡との間の因果関係を肯定することができ〔る〕」と判示した。意識を失って倒れている被害者に暴行を加えるという異常な事態が介在しているにもかかわらず、因果関係を認めるべきだとすると（筆者を含めて多くの学者がそう考えている）、これを相当因果関係説からどう説明するかが問題となったのである。特に、調査官として本件を担当された大谷直人判事が、相当因果関係説では、本件における第三者の介入行為を判断基底から除外することになった場合の判断方法が明確でない、と批判され、さらに、介入行為の異常性の有無を強調する相当因果関係説は、被告人の行為と結果との結びつきを具体的に探究することにより、結果への寄与の有無・態様等を認定し、これに基づいて因果関係を判断する実務の思考方法とマッチしない面がある、と述べられたことが[21]、「相当因果関係説の危機」として大きな反響を呼ぶことになったのである。

相当因果関係説の第2の問題点は、相当性の判断が、介在事情の予見可能性や因果経過の通常性といった、事実的判断につきるのか、という問題である。

相当性の判断に規範的考慮が必要だと考えられているのは、第1に、故意行為が介在した場合である。例えば、行為者が過失傷害行為を行った後に故意で被害者を殺害した場合には過失行為と結果の間の因果関係が一般に否定されている（最決昭和53・3・22刑集32巻2号381頁など）。また、強姦の被害者が自由な意思によって自殺した場合には、強姦致死罪の成立は認められないと一般に考えられている。傷害を負った被害者が宗教上の理由から治療を拒否したために死亡した、というような場合も相当因果関係は否定されるべきであろう[22]。ただし、これらの事例は、後で述べるように、正犯性の

---

21) 大谷直人「判解」最判解刑事篇平成2年度232頁以下（1992年）参照。
22) 以上について、町野・170頁以下参照。さらに、拙稿・前掲注1)26頁参照。

問題として扱う見解も有力である。

　第2に，故意行為以外の人の行為（多くは過失行為）が介在した場合についても，規範的考慮が働いているように思われる。一般に，医師の過失が介在して被害者が死亡した場合には，その過失が重大なものでない限り相当性が肯定される，と考えられている。他方で，傷害の被害者が病院に運ばれる途中で交通事故にあって死亡した場合や病院の火災で死亡した場合には，原則として相当性が否定される，と考えられている。しかし，このような結論を，両事情の予見可能性の差から導くことは困難であると思われる。そこでは，医師の治療行為は傷害行為と密接に結びついたものなので，過失の程度がきわめて重大なものでない限り相当性が肯定されるべきであるのに対して，交通事故や病院の火災は傷害行為とは一応別個の危険と見ることができるので原則として相当性が否定されるべきである，という規範的考慮が働いているものと思われる[23]。

　結果の帰属判断が，予見可能性や結果の通常性といった事実的判断につかない規範的判断であることは，客観的帰属論の論者によって指摘されたことであり，最近では，相当因果関係説の支持者によっても広く認められるようになってきている[24]。

IV　相当因果関係説の再構成

1　相当性の判断方法

　相当因果関係説を危機から救い出すために，相当性判断を明確化するための試みがいろいろと行われてきたが，筆者なりにこれをまとめると，以下の

---

[23]　辰井聡子「不適切な医療の介入と因果関係」上智法学43巻1号163頁（1999年）参照。
[24]　町野朔「因果関係論の現状と問題点」『犯罪論の展開Ⅰ』105頁以下（1989年），井田良「因果関係の『相当性』に関する一試論」『犯罪論の現在と目的的行為論』112頁以下（1995年），大谷・前掲注21）241頁参照。これに対して，相当因果関係の判断を，事実的因果関係の判断と一体のものとして，合法則的条件関係の判断に一元化しようとする見解も主張されている。林陽一『刑法における因果関係理論』244頁（2000年）〔「一般的危険」という基準を併用される〕，小林憲太郎『因果関係と客観的帰属』150頁以下（2003年）参照。

ようになる。

　まず，第1に，相当因果関係説の相当性の判断は，（一般的・類型的判断といわれているが）行為と結果の関係を一般的に判断するものではなく，具体的な因果経過を対象として，その相当性を問うものと考えるべきである。もし，行為から結果が発生したことが相当かを一般的に判断するのであれば，結果発生の危険の高い行為が行われていれば常に相当性が肯定されてしまう。例えば，Aが致死量の毒をBに飲ませたため，瀕死状態で苦しんでいるBをたまたま通りかかったCが見て刺殺した（Bは瀕死の状態にあったので逃げることができなかった），という事例の場合に，致死量の毒を飲ませて被害者が死亡するのは相当であるから，因果関係が肯定されてしまう。しかし，このような判断方法は，介在事情の寄与度と異常性を無視してしまうもので，妥当でない[25]。

　第2に，具体的因果経過の相当性を判断する際には，介在事情の結果の発生に対する寄与度が重要である。介在事情の寄与度が小さい場合には，それがいかに異常な事情であっても，相当性が否定されることはない[26]。例えば，大阪南港事件では，第2の暴行は死期を若干早める影響しか与えていないので，相当性を肯定することができる。相当性の判断において介在事情の異常性が問題となるのは，そのような介在事情が結果の発生に重要な影響を与えており，相当性を判断する上で問題となるからであって，すべての介在事情について問題となるわけではない。例えば，AがBを断崖絶壁から突き落としたところ，Bは，奇跡的に一命をとりとめたが，運ばれた病院の医師の過失で死亡してしまった，という事例で，被害者が一命をとりとめたことが奇跡的なことで誰にも予測できなかったことだったとしても，そのこと自体によって相当性が否定されることはないのであって，そのような事情を判断基底から取り除いて相当性を判断するというのはナンセンスである[27]。

　第3に，相当性を適切に判断するためには，結果を一定の範囲で抽象化し

---

25)　井田・前掲注24)94頁以下，町野・174頁参照。なお，念のため付言すると，この事例は，毒が作用する前に射殺されたような因果関係の断絶の事例とは異なり，条件関係は肯定される。
26)　曽根・前掲注14)24頁。さらに，大谷・前掲注21)241頁参照。
27)　井田・前掲注24)87頁注19参照。

て判断する必要がある[28]。それは，人間がすべての事情をコントロールすることはできない以上，結果の発生に一定の幅があることは当然だからである。大阪南港事件においても，被害者の死亡を「○○時○○分の死」ととらえると，第 2 の暴行が 100％ の寄与度を有していることになるが[29]，死亡時間をある程度抽象化することによって，死因を形成した第 1 の暴行の寄与度が圧倒的で，第 2 の暴行の寄与度はわずかである，という判断が可能になる。ただし，このような抽象化は，相当性の判断のためのものであって，構成要件的結果自体を抽象化しているわけではない（つまり，事実的因果関係＝条件関係の判断において結果を具体的にとらえることと矛盾するわけではない）と理解すべきである。

　学説では，死因を問題にすれば，寄与度を問題にする必要はない，という見解もある[30]。しかし，介在事情を死因の形で取り込むには限界があるように思われる。まず，死因が同一であっても，死期を著しく早めて同一の結果とは言い難いような場合には，相当性が否定されるべきである。大阪南港事件の判例は，あくまで具体的事案との関係で，第 2 暴行によって死期が幾分早くなった事例について因果関係が肯定されたものとして理解する必要がある。また，死亡結果に寄与したのが主に介在事情の方であると評価できる場合にも，因果関係は否定されるべきである。例えば，被害者が死の危険のある傷害を受けたが，病院に運ばれて病院の火災で死亡したという場合には，相当性が否定されるべきである。この場合に，被害者が最初に受けた傷が火傷であれば死因が同一であるから相当性が肯定され，銃創であれば否定される，とするのは理由のある区別だとは思えない[31]。

　このように，具体的な因果経過を対象として介在事情の寄与度を考えて相当性を判断するのであれば，従来の相当因果関係説が想定していた判断基底を画するという作業は，不要である。介在事情を取り除くことは，その寄与度を判断するためのものであって，相当性の判断は，あくまでそのような介

---

28) 山口厚「判評」警研 64 巻 1 号 52 頁（1993 年），井田・前掲注 24)89 頁以下など参照。
29) 浅田・148 頁は，死期を早めた以上，因果関係は否定されるべきだとする。
30) 髙山・前掲注 2)5 頁。
31) 小林・前掲注 24)139 頁以下参照。さらに，介在事情が不作為であった場合について，拙稿・前掲注 1)19 頁参照。

在事情を含めた具体的な因果経過が対象となっているからである[32]）。

　第4に，因果経過に寄与度の大きい介在事情が存在した場合には，結果を行為者の実行行為に帰属させるか，それとも介在事情に帰属させるかが問題となる。客観的帰属論の判断の本質は，結果が誰の「しわざ」かを確定することにある，とされているが，相当性の判断においても，まさにそのような判断が求められているのである。

　まず，介在事情が人の行為の影響を受けない自然現象である場合には，従来の相当性判断と同様に，一般人または行為者の予見可能性が帰属の基準となり，予見不可能な自然現象が介在した場合には，結果を行為者の行為に帰属させるべきではないと思われる。例えば，行為者の暴行によって意識を失った被害者が野外に放置されて凍死してしまった，という事例では，凍死するような気温低下が予見可能だったかどうかが，決定的に重要である。

　これに対して，介在事情が人の行為である場合には，行為と介在事情の結びつきが重要になる。すでに述べたように，医師の治療ミス事例と交通事故事例や病院火災事例とで扱いが異なるべきだとすれば，それは，医師の治療行為は傷害行為と直接結びついた行為である[33]）のに対して，交通事故や病院の火災はそうはいえないからである。したがって，同じ医師の治療ミスであっても，たまたま付随的に行われた治療行為から死亡の結果が生じた場合には，相当性が否定されるべきである。同様に，被害者の逃走中の行為が介在した場合についても，行為と直接結びついたものであったかどうかが問題となる。いったん安全な場所に逃げた後の被害者の行為は，行為者の行為と直接結びついたものとは言い難いが，安全な場所に逃げたかどうかは，被害者の心理を考慮して判断されるべきである。

2　正犯性（遡及禁止論）の問題

　山口教授は，相当因果関係に加えて，因果関係を規範的に限定する要素として，「構成要件的結果を認識して惹起する自由な行為（構成要件的結果につ

---

32)　小林・前掲注24)145頁以下参照。
33)　連載時には，このような行為を「傷害行為によっていわば支配された行為」と表現したが，「支配」という言葉が強すぎるので改めた。

いて完全な故意のある行為）の背後の行為については，構成要件的結果は帰属されない」という，「遡及禁止」の原則を提唱されている[34]。先に述べたように，故意行為が介在したことによって因果関係が否定される場合があることは従来から認められてきたが，山口教授はこれを一般化して，相当性判断とは別個の帰属原理として位置づけられたのである。しかし，このような「遡及禁止」の考慮は，因果関係の問題とは別個に，（単独）正犯性の問題として扱うべきだとする見解も有力であり[35]，理論的には，その方がすっきりしていると思われる。問題は，いかなる場合に正犯性を否定すべきか，山口教授がいわれるような内容の遡及禁止論を取り入れるべきか，ということであるが，自律性を有する故意行為の介在によって一律に背後者の正犯性が否定されると考えるのは適切でないと思われる[36]。

3　客観的帰属論との関係

近時有力になってきている客観的帰属論は，因果関係を事実的因果関係に限定して，その他の法的判断は客観的帰属論という別の枠組みで判断すべきであることを主張している。そして，結果を行為に帰属できるかどうかの判断を，許されない危険創出とその危険実現の2つに分けたうえで，さらに事例群の詳細な類型化を行って判断基準を示そうとしている[37]。

もともと，わが国では，刑法の因果関係論は，事実的な因果関係の判断につきるわけではなく，結果を行為に帰属することができるかどうかという法

---

34)　山口・64頁。
35)　島田・前掲注5)62頁以下，髙山・前掲注2)6頁以下参照。
36)　鈴木左斗志「刑法における結果帰責判断の構造」学習院大学法学会雑誌38巻1号272頁（2002年）は，遡及禁止論を批判し，介在事情の寄与度を考慮することで因果関係と正犯性の両方を判断しようとする。さらに，松原芳博「刑法総論の考え方(23)」法セ674号115頁以下（2011年）参照。
37)　その代表的論者は山中教授であり，山中敬一『刑法における客観的帰属の理論』（1997年）は，わが国における客観的帰属論のバイブルである。バイブルと同様に厚いので（全体で800頁を超える），一般の読者は，山中教授の教科書の該当部分（山中・279頁以下）をまず読むのがよいかもしれない。「特集 客観的帰属論の展望」現刑4号4頁以下（1999年）に掲載されている諸論文を読むのもよいであろう。さらに，安達光治「客観的帰属論──犯罪体系論という視点から」川端ほか編・前掲注10)45頁以下，曽根・前掲注14)結果帰属131頁以下など参照。

的な判断である，という理解が一般的であった。そして，最近の相当因果関係説は，客観的帰属論の主張を実質的に取り入れようとしている[38]。にもかかわらず，客観的帰属論が通説となっていないのは，条件説が通説であるドイツと異なり，実行行為性と相当因果関係説の組み合わせが通説であるわが国では，相当性の判断を柔軟に行えば，危険創出とその結果への実現という客観的帰属論の判断枠組みを実質的に取り入れることができ，あえて別個の判断枠組みを採用する必要はない，という考慮があるからである[39]。また，客観的帰属論が，伝統的な因果関係論の枠組みを超えて，過失犯論，正犯論・共犯論，刑法各則の解釈論などの，広い射程をもっていることも，客観的帰属論を採用することに躊躇がみられる理由といえよう。筆者も，相当性という言葉が経験的通常性という意味に限られるわけではないことからすれば[40]，結果帰属の問題は，相当因果関係の問題として扱うのが（少なくとも当面は）適切ではないかと思っている。相当因果関係説という呼び方が適当でないというのであれば，単に法的因果関係論と呼べばよいであろう。

V 判例の理解

1 判例は条件説か

判例は，基本的に条件説に立っていると評されることが以前は多かった。それは，結果的加重犯で被害者に特殊事情があったため重い致死結果が生じてしまった事例群において，判例が，条件説的な説示のもとに因果関係を肯定しているためである[41]。しかし，判例は，具体的事案との関係で理解すべきであって，判例の一般的な説示それ自体が判例であるわけではない。ま

---

38) 井田・前掲注24)112頁，林・144頁，前田・185頁，町野朔「客観的帰属論」西田典之＝山口厚編『刑法の争点〔第3版〕』25頁（2000年）など参照。さらに，松宮・79頁以下参照。
39) 井田良「因果関係の理論」現刑4号68頁（1999年），曽根威彦「わが国の客観的帰属論」『内田文昭先生古稀祝賀論文集』23頁以下（2002年）など参照。このような見解に対しては，山中教授からの批判がある。山中・前掲注37)4頁以下参照。
40) 「相当性」という言葉の使い方としては，通常性という意味で使う方がむしろ特殊であって，防衛行為の相当性のように，「そのものにふさわしいこと」（『広辞苑〔第6版〕』1629頁（2012年））という意味で使われることの方が多いのではないかと思われる。

た，判例理論[42]は，その問題に関する複数の判例を矛盾なく整合的に説明できるものでなければならない。因果関係の判例のなかには，米兵ひき逃げ事件の判例（最決昭和42・10・24刑集21巻8号1116頁）のように，条件説では説明できないものも複数存在しているのであるから，判例理論は条件説以外の理論で説明されなければならない[43]。

この点で注目すべき判例が，被告人らに長時間激しい暴行を受けた被害者が，逃走途中に高速道路に進入して交通事故にあって死亡した，という事案について，「被害者が逃走しようとして高速道路に進入したことは，それ自体極めて危険な行為であるというほかないが，被害者は，被告人らから長時間激しくかつ執ような暴行を受け，被告人らに対し極度の恐怖感を抱き，必死に逃走を図る過程で，とっさにそのような行動を選択したものと認められ，その行動が，被告人らの暴行から逃れる方法として，著しく不自然，不相当であったとはいえない。そうすると，被害者が高速道路に進入して死亡したのは，被告人らの暴行に起因するものと評価することができるから，被告人らの暴行と被害者の死亡との間の因果関係を肯定した原判決は，正当として是認することができる」と判示した，最高裁平成15年7月16日決定（刑集57巻7号950頁）である。この決定は，被害者の行為が著しく不自然，不相当であった場合には，結果を暴行に起因するものと「評価することが」できないことを示唆したものとして，重要な意義を有している[44]。また，本決定が，被害者が，「必死に逃走を図る過程で，とっさにそのような行動を選択した」ことを指摘していることは，判例が，被害者の行為が被告人らの暴行行為と直接結びついたものであったことを重視しているものと理解す

---

41) 最判昭和25・3・31刑集4巻3号469頁（被害者の脳に脳梅毒による高度の病的変化があったため，脳の組織が崩壊して死亡するに至った事例），最判昭和46・6・17刑集25巻4号567頁（被害者の心臓に高度の病変が存在したため，急性心臓死してしまった事例），最決昭和49・7・5刑集28巻5号194頁（被害者の結核性の隠れた病巣が悪化して死亡した事例）など。

42) 「判例理論」とは，一定の法律問題に関する数多くの判例の基底にあってこれらを生み出しているところの裁判所の一般的な法的な考え方のことである。中野次雄編『判例とその読み方〔3訂版〕』3頁以下〔中野執筆〕(2009年) 参照（本書は，判例の勉強の仕方に関する必読文献である）。刑法学で一般に「判例」といわれるときは，この判例理論を指していることが多い。

ることができる。

　また，本決定によって，夜間潜水講習中に被害者らの不適切な行為が介在して死亡結果が生じた事案に関して，被害者らの不適切な行為は被告人の過失行為から「誘発」されたものであるから，因果関係を肯定することができる，と判示した判例（最決平成4・12・17刑集46巻9号683頁）は，「誘発」要件とともに，被害者らの不適切な行為が「著しく不自然，不相当」とはいえないものであったことが因果関係を認める前提となっていたことが，明らかになったといえよう（もともと平成4年決定は，具体的事案との関係で，その趣旨に解されるべきものであった）。

2　判例は客観的相当因果関係説か

　判例理論は，客観的相当因果関係説をとっているという理解も以前は有力であった[45]。たしかに，判例は，被害者の特殊事情について常に因果関係を肯定している。しかしそれ以外の事情については，行為時の事情であることを理由にして因果関係を認めたものは存在しないように思われる。そうだとすれば，判例理論を客観的相当因果関係説と即断することはできない[46]。最高裁判所が，行為と介在事情の具体的な結びつきを規範的に判断していると仮定すれば，裁判所は，被害者の特殊事情（素因）については，特別の考慮をしている可能性もある。そのような考慮としては，まず，被害者は一人一人個性をもった個人として尊重されるべきであり，特殊な素因をもった被害者もそのような人として刑法上扱われるべきであるという考慮が考えられる。行為と介在事情の結びつきという点からいえば，被害者と被害者の素因

---

43)　これらの判例については，鈴木左斗志「因果関係(上)(下)」法教261号53頁以下，262号62頁以下（2002年）の分析が詳しい。

44)　本件については，深町晋也「判評」法教281号148頁以下（2004年），曽根威彦「判評」平成15年度重要判例解説（ジュリ1269号）156頁以下（2004年），さらに，前田雅英「演習」法教283号116頁以下（2004年）参照。

45)　中野・前掲注42)71-72頁，平野・Ⅰ146頁など参照。

46)　中野博士は，判例理論は必ずしも既成の理論に限られるものではなく，それに代わるよりよい新しい理論である可能性も否定できないので，判例理論は（既存の）○○説だと断定してしまうことには，ある程度慎重である必要がある，と指摘されている。中野・前掲注42)72頁。

は不可分に結びついていると表現することもできる。もう一つの考慮としては，そのような素因のリスクを回避するための義務を間接的に被害者に課すことになり公平に反するという考慮も考えられる[47]。法的因果関係の判断は，誰（何）に結果を帰属させるべきかという判断であり，行為者にも被害者にも支配できない特殊な事情が，被害者の素因である場合には，被害者に結果を帰属させるのは公平でない以上，行為者の行為に帰属させるべきである，という規範的判断が，判例理論に存在しているのではないであろうか[48]。もしそうだとすれば，行為者が被害者に向けて拳銃を発射したが，狙いがそれて地中に埋められていた爆弾（一般人も行為者もその存在を知らなかった）に当たって爆発し，被害者が死亡した，というような場合には，因果関係を否定することが可能になるように思われる。判例も，このような場合であれば，因果関係を認めないのではないであろうか。

　以上のような判例理論の理解は，ありうる一つの理解にすぎない。また，筆者の判例理論の理解が正しいものであったとしても，そのような理論に賛成するかどうかは別問題である。筆者は，支持しうるのではないかと思っているが，評判はあまり良くないようである[49]。読者の皆さんは，どう考えられるだろうか。

3　判例は客観的帰属論か

　以上が連載時に述べたことであるが，その後，学説では，「行為の危険が

---

[47]　こちらの考慮が主たるものだとすると，被害者が意図的にリスクのある行為を行った場合には，被害者の素因に起因する結果を，被害者に帰属させても公平に反することにはならないと考えることもできる。橋爪隆「刑事帰責論と民事不法行為論の比較」刑法44巻2号225頁（2005年）参照。

[48]　因果関係を肯定しても，死の結果について過失がなければ，行為者を傷害致死罪で処罰することはできないので，問題は，行為者を処罰するかどうかではなく，被害者の素因に起因する結果を被害者に帰属させることが妥当かどうか，という問題である。

[49]　批判として，井田良「コメント」山口＝井田＝佐伯・前掲注1) 54頁，辰井聡子「判評」『刑法判例百選Ⅰ〔第5版〕』21頁（2003年），塩見淳「法的因果関係(2)」法教380号74頁（2012年）など参照。さらに，被害者の素因の問題を民法学説も含めて詳細に検討し，特殊な素因をもつ者にも，その者の社会参加を抑制しない範囲でリスクを負担させてよく，その方法としては，因果関係ないし結果の客観的帰属を肯定したうえで，予見可能性を問題にすべきだとする見解として，小林憲太郎「被害者の自己保護義務と結果の帰責」立教法学66号47頁以下（2004年）〔同『刑法的帰責』（2007年）所収〕参照。

結果に現実化したか」(「危険の現実化」) という判断枠組みを採用する見解がますます有力になった[50]。判例についても同様の判断枠組みが採用されているのではないかという理解が有力になり[51]，実際にも，判例は，「危険の現実化」という言葉を使用するようになっている[52]。

　すなわち，最高裁平成22年10月26日決定（刑集64巻7号1019頁）は，航空機の機長に誤った指示をした管制官が業務上過失傷害罪に問われた事案において，「因果関係の点についてみると，907便のC機長が上昇RAに従うことなく降下操作を継続したという事情が介在したことは認められるものの，……同機長が上昇RAに従わなかったことが異常な操作などとはいえず，むしろ同機長が降下操作を継続したのは，被告人Aから本件降下指示を受けたことに大きく影響されたものであったといえるから，同機長が上昇RAに従うことなく907便の降下を継続したことが本件降下指示と本件ニアミスとの間の因果関係を否定する事情になるとは解されない。そうすると，本件ニアミスは，言い間違いによる本件降下指示の危険性が現実化したものであり，同指示と本件ニアミスとの間には因果関係があるというべきである」と判示した。また，最高裁平成24年2月8日決定（裁時1549号14頁）も，車両の欠陥を放置した結果，「本件瀬谷事故は，Dハブを装備した車両についてリコール等の改善措置の実施のために必要な措置を採らなかった被告人両名の上記義務違反に基づく危険が現実化したものといえるから，両者の間に因果関係を認めることができる」と判示している。

　現在では，判例・学説において，因果関係（ないし結果の客観的帰属）を危険の現実化の判断枠組みを用いて判断することが一般化してきているといってよいであろう。しかし，注意すべき点が2つある。

　第1に，因果関係（ないし結果の客観的帰属）の判断において「行為の危険

---

50) 井田・116頁，高橋・127頁以下，山口・60頁（その結果，事実的なつながりと規範的な限定という2段階に区別する必要はなく，端的に危険性の現実化を問えばよいとする），山中・279頁以下など参照。
51) 山口・60頁参照。
52) 判例が，客観的帰属論が主張している様々な規範的考慮を受け入れたわけではない（否定しているわけでもないが）。近時の判例について，小林憲太郎「因果関係に関する近時の判例理論について」立教法学81号253頁以下（2011年），島田聡一郎「相当因果関係・客観的帰属をめぐる判例と学説」法教387号4頁以下（2012年）参照。

性が結果に現実化したか」という判断枠組みを採用するとしても，これまで見てきたような問題が解消したわけではないことである。すなわち，そこでいう「行為の危険」を，客観説のように，行為時に存在する（あるいは最高の認識能力を有する者が認識可能な）すべての事情を考慮して判断するのか，折衷説のように，一般人が認識可能な事情と行為者が特に認識していた事情を基礎に判断するのか，という問題は，そのまま残されている。また，「現実化」の判断についても，異常な介在事情が存在した場合に，現実化の有無をどのように判断するのかという問題は，相当因果関係の場合と同様に存在している。「行為の危険の現実化が認められる」「認められない」と言っただけでは，結論を言っているだけで，何の説明にもなっていないことに注意が必要である。

　第2に，危険の現実化という判断枠組みは，客観的帰属論の判断枠組みと似ているが，客観的帰属論が主張するような規範的判断が判例で採用されているわけではないことである。判例は，危険の現実化という判断枠組みを用いて，行為と結果の事実的つながりの強さを判断しており，規範的考慮を認めているわけではない。このことは，客観的帰属論が，事実的判断としての因果関係論と規範的判断としての客観的帰属論を明確に区別するのに対して，判例がこのような区別を採っていないことにも表れている。その意味では，判例の判断枠組みと客観的帰属論は似て否なるものである。判例において，規範的考慮が明確に否定されているわけでもないので，この点は今後に残された問題である。

Ⅵ　おわりに

　筆者の学生時代は，相当因果関係説をとって，客観説と折衷説のどちらが妥当かを論じていれば，それで十分であった。その頃と比べると，現在の因果関係論（法的因果関係論）は，ずいぶん複雑になっている。本稿では，その内容をできるだけわかりやすく説明しようとしたつもりであるが，成功しているかどうかは自信がない。読者の中には，本稿の内容のどこまでを理解している必要があるのか，という疑問をもたれた方もいるかもしれない。そ

こで，理解のレベルについて，筆者の考える一応の目安を述べてみたい（あくまで筆者個人の考えである）。

〔第1レベル〕相当因果関係説の客観説と折衷説ないし「行為の危険の現実化」の判断枠組みを理解して，代表的な事例に（難しい問題は無視して）一応当てはめることができる。

〔第2レベル〕第1レベルにプラスして，因果関係に関する主要判例を一応理解している。特に，異常な介在事情が存在していても，結果に対する寄与度が小さい場合（大阪南港事件のような場合）には，法的因果関係は否定されないことを理解している。これが一応の合格レベルであろうか。

〔第3レベル〕法的因果関係の実際の判断においては，介在事情の性質や実行行為との結びつきが重要な判断要素となっていることを理解している。このレベルまで理解してもらうことが，教師の理想であろう。実務家になって自分で因果関係の有無を判断しようとすると，介在事情の予見可能性はあまり機能しないので，このレベルまで理解していることが必要だからである。

〔第4レベル〕被害者の素因に関する本稿の見解は，筆者独自のものであり，そのような考えもあるのかと頭の片隅に置いておいてもらえれば十分である。答案作成という点でいえば，筆者の試験以外では書かない方が無難であろう[53]。もちろん，筆者としては，近い将来に，このような議論が一般的になり，第3レベルに昇格することを願っている。

---

[53] 筆者が，以前に，被害者の同意の有効性に関する法益関係的錯誤説（本書218頁参照）を主張した際にも，同じような注意を学生にしていた。幸いにも，法益関係的錯誤説は，その後，多くの教科書・論文で取り上げられるようになり，最近では，そのような注意は必要なくなった（と思う）。

第6章

不作為犯論

I はじめに

　あなたが散歩をしていて，幼児が池で溺れているところに通りかかったとしよう。周りに誰もおらず，あなたしか助ける人はいない。幸い，幼児が溺れている場所の水深は浅く，水に濡れることさえ厭わなければ，簡単に助けることができそうである。あなたは幼児を助けるだろうか。

　きっと助けることだろう。しかし，仮にあなたが幼児を助けなかったために幼児が死亡してしまったとしても，あなたと幼児（あるいは幼児が溺れていること）との間に特別の関係がない限り，あなたが処罰されることはない。一般的な緊急救護義務を規定し，その違反を処罰する刑罰規定は，わが国には存在しておらず，不作為の殺人罪のような不真正不作為犯は，特別の関係に基づく法的作為義務が認められない限り成立しないと解されているからである。

　これに対して，ドイツやフランスでは一般的な緊急救護義務違反の罪が刑法に存在している[1]。アメリカでは，このような刑罰規定をもつ州は少ないが，その是非に関する議論は盛んになされている[2]。わが国では，議論自体

---

1) ドイツ刑法323条cは，「事故又は公共の危険若しくは危難に際し，救助を行うことが必要であり，……諸般の事情からそれを期待できたにもかかわらず，救助を行わなかった者は，1年以下の自由刑又は罰金刑に処する」と規定している。また，フランス刑法223-6条2項は，「危険な状態にある者に対して，自己の行為又は救助の要請によって，自己又は第三者に危険なく，援助することができたにもかかわらず，これを故意に怠った者は」5年の拘禁刑および7万5千ユーロの罰金に処する，と規定している。
2) 救護を義務づける法律は，新訳聖書の有名な話（ルカによる福音書第10章）から「よきサマリア人法（Good Samaritan Law）」と呼ばれている。詳しくは，樋口範雄「よきサマリア人と法」石井紫郎＝樋口範雄編『外から見た日本法』243頁以下（1995年）参照。

もあまりないが，それはなぜだろうか。日本人は，道徳心に富んでいて，法律の規定（まして刑罰法規）などなくても他人を助けるので，必要ないからだろうか。それとも，日本人は，欧米人と比べて，他人に無関心で，関係のない人の命を助ける必要などないと考えているからだろうか。

いずれにしても，わが国では，溺れている幼児を見殺しにした者の刑事責任は，主に不真正不作為犯だけが問題となり，これらの不真正不作為犯が成立するためには，作為義務が必要である。最近では，そのような作為義務を基礎づける地位を保障人的地位と呼んで，構成要件要素として位置づける見解が一般的になっている。不作為犯論において最も問題となっているのは，保障人的地位がどのような場合に認められるのか，ということである。どのような事情があれば，あなたに保障人的地位が認められるのだろうか。

筆者は，以前，保障人的地位の発生根拠について論文を書いて，排他的支配と危険創出・増加行為の2つを必要とすることを主張した[3]。本章では，筆者がなぜそのような見解を主張したのか，その後，どのような批判があり，そのことについてどのように考えているのか，ということを中心に述べてみたい。

II　罪刑法定主義との関係

不真正不作為犯の処罰は，作為の形で規定された刑罰法規を不作為に適用する点で，罪刑法定主義の問題があるといわれる。ドイツでは，不真正不作為犯は書かれざる不作為構成要件に該当し，不真正不作為犯の処罰を規定するドイツ刑法13条の規定は，「作為犯の構成要件と合体し，それを不作為犯の構成要件につくりかえるための類推許容規定である」という見解が強い[4]。わが国でも同様に考えるべきだとすれば，ドイツのような総則規定が

---

[3] 拙稿「保障人的地位の発生根拠について」内藤謙ほか編『香川達夫博士古稀祝賀 刑事法学の課題と展望』108頁以下（1996年）参照。近時の不真正不作為犯に関する研究書として，平山幹子『不作為犯と正犯原理』（2005年），岩間康夫『製造物責任と不作為犯論』（2010年），吉田敏雄『不真正不作為犯の体系と構造』（2010年）参照。

[4] 中森喜彦「保障人説について」法学論叢84巻4号1頁以下（1969年），堀内捷三『不作為犯論』3頁以下（1978年），平山・前掲注3)38頁以下，42頁など参照。

ない以上，不真正不作為犯の処罰は，類推解釈として罪刑法定主義違反となるはずである[5]。そこで，不作為を「偽装された作為」とみることのできる限度で不真正不作為犯の成立を認める見解も主張されている[6]。

　しかし，不真正不作為犯の成立が問題となっている犯罪類型は作為構成要件である，という理解には，疑問がある。たとえば，「人を殺す」という文言の日常的意味の中には，不作為で人を死亡させる行為も含まれており，母親が幼児に食事を与えないで故意に死亡させた場合に，「母親が幼児を殺した」ということは，拡張解釈とさえいえないであろう。放火罪の「放火して」（「火ヲ放テ」）という文言に，消火しないで目的物を燃焼状態に放置することを含めることも，なお拡張解釈の範囲内にあるといってよいと思われる[7]。このように，不作為も殺人罪等の構成要件に本来的に含まれていると考えるのであれば，「不真正」不作為犯という呼び方は，すでに定着しているとはいえ，あまり適切なものではない。

　以上のような理解に対しては，そのように解すると，刑法130条や218条のように一つの条文の中に作為と不作為の双方の行為態様を規定している罰条が不要になってしまう，という批判がある[8]。しかし，刑罰法規の文言の解釈によって不作為も作為と同様に処罰することができる，という主張は，あらゆる刑罰法規が当然に不作為犯を含んでいることまで意味していない。規定の仕方によっては，不作為を含めることができないこともあるはずである。たとえば，間違えて持って帰ってしまった他人の傘を返さずに自分の物にしてしまう行為は，占有離脱物横領であって，不作為の窃盗とは解されていない。それは，返さないという不作為を「窃取した」と解することが困難だからであろう[9]。同様のことは，住居侵入罪の「侵入した」という言葉についてもいえる。「侵入した」という言葉の中には，不作為で住居に立ち入ること（たとえば，第三者によって他人の住居に運び込まれるのを止めないよう

---

5) 金沢文雄「不真正不作為犯の問題性」団藤重光ほか編『佐伯千仞博士還暦祝賀(上) 犯罪と刑罰』224頁以下（1968年）参照。
6) 松宮・89頁。さらに，梅崎進哉「いわゆる不真正不作為犯の因果論的再構成」九大法学44号31頁（1982年）参照。
7) 内藤・(上)226頁，町野・128頁参照。
8) 松宮・89頁。

な場合）も含まれうるが，すでに住居内にいる者が立ち去らない行為まで住居に「侵入した」ということができるかは，疑問がある。そうだとすれば，侵入罪と並んで不退去罪を規定することには十分な理由があるのである[10]。遺棄罪についても，不保護の規定は，遺棄の概念に含まれない場合を特に規定したものと理解することができる。

　殺人罪等の構成要件に不作為が含まれうるとしても，結果と因果関係のあるすべての不作為が含まれるわけではない。構成要件に該当する結果の発生を阻止するために必要な作為を行う義務（作為義務）のある者の不作為だけが構成要件に該当する。通説は，このような作為義務の基礎となる地位を保障人的地位と呼んで構成要件要素に位置づけている。どのような場合に保障人的地位が認められるかは，裁判所の解釈に任されており，罪刑法定主義の問題があるとすれば，むしろこの点にある。学説に求められているのは，予測可能性の保障という罪刑法定主義の要請を充たすために，保障人的地位の発生根拠について，できるだけ明確な基準を示すことである。

Ⅲ　保障人的地位の発生根拠

1　形式的根拠

　保障人的地位に基づく作為義務の発生根拠について，従来の通説は，法令，契約・事務管理，条理を挙げ，条理の内容として，先行行為の場合，監護者の場合，所有者・管理者の場合，売主の地位に基づく場合などを挙げてきた。しかし，刑法以外の法令に一定の義務が規定されているからといって，その違反が直ちに刑事上の違法性を基礎づけるわけではない。たとえば，医師は法律による往診義務を負うが（医師19条1項），正当な理由なく

9）　読者の中には，占有移転後の不作為を窃盗として処罰することができないのは，窃盗罪が状態犯だからではないか，と思われる方がいるかもしれない。しかし，事情は逆で，占有移転後の行為を窃盗として処罰することができないから窃盗罪は状態犯なのである。拙稿「犯罪の終了時期について」研修556号19頁（1994年）参照。
10）　島田聡一郎「不作為犯」法教263号119頁注3（2002年）は，不退去罪を，処罰範囲を被害者の明確な退去要求がある場合に限定したものと解している。

往診を拒んだために患者が死亡したとしても，直ちに不作為の殺人罪となるわけではない。契約の不履行も，民事上の責任を発生させるだけであって，その不履行によって法益侵害が生じたからといって，直ちに不真正不作為犯が成立するわけではない。刑法上の作為義務は道徳的なものではなく法的な義務でなければならないとしながら，条理を根拠として持ち出すのでは，まったく答えになっていない。単に作為義務の形式的根拠を列挙するだけでは，実際に保障人的地位の有無を判断するには不十分なのである。

　このことは，従来の通説も認めていることである。通説も，法令や契約上の義務は，作為義務の一応の根拠とするだけで，これらの根拠に何らかのプラスアルファがあってはじめて不真正不作為犯が成立すると考えている。しかし，プラスアルファによって不真正不作為犯の成立が実質的に決まるのであれば，それを要件とすればよいのであって，法令・契約を独立にとりあげる意味はない。たとえば，他人の子どもを引き取った者が，子どもに食事を与えずに死亡させてしまった場合，通説からは，養子縁組が成立していれば民法によって，契約が成立していれば契約によって，作為義務が生じたとされるのであろう。しかし，養子縁組も契約も有効に成立していない場合であっても作為義務は認められるべきであるから，結局のところ，作為義務は，子どもを引き取って自分の支配下に置いていることによって成立しているのである[11]。学説の中には，法令，契約，条理を作為義務の根拠として挙げた上で，不真正不作為犯が成立するためには，作為と不作為の同価値性が認められることが必要であるとする見解も有力であるが，そこでいう同価値性が上記のプラスアルファを意味しているのであれば，端的に同価値性の要件を論ずれば足りる[12]。

　法令・契約を独立にとりあげる意味があるとすれば，このような法律上の

---

[11]　前田・138頁注18は，親の子に対する義務も，民法上の義務から形式的に発生するのではなく，従来から継続的に食物を与え続けてきたこと等の事実から作為義務が発生すると考えられる，とする。

[12]　このような学説の中には，同価値性の問題として，法益侵害の危険性を挙げるものも多い。たとえば，ひき逃げの事例について，過失の先行行為によって作為義務が生じるが，被害者の生命に高度の危険がなければ作為による殺人との同価値性が認められない，というのである。しかし，未遂犯の成立に結果発生の現実的危険の発生が必要であることは，作為犯も不作為犯も同様であって，不作為犯固有の要件ではない。町野・131頁参照。

義務がある場合に限って作為義務を認める見解をとる場合である。19世紀にフォイエルバッハによって主張された見解は，そのようなものであった。その後の学説は，それでは狭すぎると考えて，作為義務の範囲を拡張してきたのであるが，最近再び，髙山教授によって，（契約・事務管理という民法上の義務を含めた）法令上の義務が存在する場合に不真正不作為犯の成立を限定する見解が主張されている[13]。

しかし，刑法の規範，たとえば殺人罪の規範は，刑法それ自体によって基礎づけられているのであって，作為の殺人の構成要件該当性に刑法外の法的義務の存在が不可欠ではないのと同様に，不作為の殺人の構成要件該当性にも，刑法外の法的義務の存在は不可欠ではないはずである。髙山教授は，「犯罪の不法内容の実質が他の法領域から基礎づけられるということは，財産犯の成否が民法その他によって構成される財産秩序を基礎として判断されるのと同様である」といわれるが[14]，それは，財産犯の保護法益である財産秩序が私法によって構成されているからにすぎない。

実際の適用においても，法令上の義務を不真正不作為犯の成立を認めるべき場合に常に肯定できるかについては，疑問の余地がある。たとえば，作為義務の根拠として常に挙げられる民法の扶養義務についていえば，同居の親族間の助け合い義務（民730条）は，倫理的義務と解する見解が有力であって，少なくとも具体的権利義務関係を定めたものとは解されていないようであり，親族間の扶養義務（民877条）も，金銭給与扶養を超えた引取扶養が含まれるのか（刑法で問題になるのは後者である），複数の扶養義務者がいる場合に，誰に扶養義務があるのか，具体的扶養義務がいつ生じるのか，等々，必ずしも明らかでない点がある[15]。

また，法令上の義務によって作為義務を判断する見解には，法令上の義務をすべて刑法上の作為義務とすることが妥当でない以上，刑法上の作為義務になる義務とならない義務を区別しなければならない，という困難な問題もあり（従来の通説にも存在する問題である），髙山教授の見解が，この点の解

---

13) 髙山佳奈子「不作為犯」山口厚編『クローズアップ刑法総論』67頁以下（2003年）参照。
14) 髙山・前掲注13)59頁。
15) 大村敦志『家族法〔第3版〕』255頁以下（2010年）参照。

決に十分説得的な形で成功しているとは思えない16)。

なお，最近では，保障人的地位に基づく作為義務を，法益との関係で当該法益を保護する義務である法益保護義務と，適切に管理しなければ他人の法益を侵害するおそれのある危険源を管理する義務である危険源監視義務の，2つに分ける見解が一般的になっている。たしかに，作為義務に2種類あるのはその通りであるが，両者は重なり合うことがあるし，危険源監視義務も危険源によって法益が侵害されることを防止する義務であるから，最終的には法益保護義務に還元されるともいえる。また，この見解は，2つの義務の発生根拠については，何もいっていない。

2 実質的根拠

(1) 先行行為説

先行行為が作為義務の根拠となることは，通説によっても認められてきたが，これを保障人的地位の一元的根拠として主張されたのが，日髙教授である。日髙教授は，作為と不作為を等置するためには，両者の存在構造上の溝を埋めるものとして，不作為者の先行行為が必要であり，先行行為は過失に基づくものであることが必要である，とされた17)。

自ら危険を作り出した者は，これを除去する義務があるという考慮は，説得力を有している。しかし，先行行為説には，作為と不作為の同価値性は不作為について問題になるのであって，過去の先行行為によって存在構造上の溝を埋めることはできないのではないか，という疑問がある。また，過失行為によって結果発生の危険を発生させた者が，これを認識しながら放置して

---

16) 髙山・前掲注13)70頁は，道交法の救護義務違反の罪の罰則は5年以下の懲役または50万円以下の罰金と重いものであるので，不救護によって死傷結果が発生した場合を含む趣旨であるとするが，同罪が法定刑のはるかに重い殺人罪や保護責任者遺棄致死罪の適用を排除する趣旨であるとは考えにくい。同罪の懲役刑の上限を3年から5年に引き上げた法改正の趣旨がそのようなものであったと言われれば，立法者は仰天するであろう。また，髙山・前掲注13)73頁が，不作為の放火に関する神棚事件（大判昭和13・3・11刑集17巻237頁）について，借家であれば民法上の管理義務によって作為義務が発生しうるが，自分の家であればそのような義務がないので作為義務が認められない，とするのも，疑問がある。放火罪の作為義務は，第一次的には，公衆の法益に対するものであり，管理する建造物の所有者かどうかによってその存否を決めるのは妥当でないからである。

17) 日髙義博『不真正不作為犯の理論』154頁以下（1979年）参照。

結果が発生すると，故意の不真正不作為犯が成立してしまい，過失犯が広く故意犯に転化してしまう，という問題もある。このような処罰が刑事政策的に望ましいとは思われないし，実務においても，たとえば，ひき逃げの場合に，過失の先行行為だけで不作為の殺人罪の保障人的地位が認められているわけではない。

(2) 社会的期待説

行為者と法益主体あるいは危険源との社会的関係から，法益の保護が行為者の作為に強く依存し，その保護が社会的に強く期待されている場合に，保障人的地位を認める見解がある[18]。この見解の特徴は，法益の依存性を，事実的にのみとらえるのでなく，社会的期待の側から規範的にとらえる点にあるが，問題点もまさにこの点にある。社会的期待とは，結局，社会に存在する道徳的規範にすぎず，「社会が保障人的地位を認めるべきだと考えている場合には保障人的地位を認める」といっているに等しいのではないかと思われるからである。罪刑法定主義の観点から，明確な基準を立てることが学説には求められているのであれば，このような見解は望ましくないであろう。

(3) 事実上の引受け説（具体的依存性説）

堀内教授は，法益侵害等の結果の発生が不作為者に依存している場合に保障人的地位が認められるとされ，そのような依存性は，結果の発生を阻害する条件行為の開始，すなわち，事実上の保護の引受けがある場合に認められる，とされた[19]。事実上の引受け説は，社会的期待説の不明確さを払拭し，法益の依存性を事実的なものに限定した点に特色があり，判断の明確性を確保できるというメリットをもっている。

しかし，この見解にもいくつか疑問がある。第1に，行為者の法益が不作

---

[18] 木村亀二「不作為犯における作為義務」同『刑法解釈の諸問題(1)』248頁以下（1939年），江家義男「不純正不作為犯の理論構成」同『江家義男教授刑事法論文集』35頁（1959年）参照。通説は，実質的に見れば，この見解に帰着すると思われる。社会的期待説をより明確化しようとする試みとして，神山敏雄「保障人義務の理論的根拠」斉藤誠二ほか編『森下忠先生古稀祝賀(上) 変動期の刑事法学』214頁以下（1995年）参照。

[19] 堀内・前掲注4)253頁以下参照。事実上の引受けとしては，法益の保護を引き受ける場合が通常であるが，危険源の管理を引き受ける場合も含まれると考えるべきである。

為者に依存している状態は，事実上の引受けによらなくとも発生するので，事実上の引受けに限定する根拠が明らかでない。たとえば，新生児と父親しか家にいない場合，新生児の生命は父親に依存しているのであって，父親が新生児の面倒を以前に見ていたかどうかは関係がない。第2に，最初から保護を引き受けなければ一切責任を負わないのに，一時的に保護を行うと責任を負うのは，不均衡である。たとえば，一人暮らしの老人が健康を害して餓死しそうになっている場合に，隣人が見て見ぬふりをして最初から何もしなければ不作為の責任を負わないのに，かわいそうに思って何度か食事を運んであげると作為義務が生じて，やめると不作為犯で処罰される，というのは妥当な結論とは思われない。一度保護を開始したらそれだけで重い責任を負ってしまうというのでは，保護に出ることを萎縮させてしまい，政策的にも妥当でないであろう。

　たしかに，交通事故の被害者を車に乗せて病院に運び始めた者に，作為義務を認めることは適切である。しかし，その理由は，車に乗せて他の者による救助の可能性がない状態にして，被害者の生命に対する危険を著しく増大させたことと，行為者だけが被害者を救助できるという意味での排他的支配を設定したことにあるのだと思われる。もし，そうだとすれば，先ほどの例で隣人に食事を提供しただけである場合には，作為義務は否定されるべきである[20]。交通事故で被害者を車に乗せて別の場所に放置した場合でも，後続の車に轢かれて死亡する危険が高い場所から別のより安全な場所に移した場合や，救助される可能性が低い場所から救助される可能性が高い場所に移したような場合は，作為義務を認めるべきではない。やりはじめたことは最後までやり遂げなさいというのは，道徳的な義務にすぎないというべきである[21]。

　　(4)　支配領域説

　西田教授は，作為と不作為の同価値性を担保する要素として，不作為者が因果経過を具体的・現実的に支配していたこと，すなわち，排他的支配が必

---

[20]　善意であっても，世話を継続することで，周りの人間（行政機関を含めて）に，その人が面倒を見ているので，援助は必要ない，という事実上の信頼が生じている場合は，他の人の救助の可能性を減少させているという意味で，危険の増加が認められる。

要とされる。そして，自己の意思に基づいて事実上の排他的支配を設定した場合と，規範的に作為が要求される関係に基づいて排他的支配を有している場合に保障人的地位が認められる，とされ，後者を特に支配領域性と呼ばれている[22]。

西田教授の見解は，事実上の引受け説の発想を引き継ぎながら，保障人的地位を規範的観点から特別の関係が認められる場合にまで拡張している点に特徴があり，問題点もまさにその点にあるといえる。西田教授は，特別の関係を，親子，建物の所有者，賃借人，管理者のように身分関係，社会的地位に基づき継続的に保護・管理義務を負う者に限定されているが，規範的に作為が要求される場合とは，結局，保障人的地位を認めるべき場合というのと等しく，限定は難しいように思われるからである。

西田教授の見解のもう一つの問題点は，先行行為に基づく保障人的地位を一切認められないことである。しかし，先行行為によって法益侵害の危険を創出し，排他的支配も認められる場合には，保障人的地位を認めてもよいと思われる。西田教授は，先行行為に基づく不作為犯処罰は二重処罰になるといわれるが，この点は因果関係論や罪数論の処理を通じて解決すべき問題であると思われる。

3 筆者の見解

以上のような学説の状況の下で，筆者は，排他的支配＋危険創出または危険増加（以下，単に危険創出という）が保障人的地位の根拠となると考えた。

---

[21] これに対して，髙山教授は，民法697条1項および民法700条の事務管理者の管理継続義務を挙げて，単なる道徳的義務でなく法的義務である，と言われる。髙山・前掲注13)67頁注56。たしかに，民法700条は，「管理者は本人，其相続人又は法定代理人が管理を為すことを得るに至るまで其管理を継続することを要す」と規定している。しかし，管理継続義務の実質的根拠としては，管理を始めることで他人の管理可能性が失われたり，途中で管理を放棄することで最初から管理をしなかった場合よりも大きな被害が生じるなど，法益状態を悪化させたことが想定されており（谷口知平＝甲斐道太郎編『新版注釈民法(18)』251頁〔金山正信〕〔1991年〕参照），民法700条の文言を文字通りに解すべきではないと思われる。アメリカのリステイトメントは，この点を明確にしている。RESTATEMENT (SECOND) OF TORTS 323-24 (1965) 参照。

[22] 西田典之「不作為犯論」芝原邦爾ほか編『刑法理論の現代的展開 総論Ⅰ』89頁以下（1988年）。

排他的支配を要件とすべきであるのは、西田教授がいわれるように、不作為の場合にも作為と同様に結果の発生を支配しているといえることが必要だからである。判例で不真正不作為犯が認められている事例も、そのほとんどが排他的支配が認められる事例である。

　しかし、排他的支配だけで保障人的地位を認めてしまうと、偶然に排他的支配を有してしまった場合にも、保障人的地位が認められてしまう。このような場合に、不作為の殺人罪の成立を認めるべきでないとすると[23]、排他的支配の存在は、保障人的地位を認めるための必要条件ではあるが十分条件ではないと解する必要がある。

　そこで、筆者は、もう一つの要件として、行為者が危険を創出または増加させたことが必要ではないかと考えた。先行行為によって保障人的地位が認められるという主張は、危険創出を根拠としている。しかし、それだけでは保障人的地位の範囲が広くなりすぎるので、限定要件が必要であった。そのような限定要素が排他的支配なのである。事実上の引受け説も、これを適切に理解すれば、危険創出と排他的支配の設定にその根拠を求めることができることは、すでに述べたとおりである。筆者の見解は、先行行為説と事実上の引受け説を統合して再構成した見解ということができる。

　排他的支配と危険創出の理論的関係については、排他的支配の要件は、作為と不作為の同価値性を担保するための要件として、危険創出の要件は、「積極的に他人の利益を侵害しない限り処罰されない」という自由主義の観点からの要請という、いわば外在的な制約として説明した。この点は、後で考えると、危険創出の要件も作為と不作為の同価値性を担保するための要件として一元的に説明した方がよかったと思われる。作為と不作為の同価値性を認めるためには、因果的支配の観点から排他的支配が必要となり、自由保障の観点から危険創出が必要になるのである。

　なお、危険創出行為は、客観的に危険なものであれば足りると解すべきで

---

[23] しかし、井田良「不真正不作為犯」現刑3号94頁（1999年）は、見知らぬ人が自宅内に嬰児を置き去りにして逃げたという事案について、排他的支配領域性と、生命という法益の重大さ、および、警察に通報するという作為の容易さを考慮して、保障人的地位を肯定している。

あると思われる[24]。先行行為を作為義務の根拠とする見解は，一般に先行行為が過失に基づくことを要求しているが，そうすると，結果発生の危険を有していることが行為の時点では予見不可能であったが，行為後に危険がわかった，というような場合には，作為義務が否定されてしまい妥当でない[25]。たとえば，保冷庫に人を閉じこめてしまった者は，そのことに過失がなかったとしても，閉じこめられた人を解放する刑法上の義務があるというべきであろう。

また，排他的支配については，被害者を救助する者が行為者しかいないという状況があれば，その場所を管理支配していなくとも，認めるべきであろう。たとえば，人里離れた山中で被害者に命にかかわる怪我を負わせた者には，被害者を救助する保障人的地位を肯定すべきである。

さらに，特別の知識に基づく排他的支配も認めるべきであると思われる。上記の事例で行為者が運送会社の従業員で保冷庫の管理権限を有していなかったとしても，人が閉じこめられていることを行為者だけが知っていることによって排他的支配が基礎づけられるというべきだと思われる。

以上の点は，刑事上の製造物責任をめぐる議論で問題となっている点である。製品を製造販売した時点では，その製品の危険性を知ることができなかったが，販売後に危険性がわかった（あるいは予見可能になった）にもかか

---

[24] したがって，正当防衛を行った者に侵害者に対する保障人的地位が認められることもありうる。拙稿「防衛行為後の法益侵害防止義務」研修577号9頁（1996年）参照。これに対して，髙山・前掲注13)65頁は，襲ってきた犬を防衛行為で怪我させて放置して死亡させると器物損壊罪の責任を問われかねない，と批判する。しかし，髙山教授の設例が，対象が人の場合でも，同じように説得的に感じられるかは疑問であろう。たとえば，侵害者の胸を押したところ転倒して失神してしまったという場合に，厳寒期の夜間で放置すると凍死するおそれがあったなら，やはり救助すべきであり（少なくとも警察等に通報すべきであり），そのまま放置して死亡させれば，不作為の殺人罪を認めても不当とはいえないと思われる。正当防衛は，防衛に必要な限度での法益侵害を認めているだけであって，侵害者はすべての法的保護を奪われてしまうわけではない。理論的には，犬であっても容易に救助できるなら救助すべきであるが，犬と人で救助が期待される程度が異なると解することは可能だと思われる。

[25] ドイツの通説は，先行行為に義務違反性を要求しているが，製造物責任の回収義務をめぐって，ドイツの判例は，義務違反性の要件を実質的に放棄している。ドイツの判例・学説については，岩間・前掲注3)5頁以下が詳しい。さらに，北川佳世子「製造物責任をめぐる刑法上の問題点」早稲田法学71巻2号171頁以下（1996年），鎮目征樹「刑事製造物責任における不作為犯論の意義と展開」本郷法政紀要8号357頁以下（1999年）も参照。

わらず，これを回収しなかったため，これを使用した消費者が製品の欠陥が原因で死傷した，というような場合に，製品を販売したという先行行為に過失がなければ保障人的地位を認めないとすると，不作為犯は成立しないことになる。また，排他的支配を事実的な管理に限定すると，少なくとも消費者の手に製品が渡ってしまった後は，製造会社は排他的支配を有していないので，やはり不作為犯は成立しない。しかし，これらの場合には，危険創出も排他的支配も認めるべきであろう[26]。

4　筆者の見解に対する批判

(1)　危険創出の必要性

筆者の見解で，批判されたのは，第1に，母親が子どもを産んだ後そのまま放置して死亡させた場合には，危険創出が認められないので，不作為の殺人罪は成立しない，と主張した点である[27]。あえてこのような見解を主張したのは，社会的期待のような規範的視点を入れると，保障人的地位の範囲が不明確になってしまうと考えたからである[28]。

もっとも，母親が子どもを産んだ後そのまま放置して死亡させた場合に不可罰というのは妥当でないので，保護責任者遺棄致死罪が成立する，と主張した。排他的支配や危険創出の要件は，不真正不作為犯の保障人的地位に関する要件であって，作為義務が刑法に特に規定されている真正不作為犯には妥当しない，と考えたのである。このような見解に対しては，自由主義の要

---

[26] これらの点は，わが国では，薬害エイズ事件において問題となった。詳しくは，文献の引用を含めて，甲斐克則『医事刑法への旅Ⅰ〔新版〕』159頁以下（2006年）参照。

[27] 林幹人教授は，筆者の見解を，「基本的に正当と思われるが，最大の問題は，親子関係の場合であっても，上記の要件が充足されない以上は作為義務を否定することである」と評されている。林・156頁。もっとも，不作為の殺人を認めないのは，堀内・前掲注4)255頁，浅田和茂ほか『刑法各論』79頁〔浅田〕（1995年），鎮目・前掲注25)356頁なども同様であり，筆者の独自説というわけではない。

[28] 林・163頁は，身分関係や社会的地位が作為義務を根拠づける理論的な根拠，その意味と範囲が明らかでない，と批判している。これに対して，中森教授は，法が社会関係を対象とする以上，人の社会的役割の違いが重要な意味を持つのは当然のことであり，規範的観察を厭うべきでない，とされる。中森喜彦「保障人説」現刑41号6-7頁（2002年）。同じく規範的関係の重要性を指摘するものとして，塩見淳「作為義務の成立根拠」法教381号64頁（2012年）参照。

請は真正不作為犯にも妥当すべきであって，法規定の存在に決定的な意味を与えるのは疑問である，という批判を受けた[29]。しかし，従来の保障人的地位に関する議論は，不真正不作為犯の成立範囲をめぐる議論であって，真正不作為犯を射程に入れたものではなかったように思われる。立法者は，憲法に違反しない限り，明示の規定によって通常の自由の制約の範囲を超えた制約を国民に課すことができ，真正不作為犯はそのような場合と考えるべきである。

しかし，そうはいっても，母親が産んだばかりの新生児を放置して死亡させるのは，不作為の殺人が認められてきた典型例であり，理論的に説明できるのであれば，不真正不作為犯の成立を認めることが望ましい[30]。そこで，あらためて考えてみると，病院等で出産することが通常である現在の状況では，他の者の援助を得られない自宅でこっそり出産するということを，生まれてきた赤ん坊に対する危険創出と考えて，保障人的地位を肯定することが可能であるように思われる。急に陣痛がきて出産してしまった場合であっても，そのような事態が生じる予見可能性を認めることができる場合がほとんどであろうし，認められない場合であっても，危険創出に過失は不要と考えれば問題はない[31]。

(2) 排他的支配の必要性

もう一つの批判は，排他的支配の要件が必要であるか，必要だとしてもそれは保障人的地位の問題か，というものである（もちろん，この批判は，筆者だけに向けられたものではない）。

まず，排他的支配の要件を一応是認しながら，これを保障人的地位の問題ではなく，単独正犯性の問題として理解する見解が，島田教授によって主張されている[32]。

---

[29] 中森・前掲注28)6-7頁参照。
[30] 山口・89-90頁は，「法益の脆弱性の支配」として，「親は子の養育を引き受け，子の安全等は親に依存している関係にあるから，親について，子の法益についての保障人的地位＝作為義務を肯定することができる」とするが，母親が産んだばかりの子について，養育を引き受けていると言えるのかは，不明である。
[31] 島田・前掲注10)118頁は，妊娠を継続し出産したことを継続的保護関係の作出・維持と評価する余地を認めているが，本章の説明の方が無理がないように思われる。
[32] 島田・前掲注10)115頁。

もともと，排他的支配の要件は，作為と不作為の同価値性の観点から因果経過の具体的支配を基礎づけるものとして要求されているのであるから，狭義の共犯においては，作為の場合にも因果経過の支配は必要ない以上，不作為の場合にも排他的支配を共犯者自身が有している必要はない。しかし，島田説のように，排他的支配を単独正犯の要件としてしまうと，共同正犯では排他的支配の要件が不要になってしまい妥当でないであろう。たとえば，単純なひき逃げの場合に，運転者一人であれば，排他的支配＝単独正犯性が欠けるので不作為の殺人罪は成立しないが，助手席のナビゲーターとの共同で危険を創出した場合は，排他的支配は不要なので不作為の殺人罪が成立しうる，というのは奇妙であろう。

　共犯者がいる場合に，共犯関係にある者については一体として排他性が判断されることは，当然の前提とされてきたのであり，そのような意味での排他的支配の要件は，なお維持すべきものと思われる。

　排他的支配の要件については，これをそもそも不要とする見解も主張されている[33]。子どもが池で溺れている場合に，池の近くにいる者が父親だけであれば父親に保障人的地位が認められるのに，他に救助できる人がいれば保障人的地位が認められないのは，おかしいというのである。そこで，井田教授は，溺れかけている子を，その親のほか10人が助ける気もなく見ている場合でも，子の生命は親の作為に具体的・排他的に依存しているといってよい，とされる[34]。たしかに，周りの人間が父親が助けると考えて救助をひかえた場合のように，現実の信頼が存在している場合には，排他的支配を認めることが可能だと思われる。しかし，そのような事情がない場合に排他的支配を認めることは困難であろう。この結論は，不作為の殺人罪が問題となっていることを考えれば，不当な結論ではないと思われる。

　もっとも，「排他的支配」という言葉が強すぎるという批判はあり得る。排他的支配説にとって重要なのは，法益の保護が特定の人に依存しているという関係である。作為犯においても因果経過を最後に至るまで支配すること

---

33) 鎮目・前掲注25) 350頁以下，塩見淳「不作為犯論」西田典之＝山口厚編『刑法の争点〔第3版〕』19頁（2000年），髙山・前掲注13) 56頁など参照。

34) 井田良＝丸山雅夫『ケーススタディ刑法〔第3版〕』89頁〔井田〕（2011年）。

は明らかに必要ではないから、因果経過の支配を問題にするのではなく、「結果原因の支配」を問題にする方が妥当である、という指摘があるが[35]、これはその通りである。排他的支配説が因果経過を完全に支配していることまで要求していた（そのようにうけとめられていた）のだとすれば、改められる必要がある。

　また、製造物責任が問題となる場合に、事実的な占有という意味での排他的支配を要求すれば、不作為犯の成立を認める余地はきわめて限られてしまい、その結論は、明らかに妥当でない。そこで、「排他的支配」を認めるとすれば、すでに述べたように、情報の独占による「支配」を問題にする必要があるが、このような関係を「排他的支配」と表現することには異論があり得るであろう[36]。

　排他的支配という言葉よりもより適切な用語があれば変更すべきかもしれないが、適切な用語を思いつかないし、この用語の限定的なニュアンスを捨て去るのももったいないので、当面はこの言葉を用いることにしたい。

　保障人的地位の根拠を多元的に説明する見解に十分に機能しうる理論的歯止めがあるのであれば、多元説でもかまわないであろうが、そのような理論的歯止めが存在しているのかは、筆者には今のところ不明である。

(3) 効率性説

　最後に、鎮目教授によって主張されている見解に触れておきたい。鎮目教授は、結果回避可能性を有する複数の者すべてを処罰することは国民の自由の過剰な制約となるので主体を選択する必要がある、として、「結果回避措置を最も効率的に為しうる主体のみが保障人的地位に該当する」と解するとともに、行為選択の自由を保障するために、「行為者が自らの意思に基づいて、結果に実現した危険と行為者との間に、他者が介入する可能性を減少させる関係が成立することを受け入れたという事情が存在しなければならない」と主張された[37]。これは、事実的かつ実質的な内容をもった基準を示そうとした意欲的な見解ということができる。しかし、誰が最も効率的に結

---

35)　山口・89頁。
36)　製造物責任については、岩間・前掲注3)参照。
37)　鎮目・前掲注25)353頁以下参照。

果を回避できるかの判断は必ずしも明確なものではなく[38]，また，効率性という経済学的概念で保障人的地位を決定することが妥当であるかについても疑問があるように思われる[39]。

5 新判例

不真正不作為犯に関する近時の最も大きな出来事は，不作為の殺人を認める最高裁判例（最決平成17・7・4刑集59巻6号403頁）が出たことである。事案は次のようなものである。シャクティ治療と称する特別の治療を施す能力を持つなどとして信奉者を集めていた被告人は，病院に入院中の重篤な患者Aの親族BからAに対するシャクティ治療を依頼され，滞在中のホテルで同治療を行うとして，Aを退院させることはしばらく無理であるとする主治医の警告や，その許可を得てからAを被告人の下に運ぼうとするBら家族の意図を知りながら，「点滴治療は危険である。今日，明日が山場である。明日中にAを連れてくるように」などとBらに指示して，なお点滴等の医療措置が必要な状態にあるAを入院中の病院から運び出させ，その生命に具体的な危険を生じさせた。被告人は，ホテルまで運び込まれたAの容態を見て，そのままでは死亡する危険があることを認識したが，シャクティ治療を施すにとどまり，未必的な殺意をもって，Aの生命維持のために必要な医療措置を受けさせないままAを放置して死亡させた。

以上の事実関係について，最高裁は，「被告人は，自己の責めに帰すべき事由により患者の生命に具体的な危険を生じさせた上，患者が運び込まれたホテルにおいて，被告人を信奉する患者の親族から，重篤な患者に対する手当てを全面的にゆだねられた立場にあったものと認められる。その際，被告人は，患者の重篤な状態を認識し，これを自らが救命できるとする根拠はなかったのであるから，直ちに患者の生命を維持するために必要な医療措置を受けさせる義務を負っていたものというべきである。それにもかかわらず，

---

[38] 髙山・前掲注13)62頁参照。なお，髙山教授は，効率性が第1位の者に行為選択の自由の要件が肯定されない限り，誰も作為義務がないことになる，とも批判されているが，第1順位の者に作為義務が肯定されなければ，第2順位者が作為義務を負うことになると思われる。
[39] 島田・前掲注10)116頁参照。

未必的な殺意をもって，上記医療措置を受けさせないまま放置して患者を死亡させた被告人には，不作為による殺人罪が成立（する）」と判示した。この判例は，被告人による危険の創出と，被告人が被害者の保護を全面的に委ねられていたこと，すなわち排他的支配を有していたこと，を摘示して，殺人罪の保障人的地位を肯定しており，妥当な判例と言える。

Ⅳ　おわりに

　読者の方が，本稿を読まれた結果，筆者の見解に賛成してくれたなら大変うれしい。しかし，賛成してくれなくとも，なぜ筆者がこのような見解を主張したのかを理解して，賛成できない理由を考えていただけたとすれば，本章の目的は達成されており，十分にうれしいことである。

第7章

違法性の判断

I　はじめに

　前章で構成要件該当性を一応終わりにして，違法論に入ることにしたい。第3章で述べたように，筆者は，故意・過失を主観的構成要件要素と考えているので，体系的には，故意・過失の判断が違法性阻却事由の判断に先行する。しかし，本書では，体系よりも実質を重んじて，違法論を先にすることにした。もっとも，主観的違法要素の問題は，教科書などでは，構成要件該当性で扱われるのが一般である。

　戦後の違法論は，主に，結果無価値論・行為無価値論という分析枠組みを用いて行われてきた。このような分析は，刑法学の理論的水準を飛躍的に高めたが，最近では，刑法の学習者の間で，結果無価値・行為無価値の対概念を用いた分析を図式的に覚えて，なぜそうなるのか，本当にそうなるのか，ということを考えない傾向がみられるように思われる。本章では，違法論の問題を幾つかとりあげて，結果無価値論・行為無価値論という分析枠組みを用いた議論を再検討することにしたい。

II　違法性判断の構造

1　結果無価値の必要性

　犯罪とは，構成要件に該当する違法で有責な行為と定義される。違法性とは，犯罪が成立するための要件の1つということになる。刑法の任務は法益の保護にあるから，法益侵害・危険の発生が刑罰を科すための不可欠の要件

であり[1]，その意味で，違法の実質は，法益侵害・危険という結果無価値の惹起と解されることになる。このような見解が結果無価値論（物的不法論）である。これに対して，違法の実質を規範違反に求める見解を行為無価値論（人的不法論）という。わが国の行為無価値論においては，行為無価値だけが違法の実質であるとする行為無価値一元論はほとんどなく，行為無価値と結果無価値の双方を考慮する見解（違法二元論，折衷的行為無価値論，二元的人的不法論）が一般的である。わが国で行為無価値論というときには，本書を含めて，主に後者の見解を指していることに注意が必要である。

　行為無価値論は，結果無価値の存在を前提として行為無価値によって処罰範囲を限定する見解として主張されている。しかし，現実には，行為無価値論の論者のほとんどは，違法性阻却の場面で，結果無価値と行為無価値の両方の止揚がなければ違法性阻却を認めないため，結果無価値の止揚だけで違法性阻却を認める結果無価値論よりも処罰範囲が広くなっている。その典型例が，正当防衛の要件として防衛の意思を要求し，偶然防衛の場合に違法性阻却を認めないことである。

　構成要件段階では，どのような違法論をとるかにかかわらず，罪刑法定主義によって，構成要件に該当しない行為は処罰されない。そして，立法者のある行為を処罰する刑罰規定を設けるかどうかの判断が，行為の法益侵害性だけでなく，責任の程度，社会的相当性，処罰の必要性や弊害など，様々な考慮に基づいて行われるものであることは[2]，結果無価値論も否定していない。また，結果無価値論の立場からも，行為の危険性を考慮して構成要件を限定することは認められている。したがって，構成要件段階では，違法論に関する立場の違いと処罰範囲は直結していないのである。

　これに対して，違法性阻却は，法律の規定が包括的なため違法論が活躍する場面であるが，行為無価値論は，まさにその場面で処罰を拡張する機能を

---

1) 刑罰の正当化根拠を応報に求める筆者の立場からは，刑法の任務と刑罰の根拠の双方から結果無価値の必要性が説明されることになる。他の見解からは，刑法の謙抑性からの制約として説明されることになろう。山口・101頁は，「過度の介入の抑制という自由主義的原則」を挙げている。
2) 例えば，大麻の喫煙が処罰され，煙草の喫煙が処罰されていないのは，国民の健康に対する弊害だけからは説明できないであろう。

有しているのである。行為無価値論の論者は，理論的な優劣は別にして，結果無価値論より処罰範囲が狭いというセールス・トークは，やめるべきであろう[3]。

　行為無価値論の論者は，偶然防衛で違法性阻却を認めない理由を，構成要件該当結果という結果無価値が存在している以上，違法性阻却の場面では，これを正当化するために行為有価値が存在しなければならない，と説明する[4]。しかし，当該結果無価値は，被侵害利益が客観的に守られたという結果有価値によって止揚されているのであって，行為有価値によって正当化される必要はないはずである。結局，行為無価値論は，偶然防衛の場合に，行為無価値だけで既遂犯の処罰を肯定しているのである[5]。

　行為無価値論の中では，この点を意識して，偶然防衛のように結果無価値が欠けて行為無価値だけが残っている場合には，未遂犯として処罰すべきである，という見解も主張されている[6]。この見解の方が理論的に一貫しているが，行為無価値だけで未遂犯の処罰を認める点になお問題がある。未遂犯も犯罪である（しかも，既遂犯の刑の任意的減軽でしかない）以上，未遂犯においても結果無価値の惹起が必要と解されるべきである[7]。

2　違法性阻却の原理

　構成要件は，中立的行為の類型ではなく，原則として違法な行為の類型であるから，構成要件該当行為の違法判断は，例外的に違法性が阻却される事由があるかどうか，という判断になる。その場合の違法性阻却の原理は，結果無価値論からは，法益性（または法益の要保護性）の欠如と優越的利益の存在に求められることになる[8]。違法性阻却事由のうちで，前者の代表例が被害者の同意で，後者の代表例が緊急避難である。

---

3)　佐久間・171頁は，行為無価値論が処罰拡張的であることを率直に認めている。
4)　佐久間・171頁，板倉宏「結果無価値論と犯罪論の主観化」『西原春夫先生古稀祝賀論文集第1巻』210頁（1998年）など参照。
5)　木村光江「結果無価値論と行為無価値論の対立の構造の意義と機能と射程——結果無価値論の立場から」現刑3号30頁（1999年），山口・103-104頁など参照。
6)　井田良「違法性阻却の構造とその実質的原理」山田厚＝井田良＝佐伯仁志『理論刑法学の最前線』71頁（2001年），野村・225頁以下など参照。
7)　拙稿「コメント」山口＝井田＝佐伯・前掲注6)203頁以下，本書342頁参照。

これに対して、行為無価値論からは、違法性阻却の原理を社会的相当性に求める見解が多い。社会的に相当な行為を処罰すべきでないのはそのとおりであるが、問題は、社会的相当性の内容があまりに包括的・抽象的で、そのままでは役に立たないことである[9]。あなたが検察官や裁判官で違法性の判断に迷っている場合に、「社会的に相当かどうかで判断すればいい」と言われて、どれだけ役に立つだろうか。裁判官が判断に迷っている裁判員に「社会的相当性で判断してください」と言ったら、「それがわかれば苦労しません」と言い返されないだろうか。

そこで、社会的相当性に実質的な内容をもたせるために、これを「歴史的に形成された社会生活の秩序」として理解すると[10]、法益侵害と関係のない社会倫理秩序違反を処罰することにつながるおそれがある。また、「歴史的に形成された」という言葉を文字どおりにとると、まったく新しい現象についての判断には役立たなくなる。このような問題点を回避しながら社会的相当性説を実質化しようとすれば、結局のところ、優越的利益説と等しくなるのではないだろうか。

3 違法性判断の基礎事情

第1章で述べたように、結果無価値論と行為無価値論の対立は、道徳ないしは社会倫理秩序を刑法で保護すべきか、という点の争いとして理解されることが多いが、現在では、行為無価値論の論者の中にも、社会倫理秩序それ自体を刑法で保護しようとする見解は、ほとんどない[11]。もっとも、上記のように、社会的相当性説による違法性阻却の判断を通じて社会倫理秩序違

---

8) 優越的利益説といっても、マイナスでなければよいのであって、プラスである必要はない。違法とはマイナスの評価であるから、生じさせたマイナスと釣り合うプラスが生じてプラス・マイナス・ゼロになれば違法ではなくなるのである。その意味で、優越的利益説という名称はミス・リーディングであり、均衡的利益の原則と呼ぶべきであるという意見もある。斎藤・83頁参照。妥当な見解であるが、ここでは従来の用語法に従っておく。
9) 曽根・97頁参照。社会的相当性説の代表的論者である福田博士も、「社会的相当性といった、いわば一般条項的な概念で、違法性を阻却するかどうかをただちに断定すると、違法か適法かの限界が不明瞭となり、法的安定性を害する」とされている。福田・150-151頁。
10) 例えば、福田・141頁参照。
11) 本書7頁以下参照。

反自体が処罰されるおそれがあるのはたしかである。

この点で注目されるのが、保険金詐取目的での同意傷害について、傷害罪の違法性阻却を否定した最高裁判例（最決昭和55・11・13刑集34巻6号396頁）である。同判決は、「被害者が身体傷害を承諾したばあいに傷害罪が成立するか否かは、単に承諾が存在するという事実だけでなく、右承諾を得た動機、目的、身体傷害の手段、方法、損傷の部位、程度など諸般の事情を照らし合せて決すべきものである」と一般論を述べたうえで、「過失による自動車衝突事故であるかのように装い保険金を騙取する目的をもって、被害者の承諾を得てその者に故意に自己の運転する自動車を衝突させて傷害を負わせたばあいには、右承諾は、保険金を騙取するという違法な目的に利用するために得られた違法なものであって、これによって当該傷害行為の違法性を阻却するものではないと解するのが相当である」と判示した。

この判例に対しては、行為の反倫理性を理由に違法性阻却を否定する行為無価値論が露骨に現れたもの、という評価もある[12]。しかし、保険金騙取目的で交通事故を仮装することは、詐欺の予備行為であり、法益侵害の危険のある行為なのであるから、これを違法性判断で考慮することを直ちに反倫理性を理由とした判断と評価することはできない。結果無価値論に依拠する優越的利益説をとったとしても、利益衡量の対象に詐欺の危険を含めるのであれば、同じ結論に至り得るはずである。ここで真に問題となっているのは、行為無価値論か結果無価値論かではなく、傷害罪の違法性阻却の判断において詐欺の違法性を考慮してよいのか、という問題なのである[13]。

違法性判断において違法の質が問題となることは、可罰的違法性の理論を主張された佐伯千仭先生が指摘されたことである[14]。例えば、無免許医師による治療行為は、それが医学的に適切なものである限り、無免許医業として医師法上の違法性はあっても、傷害罪としての（可罰的）違法性はもたないことは、一般に認められている。そうだとすれば、詐欺の違法についても同様に解されるべきであって、詐欺の違法を根拠に傷害罪の違法性を認める

---

12) 町野朔「刑法の解釈」芝原邦爾編『刑法の基本判例』7頁（1988年）参照。
13) 井田良『犯罪論の現在と目的的行為論』147頁以下（1995年）参照。
14) 佐伯千仭『刑法における違法性の理論』21頁（1974年）参照。

べきではないのではないか，ということが，ここでの問題なのである。

結果無価値論の論者の中には，以上のことを，違法性阻却の判断において違法性を根拠づける方向で考慮できるのは当該構成要件で保護されている法益だけである，という形で主張する論者もいる[15]。しかし，林幹人教授が指摘されるように，自分の服が濡れるのを防ぐために他人の傘を奪った場合について，緊急避難の成否を判断する際に，自分の服が濡れなかった利益は考慮できるが，相手の服が濡れたことの不利益は考慮できない，というのは妥当ではない[16]。ぶつかってきた自転車を避けるためにAが隣に立っていたBを突き倒して逃げたため，Bは転倒して傷害を負うとともに手に持っていた壺も壊れてしまった，という場合には，傷害罪の違法性阻却の判断において，Bへの傷害と壺の損壊の双方が考慮されるべきである[17]。

緊急避難において考慮される違法が当該構成要件で保護されている法益侵害に限られないことと，被害者の同意に基づく傷害罪の違法性阻却の判断において詐欺罪の違法性を考慮すべきでないこととは，次のように説明することができる。緊急避難は，行為によって保全された利益が侵害した利益を上回っていることを理由に違法性阻却が認められるので[18]，当該行為から発生した法益侵害はすべて考慮に入れなければならない。これに対して，被害者の同意による違法性阻却は，同意によって当該法益の要保護性がなくなる

---

15) 松宮・102頁，山口・103頁参照。
16) 林・213頁参照。構成要件該当事案に限って合算を認める見解として，西田ほか・注釈499頁〔深町晋也〕参照。
17) Aに器物損壊の故意が認められない場合には，不可罰の過失器物損壊にしかならないが，違法判断の基礎事情は可罰的行為に限られない。Aに器物損壊の故意が認められたが，検察官が器物損壊罪の点は起訴しなかった場合には，傷害罪の違法性を肯定するために余罪の違法性を考慮してよいか，という問題が生じてくるが，この場合も考慮されるべきである。実体法的には，故意・過失を責任要素と考える立場からは，過失の器物損壊も故意の器物損壊も違法性判断では同じに扱われるし，違法要素と考える立場からは，より違法性の大きい故意の器物損壊を違法性判断で考慮できないとする理由はない。訴訟法的にも，器物損壊の事実は，傷害罪の違法性を判断する限りで考慮されるのであり，また，違法性阻却事由に関する事実として厳格な証明がなされるのであるから，量刑における余罪考慮のような問題は生じないであろう。訴訟法上の問題については，川出敏裕教授に相談にのっていただいた。お礼を申し上げる。もちろん文責はすべて筆者にある。
18) 緊急避難の性質については様々な見解があるが，この点については緊急避難をとりあげる際に検討することとして，ここでは違法性阻却事由であることを前提として議論を進める。

ことによると考えられるから，当該法益と関係のない詐欺の違法性は考慮すべきではない。このように考えると，判例とこれを支持する学説の問題点は，第1次的には，被害者の同意に違法性阻却事由としての独立した地位を認めず，行為の社会的相当性を判断するための一要素としての地位しか認めていない点にあるといえる[19]。

　無免許医師による治療行為の違法性判断において，無免許医業の違法が考慮されるべきでないのも，治療行為の違法性阻却の根拠が患者の治療利益にあるからである。もし違法性阻却の根拠が医業の特権にあるのであれば，無免許であることは傷害罪の違法性阻却の判断にとっても重要な要素となろう。

　第1章においてとりあげた外務省機密漏洩事件の判例（最決昭和53・5・31刑集32巻3号457頁）についても，同様の分析が可能である。同判例は，被告人の情交関係を利用した取材を，女性の「人格の尊厳を著しく蹂躙した」ものと評価して行為の違法性を肯定した点で，法と倫理を混同している疑いが強い。仮に，取材方法が違法なものであることを認めたとしても，本件で問題となっている違法性阻却の根拠が国民の知る権利にある以上，そのような取材方法の違法性を重視して違法性阻却を否定することは，違法の質を無視するものとして，妥当でないというべきである。

　結局，違法性阻却においてどの範囲の違法を考慮してよいかは，問題となっている違法性阻却事由の根拠によるのであって，行為無価値論に立つ場合にも，違法の質の問題を認めるのであれば，あらゆる行為の違法性を考慮してよいわけではない。逆に，結果無価値論に立てば，自動的に違法の質の区別が認められるわけでもない。

4　事前判断と事後判断

　行為無価値論は，違法の本質を行為の規範違反性に求め，違法性の判断は一般人を基準とする事前判断でなければならないとする。井田教授は，このことを，「行為の時点で行為者（の立場に置かれた一般人）が適法か違法かの限界を知ることができないように構想された違法概念は，罪刑法定主義の原

19）　大谷・261頁参照。

則および刑法規範による一般予防の要請と結びつきようがない。行為無価値論は、罪刑法定主義のために、そして規範遵守を通しての一般予防のために、行為の時点で適法か違法かを告知できるものでなければならない」と説明されている[20]。しかし、行為規範性を重視すると刑法の違法判断がすべて事前判断になるわけではない。それは、行為無価値論の論者が、誤想防衛の場合に、急迫不正の侵害が存在すると一般人であれば誰でも誤解する状況であったとしても、違法性阻却を認めるわけではないことに、典型的に現れている[21]。

行為無価値論の論者が、事前判断を貫くことができないのは、「違法性阻却事由は、広い意味での法益衝突ないし利益葛藤の状況において、これを正しく解決するための行動基準を与えるもので」[22]あり、その行動基準は、行為者の側の事情だけでなく、被害者の側の事情や周りの者の事情も考慮したものでなければならないからである。行動基準が、行為者＝被害者＝周囲の者という三面関係の中での間主観的基準でなければならない以上、行為者の立場に立った事前判断を貫くことはできないのである[23]。

結果無価値論は、刑法を裁判規範と解して、違法性を事後判断として理解する見解であるといわれることもある。しかし、結果無価値論においても、行為の事前の危険性（実行行為性）は問題とされているし、違法性阻却の判断においても、違法性阻却事由の要件が事前判断として判断される場合はある。例えば、刑事訴訟法に基づく令状逮捕は、法令行為として違法性が阻却されるが、令状発付の要件である「被疑者が罪を犯したことを疑うに足りる相当な理由」の判断は、事前判断であって、事後的に犯人でないことが分かったとしても、逮捕行為が遡って違法になるわけではない。その意味では、結果無価値論からも、刑法の行為規範性を否定する必要はないのであって、そこで問題とされているのが、あくまで法益侵害の危険性であるならば、結果無価値論の枠内で説明することが可能である。

---

20) 井田良「結果無価値と行為無価値」現刑1号81頁（1999年）。
21) これに対して、違法性阻却を認める見解として、藤木・172頁、川端・384頁がある。また、野村・161頁は、行為自体の適法性が肯定され、犯罪不成立になる、とする。
22) 井田・前掲注6)63-64頁参照。
23) 井田・前掲注13)151頁参照。

結局のところ，違法性判断が事前判断なのか事後判断なのかも，行為無価値論か結果無価値論かというより，個々の違法性阻却事由の要件解釈の問題の方が重要なのである。

III　主観的違法要素

1　主観的違法要素を認めるかどうか

　主観的違法要素としての主観的構成要件要素をどこまで認めるべきか，という問題が，以前から議論されており，行為無価値論と結果無価値論の主要な対立点の一つとされている。問題となっているのは，故意，目的犯における目的，傾向犯における主観的傾向，表現犯における心理的過程などである。行為無価値論は，違法の本質を行為の規範違反性に求めるので，行為者の主観が違法判断において重視され，上記のすべてを主観的違法要素として認める見解が主張されている。これに対して，結果無価値論は，違法の本質を法益の侵害・危険に求めるので，主観的違法要素を一切認めない見解が主張されている。

　しかし，結果無価値論でも，行為者の主観が法益侵害・危険の判断に影響を与えるのであれば，主観的違法要素を認めることができる。一方，行為無価値論をとればあらゆる主観的違法要素が肯定されるわけでもない。例えば，行為無価値論をとると，窃盗罪における不法領得の意思必要説になるわけではない。行為無価値論から，傾向犯や表現犯の主観的違法要素を否定することも十分可能である。結局，この問題も，結果無価値論か行為無価値論かどちらかの立場をとれば，論理必然的に結論が出てくる問題ではなく，個別の要件ごとに検討されるべき問題なのである。

　主観的違法要素をすべて否定する見解は，法益の侵害・危険は，行為の客観的要素に基づいて判断されなければならず，行為者が主観的にどう思っていたかという内心的・心理的要素は，責任の問題であって違法の問題ではない，とする[24]。そして，肯定説に対しては，①対応する客観的要素の存在しない主観的要素によって違法か否かを決定するのは，その認定が不明確で

あるだけでなく，違法・適法の段階で刑法が内心それ自体に介入することになる，②目的犯の目的，例えば，通貨偽造罪における行使の目的は，これを客観化して，行使の客観的危険性のある態様の偽造行為と解し，行使の主観的意図を責任要素と考えるのが妥当である，③行使の危険性は，偽造の方法・場所・規模などの客観的状況によってほとんどの場合に可能である，と主張している。

　まず法益侵害の危険性が，行為者の主観だけで判断されてはならない，というのはそのとおりである。例えば，いくら行為者に行使の目的があっても，作成された通貨が客観的に一般人が真正な通貨と誤解する程度のものでなければ偽造とはいえない。さらに，行使の目的があっても，客観的状況から行使の機会がありえないのであれば，行為の危険性は存しないことになり，偽造罪の成立は否定されるべきである[25]。このことは，故意を主観的違法要素とする論者が，故意の存在だけで未遂犯の成立を認める主観説をとっていないことからも明らかである。否定説は，客観的に法益侵害の危険が存在することの必要性を明確にした点では，大きな意義を有している。

　しかし，法益侵害の危険を客観面だけで判断できるかといえば，それは無理であろう[26]。例えば，人に向けて弾の入ったピストルを構えて引き金に指をそえている場合に，殺人の危険があるかどうかは，引き金を引くかどうかという行為者の主観によって決まってくるはずである（もちろん，引き金を引くつもりがなくてもピストルが暴発する危険性はあるが，引き金を引くつもりがあることによって危険性は飛躍的に高まる）。否定説のように，このような主観を考慮しないで法益侵害の危険を判断しなければならないとすれば，引き金を引いてしまうまで危険がないとするか，引き金を引くつもりかどうかを問わずに危険があるとするか，どちらかになってしまう。前者は未遂犯の

---

24) 内藤・㊤216頁，中山研一『刑法の論争問題』1頁以下（1991年），曽根威彦『刑事違法論の研究』55頁以下（1998年），前田・40頁，浅田和茂「主観的違法要素と犯罪論——結果無価値論の立場から」現刑3号46頁以下（1999年）など参照。

25) 高橋則夫「主観的違法要素と違法論——行為無価値論の立場から」現刑3号60頁（1999年），振津隆行『刑事不法論の展開』161頁（2004年）など参照。

26) 奥村正雄「結果無価値論と行為無価値論の対立構造——行為無価値論の立場から」現刑3号41頁（1999年）参照。

成立時期があまりに遅すぎるし，後者は通説よりも未遂の危険の認定が広くなってしまう。もちろん，後者について，否定説は，責任で限定するのであろうが，例えば，正当防衛の成否を考えた場合には，引き金を引くつもりがない場合でも，殺人行為に対する正当防衛が許容されることになってしまう。

主観的要素は認定が困難であるというのは，責任段階で主観を考慮する以上，同じことである。内心の事実の認定が違法要素であれば困難であるが責任要素であれば容易であるなどということはありえない。また，主観的違法要素を認めることが内心に介入することになるというのも，行為の反倫理性を判断するために主観を考慮するのであれば，そのようにいえるかもしれないが，法益侵害の危険性を判断する限度で主観を考慮するのであれば，そうはいえないであろう。

以下では，学説によって認められている主観的違法要素について個別に検討することにしたい。

2　故　意

故意が主観的違法要素かどうかは，結果無価値論と行為無価値論の分水嶺とされてきた。行為無価値論からは，故意は一般的に違法要素とされるが，結果無価値論からは，故意を違法要素として認めないか，認めるとしても故意は未遂犯においてだけ違法要素とされ，既遂犯においては責任要素とされるのである。

未遂段階の故意を違法要素としながら既遂では責任要素とする見解に対しては，同じ主観的要素が既遂結果発生の前後で性格が変わるのはおかしい，という常套的批判がある。しかし，この批判は，違法性とか責任という犯罪論上の概念を，机や本と同じ実体と考える誤解に基づいている。違法性や責任の概念は，ある事態が犯罪の認定にとってどのような機能を持っているかを示すためのものである。故意は，未遂段階では結果発生の危険性を判断するために必要な要素であるから違法要素であるが，既遂段階では法益侵害はすでに発生しているので違法性判断に不要となり違法要素でなくなるのである。

もっとも，故意を未遂犯の違法要素としてきた従来の見解には，正確でない点がある。人に向けてピストルの引き金を引く意思は，厳密に言えば故意と同じではない[27]。例えば，人を熊だと思って銃の狙いをつけて引き金を引こうとしている場合には，殺人の故意はないが，客体に対する危険は殺人の故意がある場合と同様に存在している。つまり，この場合に，標的となっている人の生命に対する危険を左右しているのは，殺人の故意ではなく，狙いをつけて引き金を引こうとする行為意思なのである。

3　目的犯

　目的犯には，結果を目的とする犯罪と次の行為を目的とする犯罪がある。このうち，結果を目的とする犯罪においては，目的に対応する法益侵害の危険性が客観的に存在していることが必要であり，目的はそのような危険性の認識として理解することができる。このような認識は，法益侵害の危険性を高めるものではないから，違法要素ではない[28]。例えば，虚偽告訴罪（刑法172条）は，人に刑事または懲戒の処分を受けさせる目的で，虚偽告訴をしただけで成立するわけではなく，客観的に刑事または懲戒の処分がなされる危険のある状況が必要であり，行為者はそのことを認識している必要がある。同様に，強制執行妨害目的財産損壊等罪（刑法96条の2）も，強制執行を妨害する目的で財産を隠匿等すればただちに成立するわけではなく，客観的に強制執行を受ける（そして，それを妨害する）危険のある状況が必要であり，そのことの認識が必要である。

　これに対して，通貨偽造罪の行使の目的のように，次の行為を目的とする目的犯では，そのような目的が存在することによって法益侵害の危険性が高まるのであって，目的は主観的な違法要素である[29]。

27）　鈴木左斗志「方法の錯誤について」金沢法学37巻1号91頁以下（1995年），髙山佳奈子『故意と違法性の意識』151頁（1999年）参照。中野・27頁は，目的的行為論が行為意思ないしは目的意思と故意を同一視していることを批判している。
28）　平野・Ⅰ125頁，山口・96頁参照。
29）　なお，行使の目的がない通貨偽造について，通説は，通貨及証券模造取締法の通貨模造罪に該当すると解しているが，同罪の保護法益を，通貨偽造罪と同じように解するのであれば，同罪にもなんらかの主観的違法要素を要求すべきであろう。拙稿「通貨偽造罪の研究」金融研究23巻法律特集号158頁（2004年）参照。

4　傾向犯

　ドイツの学説の影響を受けて，強制わいせつ罪は，行為者の性的衝動を刺激しまたは満足させる目的で行われたときにのみ違法性を取得する犯罪であり，行為が行為者の主観的傾向の発現である傾向犯である，とされてきた。判例（最判昭和45·1·29刑集24巻1号1頁）も，「刑法176条前段のいわゆる強制わいせつ罪が成立するためには，その行為が犯人の性欲を刺戟興奮させまたは満足させるという性的意図のもとに行なわれることを要し，婦女を脅迫し裸にして撮影する行為であっても，これが専らその婦女に報復し，または，これを侮辱し，虐待する目的に出たときは，強要罪その他の罪を構成するのは格別，強制わいせつの罪は成立しない」，と判示している。

　性的意図を要求する理由としては，第1に，適法な治療行為との区別が挙げられている。医師が治療目的で女性の身体に触った場合は違法でないが，性的意図で触った場合は違法だというのである。しかし，治療行為として適法かどうかは，その行為が客観的に治療行為として適切なものかどうかによって決まるべきであって，医師が内心でどのような気持ちを抱いているかは関係がないというべきである。医師が患者の治療中にわいせつな気持ちを抱くと，それまで適法だった行為が突然違法な行為に変わるというのは，奇妙であろう。

　第2に，強制わいせつ罪は，わいせつ罪の一種として，社会風俗に対する罪であるから，性的意図が必要である，という説明もある。しかし，強姦罪と強制わいせつ罪は，性的自由に対する罪であって，公然わいせつ罪やわいせつ物頒布罪と同じ章に規定されてはいるが，まったく別個の犯罪と解すべきである。また，仮に，社会風俗に対する罪としての性格をもっていたとしても，そのことから行為者に性的意図が必要なことにはならない。例えば，単に人を驚かせるつもりであっても公衆の面前で全裸になれば公然わいせつ罪が成立するであろう。

　第3に，行為者に性的意図がある方が被害者の性的羞恥心をより侵害する，という説明もなされている。しかし，性的意図が内心のものであるかぎり被害者にはわからないのであるから，性的意図それ自体が被害者の性的羞

恥心を害するということはないであろう。また，仮に，性的意図が被害者の性的羞恥心に影響を与えることを認めたとしても，そのような意図がなければ性的羞恥心が可罰的な程度に害されることはない，などということは考えられない[30]。

結論として，強制わいせつ罪は，人の性的自由を保護法益としているのであるから，女性を無理矢理裸にして全裸の写真を撮る行為は，行為者の意図にかかわらず性的自由を侵害しており，強制わいせつ罪が成立すると解すべきである[31]。強制わいせつ罪の保護法益が性的自由に対する罪であることが認識されるようになるにつれて，性的意図不要説が多くなっていき，現在では，不要説が通説といってよい[32]。

最近の下級審判決（東京地判昭和62・9・16判タ670号254頁）も，弱みを握って働かせる目的で，女性を脅迫し全裸にして写真を撮った，という事案について，「〔被害者を〕全裸にしその写真を撮る行為は，本件においては，同女を男性の性的興味の対象として扱い，同女に性的羞恥心を与えるという明らかに性的に意味のある行為，すなわちわいせつ行為であり，かつ，被告人は，そのようなわいせつ行為であることを認識しながら，換言すれば，自らを男性として性的に刺激，興奮させる性的意味を有した行為であることを認識しながら，あえてそのような行為をしようと企て，判示暴行に及んだものであることを優に認めることができる」と判示して，強制わいせつ罪の成立を認めている。この判決は，本件行為が「自らを男性として性的に刺激，興奮させる性的意味を有した行為」であると言って，最高裁判決に配慮した表現をしている。しかし，最高裁判決のように行為者が自ら性的満足を得

---

30) 高橋・前掲注25)61頁は，「行為を強制わいせつ行為として特徴づけ，強制わいせつ罪の実行行為を支配する意思方向が存しない」とするが，強制わいせつ行為として特徴づけるために主観的傾向がなぜ必要なのかがまさに問題であって，理由付けになっていないように思われる。
31) 橋爪隆「判評」松尾浩也ほか編『刑法判例百選Ⅱ〔第4版〕』31頁（1997年）は，わいせつ行為にあたるかどうかを，客観的状況から慎重に判断すべきである，とする。
32) なお，団藤・133頁は，強制わいせつ罪に性的意図を要求しているようにも読めるが，団藤重光『刑法綱要各論〔第3版〕』491頁注3（1990年）は明確に否定している。筆者は，『刑法綱要総論』の英訳に際して，この点について団藤博士に質問したことがあるが，傾向犯の例として挙げているだけであり，必要説を採っているわけではない，との答えをいただいた。

意図を要求しているわけではなく，行為が客観的に性的に意味のある行為であり，行為者はそのことを認識していればよい，と言っているのであるから，実質的には不要説をとっていると評価できる。

最高裁の判例であっても，その後の下級審によって従われておらず，実質的には判例として機能していないことがある。本件は，そのことを示す良い例であると思われる。判例を勉強する側からいえば，最高裁判例だからといって鵜呑みにしてはいけないことを示す良い例である。

5 表現犯

表現犯とは，行為者の心理過程または状態の表出とみられる行為が罪とされているもので，その心理的側面を客観的側面と比較しなければ，その成否が判断できないものをいう。偽証罪における「虚偽」の意義を自己の記憶に反することと解する主観説をとると，「虚偽」かどうかは証人の内心の記憶を考慮しなければ決定できないので，偽証罪は表現犯ということになる[33]。これに対して，「虚偽」の意義を客観的に真実に反することと解する客観説をとると，偽証罪は表現犯ではないことになる。

まず，ここでも行為者の内心とは別に刑事司法作用を害する危険が客観的に存在しなければならない。主観説の立場からも，「司法作用や懲戒作用を害する抽象的危険さえもない行為は偽証罪に当たらない」と主張されている[34]。そのうえで，客観説と主観説のどちらが妥当かといえば，証言が客観的に真実であれば，公正な審判作用を害する危険はないから，やはり客観説が妥当であると思われる。ただし，目撃していない事実を目撃したと証言するのは，たとえ目撃の内容が真実と合致していたとしても，客観的に虚偽の証言であると解すべきである[35]。

[33] 山口・97 頁は，「主観説からも，記憶に反する客観的な陳述が違法性を基礎付けているのであり，単なる内心の状態が違法要素となっているわけではない」から，主観説と客観説の対立とは無関係に，主観的違法要素は認められない，とする。これは，山口教授が，違法性を基礎付ける要素だけを主観的違法要素と呼んでいるのに対して，通説は，違法性判断に考慮が必要なものも含めて主観的違法要素と呼んでいることからくる，食い違いである。
[34] 団藤・前掲注 32)各論 102 頁参照。
[35] 詳しくは，山口厚＝井田良＝佐伯仁志『理論刑法学の最前線Ⅱ』(2006 年) 192-195 頁〔井田〕，216-217 頁〔山口〕，223-224 頁〔佐伯〕参照。

Ⅳ　おわりに

　結果無価値・行為無価値の対概念を用いた違法論の分析は，違法論の基本的な枠組みを理解するのには有益であるが，違法性阻却事由の要件の実際の解釈にあたっては，個別の違法性阻却事由ごとのよりきめ細かな議論が不可欠である。読者のなかには，結果無価値論または行為無価値論のどちらかの立場を採用することで，犯罪論をすべて理解できると思っていたのに，がっかりした方もいるかもしれないが，世の中は単純な図式ですべて理解できるほど単純ではない。そのことが分かれば，刑法解釈の理解に深みが出て，おもしろさも一層増すだろう。

第8章

正当防衛論（1）

I はじめに

　違法性阻却事由の中で，もっとも多く論じられ，もっとも多く裁判例が公表されているものはなんだろうか。数をかぞえたことはないが，おそらく正当防衛だと思う。正当防衛は，理論的にも，実務的にも重要な問題なのである。連載では，2回にわけて正当防衛を扱ったが，その後，重要な判例が相次いで出され，学界での議論も盛んであり，筆者の見解に対する批判もなされているので，本書では3回に分けて論じることにしたい。特に，過剰防衛の問題が注目を集めているので，第3回（第10章）は過剰防衛の問題を扱う。

II 正当防衛権の諸相

　「正当防衛は歴史をもたない」としばしば言われる。それは，正当防衛権が，緊急状況における人間の自己保全の権利として理解されるからである。しかし，近代国家においては，権利の実現・保全のための実力行使は原則として国家に独占されているので，正当防衛がどのような場合にどこまで認められるかは，国家がどこまで実力独占を貫徹しようとしているのか，国家が個人の権利を保護するための制度をどこまで整備しているのか，といった点に依存している。正当防衛権のあり方は，国家権力のあり方によって決定されるものであり，したがって，正当防衛権は，国によって異なり，時代によっても異なるのである[1]。

　例えば，徳川時代には，中期まで正当防衛権が認められておらず，これが限定的にせよ認められるようになったのは後期になってからだとされてい

る[2]。1880（明治13）年に制定された旧刑法では，正当防衛は，各則において侵害者を故意に殺傷した場合についてのみ規定されており（旧刑法314条，315条），正当防衛が一般的に規定されるようになったのは，1907（明治40）年に制定された現行刑法になってからである。その後，昭和の初めには，いわゆる説教強盗が世間を騒がせたことを契機として，盗犯等防止法が制定され，正当防衛の特則が設けられた[3]。正当防衛が認められる範囲は，時代とともに変遷があるのである。また，比較法的には，わが国は，欧米（といっても，筆者が知っているのはドイツとアメリカだけであるが）と比較して正当防衛の許容範囲が狭いように思われる[4]。

わが国では，正当防衛を広く認めることが自由主義的で個人の権利保護に厚い解釈である，という理解が学説では有力であったように思われる。このような理解は，①ドイツにおいて，18世紀に制限的であった正当防衛権が次第に拡大されていき，19世紀後半にきわめて広い（「峻烈・果断」と評されるような）正当防衛権が認められるようになったことが，絶対主義的国家に対する個人の自由の勝利を表すものと理解されたこと[5]，②欧米でわが国よりも正当防衛が広く認められているのは個人の権利意識が強いからであると理解されたこと，③正当防衛を広く認めることは国家の刑罰権を限定することになること，などから来ていたと考えられる。

このような理解に正しい面もあることは否定できないが，正当防衛の問題は，私人間の利益衝突の合理的解決手段として実力行使をどこまで認めるかという問題なのであるから，国家対個人の関係だけから理解することはでき

---

1) 川端教授は，正当防衛権の歴史性を認めた上で，理念型としての正当防衛の考察として，歴史性を検証することのできない自然権としての側面を明確にしておく必要がある，とされる。川端・333頁参照。
2) 石井良助『日本刑事法史』449頁以下（1986年）参照。わが国における正当防衛権の歴史については，振津隆行『刑事不法論の展開』67頁以下（2004年）参照。
3) 同法1条1項の正当防衛規定について，立案当局者は，刑法36条の正当防衛を拡張するものではなく，単なる注意規定にすぎないと説明していたが，学説は立法当時から拡張規定と解してきた。近時の最高裁判例（最決平成6・6・30刑集48巻4号21頁）も，防衛行為の相当性を緩和した規定と解している。同法については，川端博『正当防衛権の再生』35頁以下（1998年）が詳しい。
4) 前田・355頁参照。
5) 山中敬一『正当防衛の限界』14頁以下（1985年）参照。

ない。例えば，正当防衛を広く認めることは，守るべき財産を有する社会の強者を弱者に対して保護する側面も有している[6]。また，紛争解決のための実力行使を広く認めることは，問題を話合いよりも腕力で解決しようとする風潮を醸成するおそれもある。

　刑法36条は刑法37条のように害の均衡を要求しておらず，立案当局者は，着物1枚を保護するためであっても必要であれば侵害者を殺してよい，と考えていたようである[7]。しかし，このような立場は，戦前から批判があったし，生命をもっとも重要な法益としてその最大限の尊重を要請する現行憲法（憲法13条後段）の下で，維持する余地はないと思われる。現在の学説は，法益が著しく不均衡な場合には正当防衛が認められないと解しているが，どのような場合に法益が著しく不均衡な場合に当たるのかについては，豆腐数丁を防衛するために人の命を害することは許されない（大判昭和3・6・19新聞2891号14頁）ということ以外は，必ずしも明確ではない。

　一方，刑法36条と37条はともに「やむを得ずにした行為」と規定しているが，学説・判例は，緊急避難においては補充性が必要なのに対して，正当防衛においては補充性は必要ないと解してきた。しかし，実務において，生命や身体の重大な侵害の場合に，本当に補充性が不要とされているのかは，再検討の余地があるように思われる。

　正当防衛のルールは，緊急状態におけるルールであるから，明確で国民に分かりやすいものである必要がある。正当防衛論において現在もっとも求め

---

[6] 例えば，盗犯等防止法に対しては，資産階級を無産階級から守るための法律という批判があり，瀧川幸辰博士は，「盗犯防止法の如く，支配階級の直接行動の合法化以外に能のない法律は，悪法といはねばならない」と断じておられた。瀧川幸辰「盗犯防止法における正当防衛の拡大化」『瀧川幸辰刑法著作集第4巻』233頁（1981年〔初出1930年〕）。アメリカにおいても，コモン・ローの正当防衛権が開拓時代の西部で著しく拡張されたことの背景には，自律自衛を重んじる開拓者精神のほかに，大牧場主の利益を新たにアメリカに渡ってきた入植者から守るという面があったことが指摘されている。この辺の事情を詳しく描いた，Richard Maxwell Brown, *No Duty to Retreat: Violence and Values in American History and Society* (1994) は，興味深い本である。余談になるが，ワイオミングにおいて牧場主と入植者の抗争から1890年に発生した「ジョンソン郡戦争」を描いたマイケル・チミノ監督の映画『天国の門（Heaven's Gate）』は，失敗作として有名であるが，筆者は好きである。

[7] 高橋治俊＝小谷二郎編・松尾浩也増補解題『増補刑法沿革綜覧〔増補復刻版〕』883頁（1990年）参照。

られていることは，正は不正に譲歩する必要はない，といった建前論に惑わされることなく，実際に妥当すべきルールを明確にすることである。

III 正当防衛の正当化根拠

1 法確証の利益説

　正当防衛において違法性が阻却される根拠に関する学説は，攻撃者側の法益性（あるいは法益の要保護性）の欠如で説明する見解と優越的利益の存在で説明する見解が対立している。しかし，このような説明は，どちらも形式的な説明にとどまっているので，なぜ法益性が欠如するのか，なぜ優越的利益が認められるのか，という点については，より実質的な根拠の説明が必要である。そのような説明としては，個人の自己保全の利益だけから説明する見解，自己保全の利益と法確証の利益の双方から説明する見解，法確証の利益だけから説明する見解などが存在している（法確証の利益を考慮する見解を，以下では法確証の利益説と呼ぶ）。現在の学説では，法確証の利益説が有力であるので[8]，まずこの点について検討することにしたい。

　法確証の利益とは，不正な攻撃に対して反撃を認めることで，正当な権利の不可侵性が公に示される，という利益を意味している。このような利益は，ヘーゲル流の「法の否定の否定」として理念的な意味で理解することもできるし，より現実的に，法規範の妥当性に対する信頼の維持や，違法行為に対する抑止的効果として理解することもできる。両者は，ヘーゲルの絶対的応報刑論と積極的一般予防論の関係に対応している。法確証の利益説は，このような利益の存在によって正当防衛において補充性や害の均衡が不要であることを説明しようとする見解であるが，この見解には，次のような問題

---

[8] 自己保全の利益と法確証の利益を二元的に考慮する見解が現在の通説といえる。斉藤誠二『正当防衛権の根拠と展開』54頁以下（1991年），井田・273頁，山中・421頁，川端・329頁，大谷・273頁，斎藤・180頁，高橋・256頁など参照。自己保全の利益と法確証の利益を優越的利益説の枠内で説明する見解として，内藤・㊦328頁，曽根・99-100頁が，自己保全の利益と法確証の利益を法益の要保護性の欠如と結び付けて説明する見解として，井田良「正当防衛論」現刑11号84-85頁（2000年）がある。

があると思われる。

　第1に，法確証の利益は，法益が保護されたことによる反射的利益であって独立の利益といえるか疑問があるし，その量が不明なので，害の均衡が不要であることを説明できるかにも疑問がある9)。

　第2に，法確証の利益説は，この説がまさに説明しようとしている正当防衛において補充性が不要であるということを説明できていない。侵害から退避して，後で侵害者を処罰しても，法確証の利益は確保できるからである10)。

　第3に，法確証の利益説は，同説の帰結として，挑発防衛の場合の正当防衛権の制限，責任のない者に対する正当防衛権の制限，家庭内での正当防衛権の制限などの主張を行っているが11)，これらの主張には疑問な点が多い。

　まず，法確証の利益説から，挑発防衛の場合の正当防衛権の制限を説明できるかは疑問がある。法確証の意味を，行為の違法性が公に示されることに求めるのであれば，違法な行為が反撃を受ければ法確証の利益は認められるはずである12)。法確証は，国家や社会の側の利益であって，防衛行為者が違法な挑発行為を行ったかどうかによって，法確証の利益が変わってくるとは思われない。

　次に，法確証説から，責任のない者に対する正当防衛権の限定を基礎づけることができるかについても疑問がある。法確証の意味を，行為の違法性が公に示されることに求めるのであれば，法確証の利益は，責任のない者による違法行為に対しても，そうでない者による違法行為に対する場合とまったく同様に認められるはずである。

　もちろん，幼児が棒をもって打ちかかってきたときは，棒を払いのけたり，取り押さえたりすれば足りる場合がほとんどであって，そのような場合に幼児に重大な傷害を負わせる危険のある防衛行為をすることは許されな

---

9)　山本輝之「優越利益の原理からの根拠づけと正当防衛の限界」刑法35巻2号208頁（1996年）参照。
10)　山口・112頁参照。
11)　山中・前掲注5)301頁以下，斉藤・前掲注8)143頁以下，井田・前掲注8)85-86頁など参照。
12)　山本・前掲注9)208頁，橋爪隆『正当防衛論の基礎』277頁（2007年）参照。

い。傘を間違えて持っていこうとしている人に対しては，間違えていることを注意すればよいのであって，何も言わずにその人の腕を掴んで傘を無理矢理もぎ取る必要はない[13]。しかし，それはあくまで具体的な防衛行為の必要性が問題となっているのであって，侵害者の刑事責任能力の有無によって類型的に判断されるべきものではない。責任のない者に対する防衛行為を制限する主張は，そもそも防衛行為の必要性が認められない事例をあたかも一般的な例として提示することによって，自説の正当性を基礎づけようとしている疑いがあるように思われる。例えば，年少者に対する正当防衛権は制限されるという主張が，一見説得力を持つように思えるのは，攻撃を受ける者が成人で年少者との間に大きな体格差がある場合が無意識のうちに想定されているからではないだろうか。年少者が自分よりさらに年少の者に対して攻撃を加えようとしている場合を想定すれば，そのような被攻撃者の正当防衛権が制限されるなどという結論が不当であることは，明らかであると思われる。

　責任のない者に対する正当防衛権の限定を主張する論者は，法確証の利益を，より現実的な，防衛行為による一般予防効果として理解しているのかもしれない。しかし，そこで考えられている一般予防の対象を社会の一般人に求めるのであれば，当該侵害者の責任の有無は問題にならないはずである。逆に，一般予防の対象を当該侵害者と同様の状況にある者に求めるのであれば，そのような者に対する一般予防効果はないのであるから，責任のない者に対する正当防衛は否定されなければならないであろう[14]。この結論は，行為者の責任を行為の違法判断の前提と考える主観的違法論のものであっ

---

13) 井田教授が，「駅のホームに上がる階段の途中で不注意によりつまずいて倒れかかってきた人に対し，故意で暴行を加えてきた人に対するのと同じように殴りつけることができると考えるべきではない」とされている（井田・前掲注8) 85頁）ことに対しても，同様の反論が可能である。すなわち，不注意で倒れかかってきた人に対しては，受け止めるか，一歩避ければ，自分の身体を守ることができるが，故意で暴行を加えた人に対しては，受け止めたり，身を避けても，さらに殴りかかってくることが予想されるから，殴る行為が必要とされる（ことが多い）のである。井田教授が指摘されるように，攻撃者の主観は，防衛者にとっては外在的事情であるから，これを違法性阻却の判断において考慮することには何の問題もないが（井田・前掲注8) 86頁），そのような考慮がなされるのは，攻撃者の責任の程度が重要だからではなく，攻撃の危険性を判断するために必要だからである。

て，現在ではまったく支持されていないものである。

家庭内での正当防衛（夫婦間，親子間など）についても，なぜ法確証の利益が減少するのかは自明ではない。仮に正当防衛権が制限されるべきであったとしても，そのような結論は，法確証の利益といった漠然とした論拠ではなく，より具体的な論拠，例えば，未成年の子に対する親の保護義務から導くべきであろう。そう解すると，未成年の子どもの方に親に対する保護義務はないから，親から虐待を受けている子どもの正当防衛権が制限されるわけではないことになる。成人の夫婦間（しかも事実上関係が破綻した夫婦間）に保護義務がどこまで認められるのかについても，ドメスティック・バイオレンスの被害者の正当防衛権を不当に制限しないように，慎重な検討が必要であろう。

2　自己保全の権利

正当防衛の根拠を自己保全の利益にのみ求める見解は，防衛に必要な限度で攻撃者の法益の法益性（要保護性）が欠如する，ないしは，法益の価値が減少する，と説明する。前者が法益性欠如説の，後者が優越的利益説の説明である[15]。

自己保全の利益は，自己保存の本能と言い換えられて，不法な攻撃に対してとっさに反撃するのは人間の本能である，と説明されることも多い。しかし，このような説明は，正当防衛を違法性阻却というよりも責任阻却的に理解するものであって適当ではない[16]。このようにとっさの反撃であることを重視すると，侵害の予期がある場合には急迫性がない，という解釈につな

---

14) 実際にも，井田・273頁注8は，攻撃者に帰責性（故意，または少なくとも過失）があることを正当防衛の前提と解している。同様に帰責性を要求する見解として，三上正隆「正当防衛」曽根威彦＝松原芳博編著『重点課題刑法総論』80頁（2008年）参照。

15) 前者の見解として，平野・Ⅱ228頁，髙山佳奈子「正当防衛論(上)」法教267号82-83頁（2002年），後者の見解として，山本・前掲注9)208頁，林・187頁，橋爪・前掲注12)34頁，87頁以下など参照。

16) これに対して，「正当防衛権の根拠」の問題と正当防衛を違法性阻却とするか責任阻却とするかという法的（技術的）構成の問題とは別である，という反論もある（斉藤・前掲注8)47頁）が，違法性阻却か責任阻却かの問題を，実質と離れた単なる法的構成の問題ということはできないであろう。

がってしまうからである。急迫性のところ（V）で述べるように，このような解釈が妥当でないことは，判例・学説で認められているところである。

したがって，自己保全の利益は，緊急状態における個人の権利として理解されなければならない。このような理解の伝統的な姿は，自己の法益を自らの力で守る権利は，人間が本来有している自然権であり，社会契約によって国家に委任されているが，委任された国家が個人を保護をすることができない場合には自己防衛権として現れてくる，という社会契約説からの理解である[17]。もちろん，刑法の正当防衛は，実体法上の制度であるから，これを自然権から直接に基礎づけることは必ずしも適当とはいえない[18]。しかし，自己保全の利益は，単に利益衡量の天秤に載る1つの利益として理解されるべきではなく，違法性阻却を基礎づける権利として理解されるべきであるという意味では，社会契約説の理解は現在でもなお意義を有していると思われる。刑法36条を35条よりに捉えるか37条よりに捉えるか，という形で問題を設定すると[19]，36条は35条の法令行為と同様の権利行為として理解されるべきである。適法な逮捕行為に対して被逮捕者は抵抗できず，その自由権が制限されるように，正当防衛権の行使に対して，相手方の法益は，防衛に必要な限度で要保護性が否定されることになる。

もっとも，「防衛に必要な限度で法益の要保護性が否定される」と言っただけでは，どのような場合に正当防衛を認めるべきかという問題に対する答えは出てこない。例えば，後に出てくる，債務不履行の場合，積極的加害意思がある場合，自招侵害の場合，容易に侵害を回避・退避できる場合，等々について，正当防衛を認めるべきかどうかを判断するためには，侵害者と被侵害者双方の利益状況を考慮に入れた実質的判断が必要になってくる。その意味では，優越的利益説の主張にも正しいものがある。

3　緊急権としての正当防衛

教科書には，正当防衛は，緊急権の1つとして，国家による保護の時間的

---

[17]　この見解の代表的論者は，ホッブズであり，現在では，堀内・152頁に最も明確な形で見ることができる。
[18]　松宮・135頁参照。

余裕がないときに認められる，と書かれている。しかし，このような学説の説明と正当防衛の具体的な要件論の間には，次のような不整合があるように思われる。

　第1に，学説は，自救行為を急迫性が認められない場合の超法規的違法性阻却事由として理解しており，その要件として，国家機関による法定の手続の救済を受けるいとまがなく，ただちに自力による救済をしなければ，事実上，権利の実現が不可能になるか，著しく困難になる場合であることが要求されている[20]。自救行為においては，まさに，国家による保護の余裕がないという意味での緊急性が要件となっているのであり，だからこそ，自救行為も緊急権の1つとして位置づけられているのである。そうだとすると，自救行為は急迫性が認められない場合に適用されるという理解を前提とする限り，正当防衛の急迫性は，緊急性とはズレがあり，そのズレが正当防衛と自救行為の違いを生み出していることになる。従来の学説は，正当防衛の根拠を，専ら緊急避難との違いから説明することに努めてきたが，正当防衛の根拠は，自救行為との関係でも説明されなければならないのである（自救行為も正対不正の関係にある）。

　第2に，国家の保護を求めることができない場合に例外的に認められるといいながら，正当防衛に退避義務や官憲通報義務はないと解している。一時退避して官憲の保護を求めたり，官憲に通報して保護を求めることで，法益を保護することができるのであれば，なぜそのような行為をすることなく正当防衛に出ることが認められるのであろうか。この疑問は，生命や身体の重大な侵害が問題となっている場合には，退避義務や官憲通報義務を要求することによって解決されるべきかもしれない。しかし，およそ一般的に退避義務や官憲通報義務を課すことが妥当でないとすると，その説明が必要である。

---

19)　山本輝之「防衛行為の相当性と過剰防衛」現刑9号52-53頁（2000年）参照。山本教授は，この対立を防衛者の法益の絶対的優越性と相対的優越性の対立として理解した上で，攻撃者の法益もまったくゼロではないから37条に近い形で理解すべきである，とする。しかし，法令行為も一定の要件の下で認められるように，正当防衛を権利行為として理解すると，必然的に防衛者の法益が絶対的に優越することになるわけではないであろう。

20)　例えば，内藤・(中)459頁以下参照。

第3に，国家が保護することができない場合に国家に代わって法益の保護を行うことができるというのであれば，国家のできることが正当防衛権の限界となるはずである。しかし，刑罰の科されていない違法行為に対しては，国家はその場で実力を行使できないことが多い[21]。例えば，下級審の裁判例には，妻と情交関係を結んで夫婦の住居から連れ出そうとした者を夫が投げ倒したのは，夫権の防衛のためのやむを得ない行為であった，と判示するものがあり（福岡高判昭和55・7・24判時999号129頁）[22]，学説も一般にこれを支持している。しかし，もし被告人が国家に保護を求めていたら，国家は実力をもって妻の連れ去りを防止することができただろうか。もちろんできなかったであろう。夫婦間の貞操義務は，法律上の義務とはいっても，その義務違反は，離婚原因となり損害賠償義務を発生させるだけで，強制的に履行させることのできる義務ではない。このような場合にも正当防衛を認めるべきだとすれば（そもそも夫権の正当防衛は認められないと解する余地はある），正当防衛権は，国家の実力行使の権限を超えている部分があることになる。

　まず，第1の疑問については，正当防衛を個人の権利として位置づけた上で，このような自己保全の権利は，通常は，社会秩序の維持を理由とする国家の実力独占によって制限されているが，急迫の侵害があった場合には，制限が解除されると理解することができる。その理由は，第1に，すでに平和で安定した秩序は部分的に否定されており，ここで実力行使を認めることの弊害は大きくないと考えられるからであろう[23]。第2に，急迫の侵害があることによって，侵害の存否の判断を間違えるおそれが少なく，権利が濫用されるおそれも少ないからであろう[24]。このように理解すると，急迫性は，単に国家による保護の可能性がないだけでは足りず，侵害の時間的な切迫性

---

[21] 警察官職務執行法4条・5条は，人の生命・身体に対する危険または財産に対する重大な損害のおそれがある場合に限って，警察官による即時強制を認めている。

[22] 被告人は，引き続き出刃包丁を持ちだし殺意をもってこれを被害者の胸部に突き刺し，被害者を死亡させたことにより，過剰防衛とされている。

[23] 井田良「緊急権の法体系上の位置づけ」現刑62号6頁（2004年）。

[24] この点で，刑訴法213条が現行犯逮捕の権限を私人にも与えていることが参考になる。遠藤邦彦「正当防衛に関する二，三の考察――最二小判平成9年6月16日を素材に」『小林充先生・佐藤文哉先生古稀祝賀刑事裁判論集上巻』59頁以下（2006年）参照。

が必要であり，侵害に直接連なる活動が客観的に開始されたことを要すると解されることになる25)。

　第3の疑問についても，同様の観点から説明することが可能であろう。国家は，一定の法益侵害に対しては，実力によって阻止することを避けて，事後的な解決に任せている。それが，国家の大きな手が介入にすることによってかえって社会の秩序が乱れることを恐れたためだとすれば，私人による正当防衛を一定の範囲で認めることは可能かもしれない26)。ただし，このような考慮から認められる正当防衛権は，ごく限定されたものであろう。この点は，そもそも正当防衛を認めるべきかを含めて，なお検討が必要である。

　第2の疑問については，「その場に滞留する利益」を問題にすることによって説明する見解が主張されており27)，傾聴に値すると思われる。この点は，急迫性や防衛行為の相当性のところで検討することにしたい。

4　責任阻却との関係

　正当防衛が違法性阻却事由であることは現在では異論のないところであるが28)，違法性阻却事由であることは，責任阻却としての側面を有していないということではない。違法性が阻却されれば責任を判断する必要がないというだけである。防衛者の側に落ち度のない正当防衛の場合は，責任非難もできない場合であるので，正当防衛を考える際には，ついつい責任もない場合を念頭において考えてしまい，防衛者の行為は非難に値するので正当防衛を認めるべきでないといった形の違法と責任の混同を引き起こしがちである29)。正当防衛を違法性阻却事由であるということの意味は，責任非難が可能な場合であっても不可罰になる，という点にあるのであるから，このような混同に注意する必要がある。

---

25)　高山・前掲注15)83頁参照。
26)　夫権の防衛については，国家が実力による介入を控えている理由が「法は家庭に入らず」という考慮にあると考えれば，夫による防衛行為は認めてよいと考えることもできる。
27)　橋爪・前掲注12)71頁以下，山口・113頁参照。
28)　もっとも，大越義久『刑法解釈の展開』32頁（1992年）は，「判例はこれまで終始一貫して正当防衛を責任阻却事由的にとらえてきた」として，その理由を旧刑法から現行刑法への連続性に求めている。刑法36条は可罰的責任がない場合を含むとする見解として，斎藤・181頁以下参照。

Ⅳ 不正の侵害

1 対物防衛

　一般に,「不正」とは違法を意味すると解されている。この点に関して昔から議論されてきたのは,物や動物から法益侵害の危険が生じている場合に,これらの物や動物に対して正当防衛（対物防衛）をすることができるか,という問題である。一般に,違法の本質を法益侵害・危険に求める結果無価値論からは,違法評価は人の行為を前提にしておらず,違法状態を認めることができるとして,対物防衛が認められている。これに対して,違法の本質を行為規範違反に求める行為無価値論からは,行為規範は人に向けられたものであって違法評価は人の行為を前提にしているので,物や動物から法益侵害の危険が生じている場合には,不正の侵害と認めることができず,対物防衛は否定される（緊急避難の限度で違法性阻却が認められる）。

　しかし,前章で述べたのと同様に,ここでも結果無価値論＝対物防衛肯定説,行為無価値論＝対物防衛否定説という図式は,崩れてきている。まず,結果無価値論の中でも,「不正の侵害」概念に行為性を要求して,対物防衛を否定する見解が主張されている[30]。一方,行為無価値論の中でも,正当防衛の要件である「不正」は,犯罪成立要件としての違法ではなく,法益侵害の危険があれば足りると解して,対物防衛を肯定する見解が主張されている[31]。

　この問題を考える際には,その前提として,次の点に注意が必要である。第1に,違法性阻却が問題になるのは,構成要件に該当する行為だけであるから,腕に留まって血を吸っている蚊をたたいて殺しても,正当防衛の成否

---

[29] 松原芳博「偶然防衛」現刑56号50頁（2003年）は,典型事例（プロトタイプ）が正当防衛の常識的なイメージを形成しており,この典型事例では,行為者にまったく非がないという点の印象が強いため,正当防衛のイメージの中では責任阻却の視点が前面に出て,違法阻却の視点が覆い隠されてしまっている,と指摘している。

[30] 髙山・前掲注15)85頁参照。

[31] 大塚・384頁参照。

は問題にならない。対物防衛が問題になるのは，その物または動物（以下，単に「物」という）が人の所有物であって，防衛行為が器物損壊罪の構成要件に該当する場合と，例外的に，無主物の損壊行為が刑罰法規の構成要件に該当する場合である。後者の代表例は，野生動物の殺傷が，鳥獣保護法，絶滅動植物種保存法などの刑罰規定に触れる場合である[32]。

第2に，物による法益侵害の危険の発生が，その物の所有者の故意・過失行為に起因する場合には，人の違法な行為として，対物防衛否定説からも，一般に正当防衛が認められている[33]。

以上を前提としたうえで，対物防衛の問題を考えると，結論として，正当防衛の成立を認めるべきである。人が噛みついてきたら正当防衛できるのに，犬が噛みついてきたら緊急避難しかできないというのは，明らかに不均衡である。そこで，違法でなくとも法益侵害の危険があれば対物防衛を認める見解が主張されているわけであるが，正当防衛の根拠を法確証の利益に求める見解から，対物防衛を肯定することは困難であろう[34]。山中教授は，物や動物に法の確証を行うことは無意味であるとされながら，物の管理者は，物の管理・支配を行っていることの反射効として，物から生じた侵害に対して法確証のために行われる防衛行為を受忍する義務を負う，とされるが[35]，管理・支配の反射効として認められるのは受忍義務であって，法確証の利益ではないと思われる。

結果無価値論から行為性を要求する見解は，利益衝突状況を侵害者の負担において解決してよい理由を，その利益衝突状況が人の行為に起因することに求めるのであるが，正当防衛は刑罰ではない以上，法益侵害の危険が「行為」に起因する必要はないと思われる。髙山教授は，「行為性を欠く事態は

---

[32] 動物愛護法27条1項は，「愛護動物をみだりに殺し，又は傷つけた者」を処罰しているので，人の生命，身体，財産を守るために愛護動物を殺傷した場合は，「みだりに」でないと解することができるであろう。

[33] これに対して，橋田久「侵害の不正性と対物防衛」現刑9号40頁（2000年）は，飼い主に過失しかない場合は動物は道具とはいえず，背後者の不法との一体性が認められないため，正当防衛の成立は疑わしい，とする。

[34] 高橋・262頁，山中・458頁参照。

[35] 山中・458-459頁参照。禁猟獣についても，保護主体である国家が，その保護責任の不履行により正当防衛を甘受すべき地位に立つ，とされている。

やめさせることができないのであるから，これを『不正の侵害』として扱うべきではない」とされるが[36]，正当防衛は，実力によってやめさせるのであるから，行為性を欠く事態であってもやめさせることが可能である。

近時注目されるのは，対物防衛を否定しながら，民法720条2項が「他人の物から生じた急迫の危難を避けるためその物を損傷した場合」は損害賠償責任を負わないと規定していることから，この規定を根拠に刑法の違法性阻却を認める見解が主張されていることである[37]。

この見解は，法秩序の統一性を認めることを前提にして，民法上適法な行為は刑法上も適法とされなければならないことを根拠としている。民法720条2項と刑法の解釈が矛盾のないものでなければならないことは，以前から意識されており，対物防衛肯定説の有力な根拠の1つとしてあげられてきた。この説の新しさは，民法720条2項を刑法の違法性阻却事由として扱おうとする点にある。筆者も，法秩序の統一性の考え自体は妥当なものだと考えており，この説を魅力的な見解だと思っていた[38]。しかし，本稿を執筆するに際して改めて考えてみると，民法720条2項の適用では問題は解決しないと考えるようになった。

第1に，この説の代表的論者の1人である井田教授は，民法720条2項の適用に補充性と害の均衡は不要である（刑法の正当防衛と同じ要件である）とされるが，民法学説では，補充性と害の均衡を要求する見解が有力である[39]。もちろん，民法の解釈は民法学者の専売特許ではないが，民法720条2項について補充性と害の均衡を不要と解するのであれば，その実質的な理由を示す必要がある[40]。この点について，井田教授は，「危険源となって

---

36) 髙山・前掲注15)85頁。
37) 橋田・前掲注33)39頁，井田・前掲注8)89-90頁，松宮・139頁など参照。井田・280-281頁は，民法720条2項も根拠に「防衛的緊急避難」の問題とする。
38) 佐伯仁志＝道垣内弘人『刑法と民法の対話』258頁以下（2001年）〔佐伯発言〕参照。これに対して，法秩序の統一性に疑問を示す見解として，小田直樹「正当防衛の前提要件としての『不正』の侵害(1)」広島法学18巻1号135頁以下（1994年），岡本勝『犯罪論と刑法思想』267頁以下（2000年），髙山・前掲注15)84-85頁など参照。
39) 吉村良一『不法行為法〔第4版〕』63頁（2010年），潮見佳男『不法行為法Ⅰ〔第2版〕』453頁（2011年）は，他に方法がなく，守られた利益と侵害された利益の均衡が存在することを民法720条2項の要件とする。平井宜雄『債権各論Ⅱ不法行為』97頁（1992年）も，法益均衡を要件としている。

いる物から危険な事態が生じたとき，いわれのない危難に遭遇した人には，その物を破壊することにより危難からのがれることを可能にすべきであり，他方，物の所有者には，自己の物が危険な事態を生じさせた場合にはそれが破壊されることもあるというリスクを負担させてよい」と説明されている[41]。しかし，井田教授は，刑法の正当防衛で補充性と害の均衡が必要ない理由を攻撃者の帰責性に基づく法確証の利益に求めており，それが井田教授が対物防衛を否定される理由だったはずである。刑法で認められない違法性阻却が民法であれば認められ，そしてそれが刑法に適用されるというのは，奇妙ではないだろうか[42]。

第2に，民法720条2項は，他人の物を毀損した場合についての規定であって，無主物の毀損には適用されないので，対物防衛の問題の解決策としては不充分である[43]。

結局，対物防衛を肯定する見解が妥当であり[44]，このような見解は，正当防衛の根拠を法確証の利益に求めなければ，結果無価値論からはもちろん行為無価値論からも可能である。民法720条2項に関する井田教授の説明は正当なものであるが，それはまさに刑法で対物防衛を認めるべき理由なのである。

もっとも，野生動物に対する防衛については，考えてみると一筋縄ではいかない問題がある。それは，イノシシ，シカ，サル等々の野生動物による被

40) 民法720条2項適用説の論者は，民法720条1項についてはどのように考えているのであろうか。同項の中には刑法でいう正当防衛の場合と緊急避難の場合が含まれているので，もし同項で害の均衡性が要求されていないとすると（文言上はそのような要件はない），刑法37条で正当化されない行為が民法720条1項で正当化されてしまうことになる。このような結論を避けるためには，第三者に対する加害行為の場合には害の均衡を要求することが必要になるが（そのような解釈として，平井・前掲注39)96頁参照），1項について明文にない要件を解釈で付け加えるのであれば，2項についてもその可能性を排除できないであろう。
41) 井田・前掲注8)90頁。
42) 西田・160頁参照。同じ疑問は，法確証の利益がないとしながら正当防衛に準じた扱いを認める見解，例えば大谷・277頁にも妥当する。
43) ドイツでは野生動物による攻撃についても民法720条2項に対応するドイツ民法228条が類推適用されると考えられているという。井田・281頁注37参照。
44) 佐伯＝道垣内・前掲注38)260頁の筆者の発言は，対物防衛を肯定するように改める。ただし，朱鷺の優優がぶつかってきた場合は，よければよいので，殺すことは許されないであろう。

害に苦しんでいる農家や林業家の人々は，第1次的には防護柵などによって被害を防止しようとしており，それで充分でない場合にも，鳥獣保護法に基づいて都道府県知事の許可を得て捕獲することが必要で，自分の財産を守るために野生動物をただちに殺傷することは許されないと考えられているように思われるからである。このことは，どのように理解すべきなのであろうか。繰り返し被害があることを理由に，侵害の急迫性を否定したり，許可を得れば捕獲できることを理由に防衛行為の必要性を否定することは難しいであろう。そのように解すると，毎日万引きの被害を受けているコンビニの店主は，窃盗に対して正当防衛ができないことになってしまう。そうすると，鳥獣保護法が鳥獣の害も考慮した上で制度を作っている以上，財産の保護のために鳥獣保護法の制度的枠組み外で鳥獣を殺傷することは許されていないと理解すべきであろう。その意味で，正当防衛権が制限されているのである。しかし，鳥獣保護法の枠組みも，人の生命・身体の保護のために必要な場合にまで鳥獣の殺傷を禁止しているものとは考えられないので，例えば，野生の熊に襲われた人が，身を守るために熊を殺傷した場合には，正当防衛による違法性阻却が認められるべきである。このことは，絶滅野生動植物種保存法が，国内希少野生動植物種等の捕獲・採取・殺傷・損傷の禁止・処罰（9条本文，58条）から，人の生命または身体の保護のために必要な場合を除外している（9条但書，同法施行規則1条の2第1号）ことからも伺えるように思われる。

2 適法行為

適法な行為に対して正当防衛をすることはできない。例えば，令状に基づく逮捕行為は適法であるから，無実の者であっても正当防衛はできない。

行為無価値論からは，客観的注意義務違反のない行為は違法でなく，このような行為に対する正当防衛は認められない。この見解からは，自動車が歩道に飛び込んできた場合に，正当防衛できるかどうかは，自動車の運転手に過失が認められるかどうかにかかっている。川端教授は，対物防衛については，動物による侵害が人間の精神活動に由来するか否かの吟味を行為者に要求するのは，過度の負担を課すことになり，緊急権としての実効性が失われ

てしまう，として，これを認めておられる[45]。そうであれば，人による侵害行為が客観的注意義務違反によるものかどうかの判断も，動物による侵害が人間の精神活動に由来するかどうかの判断と，同等かそれ以上に困難であって，その吟味を行為者に要求するのは，過度の負担を課すことになるから，対物防衛と同様，無過失行為に対しても正当防衛を認めるべきである。

V 急迫性

1 急迫性と「不正」の質

　利益衝突状況の中には，公的手段を通じての解決が要求され，正当防衛による解決が認められない場合がある。債務不履行は民法上違法であっても，原則として民事の救済手段を執るべきであって，正当防衛は認められない[46]。前述した野生動物による財産的被害の防止についても，同様に考えることができる。

　従来の学説・判例は，このような場合を急迫性の問題として理解してきた。例えば，下級審の裁判例には，工場のパルプ廃液の排出を，工場の配水管に生コンクリートを投入して妨害した，という事案について，当該排出は住民の健康等の法益に対する不正の侵害であったと認めながら，裁判所に仮処分を求める等の時間的余裕がなかったとみることはできず，急迫性がなかった，として正当防衛を否定したものがある（高知地判昭和51・3・31判時813号106頁）。

　これに対して，山口教授は，このような場合を，急迫性ではなく，「不正」の質の問題として扱われている[47]。たしかに，高知地判の事例のように新

---

45) 川端・345頁参照。
46) 判例（最判昭和30・10・14刑集9巻11号2173頁）は，恐喝罪に関して，「他人に対して権利を有する者が，その権利を実行することは，その権利の範囲内であり且つその方法が社会通念上一般に認容すべきものと認められる程度を超えない限り，何等違法の問題を生じない」と解している。さらに，窃盗罪に関する，最決平成元・7・7刑集43巻7号607頁参照。
47) 山口・117-118頁参照。不正の質の問題として扱えば，正当防衛は否定されても，緊急避難を認める余地がある点で実益がある（ただし，高知地判の事例では，補充性が認められず，結論に差は出ない）とされている。

たな侵害行為が継続している場合には、このような解釈も可能であろう。しかし、山口教授は、賃貸借終了後に物の返還がなされない場合についても、「物の占有（それによる利用可能性の保持）という利益は絶えず侵害され続けている」として、侵害の急迫性を認められるようであり、もしそうだとすれば、これは行き過ぎであると思われる。このように解してしまうと、窃盗犯人が盗品を返さない場合にも侵害の急迫性（現在性）が肯定されることになり、窃盗犯人から盗品を取り返す行為について、緊急避難の適用があることになるからである。すでに述べたように、急迫性の要件は、侵害の継続性と公的保護の必要性の観点だけから理解することはできないのであって、窃盗犯人が物の占有を確保した後は、法益侵害が継続していたとしても急迫性が否定されるべきである。

2 急迫性の始期

急迫性の存在は、正当防衛の前提条件であり、急迫性の始期と終期が正当防衛の時間的範囲を画することになる。

急迫性の始期は、すでに述べたように、法益侵害が切迫したときを意味する[48]。判例（最判昭和24・8・18刑集3巻9号1465頁）は、「刑法36条にいわゆる急迫の侵害における『急迫』とは、法益の侵害が間近に押し迫ったことすなわち法益侵害の危険が緊迫したことを意味するのであって、被害の現在性を意味するものではない」と判示している。

正当防衛は刑罰ではないのであるから、未遂の成立時期と急迫性の始期が一致する必要はない。拳銃を使用して人を殺害しようとする場合の殺人罪の未遂時期は、拳銃を構えた時点であるとしても、防衛行為を相手が拳銃を構えるまで待つ必要はないであろう。その時点まで防衛行為を控えていると、防衛行為が遅すぎるおそれがある。

逆に正当防衛は刑罰ではないから、未遂の前の段階で予備罪が成立していたとしても、そのことから直ちに急迫性が認められるわけではない。相手を殺害する意図で拳銃を懐に入れて相手のいる場所に向かう時点で、殺人予備

---

[48] この問題については、橋田久「正当防衛の始期」産大法学29巻3号1頁以下（1995年）が詳しい。

罪は成立しているが，まだ急迫の侵害があるとは認められない。

　正当防衛の始期をめぐっては，急迫の侵害が始まった時点では防衛が不可能な場合に，それ以前の防衛が可能な時点で防衛行為を行うことができるか，という問題が議論されている。例えば，ドイツの学者が提示した例でいえば，辺鄙なところにあるホテルの経営者が，客が強盗の相談をしているのを立ち聞きして，これを防ぐために飲み物の中に睡眠薬を入れて眠らせてしまった場合に，正当防衛は認められるだろうか[49]。同様の問題は，アメリカでは，ドメスティック・バイオレンスの事例で，命の危険を感じた妻が睡眠中の夫を殺害した場合に正当防衛を認めるべきか，という形で大きな問題となっており，盛んに議論されている[50]。

　急迫性に時間的切迫性を要求する以上，これらの事例について侵害の急迫性を認めることはできず，正当防衛は認められない。そこで，学説では，正当防衛の要件である侵害の急迫性よりも緊急避難の要件である危難の現在性の方を広く解して，緊急避難の適用の可能性を認める見解が主張されている[51]。しかし，文言解釈から急迫性よりも現在性の方が広いということはできないであろう。上記の判例がいうように，日常用語的には，「現在性」の方が「急迫性」よりも狭い概念ともいえるからである。また，盗犯等防止法1条1項は，「自己又ハ他人ノ生命，身体又ハ貞操ニ対スル現在ノ危険ヲ排除スル為犯人ヲ殺傷シタルトキハ」と規定しているが，同項は刑法36条の相当性を緩和した規定と解されてはいても，急迫性を緩和した規定とは解されていない。要するに，立法者は，侵害の急迫性と危難の現在性を同様の概念と考えているのである。もちろん，実質的な理由があれば，条文の文言は決定的ではないが，正当防衛と緊急避難の違いは侵害が不正なものかどうかによると解されているのであるから，緊急行為の前提要件である急迫性と現在性を異なって解することはできないと思われる。緊急避難適用説は，正

---

49) 斉藤・前掲注8)261頁以下参照。
50) アメリカでは，虐待を受けた子どもが親を殺害するという事件も問題になっている。ドイツの判例にも類似した事例があることについて，斉藤・前掲注8)289頁参照。
51) 斉藤・前掲注8)287頁，髙山・前掲注15)83頁，西田ほか・注釈483頁〔深町晋也〕，山口・146頁，山中・523頁など参照。これに対して，正当防衛の急迫性を肯定する見解として西田・145頁参照。

当防衛で認められるような強い防衛行為は否定し，補充性と害の均衡性の要件の下で違法性阻却を認めようとする見解であって，妥当な「落としどころ」といえるのかもしれないが，その理論的根拠は必ずしも充分なものではない。

急迫性が終了した後の行為について自救行為として正当化の余地を認めるのであれば，急迫性が始まる前の行為についても自救行為として正当化の余地を認めるのが，理論的には一貫しているであろう。従来，自救行為は，もっぱら財産権の保護・回復について問題とされてきたが，そのように限定して考える理由はない。自救行為の要件は，補充性の点で緊急避難よりも厳格なものとならざるをえないであろうが，重大な法益の侵害が問題となっている場合には，違法性阻却の余地もあると思われる。従来，自救行為による違法性阻却がなかなか認められなかったのは，守ろうとした法益がいずれも財産的利益であり，事後的救済の余地が大きい事例であったからであろう。

3 急迫性の終期

法益侵害が終了してしまえば，過去の侵害に対する反撃行為は，侵害に対する防衛行為とはいえないから正当防衛は認められない。

監禁罪のような継続犯においては，法益侵害が継続し犯罪が継続している間は，侵害の急迫性が認められると解されている。これに対して，殺人罪のような即成犯の場合は，既遂になれば正当防衛の余地はない。問題は，窃盗罪のように犯罪が既遂になって終了した後も法益侵害が継続する状態犯であるが，急迫性の始期が未遂犯の成立時期と連動していないのと同様に，急迫性の終期も犯罪の既遂時期とは必ずしも連動しないというべきである。窃盗罪の既遂時期は犯人が財物の占有を取得した時点であるが，犯人がその財物の占有を確保するまでは，急迫の侵害が継続していると解してよいと思われる[52]。具体的には，財物の取得直後にその場でこれを取り戻そうとする場合や犯人を現場から引き続き追跡しているような場合には侵害の急迫性を肯

---

52) 盗犯等防止法1条1号は「盗贓ヲ取還セントスルトキ」に生命・身体・貞操を守るための正当防衛について規定しているが，取り戻し自体も正当防衛になりうることを前提としているものと思われる。

定してよいであろう[53]。

4 急迫性と侵害の予期

判例は，侵害を当然予期してその危険に進んで身をさらした場合には侵害の急迫性が欠けるという立場を採るものと理解されていたが（最判昭和24・11・17刑集3巻11号1801頁，最判昭和30・10・25刑集9巻11号2295頁），「侵害があらかじめ予期されていたものであるとしても，そのことからただちに急迫性を失うものと解すべきではない」との立場を採るようになった（最判昭和46・11・16刑集25巻8号996頁）。侵害を予期しただけで急迫性が否定されるのであれば，不正な侵害が予期されると行きたいところへも行けなくなってしまうし，虐待やいじめの被害者は，侵害を充分に予期しているので，正当防衛ができないという不当な結論になってしまう。そもそも，最高裁昭和30年10月25日判決は，「充分の予期を持ち且つこれに応じて立ち向い敏速有力な反撃の傷害を加え得べき充分の用意を整えて進んで」侵害に身をさらした場合について急迫性を否定したのであって，単に予期があれば急迫性が否定されるとしていたわけではない。

その後，最高裁は，「単に予期された侵害を避けなかったというにとどまらず，その機会を利用し積極的に相手に対して加害行為をする意思で侵害に臨んだときは，もはや侵害の急迫性の要件を充たさないものと解するのが相当である」と判示した（最決昭和52・7・21刑集31巻4号747頁）。積極的加害意思がある場合には急迫性が否定される，という立場は，判例として確立されている。

この判例に対して，学説では，急迫性は客観的要件であるから，積極的加害意思を理由に急迫性を否定するのは妥当でない，という批判が強いが，急迫性が客観的要件であるというのは，自明のことではない。しかし，結論としては，やはり判例の立場は妥当でないと思われる。客観的にまったく同じ防衛行為が，積極的加害意思という心情要素の有無によって，違法性が阻却

---

53) 浅田・221頁，井田・282頁，西田・161頁参照。しかし，大谷・275頁，川端・337頁は，財物窃取後犯行の現場でまたはその付近で取り返す行為は過去の侵害に対するものであるから自救行為であるとする。

されたりされなかったりするのは妥当でないと考えられるからである[54]。実際にも，実務の積極的加害意思の認定は，一般に，外部的・客観的事情によってなされているので，積極的加害意思という内心の事情だけで正当防衛の成否が判断されているかは疑わしい[55]。

そこで，学説では，侵害を予期した上で充分な迎撃態勢を整えていた場合には，法益侵害の危険性が失われるから，急迫性が否定される，として，判例の積極的加害意思を客観化して理解する見解も主張されている[56]。

たしかに，襲撃を予期して防弾ガラスで防備した車に乗っており，銃撃に対して防戦する必要が全くないような場合には，そもそも急迫の侵害がないというべきかもしれない[57]。しかし，充分な迎撃態勢を整えていたという場合は，防衛行為がなされてはじめて法益を保護することができるのであるから，いかに完璧な迎撃態勢であっても，法益侵害の危険がないとはいえないであろう。

急迫性を否定する説に対しては，急迫性を否定すると過剰防衛の可能性もなくなるので，防衛行為の相当性の問題として扱うべきである，とする見解も主張されている。しかし，最初から正当防衛状況にないと考えるのであれば，過剰防衛の可能性も否定することがむしろ適切なのであって，充分な批判とはいえないであろう。

この問題については，次章Ⅳで再度検討することにしたい。

---

54) 橋爪・前掲注12)235頁以下参照。
55) 裁判例の検討については，香城敏麿「正当防衛における急迫性」小林充＝香城敏麿編『刑事事実認定(上)』300頁以下（1992年），安廣文夫「正当防衛・過剰防衛に関する最近の判例について」刑法35巻2号243頁以下（1996年），同「正当防衛・過剰防衛」法教387号14頁以下（2012年），橋爪・前掲注12)120頁以下など参照。さらに，司法研修所編『難解な法律概念と裁判員裁判』24頁以下（2009年）参照。
56) 川端・333頁参照。
57) 山中・427頁参照。

第9章

正当防衛論（2）

I はじめに

 前章に続いて正当防衛論である。正当防衛の要件は，現行刑法が正当防衛を一般的に規定したため，一般的な形で論じられてきた。しかし，本章では，生命に対する危険の有無によって正当防衛の要件を区別すべきであることを主張している。

II 防衛の意思

1 防衛の意思と攻撃の意思

 判例は，防衛の意思必要説をとっており，行為無価値論に立つ論者は，これを支持している。防衛の意思の内容について，判例は，「相手の加害行為に対し憤激または逆上して反撃を加えたからといって，ただちに防衛の意思を欠くものと解すべきではな〔く〕……攻撃を受けたのに乗じ積極的な加害行為に出たなどの特別な事情が認められないかぎり〔，防衛の意思を認めることができる〕」（最判昭和46・11・16刑集25巻8号996頁），「防衛に名を借りて侵害者に対し積極的に攻撃を加える行為は，防衛の意思を欠く結果，正当防衛のための行為と認めることはできないが，防衛の意思と攻撃の意思とが併存している場合の行為は，防衛の意思を欠くものではないので，これを正当防衛のための行為と評価することができる」（最判昭和50・11・28刑集29巻10号983頁）と判示している。
 判例は，積極的加害意思がある場合には急迫性が否定される，という立場

をとっているので、急迫性と防衛の意思の関係が問題となる。この点について、安廣文夫判事（当時）は、侵害の予期に基づく侵害前の心理状態が急迫性要件としての積極的加害意思の問題であり、防衛行為時の心理状態が防衛の意思の問題である、と整理されている。また、内容面でも、防衛の意思が、専ら攻撃の意思でなければ認められるのに対して、積極的加害意思は、侵害の機会を利用して積極的に攻撃を加える意思がありさえすれば、急迫性が否定されるという違いがある、とされている[1]。

一方、学説の防衛の意思必要説は、防衛の意思を、急迫不正の侵害が加えられていると認識しつつそれに対応する意思と定義しながら、積極的加害意思は、急迫性ではなく防衛の意思の要件で考慮すべきである、とするものが多い[2]。しかし、防衛の意思を主観的正当化要素（主観面で故意の違法を止揚する要素）として理解するのであれば[3]、積極的加害意思という行為者の動機・心情を防衛の意思の内容に盛り込むことは困難である。また、行為者に積極的加害意思があったとしても、防衛行為に出る時点で「急迫不正の侵害に対応する意思」があることは否定できないと思われる。

結果無価値論の立場からは、客観的に正当防衛に該当していれば違法性が阻却されるべきであり、防衛の意思は不要である。したがって、判例が防衛の意思を正当防衛の要件とすることには、一般論としては、賛成できない。しかし、具体的な適用においては、防衛行為の相当性が問題なく肯定できる事案で防衛の意思が否定された例はほとんどなく[4]、判例が要求する防衛の

---

[1] 安廣文夫「正当防衛・過剰防衛に関する最近の判例について」刑法35巻2号244頁（1998年）参照。

[2] 例えば、大谷・276頁、佐久間・209-210頁、福田・155頁注1など参照。これに対して、防衛の意思を単に急迫不正の侵害の認識と解する見解として、野村・225頁参照。

[3] 主観的正当化要素として防衛の意思を要求すると、認識が及んでいる範囲に正当化が限られるのではないか、すなわち、過失犯や結果的加重犯の場合には、結果が正当化されないのではないか、という問題が指摘されている。平野・Ⅱ243頁、山中・463頁など参照。しかし、故意の違法を止揚するために主観的正当化要素が要求されると考えるのであれば、故意の及んでいない結果に防衛の意思が及んでいる必要はないと解することができ、理論的には、防衛の意思必要説からも、過失犯における防衛の意思は不要になるのではないかと思われる。もっとも、防衛の意思必要説の論者がこのような結論をとっているわけではなく、過失犯についても侵害を排除する意思を要求している。福田平＝大塚仁『対談刑法総論(中)』14頁〔大塚発言〕（1986年）、大谷・284頁参照。

意思の要件は，相当性が否定される事例について刑法36条2項の適用を判断するための要件として機能している。過剰防衛の減免根拠を責任減少に求めれば，防衛の意思不要説からも，過剰防衛による減免が認められるためには防衛の意思が必要になるので，判例の結論は，是認することができる[5]。

2 偶然防衛

XがAを射殺したところ，AもX（あるいはXのそばにいたB）を射殺寸前だったという，いわゆる偶然防衛の事案の処理については，防衛の意思必要説からは殺人既遂説が，不要説からは無罪説が採られるのが，一般的であった。しかし，最近では，必要説からも不要説からも殺人未遂説が有力に主張されるようになっている[6]。防衛の意思必要説からの未遂説は，違法二元論を根拠にして，結果無価値の欠如と行為無価値の残存を理由に未遂犯の成立を認めるものであり，防衛の意思不要説からの未遂説は，違法な結果が生じた可能性があったことを理由に，未遂犯の成立を認めるものである[7]。後者の見解に対しては，結果無価値論を徹底すると結果だけでなく行為も正当化されるはずである[8]，「『侵害はよいが侵害を試みることは許されない』というのでは，ベニスの商人の『肉を切り取ってよいが血を流してはならない』というのと同じレベルの詭弁である」，という批判がなされている[9]。

---

4) 松宮・147頁参照。最高裁昭和46年判決以降，防衛の意思を否定した裁判例はあまり多くないが，その一例として，東京高判昭和60・10・15判時1190号138頁は，酒に酔った被害者が包丁を腰のあたりに水平に持って被告人にすごんだのに対して，被告人が，ウイスキー瓶で被害者の頭部を強打し，被害者がその場に倒れ包丁も手から離して全く攻撃の意思を失った後も，執拗に強烈な暴行を加えた，という事案について，専ら憤激のあまり制裁を加えようという意思つまりは積極的な攻撃の意思であった，として防衛の意思を否定している。
5) 平野・Ⅱ 222頁参照。山口・125頁は，過剰防衛にあたらないとする処理も考えられるが，過剰防衛であることを認めつつ刑の減免を行わない処理の方が理論的に優れている，とする。
6) 不要説からの未遂説として，西田・171頁，平野・Ⅱ 242頁，山中・465頁など参照。必要説からの未遂説として野村・226頁参照。
7) 未遂犯が認められる可能性があるというだけで，常に認められると主張しているわけではない。この問題は，客体の不能についてどこまで未遂犯を認めることができるか，という問題とパラレルな関係にあり，本来的には未遂犯の問題である。
8) 前田雅英『刑法総論講義〔第3版〕』243頁（1998年）〔前田・385頁は，単に不自然であるとする〕参照。
9) 松宮・151頁。

しかし，未遂説が問題としている危険は，当該結果（これは正当化されている）を発生させる危険（これも正当化されている）ではなく，別のあり得た違法結果を発生させる危険であって，「侵害はよいが侵害を試みることは許されない」という場合の，前の「侵害」と後の「侵害」は別の侵害なのであるから，おかしな点はない[10]。

　未遂説に問題があるとすれば，次の2点である。第1に，未遂犯の違法性を認めることができるとしても，構成要件該当性を認めることができるか，という問題がある。現行法の未遂規定が構成要件的結果が不発生の場合だけを予定しているのだとすれば，罪刑法定主義上，未遂犯の成立を認めることはできない[11]。しかし，刑法43条は，「犯罪の実行に着手してこれを遂げなかった者」と規定しているだけであり，これを，構成要件に該当する違法な結果を実現させ得なかった者を意味すると解することは，文言解釈として十分可能であると思われる。

　第2に，行為が違法だとすると相手方に正当防衛が認められるのではないか，という問題がある。これを認めると，正当防衛と正当防衛が対立することになってしまう。不正な侵害を先に行った者の正当防衛権を否定すれば，相手方との関係ではこの問題を回避することができるが，なお第三者による正当防衛の可能性が残っている。この問題の解決策としては，あり得た違法結果との関係では正当防衛はできないと解することが考えられる。例えば，AがBを殺そうとして自分の所有するマネキンをBだと思って拳銃を発射した場合に，事情によって殺人未遂罪を認めることが可能であろうが，Aの行為に対する正当防衛を認めるべきかといえば，認めるべきではないであろう。そうだとすれば，偶然防衛の場合にも，防衛行為に対する正当防衛はできないと解することになる。

　以上のように，未遂説は，理論的に十分成り立つ見解である。発生し得た違法結果との関係で未遂犯を認めると，通常の偶然防衛の場合だけでなく，

---

10) 松原芳博「偶然防衛」現刑56号53頁（2003年）参照。1つの行為がAという結果については適法だがBという結果については違法と判断されることはなんら不思議なことではない。例えば，正当防衛行為の効果が第三者に生じた場合には，1つの行為が侵害者との関係では適法だが第三者との関係では違法という場合が生じ得る。

11) 野村・226頁が，未遂規定の準用を主張するのは，罪刑法定主義との関係で疑問がある。

過剰防衛の未遂の場合にも，未遂犯が成立し得ることになり，処罰範囲が広くなりすぎないかという問題がなくはないが[12]，結論としては，未遂説が妥当であろう[13]。

Ⅲ　防衛行為の相当性

1　従来の通説への疑問

「やむを得ずにした行為」の要件は，一般に，防衛行為の相当性の問題として扱われており，防衛行為の必要性と均衡性（狭義の相当性）の問題が議論されている。

第8章Ⅱで述べたように，刑法36条と37条は「やむを得ずにした行為」という同じ文言を規定しているが，通説は，刑法37条では補充性が必要だが，刑法36条では補充性は必要ない，と解している。防衛行為は相対的に最小限のものでなければならないとされているが，その判断は，反撃行為に出ることを前提としたうえで，反撃行為のなかでもっとも侵害性の小さいものを選択すればよいと解されているのである。したがって，攻撃者を殺害することが必要最小限の防衛行為であれば，安全に逃げることができる場合であっても，相手を殺害してよいことになる。

また，刑法36条には刑法37条のように害の均衡の要件は存在しないので，正当防衛においては，保全法益と侵害法益が均衡している必要はなく，両者が著しく不均衡な場合に限って「やむを得ずにした行為」とはいえない，と解している[14]。学説は，一般に，判例（大判昭和3・6・19新聞2891号14頁）を挙げて，数丁の豆腐のような財産的利益を防衛するために人の

---

[12]　処罰範囲が広すぎると考えるのであれば，刑法43条の解釈として未遂犯は構成要件的結果が不発生の場合に限られると解するか，違法性阻却の効果があり得た違法結果の可能性にまで及ぶと解するか，どちらかの見解を採ることになろう。

[13]　傷害致死の未遂や傷害の未遂は処罰されないので（暴行罪は傷害罪の未遂であるといわれることがあるが，暴行罪は結果犯である），実際にこの点が問題になるのは主に殺人未遂の場合である。この場合，過剰な結果の発生を積極的に意図していたのであれば，正当防衛が認められないことが多いであろう。

命を害することは許されない,とするだけであるので,このような極端な不均衡の場合にだけ正当防衛が否定されると考えているのかもしれない。

このように,わが国の学説では,一般に,防衛行為の補充性・均衡性は不要と解されており,判例もこのような立場をとるものと理解されている。これに対して,アメリカ合衆国の「模範刑法典」(Model Penal Code)では,生命侵害や重大な身体傷害をもたらす危険のある反撃行為とそれ以外の反撃行為が区別され,前者は,①生命侵害,重大な身体傷害,略取,強制的性行為,不法住居侵奪に対して,②その場から安全に逃げることができない場合にのみ認められている[15]。つまり,生命侵害の危険の高い反撃行為については,保全法益と侵害法益のおおよその均衡性と補充性が要求されているのである。前章で,わが国で正当防衛が認められる範囲は欧米に比べて狭いと述べたが,それは間違いだったのだろうか。そうではないであろう。銃社会のアメリカよりわが国の方が正当防衛の範囲が広いなどということは考えにくい。筆者は,以下で述べるように,わが国の判例も「模範刑法典」と同様の立場をとっており,そのような判例の態度は基本的に支持できると考えている。

2 判例の理解

防衛行為の相当性に関する最高裁のリーディング・ケース(最判昭和44・12・4刑集23巻12号1573頁)は,「やむを得ずにした行為」とは,「急迫不正の侵害に対する反撃行為が,自己または他人の権利を防衛する手段として必要最小限度のものであること,すなわち反撃行為が侵害に対する防衛手段として相当性を有するものであることを意味するのであって,反撃行為が右の限度を超えず,したがって侵害に対する防衛手段として相当性を有する以上,その反撃行為により生じた結果がたまたま侵害されようとした法益より大であっても,その反撃行為が正当防衛行為でなくなるものではないと解す

---

14) 山中教授は,「やむを得ずにした行為」に相当性の要件を含めるべきでなく,正当防衛の内在的制約の1つと解すべきだとされる。山中敬一『正当防衛の限界』243頁以下(1985年)参照。山口教授も,相当性の要件を認めるべきではないとして,このような場合は,「防衛行為ではないとして正当防衛を否定すべきだ」とされる。山口・131頁参照。

15) 詳しくは,拙稿「アメリカの正当防衛法」ジュリ1033号51頁以下(1993年)参照。

べきである」と判示した。

　正当防衛において均衡性が問題とならないのであれば，防衛に必要であったかどうかだけが問題になるはずであって，侵害されようとした法益より結果が重大であっても正当防衛が否定されないのは当然のことである。しかし，この判例の事案は，相手に指をつかまれてねじあげられた行為者が，痛さのあまりこれをふりほどこうとして相手の胸を強く突き飛ばしたところ，仰向けに倒れて後頭部をたまたま付近に駐車していた自動車の車体に打ち付け，治療45日間を要する頭部打撲傷を負わせた，という事案であったことに注意が必要である[16]。これに対して，下級審の裁判例には，橋の路上で殴りかかってきた被害者の胸を強く突いて，橋から40m下の河川敷に転落させて死亡させた事案について，「刑法36条1項にいう『行為』とは，……狭義の行為すなわち動作だけではなく，故意犯における結果と同様に結果的加重犯における結果を含むものと解しなければならず，いわゆる『相当性』の有無も，狭義の反撃行為だけではなくその結果をも含めた全体について判断されるべきものである」と判示して，防衛行為の相当性を否定したものがある（東京地八王子支判昭和62・9・18判時1256号120頁）。昭和44年判例がいう「行為」に生じた結果が含まれていないことは明らかであるから，この判決を正当化するとすれば，昭和44年判例の射程を，その具体的事案との関係で限定的に理解する必要がある。そして，このような判例の理解は，他の裁判例とも整合的であるように思われる[17]。

　まず，均衡性に関していえば，下級審の裁判例には，「相手方の死が予測

---

[16] この事案について，平野博士は，「防衛行為が，相当といえる範囲のものである場合には，最善のものでなくとも正当防衛を認むべきであ〔り〕」，「本件は，まさに必要最小限ではないが，相当性を有する場合であった」と評されている。平野・Ⅱ 239-240頁。必要最小限ということを厳格に解するとそのとおりであるが，判例とこれを支持する学説は，必要最小限かどうかの判断は，ある程度緩やかに判断されるべきものと考えているのである。

[17] 判例については，「武器対等の原則」に従って相当性の判断をしている，という大越教授の分析が有名である。大越義久『刑法解釈の展開』46頁以下（1992年）参照。たしかに，大越教授の分析は，暴行や傷害の事例については，よく当てはまるように思われる。しかし，凶器を用いた傷害致死や殺人が問題となっている場合には，相手の攻撃が凶器を用いたものであったことは，生命に対する危険があったかどうかを判断する点では重要であっても，それだけで相当性が認められているわけではない。むしろ，退避行為や救助の要請を含めて他にとりうる手段があったかどうかの判断が重視されているように思われる。

されるような強烈な防衛行為を適法と考えうるためには，その前提となる相手方の攻撃行為についても，生命等に対する重大でかつ極めて高度の急迫性をもった侵害行為を必要とするものと考えなければならない」と明言するものがある（鳥取地判昭和 51・11・16 判タ 349 号 286 頁）。最高裁の判例も，中学生 7 名から金員奪取目的で一方的に暴行を加えられた少年が，被害者の胸をナイフで突き刺して失血死させた，という事案について，ナイフで威嚇することなくいきなり突き刺して死亡させたことは，身体に対する現在の危険を排除する手段としては過剰なものであった，と判示しており（最決平成 6・6・30 刑集 48 巻 4 号 21 頁），生命に対する危険があったかどうかで防衛行為の相当性判断が変わると考えている。生命に対する危険の高い防衛行為による傷害致死[18]や殺人（未遂を含めて）の事例について，被告人に対する生命や重大な傷害の危険[19]が存在していないのに正当防衛を認めた裁判例は，筆者の知る限り皆無である[20]。

　補充性に関しては，殺人罪や傷害致死罪に関する裁判例で，逃げることができたかどうかを問題にしているものは多い。例えば，名古屋地判平成 7 年 7 月 11 日（判時 1539 号 143 頁）は，酒に酔った内縁の夫 A に「おまえの命も今日限りだ」などといわれて殴打され，首を絞められ，さらに，ゴルフクラブで後頭部を殴打された被告人が，仰向けに横たわっていた A の頸部をペティナイフで突き刺して死亡させた，という殺人の事案について，ペティナイフは身体の枢要部を避けて使用することを考えるべきであり，その後の

---

[18]　傷害致死の事案には，被害者が転倒して頭を打って死亡したような，生命に対する高度の危険があるとはいえない類型も含まれており，このような類型の防衛行為をここで問題にしているわけではない。

[19]　強姦や強姦に準じた強制わいせつを防ぐためにも正当防衛が認められるであろう。いわゆるホテトル嬢客刺殺事件判決（東京高判昭和 63・6・9 判時 1283 号 54 頁）が，被告人の行為を過剰防衛としたのは，「(売春に同意した) 被告人の性的自由及び身体の自由に対する侵害の程度については，これを一般の婦女子に対する場合と同列に論ずることはできず，相当に減殺して考慮せざるをえない」という判断が，（その是非は別にして）決定的事情になっていると思われる。

[20]　正当防衛で無罪になることが明らかな事案は検察官が起訴しないので裁判例が少ないだけであって，実際には正当防衛が認められた事例が相当数存在しているのではないか，という疑問があるかもしれない。責任無能力を認めた裁判例が少ないことについては，明らかにそのような事情が認められる。しかし，殺人や傷害致死で正当防衛が問題となっている場合については，そのような事情はありそうにないように思われる。

Aの反撃に対しては、ペティナイフやゴルフクラブを手にしてAを脅かすなどして逃走し、あとは警察の手にゆだねることも十分期待できたから、防衛の程度を超えている、と判示している。また、福岡高判昭和62年8月17日（判時1258号140頁）は、暴力団組員である被害者ら2名が深夜被告人方へ押しかけ、玄関ドアの鍵を破壊して室内に侵入してきたので、被告人が被害者を脇差しで刺殺した、という事案について、ベランダから隣家の屋根にわたるなどして避難することはさして困難とはいえないことを理由の1つとして過剰防衛としている。一方、仙台高秋田支判昭和55年1月29日（判タ423号148頁）は、跡目相続をめぐって反目していた暴力団の一派12名が拳銃等で武装して殴り込みをかけてきたのに対し、被告人がその首領を短刀で刺殺した事案について、容易に逃げ出して侵害を避けうる状況にはなかったとして、正当防衛の成立を肯定している。逃げることができるにもかかわらず防衛行為に出た場合に、防衛行為の相当性が否定されるのであれば、結局、逃げなければならないのであるから、退避義務が課されていることになり、刑法36条においても補充性が要求されているといわなければならないであろう。

退避義務は防衛行為の時点で問題になるものであるが、侵害があらかじめ予期されていたにもかかわらず生命を侵害するおそれのある防衛行為を行った場合には、侵害の急迫性が否定されている。例えば、大阪高判平成13年1月30日（判時1745号150頁）は、暴力団会長のボディーガードである被告人が、同会長が散髪中に他の暴力団関係者7、8人から拳銃で襲撃されたのに対して、現場に駆けつけた数名とともに、拳銃を発砲し2名を射殺した、という事案について、「侵害が予期されている場合には、予期された侵害に対し、これを避けるために公的救助を求めたり、退避したりすることも十分に可能であるのに、これに臨むのに侵害と同種同等の反撃を相手方に加えて防衛行為に及び、場合によっては防衛の程度を超える実力を行使することも辞さないという意思で相手方に対して加害行為に及んだという場合には、いわば法治国家において許容されない私闘を行ったことになるのであって、そのような行為は、そもそも違法であるというべきである」と判示している。本判決は、「防衛の程度を超える実力を行使することも辞さないという意思」

があったと認定することによって，積極的加害意思の存在を示そうとしているのかもしれないが，仮に被告人の意思が，あくまで防御的に同種同等の反撃を加える意思にとどまっていたとしても，本件のような抗争を容認するつもりはないであろう。そのような「私闘」は，法治国家においておよそ容認できる事態ではないからである。

このような判例の態度は，沿革的には，殺傷犯に関してのみ規定されていた旧刑法の正当防衛規定について，補充性が必要と解されていた[21]ことに由来するのであろう。現行刑法の施行とともに，正当防衛において補充性は必要ないと解されるようになったが，判例は，殺傷犯の場合（特に殺人や傷害致死の場合）をその例外として，従来どおりに解してきたのではないかと思われる[22]。

3 判例の評価

判例を以上のように理解すると，次に問題になるのは，そのような判例を支持することができるかどうかであるが，筆者は，基本的に支持できるものと考えている。刑法は，殺人については，被害者の同意があっても，法益性の欠如による違法性阻却を認めていない。傷害罪についても，生命に危険のある傷害については，被害者の同意による違法性阻却を認めない見解が通説である。このような刑法の規定や解釈は，生命の最大限の尊重を要請している現行憲法に適合的なものといえるであろう。このような刑法の態度決定を前提にすれば，生命に対する危険の高い反撃については，おおまかな均衡性と補充性を要求するのが適切である。正当防衛の根拠を法益性（要保護性）の欠如に求めるとしても，それは防衛が認められることを前提とした説明であって，攻撃者の法益性が常に否定されるわけではない。正当防衛が実定法上の権利である以上，そこに実定法上の内在的制約があるのは当然であろう。法確証の利益説からも，法確証という抽象的利益が，生命の価値に優越

---

21) 大越・前掲注17）10頁以下，米田泰邦『犯罪と可罰的評価』125頁（1983年），川端博『正当防衛権の再生』35頁以下（1998年）など参照。

22) 現行刑法の施行前後で，判例が大きく変わったという印象はない。判例が，旧刑法時代から継続的であることについて，大越・前掲注17）20頁以下参照。

するということは困難だと思われる[23]。また，正当防衛において補充性が要求されない理由を，次に述べる「その場に滞留する利益」によって説明するとしても，「その場に滞留する利益」が生命の価値を上回るとは考えられない[24]。

これに対して，生命に危険のない防衛行為の場合については，従来の学説どおり，補充性は要求されないと解されるべきであろう。判例においても，一般に補充性は要求されないといってよい。そして，このことは，「そこに滞留する利益」も保護されなければならないからと理解するのが適切であろう[25]。このような説明に対して，読者は，おそらく，その場に滞留する利益がそれほど重要な利益とは思えない，という感想を持たれるであろう。それは，具体的な状況における個々の利益を考えるからである。たしかに，繁華街の路上で殴りかかられたような場合に，その場に立っている利益が相手の身体の利益を上回っているとはいえないであろう。しかし，問題とされるべきなのは，より一般的・制度的な利益である。侵害の回避義務や退避義務が一般的に課されてしまうと，侵害が予期されると行きたい場所にも行けなくなるし，侵害を受けるといつも逃げ回っていなければならなくなってしまう。そのような社会が自由で望ましい社会と言い得ないことは明らかであろう。利益衡量といっても個別具体的な利益が衡量されているわけではなく，一般的・制度的な衡量が行われているのである。したがって，上記のように，生命に危険の高い反撃行為については補充性を要求するということは，

[23] 法確証の利益説は，正当防衛を刑罰に類似した制度として理解する見解といえるが，刑法が死刑を法定刑に規定する犯罪類型は，内乱等を別にすれば，生命に危険の高い犯罪に限られている。しかも，実際に死刑が科されるのは，きわめて悪質な殺人に限られている。
[24] 生命と生命が対立している場合であっても，安全に退避できる場合には，真の衝突は「その場に滞留する利益」と生命の間に存するにすぎない。
[25] 山口・115頁，佐藤文哉「正当防衛における退避可能性について」『西原春夫先生古稀祝賀論文集(1)』240頁以下（1998年），橋爪隆『正当防衛論の基礎』71頁以下（2007年）参照。これに対して，攻撃から逃げることによる名誉の問題は，現代社会では重要だとは思われない。大阪高判昭和62・4・15判時1254号140頁は，被害者からナイフを手渡されて喧嘩を挑まれ，その執拗な挑発に応じて同人を刺殺した，という事案について，一時の屈辱に甘んじてもひとまずその場を逃れるという手段をとるべきであり，敢えて右屈辱を潔しとせずに喧嘩闘争を受けて立ったものである以上，その後の闘争の過程において自己の生命身体を相手の攻撃にさらすことになったとしても，急迫不正の侵害ということはできない，と判示している。

そのような一般的・制度的衡量を行ったとしても，生命の価値の方が重視される，ということを意味している。また，生命に危険のない反撃行為についても，「その場に滞留する利益」がおよそ認められない場合には，例外的に補充性が要求される，と解すべきことになる。

　正当防衛を解釈で限定することについては，罪刑法定主義違反ではないか，という疑問があるかもしれない。しかし，「やむを得ずにした」という文言は，刑法36条と37条で同じである以上，補充性を要求したとしても罪刑法定主義の問題は生じないはずである。また，刑法36条の同じ文言を，生命侵害の危険の有無で区別して解釈できるか，という疑問についても，傷害罪の違法性阻却を生命に対する危険の有無で区別することが許されるのであれば，正当防衛についても許されるといえよう。

　以上のように，判例の考え方は，基本的に支持できると思われるが，具体的な相当性判断については，学説で批判されているように，限定的すぎる面があるように思われる。例えば，判例は，しばしば，凶器を用いた反撃について，まず威嚇すればよかった，身体の枢要部以外の部分を攻撃すればよかった，と述べて防衛行為の相当性を否定している。このような判示は，一般論としては不当とはいえないが，本当にそれで防衛できたのかは，慎重に検討されなければならないであろう。「防衛行為の相当性を否定するからには，他に相当な防衛の措置を講じ得たことをある程度積極的に論証し得るのでなければ，結局のところ，被告人に不能を強いる結果となるからである[26]」。そして，その判断にあたっては，①相手の不意をつくのは，もっとも有効な反撃方法の1つであって，威嚇をすると相手に警戒され，反撃の有効性が著しく減殺されてしまうこと，②特に，多数の者に取り囲まれているような場合には，不意をつかなければ勝ち目のない場合が多いこと，③切迫した心理状態のもとで，動いている相手の身体の枢要部（そこは大きくて狙いやすい）以外を狙って反撃することは，容易なことではなく，あえて狙おうとすると防衛に失敗するリスクが増大してしまうこと，などが考慮されるべきである[27]。防衛行為の相当性判断は，安全に法益を守れることを前提

---

26) 神戸地判昭和61・12・15判タ627号218頁。

にすべきであって，急迫不正の侵害を受けている者にリスクを負担させるべきではない。

4　防衛行為の必要最小限度性

退避義務がない場合，あるいは，義務を尽くした場合（逃げたが追いつかれたような場合）には，その場で防衛行為に出ることが許されるが，防衛行為は，相対的に必要最小限度のものでなければならない。その判断は，事後に判明した事情も考慮に入れた事後的・客観的判断である[28]。例えば，攻撃者が模造刀を持っていた場合には，それが周りの者には真刀に見えたとしても，模造刀であることを前提にして必要最小限度性が判断されなければならない。下級審の裁判例（大阪地判平成3・4・24判タ763号284頁）には，「防衛行為の手段について客観的事実と行為者の認識との間に食い違いがある場合には，行為者の認識を基準として防衛行為の相当性を判断すべきである」とするものがあるが，妥当でないであろう。行為者の誤信は，誤想防衛の問題として扱うべきである。

もちろん，事後判断といっても，相当性判断の基礎事情に事後に判明したものも含まれるというだけであって，攻撃がどの程度のもので，どの程度の反撃が必要であったか，という判断は，必然的に行為時の予測にとどまる。また，必要最小限の防衛行為であれば，防衛に失敗したからといって，事後

---

[27]　鉄パイプ等を持った多数の暴走族から一方的に暴行を受けた少年が，追跡されながら逃走中，出口のない道路に入り込んで追跡者らに追いつかれ，致命傷を生じかねない暴行を受けることが確実に予期される状況となったため，所携のナイフで2名を刺して1名を死亡させた，という事案について，①心身ともに追いつめられており，枢要部以外の部位を狙ったり，手加減をして刺すような余裕はなかったか，著しく困難であった，②救助を求める大声を出しても効果があったとは認められない，③威嚇して一瞬相手方をひるますことはできても，かえって相手方の闘争心を煽り，結局ナイフも叩き落とされて，一層手ひどい暴行を受けることになったものと考えられる，と判示して，過剰防衛とした原決定を否定し，正当防衛の成立を認めた裁判例（東京高決平成元・9・18高刑集42巻3号151頁）は，妥当なものである。

[28]　橋田久「防衛行為の相当性(1)」法学論叢136巻2号40頁（1994年）は，「正当防衛権の衝突の回避」のためには，事後判断でなければならない，とする。これに対して，井田良「正当防衛論」現刑11号86-87頁（2000年）は，防衛行為にかかわる要件は行為（無）価値的要素であり，防衛行為の必要性・相当性の判断は行為時の事前判断でなければならない，とする。

的に違法になるわけではない。学説には，優越的利益説の立場から防衛に失敗した場合には違法である，という見解も主張されているが29)，防衛行為を萎縮させるものであって妥当ではない30)。防衛に必要な限度で攻撃者の法益の要保護性が否定されていると解すれば，防衛に失敗した場合にも，違法でないことを容易に説明することができる。

5　私見への批判

以上述べてきたように，防衛行為を生命に対する危険の高い行為とそうでない行為に分けて，前者については補充性と大まかな法益均衡性を要求する，すなわち，生命に対する危険の高い防衛行為は，重大な法益を守るためで，かつ，他に侵害を避ける方法がない場合に限って許容すべきである，というのが筆者の見解である。したがって，急迫不正の侵害を受けた者が，侵害から安全確実に逃げることが可能であり，侵害者の生命に対して危険の高い防衛行為を行う必要がある場合には，被侵害者は逃げなければならず，逃げずに，生命に対する危険の高い防衛行為に出た場合には，防衛行為の相当性が否定される。

従来，学説は，侵害から退避しないで防衛行為に出ると防衛行為の相当性が否定されることを，退避義務があると表現してきたので，筆者の見解は，生命に対する危険のある防衛行為が必要な場合に退避義務を認める見解ということになる。退避義務と言うと，退避しなかったこと（退避義務違反）が処罰されているような誤解が生じるおそれがあるが（現に生じているように思われる），退避義務論が主張しているのは，退避義務のある場合に防衛行為に出た場合には正当防衛が否定されるということだけである。筆者の見解についていえば，退避しなくとも生命に対する危険のない防衛行為を行うことは可能である31)。誤解を避けるためには，退避義務という言葉は使用し

---

29)　山本輝之「優越利益の原理からの根拠づけと正当防衛の限界」刑法35巻2号213頁（1996年）参照。
30)　山口・125-126頁，山中・472頁など参照。
31)　被侵害者は，退避しないで自己の法益に対する侵害を甘受することも可能であり（侵害者との関係や法益の価値の程度によっては，そのような場合も考え得るであろう），そのような場合に，被侵害者が退避義務違反として処罰されるわけではもちろんない。

ない方がよいかもしれないが，ここでは慣用にしたがっておく。

　退避義務を一定の場合に認めることについては，近時，支持者が増えてきているが[32]，筆者の見解に対しては多くの批判がなされているので，答えておきたい[33]。

　筆者がこのような見解を主張した第1の理由は，正当防衛の成立要件について明確なルールを打ち出すべきだという点にある[34]。判例は，一般論として，退避義務は存在しないと述べており，学説においても，正は不正に譲歩する必要はないとして，これを支持する見解が一般的である。しかし，前述したように，裁判所は，一般論としては退避義務を否定していても，安全確実に侵害から退避できるにもかかわらず敢えて防衛行為を行って生命を侵害した場合には，防衛行為の相当性を否定しており，実質的には退避義務を課しているのと等しい状況にある。このような筆者の判例理解が正しいとすれば[35]，判例は，不正な侵害から身を守るために相手の生命を侵害する必要がある場合には，安全確実に侵害から退避できるかぎり，退避しなければならないというルールを明確に打ち出すべきである。退避義務は存在しないといいながら，退避しなければ正当防衛を認めないのは，防衛行為者に対してフェアでないし，そのような建前と本音の使い分けは，裁判員には通じな

---

[32] 退避義務肯定説は以前から存在していたが，近時の退避義務論の代表的見解として，佐藤・前掲注25）237頁以下，および，橋爪・前掲注25）91頁以下，305頁以下参照。退避義務に関する日独の判例・学説については，宮川基「防衛行為と退避義務」東北学院法学65号19頁以下（2006年）が詳しい。また，イギリス法については，岡本昌子「正当防衛と侵害回避義務――イギリスの正当防衛論における退避義務を中心に」同志社法学57巻6号437頁以下（2006年）参照。退避義務の存在を一定の場合に肯定する近時の見解としては，さらに，前田・362頁，三上正隆「正当防衛」曽根威彦＝松原芳博編著『重点課題刑法総論』88頁（2008年），宿谷晃弘「正当防衛の基本原理と退避義務に関する一考察（2・完）」早稲田大学大学院法研論集125号192頁（2008年）参照。

[33] その後，拙稿「正当防衛と退避義務」『小林充先生・佐藤文哉先生古稀祝賀 刑事裁判論集 上巻』88頁以下（2006年）において，判例の分析を含めてより詳しく論じた。また，これらの論文において主張した筆者の見解に対する批判については，拙稿「裁判員裁判と刑法の難解概念」曹時61巻8号1頁以下（2009年）において検討を行った。以下の記述は，後者の論文を基礎としたものである。

[34] 正当防衛について国民に明確な基準を示すことの重要性については，安廣・前掲注1）242-243頁参照。

[35] 判例の分析については，拙稿・前掲注33）「正当防衛と退避義務」参照。批判として，山口厚「正当防衛論の新展開」曹時61巻2号326-327頁（2009年）参照。

いであろう。

　筆者の見解に対しては，正当防衛権を制限しすぎているという批判が強い。例えば，山口厚教授は，正当防衛は，法的に認められた正当な「権利」の防衛手段であり，侵害を排除しうることはそうした「権利」の内容そのものであるから，不正な侵害を受ける者にはその侵害から退避することが原則として求められないとされる[36]。もちろん，防衛行為を行わなければ権利を防衛することができないのであれば，防衛行為が許容されなければならない。筆者の見解は，退避することで法益を安全確実に守ることができることが前提となっており，権利者に法益侵害の甘受を義務づけるものではない。あらゆる場合に実力で侵害を排除することが認められるわけではないのであるから，侵害を排除しうることは権利の内容そのものであると言うだけでは，退避義務の不存在を導くことはできないはずである。筆者の見解に対しては，生命に危険のある侵害に対して，実質的に正当防衛を認めず緊急避難だけを認めるものであるという批判がなされているが[37]，生命に危険のある侵害に対して常に生命に危険の高い反撃が必要なわけではない。例えば，ナイフで斬りつけてきた侵害者に対して木の棒で対抗することができるのであれば，侵害から退避しないで防衛行為を行うことは可能である。

　小林憲太郎教授も，不正の侵害とは法がこの世にない方がよいと判断したものであり，不正の侵害の解消方法として，侵害をやめさせることと，被侵害者に逃げまどわせることが考えられる場合には，前者を採用することが正義にかなうから，退避せず侵害をやめさせるのに必要な範囲では，それを構成する利益は法によって保護される実質的価値を失うことになると主張されている[38]。

　しかし，不正の侵害の解消方法は，不正の侵害を構成する利益の侵害に限られるわけではない。例えば，開いている住居のドアのノブに手をかけてまさに不正に侵入しようとしている者がいる場合に，ドアを内からロックして

---
36)　山口・前掲注35)320頁参照。
37)　山口・330頁，橋爪・前掲注25)71頁以下参照。
38)　小林憲太郎「違法性とその阻却――いわゆる優越利益原理を中心に」千葉大学法学論集23巻1号395頁（2008年）。

侵入を防ぐことも，ドアの隙間から出刃包丁を突き出して侵入を防ぐこともできるとしよう。不正の侵害の解消方法として，後者の方が正義にかなっているといえるのであろうか。いかなる場合にも逃げ回ることを義務づけられることは正義に反するかもしれないが，筆者の見解は，特段の負担なく退避できる場合に一時的に退避を求めるに過ぎないのである。

　不正の侵害から退避することなく反撃しても良いとする見解の背後には，正当防衛を制裁として捉える考えがあるのではないかと思われる。不正の侵害を将来的に防止するためには，侵害者に制裁を加える必要があり，侵害から退避したのでは，予防の目的を達成することはできないという考えである[39]。しかし，正当防衛を制裁として捉えるのであれば，侵害は違法なだけでなく有責なものである必要があるが，それは判例・通説の解釈と一致しないであろう。

　山口教授も，一時的に退避することによって可能な防衛行為の選択の幅が広がり，より侵害性の低い反撃行為によって権利防衛が可能である場合には，一時的な退避義務を課すことはできるとされている[40]。しかし，より侵害性の低い反撃行為によって権利防衛が可能である場合に退避義務が認められるのであれば，退避すれば反撃行為が不要になる場合にはなおさら退避義務が認められてしかるべきである[41]。

　筆者の見解に対しては，自己の重要な法益に対して不正の侵害が急迫している場合に，退避義務の有無を冷静に検討するように要求することが可能かという疑問も呈されている[42]。反撃行為として生命・身体への重大な危険を有するものが必要となるかどうかを判断しなければならないというのは，一般市民に対する要求としては，過剰なもののように思われるという批判も[43]，同様のものであろう。筆者の見解によって退避義務が肯定されるの

---

39) 小林説はまさにそのようなものである。アメリカ合衆国において，正当防衛権を拡張する近時の動きが，犯罪防止の考慮に基づいていることについては，拙稿・前掲注33)「正当防衛と退避義務」93頁以下参照。
40) 山口・前掲注35)325頁。山口教授も防衛行為者の優越性を絶対的なものと理解しているわけではないことを指摘するものとして，橋爪隆「正当防衛論の最近の動向」刑事法ジャーナル16号11頁（2009年）参照。
41) 橋爪・前掲注40)12頁参照。
42) 宮川・前掲注32)34頁参照。

は，被侵害者が安全確実に退避できる場合に限られ，その判断は緊急状況における被侵害者の心理状況も考慮してなされなければならないから，筆者の見解をとっても，退避義務の有無を冷静に検討するように要求することにはならないように思われる。また，筆者の提案した基準は，アメリカ合衆国の多くの州において現に使用されているものであり，銃が広く普及したアメリカで使用可能であるなら，日本ではなおさら使用可能であるように思われる。

　繰り返しになるが，退避義務が課されるのは，あくまで安全確実に退避することが可能な場合に限られ，被侵害者は危険を冒してまで退避する必要はない。また，安全確実に退避可能かどうかは，緊急状況における被侵害者の心理状況も考慮に入れて判断されなければならない。さらに，安全確実に退避可能な場合であっても，被侵害者が安全確実に退避することは不可能と誤信したのであれば，誤想防衛として故意責任が阻却される。それでもなお，正当防衛を制限しすぎているというのであれば，それは価値判断の違いと言うしかない。

　殺人に正当防衛を認めるということは，私人に人を殺害する権利を与えることである。権利行為としての正当防衛においては退避義務が存在しないことが原則であるといわれるが，現代の日本社会において，たとえ防衛行為であったとしても，人を殺害する権利が原則的に認められているとは，筆者にはどうしても思えないのである。

43）　宿谷・前掲注32）197頁参照。照沼亮介「侵害に先行する事情と正当防衛の限界」筑波ロー・ジャーナル9号132頁（2011年）は，「生命を重大な危険にさらされた弱者が身を守るために立ち向かうような場合にも正当防衛が否定されているケースも目につかないわけではなく，また，行政による救済が遅きに失したことで犯罪被害の拡大がもたらされたと評されることも増えつつあるわが国の現状では，『自己の利益を守る権利』を国家が制度的に保障しているという関係を明確にするような解釈こそが望ましい」とする。

Ⅳ 喧嘩闘争・自招防衛

1 喧嘩闘争と積極的加害意思

　判例は，行為者が侵害を予期しただけでは侵害の急迫性は否定されないが，積極的加害意思がある場合には急迫性が否定される，と解している。しかし，判例は，積極的加害意思の基準によって，正当防衛の根拠から正当防衛が認められるべきかどうかを判断しているのであって，急迫性の要件は，結論を表すために用いられているにすぎない。このような解釈については，「例外的な実力行使という正当防衛の制度趣旨が『急迫性』という要件に『結晶化』していると解釈することは高度の説得力をもつ」と評価することもできる[44]。しかし，自救行為が認められている以上，急迫性の否定は，ただちに，違法性阻却が問題になる利益衝突状況が存在していないことを意味しないのであって，判例理論の意図が，違法性阻却をおよそ否定することにあるのだとすれば，急迫性を否定するよりも，むしろ客観的に防衛行為でないとした方が，適切だともいえる[45]。法益を守るための行為でなければ，緊急避難，自救行為など，その他の緊急行為にも該当しないことになるからである。

　重要な問題は，どの要件を否定するかよりも，その基準であり，積極的加害意思という心情要素によって区別することが妥当かどうかである。すでに述べたように，予期された侵害に対して生命に対する危険の高い反撃行為を行う場合には，侵害をあらかじめ避けることができたことや，凶器対凶器の私闘が認められないことを理由に，急迫性の要件が否定されており，そこでは，行為者に積極的加害意思があったかどうかは，実質的な基準として機能していない。拳銃を用いた攻撃が予想される場合に，これを回避することなく，拳銃を用意して反撃に出て相手を殺害したような場合に，いくら行為者が内心で「いやだ」「やりたくない」と思っていても，反撃に出た以上は，

---

44)　井田・前掲注28)91頁。
45)　佐藤・前掲注25)245頁，前田・367頁など参照。

積極的加害意思が肯定されるのである[46]。

　その他の場合においても，積極的加害意思の有無は，主に外形的事情から認定されており，純粋に内心の意思が基準として働いているかは疑わしいように思われる。もちろん，実体的要件とその認定は，理論的に区別されなければならない。裁判において故意が外形的事情から認定されているからといって，故意が客観的要素になってしまうわけではない。しかし，積極的加害意思は，判例によって作り出された基準にすぎず，主観的要素でなければならない理論的根拠も不明であるから，あえてこれを主観的要素として外部的事情から認定するというような迂遠な方法をとる必要はないであろう。端的に正当防衛として解決すべき利益衝突状況が存在するかどうかを客観的に判断すればよいのである。その際には，先ほど述べたように，予測される侵害を回避しないで，侵害が予測される場所に出かけていったり，その場にとどまったりすることに正当な利益が認められるかどうか，回避義務を課すことがどのくらい重大な自由の制限になるか，といった事情を考慮して判断されるべきである[47]。その判断にあたっては，行為者がどのような目的でその場に臨んだのか，行為者が侵害をどのくらい確実なものとして予測していたのか，といった点も重要な判断要素となるであろう。客観的に判断するということは，行為者の主観をいっさい考慮しないということではない。

2　挑発防衛・自招侵害

　学説では，より一般的に挑発防衛ないし自招侵害の問題が議論されている。挑発防衛は，意図的な場合，故意の場合，過失の場合に分けて議論され，意図的な場合には，正当防衛が（過剰防衛も）否定され，故意の場合および過失の場合には，防衛行為の相当性が限定される（補充性と害の均衡性が要求される），というのが，一般的な見解である[48]。

---

46)　例えば，前掲注25)大阪高判昭和62・4・15は，被害者からナイフを手渡されて執拗に喧嘩を挑まれたので，しかたなくこれに応じて同人を刺殺した，という事案について，急迫性を否定している。このような場合には，被害者から逃げて帰らない限り，積極的加害意思が否定されることはないのである。

47)　その詳しい検討を本書で行うことはできない。本章に引用した橋爪教授や佐藤教授の研究を参照されたい。

自招侵害については，いわゆる原因において違法な行為の理論で解決しようとする見解も主張されている[49]。このような見解も理論的には可能であろうが，問題は，途中の防衛行為に完全な正当化を認めてしまってよいかである。完全な正当化を認めてしまうと，当該行為自体は違法でないので，その行為に対して正当防衛ができなくなってしまう。また，防衛行為の相当性を限定することもできない。自招侵害者を結果的に処罰できればそれでよいわけではなく，防衛行為の時点の違法性もやはり問題にすべきであると思われる。

　判例では，意図的な挑発の場合は，積極的加害意思があるとして，急迫性が否定されることになるが，それ以外の場合については，これまで必ずしも明確ではなかった。

　この点に関する新判例として注目されるのが，最高裁平成20年5月20日決定（刑集62巻6号1786頁）である。

　事案は以下のようなものであった。AとXが路上で言い争いとなり，XがいきなりAの左ほおを手けんで1回殴打して走って立ち去った。Aは，自転車でXを追い掛け，殴打現場から約60メートル進んだ歩道上で，後方からXの背中の上部または首付近を強く殴打した。XはAの攻撃によって前方に倒れたが，すぐに起き上がり，護身用に携帯していた特殊警棒でAを数回殴打してAに傷害を負わせた。1審判決は，被告人XはAが追いかけてくる可能性を認識しており，「本件は一連の喧嘩闘争というべき」であって，原則的に正当防衛の観念を入れる余地はないとして，正当防衛の成立を否定した。原判決も，被告人がAの報復攻撃を十分予期していたこと，Aの暴行は被告人自身が暴行を加えたことによって招いたものであることなどから，Aの暴行には急迫性が認められないとして，正当防衛の成立を否定した。

　Xの上告に対して，最高裁は，「被告人は，Aから攻撃されるに先立ち，

48)　詳しくは，山本輝之「自招侵害に対する正当防衛」上智法学論集27巻2号142頁以下（1984年），山中・前掲注14)293頁以下，斉藤誠二『正当防衛権の根拠と展開』143頁以下（1991年），橋爪・前掲注25)253頁以下など参照。

49)　山口厚「自ら招いた正当防衛状況」『法学協会百周年記念論文集第2巻』751頁以下（1983年）参照。

Aに対して暴行を加えているのであって，Aの攻撃は，被告人の暴行に触発された，その直後における近接した場所での一連，一体の事態ということができ，被告人は不正の行為により自ら侵害を招いたものといえるから，Aの攻撃が被告人の前記暴行の程度を大きく超えるものでないなどの本件の事実関係の下においては，被告人の本件傷害行為は，被告人において何らかの反撃行為に出ることが正当とされる状況における行為とはいえないというべきである」と判示した。

本決定が注目されるのは，第1に，原判決のように急迫性を否定するのではなく，「反撃行為に出ることが正当とされる状況」（以下，「正当防衛状況」と呼ぶ）における行為とはいえないとして，正当防衛の成立を否定したことである。第2に，第1審判決および原判決が急迫性を否定する理由の1つとしてXがAの侵害を予期していたことを挙げているのに対して，本決定は，侵害の予期に触れておらず，侵害の予期は自招侵害において正当防衛を否定するための必要条件ではないと解しているものと考えられることである。判例によって，侵害の予期がなくとも正当防衛状況が否定される場合は，①違法行為によって侵害を招致していること，②侵害が違法な招致行為の程度を大きく超えるものでないこと，および，③侵害が違法な招致行為と場所的・時間的に接着した一連・一体のものといえること，の3つの要件を備えている場合であると考えられる[50]。

本決定が，自招侵害の場合を急迫性の要件の問題としなかった理由については，侵害の予期の有無を問わなかったことにあるとの推測がなされている[51]。そのような理解ももちろん可能であるが，裁判員裁判の開始を前にして（裁判員法施行は平成21年5月21日であった），積極的加害意思や防衛の意思といった主観的要件によって正当防衛の限界を画する従来の解釈から最高裁が距離を置こうとしている可能性もあるように思われる。主観的要件を間接事実の積み重ねによって認定するという判断手法は，裁判員にとって理

---

50) 山口・前掲注35)312頁，橋爪隆「判評」平成20年度重判解（ジュリ1376号）174頁以下（2009年），照沼亮介「正当防衛と自招侵害」刑事法ジャーナル16号20頁（2009年）など参照。これに対して，塩見淳「侵害に先行する事情と正当防衛」法教382号84頁（2012年）は，②は事実の指摘にすぎず，要件ではないとする。

51) 山口・前掲注35)312頁参照。

解しやすいものではない。故意のように主観的要件であることが不可欠なものであればともかく，そうでないのであれば，解釈でわざわざ認定の困難な主観的要件を設ける必要はない。間接事実が実質的な要件を示しているのであれば，端的にそれを要件化すべきである[52]。本決定がそのような方向性を示しているのだとすれば，積極的に評価すべきである。

学説では，正当防衛を否定するためには，先行行為の時点で相手が侵害行為に出ることの予見がなければならないという見解も有力である[53]。しかし，先行行為を処罰するわけではないのであるから[54]，相手の侵害がなされた時点で，それが自分の先行行為に対する反撃であることが認識できれば，先行行為の時点で事前にそのような反撃があることまで認識している必要はないと思われる。相手に暴行を加えても自分を怖がって反撃してこないだろうと思っている自信家は正当防衛権を制限されないが，相手に暴行を加えたら反撃してくるだろうと思っている者は正当防衛権を制限されるという結論は妥当でない。さらに，侵害が行為者に予見可能であったことまで不要とすべきかについては議論の余地があるが，理論的には不要ではないかと思われる。もっとも，判例の立場から「一体の事態」というためには，被挑発者が侵害行為に出ることが十分あり得るような密接な関連性が必要になると考えるべきであり[55]，そのような場合は，通常，被挑発者が侵害行為に出ることが行為者に予見可能であろうから，実際の適用において差が出ることはまれであろう。また，相手の侵害行為が一般人にとっても予見不可能な場合には，先行行為と侵害行為との間の法的因果関係が否定され，自招侵害の

---

52) 三浦透「判解」最判解刑事篇平成 20 年度 429 頁（2012 年）参照。
53) 例えば，吉田宣之「『自招防衛』と正当防衛の制限——最高裁判所平成 20 年 5 月 20 日第 2 小法廷決定を素材にして」判時 2025 号 3 頁以下（2009 年）は，権利濫用説の立場から，意図的または故意的場合に限って，正当防衛が否定されるとする。また，橋爪・前掲注 25)309 頁も，侵害の確実な予期がある場合に限って（侵害回避義務が課されて）正当防衛が否定されるとしている。もっとも，橋爪・前掲注 50)175 頁では，侵害の招致を十分に予測しうる客観的状況については，侵害の予期を要求することなく，客観的事実関係から緊急状況性を否定する余地もある，としている。
54) 小林・前掲注 38)390 頁のように，自招防衛が制限される根拠を，急迫不正の侵害を有責に招致した者に対する制裁と理解するのであれば，行為者に不正の侵害を招致することの予見可能性が要求されることになろう。
55) 橋爪・前掲注 50)175 頁参照。

問題は生じないであろう。

　以上のような判例の立場について2点疑問を指摘しておきたい。第1に，本決定の事案は，①Xの暴行→②Aの暴行→③Xの暴行が一連の行為として行われた事案であった。判例は，①と②の関係だけで，正当防衛状況を否定しているので，③の態様は問題にしていないようにも思われる。しかし，暴行にも様々な態様があるから，①と②の関係だけで，一律に正当防衛を否定すべきかについては疑問がある[56]。例えば，Aが殴打してきたのに気づいたXがAの腕を摑んで取り押さえる行為は，Aに対する暴行（あるいは逮捕）に当たるが，一時的な自由の拘束に留まる限り，正当防衛として許容されてよいと思われる。Xは，Aに暴行を加えた以上，同じだけの暴行を甘受しなければならない，とは言えないであろう。判例は「反撃行為に出ること」を問題にしているので，侵害を阻止するだけの行為は「反撃行為」ではないと解すれば，同じ結論を採ることが可能である。

　第2に，XがAの攻撃を避けようとして逃げたが行き止まりの路地に追い詰められた場合にも，XはAの攻撃を甘受しなければならないのであろうか。Xの行為が専ら防御的な行為にとどまる場合には，第1の場合と同じように考えることができるが，この場合は，より積極的な反撃行為が許容されてよいのではないかと思われる。判例の「Aの攻撃が被告人の前記暴行の程度を大きく超えるものでない」という基準における「攻撃の程度」には，暴行の強度だけでなく，執拗性など暴行の態様も含まれると解すれば，同じ結論をとることが可能である。

　あるいは，本決定は，事例判例として出されているので，本件事案以外の場合については，本判例の射程は及ばず，上記の点はオープンにされていると言うべきかもしれない。

---

[56] 照沼・前掲注50)20頁は，「『即座にナイフで切りつけるとか発砲するとかは論外だとしても』一定の範囲で有形力を行使して身体を保全する余地をすべて奪うことは好ましくない」とする。同・前掲注43)123頁も参照。

V　おわりに

　以前，因果関係の判断について，判断の実質的な基準を正面に出して批判にさらすことが重要であり，「正直は最良の政策である」と述べたことがある。正当防衛の要件についても同じことがいえると思われる。逃げなくてよいと言いながら，逃げずに防衛行為に出ると処罰するのでは，フェアではない。逃げなければならないなら，はっきりそう言うべきである。裁判員制度が導入された以上，一般条項をあうんの呼吸で適用するという職人芸は通用しなくなるのであるから，正当防衛のようにしばしば裁判で争われる問題について，判例の基準を明確な形で示すことは，刑法解釈学の最重要課題の1つであろう。

　本稿の判例理解が適切なものかどうかについては，もちろん異論があり得るであろう。また，そのように理解された判例を支持することについても，批判があるであろう。どちらの点についても，読者の批判を期待している。判例の理解については，特に，実務家の読者の批判を期待している。

第10章

正当防衛論（3）

I　はじめに

「防衛の程度を超えた行為」，すなわち過剰防衛行為については，刑法36条2項で，刑の任意的減免が認められている[1]。過剰防衛については，近時，重要な判例が相次いで出されており，学界での議論も盛んになっているので，1章を使って検討することにしたい。

II　過剰防衛の類型

過剰防衛には，急迫不正の侵害が継続中に行われた防衛行為自体が必要な程度を超えた場合と侵害終了後になお反撃行為（追撃行為）が行われた場合とがある。一般に，前者が質的過剰，後者が量的過剰と呼ばれている[2]。量的過剰に刑法36条2項を適用することについては，後で述べるように有力な異論がある。

---

[1] 「刑の減軽」とは，刑法68条以下の規定によって刑を減軽することを言う。刑が減軽されると，法定刑が修正されて処断刑が形成されるのであって，単に法定刑の枠内で宣告刑を軽くすることを意味するのではない。初学者の中には誤解している人がいるので注意してください。例えば，「有期の懲役又は禁錮を減軽するときは，その長期及び短期の2分の1を減ずる」ので（68条3号），傷害致死罪の刑を減軽する場合には，同罪の法定刑は3年以上の有期懲役（205条）で，有期懲役は20年以下であるので（12条1項），処断刑は1年6月以上10年以下となり，この幅の中で宣告刑を決めることになる。また，「刑の免除」は，有罪判決の一種である（ただし，浅田・237頁は，無罪判決とする）。

[2] なお，質的過剰・量的過剰という言葉は，必ずしもわかりやすいものではないので，強度的過剰・時間的過剰（あるいは事後的過剰）という言葉も提案されている。佐久間・210頁，林・202頁，安田拓人「事後的過剰防衛について」『立石二六先生古稀祝賀論文集』243頁以下（2010年）など参照。

質的過剰と量的過剰の区別については，侵害継続中に過剰な反撃行為が行われた場合も量的過剰に含める見解もある[3]。後で検討する，最初の防衛行為と後の反撃行為を一体のものとして正当防衛・過剰防衛を判断すべきかという問題は，侵害継続中に反撃行為が行われた場合にも問題となりうるので，この点を重視すれば，このような区別の仕方にも理由がある。これに対して，侵害継続中の反撃行為に過剰防衛が成立し得ることについては異論がなく，議論があるのは侵害終了後の行為についてであるから，この点を重視すれば，侵害継続の有無で区別することになる。どちらの分類もあり得るが，侵害継続の有無で区別することが概念的に明快なので，ここでは従来の分類に従っておく[4]。

　質的過剰と量的過剰を侵害継続の有無で区別するとしても，その区別は微妙な場合がある[5]。この点に関する重要判例が最高裁平成9年6月16日判決（刑集51巻5号435頁）である。事案は，文化住宅の2階廊下で，XがAから鉄パイプで突然攻撃されてもみ合いになり，Xが取り上げたパイプでAを殴打した（第1暴行）が，Aが鉄パイプを取り戻してXを殴打しようとしたため，Xは逃げ出したが，振り返ると，Aが鉄パイプを持ったまま手すりの外側に上半身を乗り出した姿勢になっていたので，近づいて，その左足を持ち上げて，4メートル下の道路上に転落させ（第2暴行）て重傷を負わせた，というものである。1審判決および原判決は，被害者が外側に上半身を乗り出した状態になり，容易に元に戻れない姿勢となった時点で急迫不正の侵害は終了するとともに，防衛の意思も消滅したとして，Xの行為は正当防衛にも過剰防衛にも当たらないと判示した。これに対して，最高裁は，「間もなく態勢を立て直した上，被告人に追い付き，再度の攻撃に及ぶことが可能であったものと認められ」急迫不正の侵害はなお継続していたと判示し，さらに，防衛の意思も肯定した上で，「同人が手すりに上半身を乗り出した時点では，その攻撃力はかなり減弱していたといわなければならず，他

---

[3] 例えば，永井敏雄「量的過剰防衛」龍岡資晃編『現代裁判法大系30巻』132頁以下（1999年）参照。

[4] 松田俊哉「判解」曹時62巻1号291頁（2010年）参照。

[5] 松尾昭一「防衛行為における量的過剰についての覚書」『小林充先生・佐藤文哉先生古稀祝賀 刑事裁判論集上巻』134頁（2006年）参照。

方，被告人の同人に対する暴行のうち，その片足を持ち上げて約4メートル下のコンクリート道路上に転落させた行為は，一歩間違えば同人の死亡の結果すら発生しかねない危険なものであったことに照らすと，鉄パイプで同人の頭部を一回殴打した行為を含む被告人の一連の暴行は，全体として防衛のためにやむを得ない程度を超えたものであったといわざるを得ない。そうすると，被告人の暴行は，Aによる急迫不正の侵害に対し自己の生命，身体を防衛するためその防衛の程度を超えてされた過剰防衛に当たるというべきである」と判示した。

このような侵害の継続性に関する判例の判断は，侵害の開始時期に関する判例の判断と比べると，緩やかなものだと理解されている。すでに述べたように[6]，急迫性が要求される根拠が，法益保護の観点だけでなく，侵害が開始されたことによって平穏が害されていることや，判断の誤りが少ないことなどにも求められるとすると，侵害が開始された後の場面について異なった扱いをすることには理由があり，このような判例の傾向は支持できる[7]。

Ⅲ 刑の減免根拠

過剰防衛に刑の減免が認められる根拠として，学説では，違法減少説[8]，責任減少説[9]，違法・責任減少説[10]が主張されてきた。最近では，違法・責任減少説が有力になっているが，同説には不明確な点が残されている。違

---

[6] 本書123頁参照。
[7] 松尾・前掲注5)131頁以下，曽根威彦「侵害の継続性と量的過剰」研修654号4頁以下（2002年），遠藤邦彦「正当防衛に関する二，三の考察——最二小判平成9年6月16日を題材に」『小林充先生・佐藤文哉先生古稀祝賀 刑事裁判論集上巻』67頁（2006年），山口厚「正当防衛と過剰防衛」刑事法ジャーナル15号54頁（2009年）など参照。
[8] 前田・395頁，町野朔「誤想防衛・過剰防衛」警研50巻9号52頁（1979年），山本輝之「優越利益の原理からの根拠づけと正当防衛の限界」刑法35巻2号209頁（1996年），同「量的過剰防衛についての覚書」研修761号9頁（2011年）など参照。
[9] 西田・178頁，平野・Ⅰ245頁，福田・159頁など参照。
[10] 井田・294頁，伊東・193頁，大塚・394頁，大谷・291頁，川端・356頁，佐久間・222頁，曽根・106頁，高橋・279頁，内藤・(上)365頁，林・201頁，山口・135頁，松原芳博「刑法総論の考え方⑿」法セ663号97頁（2010年）など参照。さらに，違法減少に伴う責任減少と固有の責任減少の二重の責任減少に加えて処罰の必要性（一般予防・特別予防）の減少に根拠を求める可罰的責任減少説として，浅田・237頁，山中・498頁参照。

法・責任減少説といっても，双方が必要だと解する見解（重畳的併用説）と，どちらかがあれば足りるとする見解（択一的併用説）があり得るからである[11]）。

このような根拠論からは，一般に，次のような帰結が導かれると考えられてきた。

第1に，量的過剰の場合，違法減少が認められないから，違法減少説ないし重畳的併用説からは刑法36条2項を適用することができないが，責任減少説ないし択一的併用説からは適用することができる[12]）。

第2に，誤想過剰防衛の場合，違法減少は認められないから，違法減少説ないし重畳的併用説からは，刑法36条2項を適用ないし準用することはできないが，責任減少説ないし択一的併用説からは適用ないし準用が認められる[13]）。

第3に，責任減少説ないし重畳的併用説からは，正当防衛について防衛の意思不要説を採る場合であっても，過剰防衛が認められるためには「防衛の意思」が必要である[14]）（「防衛の意思」の意味が少し異なることについて後述参照）。「防衛の意思」がなければ責任減少を認めることができないからである。この立場からは，偶然防衛に刑法36条1項の適用を認める見解に立ったとしても，偶然過剰防衛に刑法36条2項の適用は認められない。

筆者は，以上の点を考慮して，責任減少説が妥当だと考えてきた[15]）。なお，責任減少説とは，過剰防衛に違法減少が認められないという見解ではな

---

11) 説の名前は，松原・前掲注10)97頁による。違法・責任減少説の論者のなかで，どちらの立場に立つかを明確にしている者はそれほど多くないが，前掲注10)の井田，林，松原は，択一的併用説を明言している。さらに，違法・責任減少説の中には，違法減少説を基礎としながら（責任減少がなくとも刑の減軽を認める），併せて責任減少がなければ免除は認められないとする見解（松宮・145頁参照）や，逆に，責任減少説（可罰的責任減少説）を基礎としながら，違法減少がなければ免除は認められないとする見解（浅田・241頁参照）もある。

12) 西田・178頁，安田・前掲注2)253頁など参照。否定説として，町野・前掲注8)52頁，山本・前掲注8)刑法35巻210頁，橋田久「量的過剰防衛」刑事法ジャーナル16号25頁以下（2009年），松宮・145頁など参照。

13) 西田・177頁。否定説として，曽根・108頁参照。

14) 西田・172頁参照。

15) 偶然過剰防衛を認めるべきことを択一的併用説の理由とする見解として，林・201頁参照。しかし，偶然過剰防衛に刑の減免を認める必要はないと思われる。

く（質的過剰の場合は認められる），責任減少がなければ刑法36条2項の適用は認められないとする見解であることに注意が必要である。

以上のような理解に対しては，近時，疑問も示されている。まず，第1の点については，侵害継続中の行為と侵害終了後の行為を一連一体の1個の行為とみることができれば，全体として違法減少を認めることができる，とする理解が有力になっている[16]。第2の点についても，行為者の主観面は過剰防衛の場合と同じであり，科しうる刑は責任を限度とする以上，刑法36条2項を適用ないし準用できる，とする理解が主張されている[17]。このように解することができるのだとすると，根拠論の意味は著しく限定されることになる。

責任減少説に対しては，不安・驚愕等による責任減少があれば刑の減免が認められるわけではなく，過剰防衛は急迫不正の侵害に対する防衛行為であることを前提にした規定である，という批判がなされてきた[18]。しかし，この批判は，違法減少説や重畳的併用説に対しても当てはまるものである。法益を守ったという違法減少が認められただけで（例えば，事前の防衛行為や自救行為の場合に）刑法36条2項が適用されるわけではないからである。急迫不正の侵害の存在とこれに対応した行為[19]がなければ刑法36条2項の適用が認められないのは，根拠論の如何に関わらず，当然の前提なのである[20]。立法者は，違法減少ないし責任減少が認められるあらゆる場合に刑

---

16) 曽根・107頁，高橋・279頁以下，山口・134頁など参照。
17) 林美月子「過剰防衛と違法減少」神奈川法学32巻1号13頁（1998年），橋爪隆「防衛行為の一体性について」『三井誠先生古稀祝賀論文集』107頁注5（2012年），山口・196頁など参照。前田教授が，違法減少説を採りながら（前田・395頁），誤想過剰防衛について，責任減少があるので刑の減免を認めるべきであるとし（前田・447頁），高橋教授も，違法減少が外枠を画するとしながら（高橋・279頁），誤想過剰防衛に刑法36条2項の準用を認めている（高橋・285頁）のは，同旨であろうか。
18) 責任減少説をこのように批判して違法・責任減少説を採る論者は，重畳的併用説を採らなければ矛盾していることになるが，択一的併用説を採っているのではないかと思われる場合が多い。
19) 安田・前掲注2)255頁は「防衛事象的性格の存在」と呼んでいる。
20) 西岡正樹「判評」法学74巻2号147頁（2010年），仲道祐樹「過剰防衛における行為把握」早稲田社会科学総合研究12巻2号7頁（2011年）〔同『行為概念の最定位』（2013年）所収〕，横内豪「過剰防衛における責任減少の意義」上智法学論集53巻4号207頁以下（2010年）など参照。

の減免を認めなければならないわけではないのであって[21]，刑法36条2項は，立法者が，正当防衛状況について特に刑の任意的減免を定めた規定なのである。

このように考えると，責任に応じた刑が科されなければならないから違法減少説や重畳的併用説からも誤想過剰防衛に刑法36条2項を適用できるという理解は，妥当でないことが明らかになる。責任減少が認められれば刑法36条2項が適用ないし準用できるわけではなく，刑法36条2項の根拠が責任減少にある場合にはじめて同項を適用ないし準用できるからである。このことは，例えば，中止犯の減免根拠について違法減少説や違法・責任減少説を採る論者が，行為者が中止行為を行ったと誤想した場合について，責任に応じた刑を科さなければならないから，中止犯の規定を適用ないし準用できるとは言わないことからも明らかであろう。

残された問題は，違法減少説ないし重畳的併用説から，防衛行為の一体性を根拠として量的過剰を認めることができるかである。この点については，近時，重要判例が相次いで出されている。

Ⅳ　判例の展開

最高裁として初めて量的過剰防衛を認めた判例とされているのが，最高裁昭和34年2月5日判決（刑集13巻1号1頁）である。事案は，Aが屋根鋏を持って夜中にX方に侵入し，刃先をXの首近くに突きつけて，「この野郎殺してしまうぞ」と威嚇しながら迫ってきたので，Xはこのままでは殺されてしまうと考え，近くにあった鉈を掴んでAの頭部に一撃を加えた（第1暴行）。最初の一撃によってAは横転して，追撃態勢は崩れ去ったが，Xは，恐怖，驚愕，興奮かつ狼狽していたので，さらにAの頭部等を数回にわたり切りつけ（第2暴行），Aを脳損傷により死亡させた，というものである。1審判決は，第1暴行は正当防衛行為であり，第2暴行は盗犯等防止法1条2項に該当するとして無罪を言い渡した。これに対して，原判決

---

21) 行為の違法・責任に応じた量刑がなされなければならないが，我が国の法定刑の幅は広範で，酌量減軽の規定（刑法67条）も設けられている。

は、「同一の機会における同一人の所為を可分し、趣旨を異にする2つの法律を別々に適用するがごときことは、立法の目的に副わない措置であつて、とうてい許されない所である。被告人はAの急迫不正の侵害に対し、自己の生命身体を防衛するため、鉈をもって反撃的態度に出たのであるが、最初の一撃によって同人が横転し、そのため同人の被告人に対する侵害的態勢が崩れ去ったわけであるのに、被告人は異常の出来事により、甚だしく恐怖、驚愕、興奮且つ狼狽したあまりとはいえ、引きつづき3、4回に亘り追撃的行為に出たのであるから、被告人のこの一連の行為は、……『防衛ノ程度ヲ超エタル行為』に該るものといわなくてはならない」と判示した。最高裁も、「被告人の本件一連の行為は、それ自体が全体として、その際の状況に照らして、……〔刑法36条〕2項にいう『防衛の程度を超えたる行為』に該るとして、これを有罪とした原審の判断は正当である」と判示した。この判例は、侵害現在時の第1暴行と侵害終了後の第2暴行を一体のものとして全体的に考察することで、量的過剰防衛を認めたものといえる[22]。

　近時の判例でこの問題に関して注目されるのが、第1暴行と第2暴行の一体的評価を否定した最高裁平成20年6月25日決定（刑集62巻6号1859頁）と、これを肯定した最高裁平成21年2月24日決定（刑集63巻2号1頁）である。

　平成20年決定の事案は次のようなものである。Aから殴りかかられたXが、Aの顔面を殴打したところ（第1暴行）、Aは転倒して後頭部を地面に打ち付け意識を失ったように動かなくなったが、Xは、憤激の余り、意識を失ったように動かなくなっているAに対し、その状況を十分に認識しながら、その腹部等を足げにしたりするなどの暴行を加え（第2暴行）、Aは、第2暴行により、肋骨骨折等の傷害を負った。Aは、その後、頭蓋骨骨折に伴うクモ膜下出血によって死亡したが、この死因となる傷害は第1暴行によって生じたものであった。最高裁は、「第1暴行により転倒したAが、被

---

22) 山本・前掲注8)研修761号17頁は、この判例は、質的過剰である第2暴行を正当防衛である第1暴行と全体的に考察して1個の過剰防衛を認めた判例であって、量的過剰防衛を認めた判例は存在しないとする。しかし、本判決が前提とする「侵害的態度が崩れ去った」との原審事実認定は、侵害の終了を意味していると解すべきであろう。永井・前掲注3)141頁参照。

告人に対し更なる侵害行為に出る可能性はなかったのであり，被告人は，そのことを認識した上で，専ら攻撃の意思に基づいて第2暴行に及んでいるのであるから，第2暴行が正当防衛の要件を満たさないことは明らかである。そして，両暴行は，時間的，場所的には連続しているものの，Aによる侵害の継続性及び被告人の防衛の意思の有無という点で，明らかに性質を異にし，被告人が前記発言をした上で抵抗不能の状態にあるAに対して相当に激しい態様の第2暴行に及んでいることにもかんがみると，その間には断絶があるというべきであって，急迫不正の侵害に対して反撃を継続するうちに，その反撃が量的に過剰になったものとは認められない。そうすると，両暴行を全体的に考察して，1個の過剰防衛の成立を認めるのは相当でなく，正当防衛に当たる第1暴行については，罪に問うことはできないが，第2暴行については，正当防衛はもとより過剰防衛を論ずる余地もないのであって，これによりAに負わせた傷害につき，被告人は傷害罪の責任を負うというべきである」と判示した。

　平成21年決定の事案は次のようなものである。Xは，拘置所内の居室において，同室のAが机を押し倒してきたため，その反撃として机を押し返し（第1暴行），さらに，同机に当たって押し倒され，反撃や抵抗が困難な状態になったAに対し，その顔面を手けんで数回殴打した（第2暴行）。Aは，加療約3週間を要する傷害を負ったが，Aの傷害と直接の因果関係を有するのは，第1暴行のみであった。原判決は，第1暴行は，Aからの急迫不正の侵害に対する防衛手段としての相当性が認められるが，第2暴行は，防衛手段としての相当性の範囲を逸脱したものであるとした上で，第1暴行と第2暴行は，全体として1個の過剰防衛行為として評価すべきであるとして，過剰防衛による傷害罪の成立を認めた。弁護人は，本件傷害は，違法性のない第1暴行によって生じたものであるから，第2暴行が防衛手段としての相当性の範囲を逸脱していたとしても，過剰防衛による傷害罪が成立する余地はなく，暴行罪が成立するにすぎないと主張して上告した。最高裁は，「前記事実関係の下では，被告人が被害者に対して加えた暴行は，急迫不正の侵害に対する一連一体のものであり，同一の防衛の意思に基づく1個の行為と認めることができるから，全体的に考察して1個の過剰防衛として

の傷害罪の成立を認めるのが相当であり，所論指摘の点は，有利な情状として考慮すれば足りるというべきである」と判示した。

2つの決定から，判例が「防衛行為」の一体性を認める基準は，「防衛行為」が「急迫不正の侵害に対する一連一体のものであり，同一の防衛の意思に基づく1個の行為と認めることができるか」というものであることがわかる。平成20年決定の事案は，「時間的，場所的には連続しているものの」「防衛の意思の有無という点で，明らかに性質を異に」しているので，「1個の過剰防衛」とみることができないというわけである。判例の文言からは，時間的場所的連続性によって一連一体性が判断され，それと並んで同一の防衛の意思に基づくものかが判断されるのか，それとも，時間的場所的に連続し同一の防衛の意思に基づく場合が一連一体と評価されるのかは，明らかではないが，いずれにしても，時間的場所的連続性と防衛の意思の連続性という客観面と主観面の2つの要素によって過剰防衛の成否が判断されていることは明らかである[23]。そして，このような判例の判断方法は，侵害の継続性の有無で（すなわち質的過剰類型と量的過剰類型とで）違いがあるようには見えない。実際にも，先に取りあげた平成9年判決の事案では，侵害の継続性が認められた上で，第1暴行と第2暴行が一体のものとして過剰防衛とされている。

問題は，複数の行為をなぜ1個の行為として評価することができるのかである[24]。この問題が先鋭化するのは，侵害現在時の防衛行為に正当防衛が認められる場合であり，平成21年決定は，まさにそのような事案であった。同決定は，そのような場合であっても1個の行為として扱って，第1暴行が正当防衛に当たるという事情は量刑で考慮すればよいとする。しかし，この結論に対しては批判が強い。判例の立場は，いったん正当防衛として違法性

---

[23] もっとも，量的過剰で問題となっている「防衛の意思」は，通常の意味での防衛の意思とはズレがある。侵害終了後に反撃行為が行われた場合の行為者の認識には，侵害の終了を認識している場合とこれを認識していない場合とがあるが，前者の場合には，行為者に通常の意味での防衛の意思は存在しておらず，防衛の意思で始まった防衛行為が同一の動機で継続しているだけである。また，後者は，本来は，誤想防衛の類型である。橋爪・前掲注17）100-101頁，安田・前掲注2）258頁以下参照。

[24] この問題は，複数の罪が成立することを前提として，これらを一罪（科刑上一罪・包括一罪）として刑罰を科すかどうかという意味での罪数論と区別されなければならない。

が阻却された行為を遡って違法とするもので妥当でないからである[25]。量刑で考慮すればよいといっても，平成21年決定の事案のように成立する犯罪が傷害罪であれば可能であるが，傷害致死罪が成立する場合には，減軽をしても罰金刑を科すことはできない。刑の免除が可能なので問題ないといえるかは疑問がある（罰金刑を科すべき場合であっても刑を免除しなければならなくなる）。有罪判決を受けた被告人が受けるスティグマの点でも，傷害罪と傷害致死罪では大違いである。また，平成20年決定の事案のように，専ら攻撃の意思で第2暴行を行うと，第1暴行と第2暴行が分断して評価されるので，傷害罪だけが成立し，防衛の意思で第2暴行を行うと，一体として評価されて，傷害致死罪の過剰防衛になり，犯情の軽い方に重い罪が成立することになる点も問題である[26]。

そこで，判例のような全体的評価を否定して，違法減少説ないし重畳的併用説の立場から，量的過剰防衛を否定する見解も有力に主張されている[27]。しかし，判例の結論が妥当でないからといって，量的過剰を一律に否定してしまうのは行き過ぎであろう[28]。侵害の終了時期を緩やかに解することで質的過剰に解消できる場合もあるが，平成20年決定のような事例では侵害が継続しているということは困難である。

責任減少説の立場からも，量的過剰防衛を認めるためには，「防衛事象的性格」の継続が必要であるから，全体的評価が必要である。問題は，全体的評価をどのような場合に認めるべきかという点にあることになる。

---

[25] 山口・前掲注7)57頁，同「判評」刑事法ジャーナル18号83頁（2009年），仲道・前掲注20)13頁，西岡・前掲注20)149頁など参照。さらに，平成9年決定に関するものとして，小田直樹「判評」平成9年度重判解（ジュリ1135号）151頁（1998年），橋田久「外延的過剰防衛」産大法学32巻2=3号234頁（1998年）など参照。
[26] 山口・前掲注25)81頁参照。
[27] 橋田・前掲注12)26頁参照。
[28] 旧刑法316条は質的過剰と量的過剰の双方を規定しており，現行刑法の制定過程で量的過剰を排除する意図があったことは窺えないことについて，安田・前掲注2)247頁，成瀬幸典「量的過剰に関する一考察（2・完）」法学75巻6号754頁以下（2012年）参照。

V 若干の検討

1 判例の評価

　平成21年決定のような事案について，判例のように2個の暴行行為を「1個の行為」として全体的に評価すべき理由としては，第1に，犯罪論体系上の理由が挙げられている。この問題に関する先駆的論文で，その後の議論に大きな影響を与えた永井敏雄判事の論文は，「短時間のうちに連続的に推移し，社会的には1つのエピソードとして存在する事態については，全体的評価をする手法が相当である」と述べ，その理論的根拠として，「人の行った行為について構成要件該当性や違法性阻却事由の有無等を判断するに当たっては，まず判断の対象となる『一個の行為』の内容を確定すべきであり，それが確定した後に，当該『一個の行為』全体について構成要件該当性や違法性阻却事由の有無等を判断すべきものである」ことを挙げている[29]。そして，重い結果が第1の行為に由来する場合については，全体的評価を制約する見解[30]と全体的評価を貫く見解があるが，「構成要件該当性や違法性阻却事由の有無等を判断するに当たって，まず判断の対象となる『一個の行為』の内容を確定するという考え方からすれば，いったん決まった『一個の行為』という視点を動揺させ，後にこれを分断するのは背理であるから，当然に全体的評価を貫くべきであるということになる」と指摘している[31]。その上で，この立場からは，事態が一段落してから冷酷に被害者を攻撃した犯情が重い場合の方が成立する罪が軽くなるという事態が生じるので，量刑上不均衡が生じないように配慮する必要がある，と指摘している[32]。

　全体的評価を支持する見解は，上記の犯罪体系上の理由[33]の他に，分析

---

[29］　永井・前掲注3)135頁。
[30］　永井論文は，そのような見解として，寺尾正二「判解」最判解刑事篇昭和34年度8頁（1960年）を挙げている。
[31］　永井・前掲注3)146頁。
[32］　永井・前掲注3)146-147頁は，「全体的評価を貫く見解のほうが理解しやすいようにも思われる」とする。

的評価では，複数の行為のどれから重い結果が生じたか証明できない場合に，重い結果を帰責できず不都合であるという点を挙げている[34]。また，全体的評価では正当防衛として違法性が阻却された第1暴行が遡って違法になってしまうという批判に対しては，全体的評価の下では全体の一部を取り出して違法性を判断することはできず，「第1暴行は飽くまでも『正当防衛的な行為』にすぎない」という反論がなされている[35]。

しかし，これらの理由付けは，十分なものでないように思われる。

まず体系上の理由については，そもそも全体的評価として「1個の行為」とするかどうかが，急迫不正の侵害の存在や防衛の意思の存在など，違法性阻却事由の要件を考慮した上で決定されており，体系的順序は無視されている[36]。「1個の行為」とした行為を後で分断することが背理だというのであれば，重い結果が「正当防衛的な行為」から生じていることを考慮して，最初から分断して評価すればよいだけのことである。そのような考慮は違法性判断の先取りであるから許されないということはできない[37]。単純一罪の場合は分断して評価することはできないという見解[38]もあるが，単純一罪といっても，およそ分断的評価が許されないわけではないであろう[39]。

体系上の理由付けは，「相手方の侵害に対し，複数人が共同して防衛行為としての暴行に及び，相手方からの侵害が終了した後に，なおも一部の者が暴行を続けた場合において，後の暴行を加えていない者について正当防衛の

---

33) 松田俊哉「判解」曹時62巻11号3117頁（2010年），成瀬・前掲注28)770頁，小野晃正「防衛行為の個数について——『正当防衛に引き続いた過剰防衛行為』をめぐる考察」阪大法学60号1119頁以下（2011年）など参照。
34) 松田・前掲注33)3118頁参照。
35) 松田・前掲注33)3118頁参照。同様の指摘として，成瀬・前掲注28)771頁，小野・前掲注33)1142頁，原口伸夫「量的過剰防衛について」『立石二六先生古稀祝賀論文集』291頁（2010年）など参照。
36) 高橋則夫「犯罪論における分析的評価と全体的評価——複数行為における分断と統合の問題」刑事法ジャーナル19号39頁以下（2009年）は，この点を問題にして，平成20年決定の事例について構成要件段階では「1個の行為」として評価すべきであり，その上で，違法性判断の段階で分断して評価することも可能だとする。
37) 仲道・前掲注20)13頁参照。
38) 長井圓「過剰防衛の一体的評価と分断的評価」『立石二六先生古稀祝賀論文集』235頁以下（2010年）参照。
39) 山口・前掲注25)82頁参照。

成否を検討するに当たっては，侵害現在時と侵害終了後とに分けて考察するのが相当であり，侵害現在時における暴行が正当防衛と認められる場合には，侵害終了後の暴行については，侵害現在時における防衛行為としての暴行の共同意思から離脱したかどうかではなく，新たに共謀が成立したかどうかを検討すべきであって，共謀の成立が認められるときに初めて，侵害現在時及び侵害終了後の一連の行為を全体として考察し，防衛行為としての相当性を検討すべきである」とする最高裁平成6年12月6日判決（刑集48巻8号509頁）とも整合的でないように思われる。永井判事は，「本判決は，行為者が複数という限定的な場面を取り扱ったものであり，行為者が単独の場合に関する限りは，これまで判例上示されてきた全体的評価の手法を否定するものではないと考えられる」とされるが[40]，なぜ行為者が複数の場合には分析的評価が妥当し，行為者が単独の場合には全体的評価が妥当するのかは，明らかではない。

次に，証明の問題については，重い結果を帰責できないことが不都合であるかは疑問である[41]。全体的評価の機能を証明上の便宜に求める見解もあるが[42]，そのような機能は，「1個の行為」として扱うことが正当化されてはじめて認められるものであって，機能が「1個の行為」として扱うことを正当化するわけではない。

そもそも，全体的評価の貫徹を主張する見解が，その立場を一貫させているのかについても疑問がある。

永井判事は量刑で不均衡が生じないように考慮すべきであるとされ，松田判事による調査官解説は，罪名としては傷害致死罪であっても，実質的には第2暴行のみについての刑責を問うような量刑をすべきであるとする[43]。「正当防衛的な行為」は，量刑では，正当防衛行為と同じに扱われているのである。また，同解説は，「それを単独でみれば防衛行為としての相当性が

---

[40] 永井・前掲注3)148頁参照。
[41] 山口・前掲注25)83頁，橋爪・前掲注17)104頁，林幹人「量的過剰について」判時2038号18頁（2009年）など参照。
[42] 深町晋也「『一連の行為』論について——全体的考察の意義と限界」立教法務研究3号93頁以下（2010年）〔証明が困難な場合に限って全体的評価を認めるべきだとする〕参照。
[43] 松田・前掲注33)3122頁。

認められる第1暴行によるものか，その相当性が認められない第2暴行によるものかが証拠上明らかでない場合には，『疑わしきは被告人の利益に』の原則により，第1暴行によるものと取り扱われるべきである」とするので[44]，この点でも分断的評価と同じである。もちろん，この結論は妥当なものであるが，それでは何のために傷害致死罪の成立を認めるのだろうか[45]。裁判員に，傷害致死罪が成立するが，量刑においては，致死の点は無視してくださいというのが，わかりやすい判例理論だというのだろうか。

全体的評価を支持する見解には，分断的に評価すると，どこまでも個別的評価になってしまい，際限がなくなるという考えがあるのかもしれない。しかし，そのようなオール・オア・ナッシング的な発想は妥当ではない。相手を右手と左手で連続して殴打した場合に，第1暴行と第2暴行として分断して扱うべきではないし，どちらの行為から結果が生じたかも重要ではない。急迫不正の侵害に対して反撃行為を繰り返しているうちに過剰になったような場合にも，複数の反撃行為が一体として急迫不正の侵害に対する防衛行為としての意味を有していることから，反撃行為を一体としてとらえるべきである[46]。しかし，第1暴行と第2暴行が，その状況・態様において大きく変化している場合には，両者を分断して評価して，第1暴行に正当防衛が認められる場合には，第2暴行だけを評価すべきである[47]。

以上のような考慮は，侵害が継続しているかどうかには関わりないから，平成20年決定のような量的過剰の類型だけでなく，平成9年判決のような質的過剰の類型についても妥当するはずである[48]。

第1暴行を分断して評価すると正当防衛が認められる場合にはこれを罪となるべき事実から除外すべきであるという立場を採る見解のなかには，第1

---

44) 松田・前掲注33)3122-3123頁。
45) 長井・前掲注38)236頁以下は，判例の全体的考察を支持しながら，第1行為が遡って違法とされるわけではないとする。その結論は妥当であるが，違法でない結果について犯罪の成立を認めるのは妥当でないと思われる。長井説は，法定刑の点でも修正されるとするが，傷害致死罪には罰金刑がないので，修正には限界がある。あるいは，長井説は，傷害致死罪で罰金刑の選択を認める趣旨であろうか。
46) 山口・前掲注25)82頁参照。
47) 山口・前掲注25)83頁，橋爪・前掲注17)103頁，松原・前掲注10)98頁，仲道・前掲注20)15頁など参照。

暴行から重い結果が生じた場合に限ってこのような分断を肯定する見解もある[49]。しかし，いったん正当化された行為が事後的事情によって違法とされることが不当であるのは，生じた結果の重さには関係がないはずであって，このような見解は便宜的にすぎる。平成6年決定や平成9年判決の事案において，第1暴行から生じた結果が重大なものではなかったとしても，第1暴行を分断して評価すれば正当防衛が成立するのであれば，罪となるべき事実からは除外すべきである。

2 量的過剰における違法減少

複数の行為は，それが単純一罪の場合であっても，分断的に評価することが可能である。そうであれば，違法減少説ないし重畳的併用説の論者が主張するように，量的過剰の場合に，違法減少を認めるために全体的評価をすることはできないように思われる。「過去の事実は過去に確定したのであり，変えようがない」のであれば[50]，侵害現在時に生じてしまった違法減少の効果を，全体的評価によって侵害終了後に及ぼすことはできないからである。

筆者には，やはり，責任減少説が妥当であるように思われる[51]。繰り返しになるが，責任減少説においても，刑法36条2項を適用するためには「防衛事象的性格」の継続は必要であり，そのような意味での全体的評価は必要となるのである。

VI おわりに

行為時に適法であった行為については，その行為を思いとどまるように命ずる規範は働かず（行為者に〔責任〕故意も認められない），その行為に出た

---

48) 橋爪・前掲注17)113頁参照。
49) 橋爪・前掲注17)103頁参照。永井判事の分類によれば全体的考察を制限する見解である。
50) 山口・279頁。
51) 念のため付記すると，過剰防衛は，防衛行為に出ること自体は許容されていることを前提にして，その過剰性を問題とするものであるから，第三者の法益を守るための防衛行為にも過剰防衛が認められることは，責任減少説の弱点とはならない。

行為者を非難することはできない。そのような行為を，近時の判例のように，罪となるべき事実に加えることにどのような意味があるのだろうか。しかも，量刑においては，そのような行為は適法なものとして考慮の外に置かれなければならないというのである。「適法だけれど違法で，違法だけれど適法だ」というのは，わかりにくすぎるであろう。

第11章

緊急避難論

I　はじめに

　正当防衛の裁判例がきわめて多数にのぼっているのに対して，緊急避難の裁判例は数が少なく，最高裁の判例となると数えるばかりである[1]。その意味では，緊急避難の実務上の重要性は，正当防衛と比べると限定されている。しかし，緊急避難の問題は，個人と社会の関係や違法と責任の関係を考える上で格好の素材ということができる[2]。ミニョネット号事件が，アメリカのロースクールの授業で採り上げられるのは，そのためであろう。時間の制約から刑法総論の授業で緊急避難の問題を詳しく採り上げることは難しいので，それを補う意味で，本章では，少し詳しく検討することにしたい。以下は，本章で扱う事例である[3]。緊急避難が認められるか（もちろん他に手段がないとして），あらかじめ考えてみていただきたい。

　事例1　船が難破して海に投げ出された船客のうち，AとBの2人が1枚の板のそばに同時に泳ぎついたが，板は1人を支えるだけの浮力しかなかっ

---

[1]　判例の歴史的概観として，村井敏邦「緊急避難論の歴史と課題」現刑69号32頁以下（2005年）参照。

[2]　内藤・㊥407頁参照。

[3]　問題となる事例群とこれをめぐるドイツの議論について，橋田久「避難行為の相当性」産大法学37巻4号28頁以下（2004年）参照。同様の議論はアメリカでも盛んであり，特に，**事例3**と**4**は，道徳哲学・法哲学のテーマとしてよく議論されている。例えば，マイケル・サンデル『ハーバード白熱教室講義録＋東大特別授業(上)』13頁以下（2010年）参照。その契機となった論文 Judith Jarvis Thomson, The Trolley Problem, 94 Yale L.J.1395 (1985) 〔reprinted in Rights, Restitution, and Risk, 94 (1986)〕には，本稿も多くを負っている。なお，この問題と脳科学の関係について興味のある方は，拙稿「社会通念と脳の働き」法教340号1頁（2009年）も参照。

たので，Aは，Bを突き離して板を独り占めにして自分だけ助かった。

【カルネアディスの板事例】

　事例2　大洋の真ん中で遭難し，食料もなく漂流していた4人の船員のうちの2人が，もっとも弱っていた少年を殺害し，殺害行為に加わらなかった1人を含めた3人でその肉を食べて命をつなぎとめた。

【ミニョネット号事件】[4]

　事例3　無人の電車が暴走して軌道上で工事中の5人の人をはねそうになったので，たまたまポイント切替地点に通りかかったAが，ポイントを切り替えて電車をBが1人で工事をしている軌道に誘導して，Bを死亡させた。

【電車事例】

　事例4　臓器移植の神業的名医Aは，直ちに臓器移植をしなければ助からない患者5人をかかえていたが，ちょうどそこへ健康なBが定期検診にやってきたので，Bを捕まえ，心臓を含めた必要な臓器を取り出して5人の患者に移植した。その結果，5人の患者は健康な生活に戻ることができた。

【臓器移植事例】

　事例5　医師Aは，すぐに輸血をしなければ助からないBの生命を救うために，ちょうど定期検診にやってきたCから，その意思に反して採血した。

【採血事例】

　事例6　金持ちAは，自分が着ていた高価な着物をにわか雨から守るために，粗末な服を着た貧乏人Bから傘を奪った。　【雨傘事例】

　事例7　AはBの子供Cを誘拐し，Bに対して銀行から1億円を盗まないとCを殺すと脅迫したため，Bは銀行から1億円を盗んだ。

【強要による緊急避難事例】

---

4) Regina v. Dudley & Stephens, 14 Q.B.D. 273 (1884). 救出され殺人罪で起訴された2人の被告人は，裁判所で死刑を言い渡されたが，恩赦によって禁錮6月に減刑された。この事件の紹介として，中村治朗「二つの人肉食殺人裁判(上)」判時1210号3頁以下（1986年）参照。

II 緊急避難の本質

1 学説の状況

　正当防衛については，これが違法性阻却事由であることについてほとんど異論がないのに対して，緊急避難については，その本質をめぐって見解が多岐に分かれている。すなわち，緊急避難の本質については，これを一元的に解する見解として，①違法性阻却と解する見解[5]と，②責任阻却と解する見解[6]があり，二元的に解する見解として，③違法性阻却を原則としながら法益同価値の場合（法益の比較が困難な場合も含む）は責任阻却とする見解[7]，④同じく違法性阻却を基本としながら生命対生命およびこれに準じる身体対身体の場合は責任阻却とする見解[8]などが主張されている。また，⑤違法性阻却一元説を採りながら，生命や身体の枢要部の侵害には緊急避難が認められず超法規的責任阻却の問題になるとする見解[9]や，逆に，⑥責任阻却一元説を採りながら，保全法益が侵害法益に著しく優越する場合には超法規的違法性阻却を認める見解[10]も主張されている。さらに，⑦可罰的違法性阻却と解する見解[11]や，⑧民法で損害賠償責任を負わない場合は違法性阻却，負う場合は可罰的違法性阻却と解する見解[12]も主張されている。

　このように，違法性の本質をめぐって争いがあるのは，無関係な第三者に

---

5) 伊東・205頁〔行為無価値論からの帰結とする〕，大塚・401頁，高橋・289頁，団藤・225頁以下，西田・139頁以下，平野・Ⅱ228頁以下，福田・165頁，堀内・166頁，前田・400頁以下など参照。
6) 瀧川幸辰『刑事責任の諸問題』155頁以下（1948年），植松正『再訂刑法概論Ⅰ総論』208頁以下（1974年）など参照。
7) 米田泰邦『緊急避難における相当性の研究』29頁以下（1967年），佐伯・206頁，中山・269頁以下，内藤・㈲405頁以下，など参照。山中・518-519頁は，保全利益が優越する場合は違法阻却ないし可罰的違法阻却，利益同価値の場合は可罰的責任阻却とする。さらに，西田ほか・注釈473頁以下〔深町晋也〕参照。
8) 阿部純二「緊急避難」日本刑法学会編『刑法講座(2)』158頁（1963年），木村亀二（阿部純二増補）『刑法総論〔増補版〕』265頁以下（1978年）参照。
9) 山口・138-139頁参照。
10) 森下忠『緊急避難の研究』228頁以下（1960年），井田・302頁参照。

危難を転嫁することがどこまで許されるのか,法益同価値の場合をどう考えるか,損害賠償責任が認められていることをどう考えるか,などについて,考えが分かれているからである。特に,生命侵害やこれに準じるような身体傷害について緊急避難を認めるべきかがもっとも深刻な問題になっている。従来は,違法性阻却一元説が通説であったが,最近では,違法性阻却を原則とする二元説が有力になってきており,その背景には,違法性を阻却する緊急避難と責任を阻却する緊急避難を分けて規定し,前者について保全法益の侵害法益に対する「著しい(wesentlich)」優越を要求する,ドイツ刑法の影響がある[13]。

2 責任阻却説について

責任阻却説の最大の問題点[14]は,刑法37条が他人の法益を守るための緊急避難を一般的に認めていることと調和しないことである[15]。他人のためであっても期待可能性がない場合はあるという反論があるが[16],問題なのは期待可能性がない場合があり得るかではなく,すべての場合に期待可能性がないといえるかであるから,十分な反論にはなっていない。責任阻却説を一貫させるのであれば,他人のための緊急避難が認められるのは,「親族その他自己と密接な関係のある者」の救助行為に限定すべきことになるが[17],それは条文にない限定を解釈によって加えることになり[18],罪刑法定主義上の問題がある[19]。また,財産一般について,単に法益が均衡していると

---

11) 生田勝義『行為原理と刑事違法論』283頁以下(2002年),佐久間・231頁,林・207頁,鈴木俊典「緊急避難」曽根威彦=松原芳博編『重点課題刑法総論』101頁(2008年)。さらに,可罰的違法性阻却を基本としつつ保全法益が侵害法益に著しく優越する場合は違法性阻却と解する見解として,井上宜裕『緊急行為論』66頁以下(2007年)が,同様の立場を刑事違法阻却として説明する見解として,松原芳博「緊急避難論」法教269号94頁(2003年)がある。
12) 曽根・113頁参照。浅田・246頁は,優越的利益が認められる場合は違法性阻却,民法上違法な場合は可罰的違法性阻却,法益同価値の場合は責任阻却とする。
13) 深町晋也「ドイツにおける緊急避難論の問題状況」現刑69号35頁以下(2005年)参照。
14) それは,二元説の責任阻却の部分にもあてはまる。
15) これに対して,害の均衡が要件となっていることは,違法性阻却説と親和的であるとは言えるが,責任阻却説をとることが不可能とまでは言えないであろう。内藤・(中)414頁参照。
16) 内藤・(中)412-413頁参照。
17) 井田・303頁参照。
18) ドイツ刑法の責任阻却緊急避難規定はそう規定している。

いうだけで，責任阻却を認めることは難しいから，この点でも緊急避難の成立範囲が限定されてしまうであろう。

さらに，責任阻却説は，緊急避難行為に対する正当防衛が肯定される点でも疑問がある。例えば，犬に追いかけられたAが，身体に対する危険を避けるために，隣の家の垣根を壊して逃げようとしている場合に，隣家の主人はAに対して正当防衛ができることになるが，この結論は妥当でないと思われる。

責任阻却説は，危難を無関係な第三者に転嫁することを常に違法と解するのであるが，破壊消防や強制収用のように社会全体の利益の観点から個人の利益を犠牲にすることを認める制度は存在しており（論者もこれらの行為に対する正当防衛を認めるわけではないであろう），避難行為に違法性阻却がおよそ認められないということはない。やはり，緊急避難も，社会全体の利益の観点から，優越的（均衡的）利益が存在する場合に違法性阻却を認めたものと解すべきである。学説では，違法性阻却の根拠を，社会全体の利益という社会の側の観点からではなく，社会連帯の義務という個人の側の観点から説明しようとする見解も有力であるが，なぜ社会連帯が必要かといえば，それは社会全体の利益のためであるから，あまり違いはないように思われる[20]。このような見解は，功利主義の立場から多数の幸福のために個人の利益を犠牲にすることに対する（それ自体は正当な）警戒から主張されているが，社会連帯を強調することに同じような危険がないとはいえないであろう。

3　可罰的違法性阻却説について

避難行為に対して正当防衛が認められてしまうという疑問は，可罰的違法性阻却説にも当てはまる。可罰的に違法な侵害でなくとも「不正の侵害」として正当防衛が可能だからである。可罰的違法性阻却説は，刑法の緊急避難

---

19) 井田・303頁注17，井田良「緊急避難の本質をめぐって」『宮澤浩一先生古稀祝賀論文集(2)』290頁（2000年）は，罪刑法定主義の問題はないとするが，法律主義との関係で問題があることは否定できないであろう。橋田・前掲注3)43頁参照。

20) 深町・前掲注13)39頁は，ドイツの社会連帯に依拠する見解は，あくまでドイツ法で前提とされている「助け合い」の精神に依拠するものであって，わが国で同様の見解を採用する必然性はない，とする。

の場合にも民法720条が損害賠償義務を認めていることから[21]，一般的違法性は否定されず，可罰的違法性だけが否定されると解する。この説が，民法と刑法を調和的に解釈しようとしていることは評価されるべきであるが，その結果，優越的利益を実現する行為（あるいは社会的侵害性のない行為）に対して正当防衛が認められてしまうことになり，やはり妥当でないと思われる。また，損害賠償責任の有無で違法性阻却と可罰的違法性阻却を区別する見解からは，人の不正な侵害から避難する者に対しては正当防衛が認められず，自然の危難から避難する者に対しては正当防衛が認められることになるが，このような区別が意味のあるものとは思われない。

したがって，緊急避難に民法が損害賠償責任を認めているのは，適法行為に対する賠償責任を認めたものと解すべきである[22]。むしろ，民法と刑法を総合的に考慮すると，刑法の緊急避難は，被害者に損害賠償がなされることを前提として違法性阻却を認めた制度として理解することもできる[23]。一般に，正当防衛と緊急避難は，国家が救助することのできない緊急状態において認められる緊急権であると理解されているが，このような理解には不十分な点がある。特に，自然災害や適法行為から生じた危難を無関係な第三者に転嫁する緊急避難の場合には，国家に代わって私人が実力を行使しているわけではなく，私人間で法益衝突状況が生じた場合の利益調整が問題になっている。私人間で法益衝突が生じた場合には，原則として当事者間の交渉によってその解決が図られるべきであるが，そのような解決が困難な場合には，損害賠償を前提として一定の範囲で避難行為に違法性阻却を認めることが，合理的で望ましいといえる。

---

21) 大判大正3・10・2刑録20輯1764頁参照。
22) 佐伯・209頁，松宮・154-155頁，井田良「緊急権の法体系上の位置づけ」現刑62号11頁以下（2004年）参照。西田ほか・注釈477-478頁〔深町〕は，民法上違法だが正当防衛による対抗は許されないとする。
23) 松宮・155頁，松原芳博「刑法総論の考え方⒀」法セ664号120頁（2010年）参照。もっとも，このような考慮は制度の次元のものであって，個別の事件で現実に相手方が損害賠償を得ることが緊急避難の成立に必要なわけではない。

4 法益同価値の場合について

　法益同価値の場合を責任阻却とする二元説は，法益同価値の場合に違法阻却を認めることはできない，とする。しかし，以前述べたように，刑法の違法性判断は，マイナスの評価であるから，同価値である場合にはマイナスでないという意味で違法阻却を認めることが可能である。法益同価値の場合を責任阻却とする見解の背後には，一般に，適法な行為に対しては，相手方に法益侵害を甘受する義務が生じ，正当防衛はもちろん緊急避難も認められないという理解が潜んでいるように思われる[24]。しかし，緊急避難に違法性阻却を認めるということは，法益侵害が処罰されず，また，法益侵害に対して正当防衛で対抗することができない，ということを意味しているにすぎない。それ以上に，法益侵害を甘受することまで義務づけられているわけではない。たとえば，車にひかれそうになったＡがＢを突き飛ばして逃げようとした場合に，Ｂは黙って突き飛ばされて怪我をしなければならないわけではなく，Ａをよけてもかまわない。その結果Ａが転んで怪我をしたとしても，Ｂが法的責任を負うことはない。**事例7**で銀行側が事情を知った場合にも，銀行は，黙ってＢの窃盗行為を見ていないといけないわけではなく，Ｂを銀行の店内に入れなくともかまわない。その結果，Ｂの子供が殺されたとしても，銀行に道義的責任はともかく法的責任は生じない。もし，銀行に社会連帯の観点から法益侵害を甘受する義務があるのであれば，Ｂに現金を黙って渡さなければならないであろうが，そのような義務はないのである[25]。

　違法性阻却事由の中には，①法益侵害それ自体が正当化されており，相手方は法益侵害それ自体を受忍する義務がある場合（この場合は，法益主体は逃げることもできない），②目的達成に必要な限度で法益侵害が正当化されており，相手方は目的の達成を妨害できない場合（正当防衛も緊急避難もできないが，逃げることはできる），③正当防衛で対抗できないだけである場合（逃げ

---

24) 例えば，井田・前掲注19)282-283頁参照。
25) 松宮教授は，Ｂに緊急避難を認めるということは，そのような義務を銀行側に認めることである，と理解されているように思われる。松宮・159頁参照。

ることも緊急避難で対抗することもできる）の，3つの類型が存在している。刑の執行や逮捕行為は第1の類型，正当防衛は第2の類型，緊急避難は第3の類型である。学説では，このような緊急避難の特徴を明確に示すために，緊急避難を放任行為とする見解[26]も主張されたことがある。この見解に対しては，刑法上，行為は適法か違法かのいずれかであって第3の領域である「放任行為」を認めることはできない，という批判が加えられてきた[27]。しかし，同説の趣旨は，違法性阻却事由の中に相手方に受忍義務のある権利行為と受忍義務のない放任行為があるというものであって，この批判は妥当なものとはいえない[28]。緊急避難に対して緊急避難の対抗を認める違法性阻却説は，放任行為説なのである[29]。

5 生命対生命の場合について

残された最も重要な問題は，生命対生命について違法性阻却を認めることができるかである[30]。緊急避難を責任阻却として説明することに上記のような難点があるにもかかわらず，二元説が有力に主張されているのは，生命の価値と生命の価値を比較して，多数の利益のために，個人の生命を侵害することに強い拒絶感があるからである。緊急避難を損害賠償義務とセットで理解する立場からも，生命対生命の場合には，「あとで金を払うからこの場は殺されてくれ」と要求されて素直に従うわけにはいかない[31]，といわれている。そして，生命侵害に緊急避難の違法性阻却を認めることを否定する論拠として一般に援用されているのが，「人の人格は，いついかなる場合に

---

26) 牧野・240-241頁，藤木・179頁参照。
27) 内藤・㊥408頁など参照。
28) この批判は，国家が適法・違法の判断自体を控える「法的に自由な領域」論と放任行為説を混同していると思われる。
29) 藤阪龍司「緊急避難の本質について(1)」六甲台論集36巻3号6頁以下（1988年）参照。
30) 以下では生命対生命の場合について検討するが，生命に準じる重大な身体傷害についても同様に考えることができるであろう。
31) 松宮・155頁。松原・前掲注11)97頁も同様の指摘をする。なお，別の文脈においてであるが，長谷部恭男「憲法学から見た生命倫理」樋口陽一ほか編著『国家と自由』354頁以下（2004年）は，身体を「正当な補償」を支払って「収用」することができると考えることは，貨幣を物差しとして人の人生の幸福を比較することであって，人がいかに生きるかは，その人自身にしか選べないことだという立憲主義の基本的前提と衝突する，という。

も同時に目的として使用し，決して単なる手段として使用してはならない」というカントの言葉である。最近では，山口教授が，人の生命は，それ自体自己目的として扱われなくてはならず，本人の意思と無関係に他人の犠牲に供されてはならないから，人の生命の侵害が緊急避難として違法性が阻却されることはない，と主張されている。

　以上のような主張が強い説得力を持つことは否定できない。しかし，生命を救うために他の生命を犠牲にすることは常に違法とされなければならないのであろうか。生命対生命の事例である**事例1**から**4**を考えてみよう。筆者の直感では，**事例4**は違法性阻却を認めるべきではないが，**事例1，2，3**は違法性阻却を認めてよい。読者の多くも同じように判断されたのではないかと思うが，どうだろうか。問題は，このような直感を理論的に裏付けることができるかである。

　この点，井田教授は，危難に遭遇したＸが，危険を免れているＹに対して侵害を加える場合（第1類型）と，ＸもＹもともに危険に遭遇している場合（第2類型）を区別して，第1類型の場合には，迫り来る危難は「ふりかかった運命」として原則としてこれを甘受することが要求されるから，保全法益の価値が侵害法益の価値を「著しく」上回っていなければ，違法性阻却は認められないが，第2類型の場合には，全員が死ぬよりは1人でも生き残る方がベターであるから，違法性阻却を認めることができる，と主張されている[32]。この立場からは，カルネアデスの板事例（**事例1**）とミニョネット号事件（**事例2**）は，違法性阻却が認められることになる。これに対して，電車事例（**事例3**）で違法性阻却が認められるかどうかは，5人の生命の価値が1人の生命の価値を「著しく」上回っているかどうかによって決まることになり，生命の価値を比較することはできないと考えるのであれば，違法性は阻却されないことになる。しかし，事例を変えて，線路の先に強力な爆弾が置かれていてそのまま進んで電車が衝突すると爆弾が爆発して周囲にいる数百人の命が失われる，というような事例でも同じように考えるべき

---

32)　井田・前掲注19) 281-282頁。さらに，深町・前掲注13) 41頁注47参照。この問題の詳しい検討として，橋田久「生命危険共同体について」産大法学30巻3＝4号82頁以下（1997年）参照。

であろうか。もしポイントを切り替えるAの行為が違法であれば，正当防衛としてAを殺害し，数百人の命を失わせることも可能になるが，この結論が妥当とは思えない。そうすると，生命の価値の衡量を認めることになり，結局，何人の命を救うためであれば違法性阻却が認められるのかは，質の問題ではなく量の問題だということになる。そして，いったん量の問題だということになれば，何人以上でなければならないという理由はないのではないだろうか。後で述べるように，保全法益の著しい優越を要求することに理論的な根拠はあまりないのである。

　他方で，臓器移植事例（事例4）について，違法性阻却を認めるべきでないことについては，異論がないであろう（責任阻却も認めるべきではない）。電車事例と臓器移植事例は，どこが違うのだろうか。

　まず，電車事例では，すでに存在している危難がそのまま方向を変えて被害者の死亡に実現しているのに対して，移植事例では，医師は健康な人に対して新たな別個の危険を及ぼしている点で違いがある，と考えるのはどうだろうか。この区別だと，電車事例を少し変えて，無人の電車を爆破して近くを歩いていた1人の人が死亡した，という事例にすると，違法性阻却は認められないことになる。そして，この結論は妥当なものに思われる。しかし，近くを歩いていた歩行者を捕まえて電車の前に突き倒して電車を止めた，という事例を考えると，この場合も，違法性阻却を認めるべきではないように思える。そうだとすれば，既存の危難がそのままの形で被害者の死に実現しているかどうかが重要な判断要素であるとしても，それだけでは判断できないことになる。

　それでは，臓器移植事例では人の生命を手段として利用しているので許されないが，電車事例では5人を助けるために軌道を変更したことの副次的効果として1人の人が死亡するだけで，手段として利用しているわけではない（その人の存在は必要ない）から許される，と考えるのはどうだろうか。しかし，このような理解に対しては，電車の軌道が先で交差（ループ）しており，軌道上にいる1人をひいてその重さで電車が止まることによってはじめて5人の命が助かるという事例（ループ事例）が反例として出されている[33]。この場合，人が電車を止めるための手段として利用されているが，

通常の電車事例と結論に差があるべきかというと，そうは思われないというのである。

まず，XもYもともに危険に遭遇している場合については，当事者は，相互に対等な立場で生存競争を行っているのであって，人格の尊厳を傷つけるような「単に手段として利用する」状況にはないと考えるべきであろう。電車事例についても，電車の軌道を変更しただけの場合は，被害者を「単に手段として利用した」とはいえないと考えることができるのではないかと思われる。たしかにループ事例では，人の身体が電車を止めるために利用されているといえなくはないが，電車を止めるために近くに立っている人を放り込んだ場合のように，積極的に利用しているわけではない点で，なお区別しうるのではないであろうか。少なくとも，両者を区別すべきであるという筆者の直感は，この点の違いから来ているように思われる。

生命対生命の場合は，違法性阻却を否定したとしても，責任阻却が認められるであろうから，当事者間ではどちらでも実際上の違いはない。いずれにしても強い者が勝つだけである。しかし，第三者の関与を想定した場合には，責任阻却説からは，避難行為からその相手方を守るために第三者は正当防衛ができることになる。例えば，カルネアディスの板事例で，近くで別の板につかまって様子を見守っていたCが拳銃を持っていた場合，AとBのうち先に手を出した方を正当防衛で撃ち殺してもよいことになるが，この結論が妥当であるとは思われない。違法性阻却を認める見解に対しては，早い者勝ちになるという批判があるが，これでは遅い者勝ちである。電車事例で，Bが拳銃を持っていて，ポイントを切り替えようとしているAを撃ち殺したとしても，Bを処罰することは，Aの行為の評価にかかわらず，できないであろう。Aの行為が適法であったとしても，Bに対して黙って命を失うことを期待することはできないからである。しかし，拳銃を持った警官CがBの近くで見ていたとしたらどうであろうか。Cは，正当防衛でAを射殺することができると考えるべきであろうか。もしそうだとすれば5人の死体にもう1つ死体が加わるわけであるが，これが法が望んでいる結果なので

---

33) Thomson教授が出された例である。Thomson, supra note 3, at 1402.

あろうか。人間の尊厳は，危難を転嫁された被害者に保障されているだけでなく，いわれなく危難にさらされた避難行為者にも同じように保障されているはずである[34]。

以上を憲法の問題として考えてみると，もし国家が1人の生命を犠牲にして多数の生命を救うことを義務づけるのであれば（例えば，電車事例において，ポイントを切り替えることを義務づけるのであれば），それは，国家がBの生命を強制的に収用していることになり，許されないと思われる。しかし，緊急避難に違法性阻却を認めるということは，すでに述べたように，単に避難行為に対する正当防衛を認めないということにすぎないのであり，そのことが国家による個人の基本的人権の侵害として違憲の問題が生じるとは考えられない。

ミニョネット号事件のような事例で気になる点があるとすれば，犠牲になる者の選び方の問題である。仮に多数の生命を救うために少数の生命を犠牲にすることを認めるとしても，犠牲になる者の選び方は公平で適正なものでなければならないであろう。問題は，何が公平で適正な選び方かである。くじ引きなどすべての人が平等に生きるチャンスをもつ選び方にすべきなのか，それとも，生き残るチャンスの最も少ない者を犠牲にすべきなのか，あるいは，より公平で適切な選び方があるのだろうか。問題は，さらにその先にもある。何らかの手続的適正さが要求されるとしても，それに違反すると違法性阻却を認めないとすべきかという問題である。例えば，ミニョネット号事件では，くじ引きで犠牲者を決めなかったことを理由に違法性阻却を否定して，行為者を殺人罪で処罰すべきだろうか。それでは，「単なる」手続違反を殺人罪で処罰することにならないだろうか。法令正当行為の場合には，正当化のための手続的要件が定められている場合が多く（例えば，逮捕であれば令状主義の履践など），その要件に違反すれば（それが軽微なものでないかぎり）違法性阻却は認められない。したがって，恣意的に犠牲者を選んだ場合には違法性阻却を認めないということも，必ずしも不当でないと思われるが，これらの問題はなお検討が必要である。

---

34) 生田・前掲注11)286頁以下参照。

生命対生命の場合には違法性阻却を認めない，というのは一貫した立派な立場である。第三者に危難を転嫁する場合には（防御的緊急避難の場合を除いて）違法性阻却を認めない，という見解も，**事例3**と**事例4**の区別の困難さを考えると，明快で優れた見解と評価すべきかもしれない。しかし，筆者には，これらの見解が，立派で明快な分，事案の差違を十分にくみ取れていないのではないかという疑問が払拭できない。また，**事例1**から**3**の避難行為に対して正当防衛を認めるべきではないと思われる。緊急避難による対抗を認める本稿のような違法性阻却説と責任阻却説の違いは，主として避難行為に対する正当防衛の成否にあるので，避難行為の違法性阻却を否定しながら，その行為に対する正当防衛を認めない（あるいは，正当防衛を認めても，その要件を緊急避難と同じに解する）ことが可能であれば，両説の実際上の違いはほとんどなくなる[35]。正当防衛の問題をそのように解したうえで，生命侵害は象徴的意味で違法というべきだ，という考え方は，あり得るかもしれない。しかし，正当防衛をそのように解することができるのかについては疑問が残るし，違法性阻却を否定した場合に責任阻却をどこまで認めることができるのかも明らかではない（責任阻却の範囲が限定されるのであれば，違法性阻却説との違いは大きい）。したがって，ここでは，生命侵害の場合にも違法性阻却を認める違法性阻却一元説に立ったうえで，後で述べるように，違法性阻却を認めるべきでない場合については，刑法37条の「やむを得ずにした」という要件（相当性の要件）によって緊急避難の成立を否定する見解をとることにしたい。

III 緊急避難の要件

1 現在の危難

現在の危難は，急迫性と同様に解されるべきであり，これを急迫性よりも

---

[35] 共犯の問題は残るが，違法性阻却説を採っても，正犯と共犯の間で違法性判断の相対化を認める立場があり得るし，責任阻却説を採っても，共犯者自身に緊急避難を認めることが可能である。

緩和して解する見解が十分な根拠を持たないことについては，第8章Ⅴ2で述べた。将来予想される不正の侵害を防ぐための行為は，自救行為として[36]正当化が検討されるべきである。

　事例7のように強要されて犯罪行為を行う場合に緊急避難を認めることができるか，という問題は，わが国ではあまり議論がなされてこなかったが，オウム事件における強要による緊急避難の事例に過剰避難を認めた下級審判決（東京地判平成8・6・26判時1578号39頁）を契機として，注目を集めるようになっている。

　この問題を最初に本格的に検討され否定説を主張された橋田教授は，強要者に間接正犯が成立する場合には，強要者（背後者）と被強要者（避難行為者）との間に不法の一体性・連帯性が認められるので，法秩序の確証が妨げられ，緊急避難による違法性阻却は認められない，とされる[37]。また，松宮教授は，背後者の不法への連帯という橋田教授の理由付けは否定しながらも（死にたくなければ隣に逃げ込めと脅かされて隣家に逃げ込んだ人にも，緊急避難が認められる），この事例における法益衝突を媒介するのは強要者Aの意思のみに過ぎず，このような「二律背反」は，社会が「相当」と認めたものではない，として緊急避難を否定される[38]。

　これに対して，通説は，自然現象による危難と人の強制による危難を区別する理由はないと解しており，こちらの見解の方が妥当であると思われる[39]。仮に法確証の利益を考慮するとしても，法確証のためには，背後者に対する正当防衛や処罰を認めれば十分である。否定説の論者には，緊急避難を認めると相手方に甘受義務が生じるという理解があるように思われる

---

36) 第三者のための救助行為を「自救行為」と呼ぶのはしっくりこない感じもするが，それは第三者のための「緊急避難」と同様であろうか。
37) 橋田久「強制による行為の法的性質(1)(2・完)」法学論叢131巻1号97頁以下，4号94頁以下（1992年）参照。
38) 松宮・158頁以下参照。さらに，近時の，この問題に関する総合的研究として，井上・前掲注11)69頁以下参照。
39) 浅田・251頁，伊東・207頁，大谷・299頁，山口・141頁，松原・前掲注11)97頁，井田・前掲注19)292頁，高橋・296頁，西田ほか・注釈496頁〔深町〕，林・210頁，奥村正雄「強要による緊急避難」清和法学6巻2号165頁以下（1999年），井上・前掲注11)232頁以下など参照。ただし，被強制者に対する正当防衛や緊急避難が認められるかは，緊急避難の法的性質に関する論者の立場によって見解がわかれる。

が，すでに述べたように，相手方は黙って法益侵害を甘受しなければならないわけではない。

2　やむを得ずにした行為

やむを得ずにした行為といえるためには，行った避難行為以外に危難を回避するより侵害性の少ない手段がなかったという意味での補充性が必要である。他の手段で危難を回避できるのであれば，保全法益と侵害法益との間には真の衝突は存在していないから，緊急避難として違法性阻却を認める理由がないからである。

学説では，補充性のほかに，「無理もない」と認められることという，相当性の要件を要求する見解が有力である。例えば，この見解の代表的論者である佐伯千仭博士は，「人は，自分が雨に濡れるからといって，他人の住居権をみだりに侵害することはできないし，また，自分が良い着物を着ているからといって，粗末な服を着ている貧乏人の傘を奪ってはならない」とされている[40]。

この見解に対して，山口教授は，「そのような要件の内容が不明瞭であるばかりでなく，そうした要件を要求しうる根拠もまた不明である」，と批判されている[41]。しかし，松宮教授がいわれるように，「法益衝突」状態は，純粋自然科学的な方法で判定されるものではなく，社会的な判定基準を必要とするものである。法益衝突は補充性に内在する制約であって，相当性はそれを別の言葉で表現したものといえる[42]。山口教授が，生命対生命の場合に緊急避難の適用を否定されるように，事実としては法益衝突状態にあっても，規範的に法益衝突状態が否定されるべき場合はあるのであり，その判断を相当性の要件で行っているのである。条文の解釈としても，「やむことを得ない」という言葉の意味として，相当性の要件を読み込むことは，むしろ自然な解釈だと思われる。

---

[40] 佐伯・420 頁。松宮・158 頁は，「他人の家の軒先に無断で雨宿りをさせてもらうぐらいが，せいぜいのところであろう」とする。
[41] 山口・144 頁。同旨，林・212 頁，伊東・209 頁。
[42] 松宮・158 頁。

もちろん，相当性を否定する場合には，その理由をできるだけ明らかにすることが必要である。例えば，雨傘事例（**事例6**）は，相当性が否定される事例として，多くの論者によって受け入れられているが[43]，その理由は何なのだろうか[44]。それは，まず第1に，傘が必要であれば傘を買うか借りるべきだからだと思われる。市場経済のもとでは，財の自由な取引によって最も効率的な資源の配分がなされると考えられているのであるから，交渉ができるのであれば交渉をしなければならない。その結果，交渉がまとまらなかったのであれば，それは，金持ちよりも貧乏人の方が傘の価値を高く評価しているということであるから，害の均衡の要件を充たさないのである。例えば，高価な服が濡れることの損害がX円だとすると，X円までは傘の代金ないし賃料を支払ってもAは損をしない。もし貧乏人がX円で傘を売らないというのであれば，それはその傘が貧乏人にとって金持ちが傘を評価する以上の価値をもっているということである[45]。これに対して，交渉をすることができない場合には，事後的な損害賠償は，契約による財の移転を補完するものということができる。雨傘事例においても，傘が門前に立てかけてあって持ち主が不在であれば，傘を無断で持っていくことが許される場合もあろう。緊急避難の典型例の1つとされている，飢えた遭難者が山小屋の食物をとって食べるという事例においても，山小屋の主人と交渉して売ってもらうことができるのに盗んだのであれば緊急避難は成立しないであろう。もっとも，この場合は，飢えた人には自由な意思に基づく交渉の余地がないともいえるので，山小屋の主人が食物を売らない，あるいは，不当に高額で売るという場合には，その意思を無視して食物を奪ってよいであろう（食物の適正価格を賠償することで足りる）。

　強制採血事例（**事例5**）については，緊急避難を肯定する見解と否定する

---

43) 橋田・前掲注3)58頁は，緊急避難の成立を認める。
44) 傘を忘れてきたという点で自招危難であるという見方もあるかもしれないが（筆者の同僚は快晴の日でも常に鞄の中に折りたたみ傘を入れている），ここではその点は考慮の外においておきたい。
45) そうであれば，補充性の要件や害の均衡要件に解消することができ，相当性の要件は不要ではないかという疑問が生じるかもしれないが（そのような見解として，西田ほか・注釈492頁〔深町〕参照），どのような場合に，どこまで交渉が必要か，といった判断は，規範的判断である点で，相当性の要件に位置づける方が望ましいと思われる。

見解が対立しているが[46]，相当性を肯定してよいと思われる。売血は現在では認められていないが，それは，血液の安全性や健康上の弊害などを理由とするものであって，本来的に血液の売買が許されないというわけではないであろう。容易に再生する血液を人格の本質的要素という必要はない。

　相当性を要求する見解からは，自ら招いた危難すなわち自招危難に対する緊急避難が認められるかは，相当性の見地から個別・具体的に判断されることになる。まず，意図的に危難を招いてその機会を利用して他人の法益を侵害しようとして，計画通り他人の法益を侵害したという場合に，緊急避難を認めるべきでないという結論はおそらく異論のないところであろう。判例だと危難の現在性が否定されることになるものと思われる。これに対して，故意や過失による自招危難の場合には，緊急避難では，正当防衛と違って，もともと法益均衡と補充性が要求されているので，それ以上に要件を限定する必要はそれほど大きくない。特に，自ら招いた危難から第三者の法益を守ろうとしている場合に，緊急避難を制限することは，適当でない。例えば，車を運転していて過失で横断歩道を歩行中の5人をひきそうになり，これを避けるためには急ハンドルを切って歩道を歩いている1人にけがを負わせるしかないという場合に，運転者の過失を理由に5人の生命の保護を否定するのは不合理である。また，歩行者にけがを負わせる（場合によって死亡させる）認識が運転者にあるからといって，故意犯の成立を認めるのも適当ではない。これに対して，自ら招いた危難から自己の法益を守ろうとしている場合には，法益の要保護性が相対的に減少していると評価して，保全法益が侵害法益に優越している場合に限って違法性阻却を認めるという解釈をとることも可能であろう。いずれの場合についても，緊急避難が認められて避難行為について違法性が阻却されたとしても，別途，緊急状況を招いたことについて過失犯の成立を問題にすることができる。

3　害の均衡

　緊急避難が成立するためには，「生じた害が避けようとした害の程度を超

---

[46]　肯定説として，井田・前掲注19)291頁注41，否定説として，橋田・前掲注3)39頁など参照。

えなかった場合」でなければならない。この法益均衡の要件については，衝突する法益の具体的状況における要保護性（保護の必要性）を明らかにするという観点から，保全法益に対する危険の程度，危険にさらされた保全法益の量と範囲，法益侵害の必要性の程度，侵害法益に対する加害の量と範囲，法益保持者が法益に対して持つ利益関係，避難行為の法益侵害性についての性質など，衝突する「法益」の具体的状況における要保護性に関するすべての事情が具体的に衡量されなければならないとする「優越的利益説」（包括的利益衡量説）が有力に主張されている[47]。たしかに，法益を抽象的に比較して，身体は財産より価値が大きいということはできないであろう。しかし，すべての事情を考慮に入れて保全法益と侵害法益の要保護性を比較するのでは，結局，緊急避難による違法性阻却の判断のほとんどすべてが，害の均衡要件で行われることになってしまい妥当でない。

そこで，原則として法益の要保護性に還元できる利益でなければならない，という見解が主張されている[48]。基本的には妥当な見解であるが，問題は，考慮できる法益侵害の範囲をどのように画するかである[49]。この点について，個別の構成要件ごとに，その構成要件で保護された法益に限定して判断すべきであるという見解もある。この見解によれば，自分の1台の車を守るために2台の車を破壊した場合に（1台の車の価値はすべて等しいとして），2台の車が1人の所有者に属していれば1罪なので法益均衡が否定されるが，1台ずつ2人の所有者に属していると2罪なので，1罪ごとに均衡性を判断すると，法益均衡が肯定されることになる。しかし，社会的により大きな法益が侵害されているにもかかわらず，優越的利益説の立場から，なぜ違法性阻却を認めなければならないのかは不明である。社会全体の利益を問題にする以上，避難行為から生じた法益侵害はすべて合算すべきであり，そのような法益は，刑法で保護されている必要もないというべきである。緊急避難は，法益衝突状態において私人間の利益調整の機能を有しているので

---

47) 内藤・(中)420頁以下，曽根・115頁，小名木明宏「緊急避難における利益衡量と相当性についての一考察」法学研究67巻6号25頁以下（1994年）など参照。
48) 松原・前掲注11)99頁，山口・147頁参照。
49) この点については，本書103頁参照。

あって，保全法益は刑法で保護されたものでなくともよいが，侵害法益は刑法で保護されたものでなければならないと解するというのは（例えば，自分のプライバシーを守ったことは考慮するが，相手方のプライバシーを侵害したことは考慮しないというのは），公平でない。

　法益均衡の基準については，近時，緊急避難を，現在の危難をなす危険源自体に対して避難行為が行われる防御的緊急避難と，侵害と無関係な第三者に転嫁する攻撃的緊急避難とに区別して，前者については緩やかな害の衡量で（侵害法益が保全法益よりも大きくとも）違法性阻却を肯定する見解が主張されている[50]。他方で，攻撃的緊急避難については，被転嫁者にも現在の危難がないときには，「ふりかかった運命は甘受すべし」という運命甘受原則から，保全法益の著しい優越がなければ緊急避難を認めることができない，とする見解が主張されている[51]。

　まず，防御的緊急避難については，問題となっているのは，①行為性がない場合，②行為無価値がないため「不正」といえない場合，③侵害の急迫性がない場合などであり，このうち①と②は正当防衛として，③は自救行為として扱うべきであるから[52]，防御的緊急避難という区別は必要ないと思われる。

　攻撃的緊急避難についても，一般的に保全法益の著しい優越を要求する理由はないと思われる。攻撃的緊急避難の場合には，侵害される法益に加えて，その者の自律性も害されるから，侵害法益よりも保全法益がかなり優越しなければ害の均衡の要件が充たされない，という説明[53]がなされているが，「自律性」は侵害法益自体であって，それに付加されるプラスアルファではない，という批判が可能である[54]。法益の著しい優越を要求する見解

---

[50]　吉田宣之『違法性の本質と行為無価値』102頁以下（1992年），小田直樹「緊急避難と個人の自律」刑法34巻3号1頁以下（1995年）など参照。
[51]　井田・前掲注19)283頁参照。
[52]　本書125頁以下参照。筆者は，生命に危険の高い防衛行為については，補充性とおおまかな法益均衡性を要求すべきだと考えるので，結論的に，防御的緊急避難と似たものになる。本書149頁参照。
[53]　内藤・㊥419頁以下，小名木・前掲注47)32頁以下，山中・529頁以下など参照。
[54]　山口・147頁。山口教授は，自律性の侵害は構成要件外にあるから処罰を基礎づける方向で考慮することはできない，という批判も付け加えられる。

は，刑法37条をドイツの違法阻却的緊急避難規定と同様に解釈しようとするものであって，少なくとも，現行法の解釈論としては無理があるというべきである[55]。

実際の適用においても，例えば，洪水事例で，Aの畑の作物の価値が100万円だとすると，Aは，損害賠償額が100万円を超えない場合には，板堰を壊して隣のBの畑を冠水させ，板堰とBの畑の作物に対する損害を賠償することで利益を得ることができる。この場合に，Aの畑の作物の価値が板堰の価値とBの畑の作物の価値を合わせたものを著しく上回っていなければならないと解する必要はないと思われる。

どの法益を対象にして衡量するかが決まっても，さらに，法益の価値をどのように決めるかという問題がある。まず，生命については，生命の価値を比較することはできないので常に法益同価値になるという見解がある[56]。しかし，生命はひとりひとりの生命がそれぞれ独立した価値として保護されるべきであるからこそ，数量で比較すべきであると思われる。臓器移植事例のような場合は，害の均衡の要件ではなく，相当性の要件で，違法性阻却が否定されるべきである。

身体と財産を比較すると，一般的には身体の方が財産より価値があるが，常にそうだとはいえないであろう。軽微な身体傷害を避けるためにきわめて高価な財物を毀損した場合には，法益均衡が否定される場合もあると思われる[57]。

財産どうしの価値の比較については，同じ物が市場で容易に購入できるのであれば，市場価格で比較すればよいであろう。しかし，主観的価値が重要な財産について，同じように判断してよいかは疑問がある。600円相当の猟犬を守るために150円相当の雑種の土佐犬を傷害した事例について緊急避難の成立を認めた判例（大判昭和12・11・6大審院判決全集4輯1151頁）は，飼い犬の価値を市場価格で判断すべきだと考えているのかもしれない[58]。しか

---

55) 深町・前掲注13) 39頁参照。
56) 内藤・㊥410頁参照。
57) 佐久間・234頁参照。
58) 堀内・169頁は，160円相当の土佐犬を守るために600円相当の猟犬を傷害することは許されない，とする。

し，持ち主が拾ってきた雑種の野良犬をかわいがっていて，その犬のためには金を惜しまないような場合には，その犬を金を出して買う人が誰もいないから価値がゼロということにはならないであろう[59]。もっとも，具体的に主観的価値をどう比較するかは難しい問題なので，多くの場合に法益同価値とせざるをえなくなるかもしれない。

　害の均衡要件については，「一般的な標準を導き出すことは困難であり，具体的事例に応じて社会通念に従い法益の優劣を決すべきである」というのが決まり文句となっているが，これでは何も言っていないに等しい。学説には，より具体的な判断基準を提示することが求められているのであるが，言うは易く行うは難し。本章も問題点を指摘しただけである。

4　過剰避難

　過剰避難の規定が，害の均衡を失した場合に認められることは明らかであるが，補充性が否定される場合にも認められるかについては，裁判例が分かれている。最高裁の判例では，列車乗務員が有毒ガスを避けるために職場放棄をした事例について，3割減車することは緊急避難だが，職場放棄は過剰避難だとした判例（最判昭和28・12・25刑集7巻13号2671頁）と，腐朽した吊り橋を爆破した事例について，危険を防止するためには通行制限の強化その他適当な手段・方法を講ずる余地があったとして，緊急避難だけでなく過剰避難も否定した判例（最判昭和35・2・4刑集14巻1号61頁）がある。最近の下級審判決にも，暴力団事務所内に監禁された被害者が逃げ出すために同事務所に放火した事例について，「やむを得ずにした行為」に該当することが過剰避難を適用する前提と解すべきである，として過剰避難を認めた原判決を破棄したものがある（大阪高判平成10・6・24高刑集51巻2号116頁）。これ

---

[59]　飼い犬の病気の治療に100万円をかけるというなら，その犬は100万円以上の価値があることになるし，犬が行方不明になった場合に，100万円の懸賞金を出すというのであれば，やはり100万円以上の価値があることになる。もちろん，飼い主にとって100万円以上の価値があるからといって，その犬を傷害した者に対して100万円以上の損害賠償請求が認められるというわけではないであろう（慰謝料を加算しても100万円にはならないであろう）。しかし，このことは，刑法でも民事の損害賠償額を基準とすべきであることを意味しているのではなく，むしろ，民事の損害賠償の不十分さと刑法による保護の必要性を示しているように思われる。

に対して，学説では，補充性が認められない場合にも過剰避難の適用を認める見解が一般的である。

補充性が認められない場合には，①他の法益を侵害することなく避難が可能な場合，②誰かに危険転嫁することは必要であったが，より侵害の大きい対象を選択してしまった場合，③危難を避けるために当該法益を侵害することが必要であったが，必要以上に法益を侵害する手段を選択してしまった場合が考えられる。過剰防衛が正当防衛状況の存在を前提としているように，過剰避難も緊急避難状況にあること，すなわち法益衝突状況の存在が必要であると考えると，②③の場合については過剰避難を認めうるが，①の場合には過剰避難を認めることができない[60]。同様に，相当性が認められない場合も，法益衝突状態が認められないので，過剰避難が認められないことになる。上記の判例は，このような意味で整合的に理解することができると思われる[61]。

IV おわりに

今回は，正直言ってあまり自信がない。こんなことを言うと，「いつもは自信があるのか」と問われそうで，そうすると，「いつも自信がありません」と答えざるを得ないのであるが，今回は特に自信がない。それでも，本稿が

---

[60] 橋爪隆「判評」『判例セレクト '99』28頁（2000年），橋田久「避難行為の補充性の不存在と過剰避難」産大法学34巻3号197頁以下（2000年）参照。
[61] ドイツ議会は，9.11テロ等を契機として，他人の生命を危険にさらす民間航空機の撃墜を許容する航空安全法改正を行った。しかし，連邦憲法裁判所2006年2月15日判決は，航空機を武力を伴う直接的な作用により撃墜することを軍隊に許容する航空安全法14条3項は，テロ犯人と関係のない航空機の乗員・乗客を他者の保護のために行われる救命行為の単なる客体として取り扱うことになり，基本法1条1項の人間の尊厳の保障と結びついた同2条2項1文の生命への権利と適合しない，等の理由で，違憲無効とした（BVerfGE 108,118）。生命対生命の衡量を認めない立場からは，このような結論に至るであろう。しかし，実際に想定された事態が生じたら（生じてほしくないが），ドイツ政府はこれを黙ってみているのだろうか。もしあなたが日本国首相で，同じ事態が生じたとしたらどうするだろうか。同法に関するドイツ刑法学における議論については，森永真綱「テロ目的でハイジャックされた航空機を撃墜することの刑法上の正当化(1)～(3・完)」姫路法学41＝42合併号（2004年），43号（2005年），45号（2006年）参照。それにしても，このような立法を行い，裁判所がこのような判決を出すとは，ドイツはまさに法治国家である。

今後の議論のための素材となれば幸いである。

第12章

被害者の同意とその周辺 (1)

I　はじめに

　本章と次章の2回にわたって，被害者の同意とこれと関連する諸問題を扱うことにしたい。具体的には，被害者の同意に関する総論的問題，傷害罪と被害者の同意，推定的同意，危険の引受け，治療行為，契約による正当化などを検討することにする。

II　被害者の同意の諸類型

1　国家的法益・社会的法益と被害者の同意

　教科書には，一般に，被害者の同意は，同意の内容が被害者にとって処分可能な個人的法益に関してのみ問題となり，国家的法益や社会的法益については被害者の同意は問題とならない，と書かれている。読者の中に，このような記述に疑問をもった人はいないだろうか。このような教科書の記述は，「被害者」の意味をあらかじめ個人に限ったうえで，個人は国家的法益や社会的法益の法益主体ではないから，これらの法益を処分することはできない，という当たり前のことを言っているにすぎない。いわば，結論の先取りである。

　被害者の同意の問題は，法益主体がどこまで法益を処分することができるか，という問題であるから，「被害者」は法益主体であれば足り，これを個人に限る必然性はないはずである。国家や社会を「被害者」と呼ぶことは十分可能であり，その同意を観念することも可能である。特に，国家について

は，その同意を観念することが比較的容易である。例えば，不法入国罪（入管70条1項）と住居侵入罪（130条）は，法益主体の同意なく一定の領域に侵入するという点で同じ構造を有しており，住居侵入罪を被害者の同意によって構成要件が阻却される犯罪と説明するのであれば，不法入国罪も被害者の同意によって構成要件が阻却される犯罪と説明することに何の問題もない。もちろん国家が同意するのはその機関を通じてであるが，それは個人的法益の主体である法人についても同様である。

社会的法益になると，社会の構成員全員が同意するということは，実際上はあまり考えられない。しかし，放火罪で，火災の危険の及ぶ可能性のある人が全員同意している場合，例えば島の建物に火をつけることに島にいる人全員が同意している場合などは，被害者の同意があるといってもよい[1]。生命に対する危険がある場合には，被害者の同意があっても違法性は阻却されないかもしれないが，それはまた別の問題である。

読者の方は，ここまで読んできて，単に説明の問題なのだから，どちらでもいいではないか，と思われたかもしれない。その通りである。にもかかわらず，最初にこの問題に触れたのは，教科書の記述であっても，鵜呑みにしないで，本当にそうなのかを自分の頭で考える習慣をつけてもらいたいと思うからである。

国家的法益や社会的法益については被害者の同意は問題とならない，と考える場合にも，国家的法益・社会的法益と個人的法益が重畳的に保護されている場合については，被害者の同意が問題となりうる。例えば，虚偽告訴罪は，適正な刑事司法作用・懲戒作用という国家的法益と虚偽申告を受ける個人の法益の双方を保護していると考えられるので，虚偽申告を受ける者がこれに同意しており，個人的法益の侵害の側面が欠ける場合には，同罪の成否が問題になる。判例（大判大正元・12・20刑録18輯1566頁）は，国家的法益の侵害（の危険）を重視して，同罪が成立すると解しているが，学説では，判例を支持する見解[2]と，個人的法益を重視して同罪の成立を否定する見解

---

1) 齋野彦弥「社会的法益と同意」現刑59号47頁（2004年）参照。
2) 大谷實『刑法講義各論〔新版第3版〕』594頁（2009年），西田典之『刑法各論〔第5版〕』460頁（2010年）など参照。

とが対立している³⁾。もう1つの例として，放火罪は，公衆の生命・身体・財産に対する公共危険罪としての性格と具体的な個人の生命・身体・財産に対する罪としての性格を併せもっており，現住建造物放火において，建造物の居住者ないし現在者の同意がある場合には，非現住建造物放火罪（109条1項）が成立し，また，目的物の所有者の同意がある場合には，自己の所有に係る放火罪（109条2項・110条2項）が成立すると解されている⁴⁾。

2 被害者の同意の体系的地位

被害者の同意が問題となる場合としては，一般に，以下のような分類がなされている。第1は，被害者の意思に反することが構成要件要素となっている場合であり，この類型においては，被害者の同意は構成要件該当性を阻却する。例えば，住居侵入罪（130条），強姦罪（177条前段），窃盗罪（235条）などがその例である。第2は，被害者の同意の有無が犯罪の成立に問題とならない場合であり，13歳未満の者に対するわいせつ行為（176条後段）や13歳未満の女子に対する姦淫（177条後段）などがその例である。第3は，同意がある場合とない場合が分けて規定され，同意があると軽い方の罪が成立する場合であり，例えば，殺人罪（199条）と同意殺人（202条後段），同意堕胎罪（213条）・業務上堕胎罪（214条）と不同意堕胎罪（215条1項）などがその例である。第4は，同意が行為の違法性を阻却する場合であり，一般に，傷害罪がその例とされている。被害者の同意と違法性の関係については，第1と第4の類型では違法性がなくなり，第3の類型では違法性が減少し，第2の類型では違法性に影響しないことになる。

被害者の同意は原則として違法性阻却であるといわれることがあるが，実際に違法性阻却が問題となるのは傷害罪くらいであり，むしろ原則として構

---

3) 団藤重光編『注釈刑法(4)』266頁〔田宮裕〕（1965年），内藤・㊥590頁，中森喜彦『刑法各論〔第3版〕』267頁（2011年），平野・概説290頁以下（1977年），山口厚『刑法各論〔第2版〕』660頁（2010年）など参照。なお，堀内捷三『刑法各論』312-313頁（2003年）も参照。自己に関する虚偽申告については，国家的法益の侵害（の危険）があるにもかかわらず，同罪の成立が一致して否定されているのであるから，被申告者の同意がある場合も同様に扱うのが一貫していると思われる。

4) 大谷・前掲注2)372頁以下，内藤・㊥590頁，中森・前掲注3)166頁注17以下など参照。

成要件阻却という方が正確である。最近の有力説のように，傷害罪の場合も構成要件阻却と考えると，被害者の同意は，すべて構成要件阻却事由ということになる[5]。

　被害者の同意の体系上の地位は，どのような意味をもっているのであろうか。ドイツでは，構成要件を阻却する同意（これを特に「合意」と呼ぶ）と違法性を阻却する同意を区別して，その要件を明確に区別する見解が主張されている[6]。しかし，わが国では，このような見解は自覚的には主張されておらず，せいぜい，厳格責任説をとる場合に，「合意」の錯誤は構成要件的錯誤として故意を阻却するが，同意の錯誤は，違法性の錯誤として故意を阻却しない，という違いが指摘されているだけである[7]。もっとも，意識して議論はなされていないが，違法性阻却事由としての被害者の同意を限定的に解する見解は，暗黙のうちに両者に違いを認めているのではないかとも思われる。

　まず，判例（最決昭和55・11・13刑集34巻6号396頁）は，保険金詐欺の目的で得た被害者の同意によって傷害罪の違法性は阻却されないとするが，保険金を詐取するために被害者に依頼されて殺害したという事例について，裁判所が，保険金詐取の目的だから違法減少は認められず，同意殺人罪でなく普通殺人罪である，と解するかは疑問がある。そのような解釈は，罪刑法定主義違反の疑いが強いであろう。同様に，保険金詐欺の目的で被害者の同意を得てその車を損壊したという事例について，保険金詐取の目的であることを理由に器物損壊罪の成立を認めるかについても疑問がある。そうだとすれば，同意を得た目的・動機を考慮して被害者の同意による違法性阻却の有

---

5) 浅田和茂「被害者の同意の体系的地位について」産大法学34巻3号287頁以下（2000年），大谷・252頁，西田ほか・注釈348頁〔深町晋也〕，林・160頁，前田・108頁，山口・151頁，山中・200頁など，参照。

6) 須之内克彦『刑法における被害者の同意』27頁以下（2004年）参照。佐藤陽子『被害者の承諾——各論的考察による再構成』24頁以下（2011年）は，構成要件に属する合意と違法性阻却に属する同意を区別し，さらに前者を行為態様にかかる合意と法益侵害性にかかわる合意に区別し（「三分説」），行為態様にかかわる合意については被害者の同意の一般論が妥当しないと主張している。個別の犯罪類型について各論的解釈論が重要であることを指摘する点では意義を有しているが，一般的にそのような区別をする理由があるかは疑問であろう。西田ほか・注釈348頁〔深町〕参照。

7) 川端・310頁参照。

無を判断する見解も，構成要件要素としての同意については，目的・動機を考慮しないで判断することになる。また，後で述べる同意の認識の問題についても，違法性阻却事由としての被害者の同意の場合には，行為者が同意を認識していることを主観的正当化要素として要求する論者も，同意殺人罪においては，行為者が同意の存在を認識していない場合にも，同意殺人罪の成立を認めており[8]，ここでも違いが生じている。これらの区別は，ドイツの学説がまさに主張していたものである。

　これらの異なった扱いは，違法性阻却事由を例外的なものとして被害者の同意を限定的に解することから生じてきている。しかし，構成要件該当性が否定される行為と，構成要件該当性が肯定された上で違法性が阻却される行為とは，違法な行為でないという点で本質的な違いはないのであるから，両者の扱いに違いを認めるべきではない。後で検討するように，違法性阻却事由としての被害者の同意においても，同意を得た目的・動機の違法性を重視すべきではないし，同意の認識は不要と解すべきである。故意についても，違法性阻却事由を基礎づける事実の錯誤は，構成要件的錯誤と同様に故意を阻却すると解すべきである[9]。

　このように，被害者の同意の体系的地位が解釈論上の違いをもたらすものではないと考えると，あまり実益のある議論ではないのであるが，被害者の同意による違法性阻却の根拠を検討したうえで，もう一度考えることにしたい。

Ⅲ　被害者の同意の根拠

　被害者の同意によって行為の違法性がなくなることの説明としては，大きく3つの見解が主張されている。①被害者の同意があり社会的に相当な行為と認められる場合に違法性が阻却されるとする見解[10]，②被害者が法益の

---

8) 例えば，大塚・420頁および大塚仁『刑法概説（各論）〔第3版補正版〕』22-23頁（2005年）参照。
9) 筆者の立場からは，責任故意が否定されることになる。本書40頁参照。
10) 大塚・417頁以下，佐久間・197頁以下，福田・181頁など参照。

保護を放棄した場合には，法益の法益性または要保護性が欠けると解する見解[11]，③法益を自由に処分するという自己決定の利益が法益保護の利益に優越すると解する見解である[12]。①は行為無価値論の論者によって主張され，②と③は結果無価値論の論者によって主張されることが多いが，行為無価値論と①の見解の結びつきは必然的なものではない[13]。

　法益は，法益主体のために保護されているのであるから，法益主体が自由に処分することができるのが原則である。刑法が，法益主体の意思に反してまでその法益を保護する必要は，原則としてない。したがって，②の見解が妥当である。

　①の見解は，被害者の同意を違法性阻却の判断の一要素としてしまっている点で問題があり，その結果，社会倫理それ自体の保護につながりやすい点でも問題がある。違法性阻却事由としての被害者の同意と被害者の同意が要件の一つとなっている他の違法性阻却事由（例えば治療行為）との決定的違いは，被害者の同意は，その存在自体によって違法性阻却の効果を持ち，他に望ましい利益を実現したかどうかが問題にならない点にある。被害者の同意を社会的相当性を判断するための一要素だと解する見解では，このような違いが失われてしまっているのである[14]。

　③の見解は，違法性阻却事由の根拠を一元的に優越的利益の実現に求める立場から主張されているが，自己決定の利益を法益とは別の利益と考える点に問題がある。法益を自由に処分できる利益は法益の内容そのものであって，法益と別個の利益ではない。個人の法益一般を，個人の意思とは別個に保護する必要があると考えるのは，個人主義の考え方とは調和しないであろう。以前，ゴッホの絵の持ち主が自分が死んだら一緒に絵を燃やしてくれと言って，社会のひんしゅくを買ったことがあったが，このような場合に，自

---

11) 町野朔「被害者の承諾」西原春夫ほか編『判例刑法研究2』168頁（1981年），内藤・㊥587頁，前田・104頁，山中・202頁以下，大谷・253頁，堀内・180頁，髙山佳奈子「自己決定とその限界(上)」法教284号56頁（2004年），山口・150-151頁，など参照。
12) 曽根威彦『刑法における正当化の理論』149頁（1980年）参照。塩谷毅『被害者の承諾と自己答責性』6頁（2004年）も参照。
13) 井田良「被害者の同意」現刑14号87頁（2000年）参照。
14) 町野・前掲注11)168-169頁，山口・152頁など参照。

己決定の利益を法益の価値が上回るから被害者の同意があっても器物損壊罪が成立する，と解するのは妥当でない15)。そこで，生命や身体の枢要部分を除いて，常に自己決定の利益が法益保護の価値を上回るというのであれば，あえて優越的利益説で説明する必要はない。

　②の見解からは，法益の法益性ないし要保護性が否定されることから，被害者の同意をすべて構成要件該当性阻却事由として位置づける見解が主張されることになる。この問題は，結局，傷害罪における被害者の同意をどう解するかという問題に帰着するのであるが，被害者の同意があれば傷害罪は常に否定される，という見解をとるのであれば，構成要件該当性を否定するのが自然であろう。しかし，重大な傷害については同意があっても違法性阻却を認めない見解をとる場合には，傷害罪の構成要件が，同意がないことを要件とする構成要件と同意の有無を問わない構成要件に分裂してしまうことになる。そのような構成要件解釈は，条文上の根拠がない限り，なるべく避けることが望ましいように思われる。また，身体（特にその枢要部分）は，生命に近い性質を有しており，そのことを犯罪論の体系上示すことにも，それなりの意義があるように思われる。そこで，傷害罪における被害者の同意を違法性阻却事由として位置づける，通説の見解を支持することにしたい。

　被害者の同意があっても犯罪の成立が否定されない場合，上記の第2の類型と第3の類型については，法益主体による処分が許されない理由を個別に検討する必要がある。その詳しい検討は刑法各論の任務であるので，ここではごく簡単に述べると，生命の場合は，生命が自己決定の基盤であり，すべての価値の基礎であることから，法益主体の意思に反しても刑法で保護しているものと考えられる（パターナリズムである）。同意による違法減少は認められるので，同意殺人罪が減軽類型として規定されている。同意堕胎の場合は，第1次的な保護法益は胎児の生命で，妊婦の法益は2次的なものにすぎないので，妊婦の同意があっても，胎児の生命の法益侵害性は失われず（自己堕胎も処罰されている），妊婦の法益侵害性がないぶん不同意堕胎より違法

---

15) 財産的法益とは別個に，その物の文化財としての価値を保護すること（社会的法益ということになろう）はもちろん可能である。文化財保護法は，重要文化財を損壊・毀棄・隠匿する行為を，その所有者についても処罰している（107条2項）。

性が減少するだけである。13歳未満の者に対するわいせつ行為や姦淫行為が，同意があっても処罰されているのは，低年齢の者についてはそもそも同意能力がないからであり，比較的高年齢の者については，たとえ同意能力はあっても，児童の健全な発達のために，本人の意思に反しても性的行為から保護しているからである。特別法や条例には，18歳未満の児童を本人の意思に反しても保護する規定が設けられている[16]。

Ⅳ 同意の要件

　被害者の同意の要件については，有効な同意が存在するかという問題と，その同意によって犯罪の成立が否定されるかという問題を，分けて議論する必要がある。両者が異なる問題であることは，同意殺人罪の存在が明確に示している。傷害罪の場合にも，仮に被害者の同意による違法性阻却が認められないとしても，有効な同意があることによって違法減少は認められるから，両者を分けて議論する意味がある。

　被害者の同意が有効に存在するためには，法益処分の意義と内容を理解する能力を有する者によって，当該法益処分の意義と内容を十分に理解したうえで，自由で真意に基づく同意がなされなければならない。殺人罪や強姦罪の事件では，自由で真意に基づく同意があったかどうかが，裁判においてしばしば争われている[17]。以下では，まず，同意の時期，同意の表示の必要

---

16) 児童福祉法34条・60条，児童買春・児童ポルノ禁止法4条以下，各都道府県の青少年保護育成条例などを参照。

17) 例えば，横浜地判平成11・10・6判時1691号158頁は，88歳の寝たきりの母親の介護を一人で行ってきた被告人が，前途を悲観して，ともに死のうと決意し，ベッドに横臥していた同女に対し「死のうや」と言ったところ，同女が「いいよ」と答え，同女の腰ひもを同女の頸部にあてて，再度「いいのか」と尋ねると同女が頷いたため，同女の頸部を腰ひもで絞め付けて窒息死させたという事案について，検察官が，同女は被告人の殺意を認識せず，冗談であると誤解したからか，寝ぼけていたからであり，いずれにしろ真意の承諾はなかったと主張したのに対して，裁判所は，「被害者に『死にたい』という確定的な意思はなかったとしても，『死んでもかまわない』という程度の消極的な気持ちがあったと見る余地は十分にあり，本件犯行時，被害者が被告人の真剣な様子を感じ取り，その殺意に応じて死んでもかまわないとの思いから，真意に基づく承諾をした可能性は否定できない」として同意殺人罪の成立を認めている。これに対して，同意の存在を認めなかった裁判例として，例えば，東京高判昭和58・8・10判時1104号147頁参照。

性，同意の認識の問題を検討したうえで，これらの問題を検討することにしたい。

1　同意の時期

同意の時期については，一般に，行為の時点で同意が必要で，行為後の同意は効果を持たない，とされている。しかし，結果無価値論の立場からは（結果無価値と行為無価値の双方を要求する二元論の立場からも），同意は法益侵害の時点で必要であり，かつそれで足りる[18]。法益主体が法益保護を放棄しているかどうかが決定的なのであるから，その判断時点はあくまで法益侵害が発生する時点なのである。例えば，AがBを殺害しようとして毒入りの飲み物を渡したところ，BはAの意図に気がついたが，死ぬ気になって，そのままこれを飲んで死んでしまった，という場合，死ぬ時点では同意があるので殺人罪は成立しない。より教室設例的になってしまうが，AがBを殺そうとして遠くから矢を放ったところ，これを見たBがちょうどいい機会だから死のうと思って，よけずに矢に当たって死亡した，といった事例を考えることもできる。これらの場合，毒入りの飲み物を渡した時点や矢を放った時点で殺人の実行の着手を認めることができ，その時点では被害者の同意は存在しないので，殺人未遂罪は成立する[19]。

同意はいつでも撤回できるので，行為の時点で同意があっても，結果発生の時点で同意が撤回されていれば，同意の存在を認めることはできない。しかし，行為者は同意があると思っているのであるから故意がないことになる。もっとも，同意の撤回が常に認められると不都合に思える場合もある。例えば，電車の乗客は，停車駅と停車駅の間では車外に出ることができないので，客観的には監禁状態にあるが，監禁罪が成立しないのは乗客の同意があるからである（監禁罪の構成要件該当性が否定される）。もし同意の撤回が常に認められると，急行列車の乗客が急行の停車駅でない駅で降ろしてくれ

---

[18] 町野・前掲注11)177頁，林・161-162頁，山口・156頁など参照。
[19] この場合の罪数処理については，重い方に吸収されると考えると殺人未遂罪が成立することになるが，人の死の結果を無視することは適当でないと考えれば，殺人未遂罪と同意殺人既遂罪の（狭義の）包括一罪という処理も考えられる。いずれにしても，重い殺人未遂罪が同意殺人既遂罪に吸収されて，同意殺人既遂罪一罪という処理は適当でないであろう。

るように求めた場合には，同意がなくなり降ろさないと監禁罪が成立してしまいそうである。そこで，同意には撤回できない場合があると考えることもできるが，なぜこの場合に限って同意が撤回できないのかは必ずしも明らかではなく，その理由が鉄道会社と契約を結んだことにあるのであれば，端的に，被害者の同意とは別個の違法性阻却事由として，契約（約款）の効力による正当化が認められると考える方が適当であると思われる[20]。

2 同意の表示

同意は外部に表示される必要があるか。表示される必要があるとする見解と内心に存在していれば足りるとする見解が対立している。前者は意思表示説，後者は意思方向説と呼ばれているが，意思方向説というのはわかりにくいので，前者を意思表示必要説，後者を意思表示不要説と呼ぶのが適当であろう。

完全に内心の意思は外部からは知りようがないので，意思表示不要説でも，何らかの形で外部に示されていることが必要であるし，意思表示必要説も表示は黙示で足りるとするので，実際上の違いは，あまりないかもしれないが，理論的には，被害者が法益保護を放棄することによって違法性がなくなるのであるから，外部への意思表示は不要である[21]。被害者の同意は，民法の法律行為ではない。法的安定性の観点から同意が外部に表示されていることが必要だとする見解もあるが[22]，それは，証明の問題と実体の問題を混同するものだと思われる。冗談で同意した場合は，真意でないので被害者の同意は認められないことは一般に認められているが，もし法的安定性を重視するのであれば，同意と受け取られるような表示をした場合には，それが冗談であっても被害者の同意が認められる，ということになってしまうで

---

20) 拙稿「被害者の同意と契約」『西原春夫先生古稀祝賀論文集(1)』385 頁以下（1998 年）参照。西田ほか・注釈 352 頁〔深町〕は，緊急避難の成立を認めるが，列車の運行といった日常的行為を緊急避難で説明することには疑問がある。もちろん，筆者の立場からも例外的に緊急避難が認められる場合（例えば，西田ほか・前掲が掲げている睡眠薬で眠らされた者が列車に放り込まれたというような場合）はありうる。

21) 町野・前掲注 11) 179 頁以下，内藤・(中) 594 頁，林・161 頁，山口・157 頁，浅田・205 頁，大谷・256 頁，西田ほか・注釈 352 頁〔深町〕など参照。

22) 山中・207 頁参照。高橋・304 頁も参照。

あろう。民法では心裡留保は原則として有効であるが（93条），被害者の同意は真意に基づくものでなければ認められるべきではない。冗談の相手方の保護は，錯誤より故意を否定することによって図られるべきである。

3 同意の認識

違法性が阻却されるためには，同意を認識している必要があるか。この問題と意思表示の必要性の問題は，外部に表示されなければこれを認識することもできないので，事実上関連しているが，理論的には別個の問題である。実際にも，意思表示必要説をとりながら，認識不要説をとる見解も主張されている[23]。

この問題は，理論的には，主観的正当化要素の要否の問題であり，偶然防衛と同様に考えることができる[24]。すなわち，行為無価値論から主観的正当化要素が必要だと考えると，防衛の意思が必要なのと同様，同意の認識が必要だということになる。これに対して，結果無価値論の立場からは，客観的に同意が存在していれば，法益侵害結果は生じないのであるから，同意の認識は不要である。未遂犯の成立の可能性についても，偶然防衛の場合と同様に考えることができる。同意が存在することによって法益侵害結果は発生しなかった場合でも，同意が存在せず法益侵害結果が発生する可能性があったことを理由に未遂犯を認めることができると考えれば，そのような可能性が具体的に認められる場合には，未遂犯の成立を肯定することができる。

4 同意能力

被害者の同意は，民法の法律行為とは異なるから，民法上の行為能力がなくとも，同意能力は認められうる。どの程度の精神能力が要求されるかは，一律に決めることはできず，法益侵害の種類・程度等により異なって解する

---

[23] 山中・208頁参照。
[24] 井田・前掲注13）94頁参照。しかし，学説では，偶然防衛の場合には防衛の意思を要求し，被害者の同意の場合には同意の認識を要求しない見解も主張されている。曽根・126頁，大谷・257頁以下など参照。被害者の同意の処罰阻却効果の「絶対性」を主張して，未遂も成立しないと解する見解として，深町晋也「主観的正当化要素としての同意の認識の要否」岡山法学51巻4号761頁以下（2002年）参照。

必要があろう[25]。

　判例では，長男Aら子ども4人を刺殺して自分も死のうとした被告人について，5歳11月のAが被告人と一緒に死ぬことに同意していたという弁護人の主張を，「自殺の何たるかを理解するの能力を有せす従て自己を殺害することを嘱託し又は殺害を承諾するの適格なきものと認むへき」と判示した判例（大判昭和9・8・27刑集13巻1086頁），精神病者に縊首の方法を教えて自殺させたという事例について，「第1審判決は，本件被害者が通常の意思能力もなく，自殺の何たるかを理解しない者であると認定したのであるから」殺人罪の成立を認めたのは正当である，とした判例（最決昭和27・2・21刑集6巻2号275頁）などがある。後者は，首をつることによって死亡するということさえ理解していなかったのだとすれば，同意がそもそも存在しなかった事例ともいえる。

　5歳11月の被害者に自殺の判断能力がないということについては，誰も異論がないであろう。また，未成年者であっても，18歳になれば生命についても（したがって，その他の法益についても），特別の事情がない限り，判断能力があると考えてよいであろう[26]。問題は，その中間のどこに線を引くかである。刑法の規定としては，刑事責任年齢の14歳がある（41条）。しかし，この規定には，14歳未満の少年には刑罰以外の措置（少年法の保護処分）が望ましいという刑事政策的考慮が入っており，14歳にならないとおよそ是非弁別能力がないということではない，と解されている[27]。被害者の同意についても，14歳未満の者には一律に同意能力がない，ということにはならないであろう。例えば，小学生が集めているポケモンカードを友人と交換する場合，同意能力がないので相手の行為は窃盗にあたる，あるいは，親権者の包括的同意を認定しなければならない，と言う必要はないと思われる。も

---

[25] 山口・154頁参照。
[26] 高校3年生の18歳の少女に心中を同意させ死亡させた事件につき，少女の父親から生き残った男性に対する損害賠償請求を認めた判決（新潟地判平成5・1・26判タ813号252頁）によると，この男性は，平成4年3月24日，新潟地方裁判所長岡支部において，自殺幇助で懲役2年の刑に処するとの判決を受けている。
[27] 例えば，山口・254頁参照。判例（最決平成13・10・25刑集55巻6号519頁）も，母親が12歳の息子に命じて強盗を行わせた事案について，少年の是非弁別能力を認めて，母親を窃盗の共同正犯としている。

もちろん，同じ財産的処分行為であっても，より価値の高い物を処分する際には，それに応じて，判断能力もより高いものが要求されるであろう[28]。

　実際に問題になりそうなのは，心中などの場合の子どもの同意能力であるが，上記の5歳11月の子どもに関する裁判例の他に，限界的な事例に関する裁判例を知らない。12歳，13歳になれば，死ぬことを理解する能力はあるように思われるが，実務ではどう判断されているのであろうか。

　同意能力がない場合，法定代理人が代理して同意できるか。代理人による同意は認められないという見解もあるが，認められるという見解もある。認められるとする見解も，常に認められるわけではなく，代理人に同意の代行が認められる範囲は，代理権の範囲，法益の種類，侵害の程度，本人にとっての利益性，さらには法益主体の実質的能力の程度により決せられるべきことになる，とする[29]。

　代理人による同意は認められないとする見解も，親が子どもの財産を処分したり治療に同意したりすることを認めないという趣旨ではないであろう。他方で，代理人による同意を認める見解も，本人の同意であれば，本人にとっての利益性は問題にならないのに，代理人の同意であればこれが問題となるということは，通常の被害者の同意とは異なるものと考えていることを示している。無理心中で親が幼児の同意を代行できるとは誰も考えないであろう。被害者の同意は，その存在自体によって正当化されることに存在意義があると考えると，代理人による同意に，このような考慮が必要であることは，別の正当化が問題となっていることを窺わせる。そうだとすれば，代理の問題は，被害者の同意の問題ではなく，監護権や法定代理権に基づく別個の正当化と考える方が，整理としては適切なように思われる。財産なら民法の法定代理権に基づく法令正当行為と説明できる。

---

[28] 佐藤・前掲注6)122頁は，窃盗罪における「被害者の承諾」を「行為態様に係る合意」として，物が自らの支配下からなくなることを認識する能力が必要であり，それで充分とするが，そのように一律に言い切るのは疑問である。
[29] 山口・154頁参照。

5 同意の対象・程度

同意は法益保護を放棄したことによって認められるのであるから、侵害結果について同意がなければならない。したがって、法益侵害の危険の高い行為を行うことに同意していたとしても、結果が発生することを認識していなかったのであれば、被害者の同意は認められない。例えば、酩酊した友人が運転する車に乗ることを同意したからといって、飲酒運転による事故で傷害を負うことまで同意しているとは通常はいえない。事故が起こって怪我をするかもしれないがそれでもいい、と考えていたという例外的な場合には、過失犯であっても被害者の同意による違法性阻却が問題になる。危険な行為を行うことには同意していたが、結果の発生については同意していなかった場合については、被害者の同意ではなく、危険の引受けの問題として扱うべきである。この問題は、次章で扱うことにしたい。

同意があるといえるためには、法益侵害結果の認識があれば足りるか、それとも認容まで必要か。まず、この問題は、故意の理論とパラレルな関係にあるのだろうか。すなわち、故意の内容について認容説をとると同意についても認容が必要という見解になり、認識説をとると認識があれば足りるという見解になるのだろうか。故意では、行為者を責任非難できるかという問題となっているのに対して、被害者の同意では、刑法が当該法益を保護しなくてよいのはどのような場合かが問題となっている。どのような場合に処罰してよいかという問題と、どのような場合に保護しなくてよいかという問題は、ベクトルの向きが正反対であって、同様に解する理論的必然性はないというべきである。例えば、自己決定権の利益は、積極的に意欲していた場合にのみ認められると考えることも可能である。しかし、病気や借金返済の苦痛を免れるために死を決意したような場合を考えると、結果を積極的に意欲していた場合に被害者の同意を限定するのは狭すぎるであろう。

この点が問題となった事例として、被害者が究極のSMプレイとして下腹部をナイフで刺すことを被告人に依頼したという事例について、被害者は行為の結果惹起されるであろう死の結果はこれを望んでいないという心理状態にあったと認定した上で、「死の結果を望んでいるか否かは必ずしも嘱託

の真意性を決定付けるものではないというべきである。勿論，自己が依頼した行為の結果が死に結びつくことを全く意識していない場合は『殺害』を嘱託したことにはならないだろうが，死の結果に結びつくことを認識している場合には，たとえ死の結果を望んでいなくても，真意に基づく殺害の嘱託と解する妨げとはならない」と判示して，同意殺人罪の成立を認めた判例（大阪高判平成10・7・16判時1647号156頁）がある。結果を積極的に意欲している，望んでいる，ということまでは必要ないとした点で妥当なものといえる。

しかし，被害者が死の結果を認識しているだけで同意を認めることもできない。首を絞められた被害者が，このままでは死んでしまうと思ったからといって，死ぬことに同意したことにならないのは，言うまでもない。同意が認められるためには，単なる認識以上の意思的要素が不可欠であり，結果発生を避けようとしないという意味での消極的認容，甘受は最低限必要である[30]。

6　強制に基づく同意

同意は，自由な意思決定に基づくものでなければならない。被害者の自由な意思決定を失わせる程度の暴行・脅迫を加えて得られた同意は無効である。この点で従来参照されてきた判例は，妻Aの不倫を邪推した夫Xが3か月以上にわたり連日のようにAを詰責し，外出逃避を監視しつつ，「死ぬる方法を教えてやる」といいながら失神するほど首を絞め，または足蹴にし，錐・槍の穂先等で腕・腿等を突く等，常軌を逸した虐待・暴行を加え，あるいは強要してAに姦通事実を承認する書類や「自殺します，A」という書面を作成させるなど，執拗に同女に対して肉体的・精神的な圧迫を加えたので，Aは，心身共に疲労し，今さら実家に復帰することもできず，警察署に保護を求めたが取り上げられなかったので官憲に対する救援も望み得ないと考え，これ以上Xの圧迫を受けるよりは死んだ方がよいと決意して，山林の中で縊死を遂げた，という事案について，殺人罪でなく自殺関与罪の

---

30)　学説の引用を含めて，拙稿「違法論における自律と自己決定」刑法41巻2号191頁以下（2002年）参照。

成立を認めた判決（広島高判昭和29・6・30高刑集7巻6号944頁）である。判決は、「自殺とは自己の自由な意思決定に基いて自己の死を惹起することであり、自殺の教唆は自殺者をして自殺の決意を生ぜしめる一切の行為であって、その方法を問わないと解する。従って犯人が威迫によって他人を自殺するに至らしめた場合、自殺の決意が自殺者の自由意思によるときは自殺教唆罪を構成し進んで自殺者の意思決定の自由を阻却する程度の威迫を加えて自殺せしめたときは、もはや自殺関与罪でなく殺人罪を以て論ずべきである。ところで本件においては前記の如く被告人の暴行、脅迫によってAが自殺の決意をするに至ったものであること並に被告人が自己の行為によって同女が自殺するであろうことを予見しながら敢て暴行、脅迫を加えたことが夫々認められるけれども、被告人の右暴行、脅迫がAの前記決意をなすにつき意思の自由を失わしめる程度のものであったと認むべき確証がないので、結局被告人の本件所為は自殺教唆に該当すると解すべきである」と判示している[31]。

　しかし、最近、この点に関する注目すべき最高裁判例が出された。自動車の転落事故を装い被害者を自殺させて保険金を取得する目的で、極度に畏怖して服従していた被害者に対し、暴行・脅迫を交えつつ岸壁上から車ごと海中に転落して自殺することを執拗に要求し、被害者をして、命令に応じて車ごと海中に飛び込む以外の行為を選択することができない精神状態に陥らせて、岸壁上から車ごと海中に転落させた行為について、殺人未遂罪の成立を認めた判例（最決平成16・1・20刑集58巻1号1頁）である。この事案では、被告人は被害者に自殺の意思があるものと誤信していたが、判例は、このことは殺人未遂罪の故意を否定すべき事情とはいえないと判示している。被害者に有効な自殺意思があることを被告人が認識していたのであれば、被告人

---

[31] なお、強制に基づく同意に関する判例として、厳寒の深夜、酩酊しかつ暴行を受けて衰弱している被害者を堤防上に連行し、未必の殺意をもって、「この野郎、いつまでふざけてるんだ、飛び込める根性あるか。」などと同人を脅しながら護岸際まで追いつめ、さらに、たる木で殴りかかる態度を示すなどして、遂には逃げ場を失った同人を護岸上から約3m下の川に転落するのやむなきに至らしめ、そのうえ長さ約3、4mのたる木で水面を突いたり叩いたりして、もって同人を溺死させた、という事案について殺人罪の成立を認めた判例（最決昭和59・3・27刑集38巻5号2064頁）が引用されることがあるが、被害者に死ぬことの認識がなかったと思われる事案であるから、適切でない。

の錯誤は事実の錯誤として故意が否定されるはずだから，判例は，被告人の認識のとおりに，被害者に自殺の意思があったとしても，それは自由な意思に基づく意思とはいえないので，有効な同意が存在するとはいえない，と判示したものと理解することができる。

　この事案と広島高判の事案を比較すると，事実認定の問題であるから確定的なことは言えないが，被害者の意思の自由が失われている程度は，両者であまり変わらない（むしろ広島高判の事案の方が著しい）ようにも思われる。そうだとすれば，広島高判の判例は，今回の最高裁判例によって，実質的には先例としての価値を失ったというべきかもしれない（違いがあるとすれば，広島高判の事案では，被害者の当該自殺行為を直接強要したわけではないという点であろうか）32)。

7　錯誤に基づく同意

　被害者が錯誤に基づいて同意した場合，同意は有効か。有名な偽装心中の判例（最判昭和33・11・21刑集12巻15号3519頁）は，被告人が追死してく

---

32)　前掲注26)の新潟地判平成5・1・26が認定した事実は，以下のようなものである。同棲中の18歳の少女A子から過去に複数の男性関係があったことを打ち明けられて，心理的に衝撃を受けた被告Xは，同女の顔や身体に殴る，蹴るなどの暴行を加えたうえ，手の甲に煙草の火を押し付け，「死んで責任を取るとでもいうのか。」と申し向け，さらに台所から包丁を持ち出して畳に突き立て，「これで自分の腹でもかっさばいて死ぬか。」と申し向けた。被告は，同女が「ウン。」と返事したものの，包丁をとらなかったことから，さらに同女に対し，「俺を殺せ。」といったうえ，「どんなことをしても詫びるというなら，俺に殺されてもいいのか。」と申し向け，同女に死を承諾させた。被告は同女に，「以後，私の命の権利をXにすべて一任することをここに誓約いたします。今後私がXに命をうばわれても一切かまいません。」などと口授し，同内容の念書を作成させ，同女に血判させた。被告は，A子との心中を決意して，乗用車に同女を乗せて出発し，排気ガス心中に用いるため，ビニールホースやビニールテープ等を買い求めたうえ，自ら選んだ心中場所に行き，ビニールホースの配管やビニールテープ等による目張りの大部分を行い，A子に精神安定剤を手渡し，自己の左手と同女の右手をビニールテープで2回巻き付け，アクセルをふかして車内に排気ガスを導入し，同女との心中を図った。おそらく刑事判決の認定も同じようなものであったと思われ，かなり心理的抑圧の強い事例といえるが，自殺幇助罪で処罰されている。民事判決は，一方で，「〔被告の行為は〕単なる自殺幇助に止まらず，同女に死を決意させた責任を負うべきものと認めるのが相当であ〔り〕」「刑事判決は，検察官の公訴提起に応じ，その限度において，被告の刑事責任を肯定したものに過〔ない〕」と判示しているが，他方で，被害者は，「被告から逃避する機会があったのに逃避せず，結局，被告との心中に同意していたものであるから」被害者が7割，被告が3割の責任割合である，とも判示している。

れると被害者が誤信していることを奇貨として、毒薬を渡して自殺させた、という事案について、「被害者は被告人の欺罔の結果被告人の追死を予期して死を決意したものであり、その決意は真意に添わない重大な瑕疵ある意思であることが明らかである。そしてこのように被告人に追死の意思がないに拘らず被害者を欺罔し被告人の追死を誤信させて自殺させた被告人の所為は通常の殺人罪に該当するものというべ〔き〕」と判示した。学説でも、「行為者の追死することが、被害者の自殺の決意を固める上にもっとも本質的な点であり、それが欠けた場合には自殺は考えられない事態において、追死に関して被害者を欺くことは、自殺の決意に対する自由を奪うものにほかならないから、自殺教唆の範疇を逸脱しており、殺人罪を認めるべきである」[33]とする見解が有力である。この場合、本質的ということは、その錯誤がなければ自殺を決意しなかったという意味で用いられている。被害者に錯誤があってもなくてもいずれにしても自殺したのであれば、その錯誤は重要な錯誤とはいえない[34]。その限りでは、この見解は妥当である。しかし、その錯誤がなければ自殺しなかっただろうという場合にすべて自殺意思を無効とするのは、妥当でないと思われる。

　この問題は、殺人に限らず、より一般的に被害者の同意が問題となる場合について同じように考えることができる。例えば、金を払う気がないのに、金を払うからと騙して血液の採取に同意させた場合、金を払ってもらえないのであれば被害者は同意しなかったのだとすると、判例・通説からは、同意は無効で傷害罪が成立することになる。あるいは、ダイヤの指輪をプレゼントすると女性を騙してデートに誘い、車でドライブに行って、キスをした場

---

[33]　大塚・前掲注8)各論19頁注1。
[34]　最近の下級審裁判例（大分地判平成14・11・22 LEX/DB28085218）は、被告人が自分の経営する会社の借金を返済するため、不倫相手であったB子に対し、同女の勤務する会社の約束手形合計13通を偽造させて2300万円を得、さらに、会社や両親に迷惑をかけたことから自殺して保険で損失を穴埋めすることを決意したB子の嘱託を受けてB子を窒息死させた、という事案について、検察官が、B子の嘱託は、被告人の詐言によって精神的に追い詰められた被害者が、被告人の追死の詐言を信じたためであって、その意思決定の過程には重大な瑕疵があるから、普通殺人罪が成立する、と主張したのに対して、「B子は、被告人が追死するか否かとはそれほど関係なく自己の殺害を被告人に嘱託したのであって、B子の嘱託は真意に基づくものであったと評価せざるを得ない」と判示して、嘱託殺人罪の成立を認めている。

合に,プレゼントをもらえないとわかっていたらこれらの行為には絶対に同意しなかったというのであれば,女性の同意は無効で,車に乗せて走った点については監禁罪が,キスをした点については準強制わいせつ罪が成立しうることになる。しかし,これらの結論は,いずれも不当であろう。検察官が,これらの場合に,監禁罪や準強制わいせつ罪で行為者を起訴するとはとても思えないし,たとえ起訴をする検察官が出現したとしても,裁判所が有罪にするとは思えない(それとも,筆者が,日本の検察官・裁判官の良識を過大評価しているのであろうか)。錯誤がなければ同意しなかった,というだけで,同意を無効とするのは,処罰範囲が広すぎ,何らかの限定が必要なのである。

そこで,当該構成要件で保護された法益に関連する錯誤だけを重要な錯誤と解して,そのような錯誤がある場合に限って同意を無効とすべきであるという,いわゆる法益関係的錯誤説が主張されることになる[35]。その理論的根拠は,他の法益に関して錯誤があることを理由に,同意を無効として処罰すると,実質的には,当該構成要件で保護されている法益を他の法益に転換してしまうことになるか,騙されないという意思の自由一般を保護することになってしまい,不当である,という点にある。偽装心中の事例では,被害者の錯誤は,自己の生命ではなく相手の生命に関して存在するだけであるから,有効な同意として,殺人罪ではなく自殺関与罪が成立することになる。

偽造心中の事例については,以前から,被害者は死ぬこと自体には同意しており,動機の錯誤があるにすぎないから有効である,という見解が主張されていた。しかし,錯誤が動機の錯誤かどうかという区別は,法律行為の有効性についてはともかく,被害者の同意の有効性を考える上では重要でない

---

[35] 法益関係的錯誤説に関する初期の論文として,山中敬一「被害者の同意における意思の欠缺」関西大学法学論集33巻3=4=5号919頁以下(1983年),拙稿「被害者の錯誤について」神戸法学年報1号51頁以下(1985年)参照。その後,同説に賛成するものとして,浅田・前掲注5)300頁,西田・193頁,堀内・184頁,山口・144頁以下,髙山・前掲注11)56頁以下,島田聡一郎『正犯・共犯論の基礎理論』399頁以下(2002年)など参照。この問題に関する最近の包括的な検討として,森永真綱「被害者の承諾における欺罔・錯誤(1)(2・完)」関西大学法学論集52巻3号199頁以下(2002年),53巻1号204頁以下(2003年),上嶌一高「被害者の同意(上)(下)」法教270号50頁以下,272号76頁以下(2003年),塩谷・前掲注12)21頁以下,佐藤・前掲注6),小林憲太郎『刑法的帰責』227頁以下(2007年)参照。

というべきである。例えば、被害者は末期の癌であと少しで死ぬだろうと欺罔して、悲観した被害者に毒を渡して自殺させた、というような場合には、被害者は死ぬこと自体には錯誤がないが、法益関係的錯誤が存在するので[36]、その同意は無効とすべきである。

　法益関係的錯誤説は、多くの支持を受けるようになってきているが、さまざまな批判も受けている。そのなかで最も重要な批判は、緊急状況に関する錯誤の取扱いについての批判である。例えば、飼っているライオンが檻から逃げ出して人に危害を加えそうになっていると飼い主を欺罔して、その同意を得てライオンを殺した場合、子どもの命を救うためには臓器移植が必要だと親を騙して移植に同意させた場合、いずれも動物を傷害することや、身体を傷害すること自体には錯誤がないので、法益関係的錯誤が認められず、法益関係的錯誤説からは、有効な同意があるとされ不当である、という批判である[37]。

　緊急状況の錯誤については、まず、飼っているライオンが檻から逃げ出して人に危害を加えそうになっていると飼い主を欺罔して、その同意を得てライオンを殺した場合は、緊急避難によってライオンが殺傷されても仕方がない状況にあると欺罔されているのであるから、法益の法的価値に関する錯誤があると考えることができ、法益関係的錯誤と解することができる[38]。法益関係的錯誤説の趣旨は、当該保護法益と無関係な利益を保護するために同意を無効にすべきではない、という点にあるのであるから、法益関係性を厳格に解する必要はない。

　これに対して、子どもの命を救うためには臓器移植が必要だと親を騙して移植に同意させた場合については、錯誤が法益関係的ということは困難であ

---

36)　これに対して疑問を示す見解として、塩谷・前掲注12)11頁・41頁参照。
37)　斉藤誠二『特別講義・刑法』104頁以下（1991年）、林美月子「錯誤に基づく同意」『内藤謙先生古稀祝賀・刑事法学の現代的状況』32頁以下（1994年）、林幹人「錯誤に基づく被害者の同意」『松尾浩也先生古稀祝賀論文集(上)』239頁以下（1998年）、上嶌・前掲注35)272号78頁以下、山中・前掲注35)992頁以下、山中・209頁、森永・前掲注35)52巻216頁以下など参照。反論として、山口厚「欺罔に基づく『被害者』の同意」『田宮裕博士追悼論文集(上)』321頁以下（2001年）、同「『法益関係的錯誤』説の解釈論的意義」司法研修所論集111号109頁以下（2004年）参照。
38)　浅田・前掲注5)299頁、山口・前掲注37)田宮追悼331頁参照。

る。しかし，山口教授が主張されたように，臓器を提供しないと子どもを殺すと脅迫して提供に同意させた場合には，被害者の自由な意思決定を認めることができず，被害者の同意は無効になるのだとすれば，臓器を提供しないと子どもが死亡すると欺罔して被害者の同意を得た場合も，同意を得た過程の客観的な法的評価により，脅迫によって得られた同意と同程度に「自由でない」と解して，有効性を否定することができるであろう[39]。

　以上のように考えるとしても，スターのために献血を募っていると欺罔して献血をさせたような場合にまで，被害者の同意を無効として，傷害罪を認めるべきではないと思われる[40]。献血しないとスターが死ぬと脅したからといって，脅迫罪や強要罪が成立するわけではないのに，欺罔すると傷害罪で処罰するというのは，適当でないからである。

　法益関係的錯誤説は，同意の有効性に関する統一理論ではないから，被害者の自由な意思決定があったかどうかは，法益関係的錯誤かどうかと別個に検討されなければならない。事例によっては，被害者に心理的強制を加える手段として欺罔が用いられている場合もあるが，その場合に重要なのは，欺罔に基づく被害者の錯誤の性質ではなく，被害者の意思の自由が奪われているかどうかなのである[41]。

　例えば，下級審の裁判例には，独り暮らしの被害者の女性（当時66歳）から欺罔的手段で多額の借金をした被告人が，その発覚を免れるため，同女の貸付けは出資法に違反しており，警察が取調べに来て刑務所に入ることになる，などと虚偽の事実を述べて脅迫し，不安と恐怖におののく同女を，警察の追及から逃がすためという口実で連れ出して，17日間にわたり諸所を連れ

---

[39] 山口・前掲注37)田宮追悼331頁以下，同・前掲注37)司法研修所論集111頁参照。小林・前掲注35)227頁以下，西田・94頁は，法益関係的錯誤を肯定できるとする。さらに，西田ほか・注釈358-359頁〔深町〕参照。

[40] 林美月子・前掲注37)31頁以下参照。これに対して，傷害罪の成立を肯定する見解として，森永・前掲注35)52巻218頁参照。なお，林幹人教授は，意思決定が自由であったかどうかを被害者の意思に即して主観的に判断すべきことを強調されている（「主観的自由意思喪失的錯誤」説）。林幹人・前掲注37)249頁以下。しかし，行為者の価値判断を基準とすれば，結局，判例の立場に帰着せざるを得ないように思われる。

[41] 「金を出さないと殺すぞ」と脅迫した行為者に，本当は殺す気がなかった場合は，相手を欺罔していることになるが，この点は脅迫罪の成立にとって重要ではない。被害者の同意の有効性についても，同じことがいえる。

回り，体力も気力も弱った同女に，もはやどこにも逃げ隠れする場がないという状況にあるとの錯誤に陥らせたうえ，自殺する以外にとるべき道はない旨執拗に慫慂して同女を心理的に追いつめ，自ら農薬を嚥下させて死亡させた，という事案について，「同女が自己の客観的状況について正しい認識を持つことができたならば，およそ自殺の決意をする事情にあったものとは認められないのであるから，その自殺の決意は真意に添わない重大な瑕疵のある意思であるというべきであって，それが同女の自由な意思に基づくものとは到底いえない。したがって，被害者を右のように誤信させて自殺させた被告人の本件所為は，単なる自殺教唆行為に過ぎないものということは到底できないのであって，被害者の行為を利用した殺人行為に該当するものである」と判示した判決（福岡高宮崎支判平成元・3・24高刑集42巻2号103頁）がある。

　本件で重要なのは，被告人が被害者を心理的に追いつめた点にあり，被告人の欺罔はそのための手段にすぎない。もし本件被害者が自殺の際に自由な意思決定ができない状態にあったとすれば，殺人罪の成立を認めた判決の結論は正当なものといえよう。このことをよりよく理解するために，本件の事案を少し変えた2つの事例を考えてみていただきたい。まず，被告人の言ったことは本当だった，すなわち，被害者の行為は犯罪で，実際に警察に追及されており，逮捕されて有罪になれば刑務所に入る可能性もあった，という事例だったらどうだろうか。次に，被告人は，被害者を錯誤に陥らせて自殺を教唆したが，被害者を周囲から隔離して心理的に追いつめる行為はしなかった，という事例だったらどうだろうか。多くの読者は，前者の事例でも，そのような状況を利用して，被害者を周囲から隔離して心理的に追いつめ，自由な意思決定ができない状態にして自殺させれば，殺人罪が成立し得ると考えるのではないだろうか。逆に，後者の事例であれば，殺人罪を認めることはできないと考えるのではないだろうか。そうだとすれば，本件で問題になっているのは，錯誤の性質ではなく，被告人による被害者の意思の抑圧の程度なのである。

　以上のように，法益関係的錯誤説の守備範囲を明確にしておけば，法益関係的錯誤説はなお維持しうるように思われる。もっとも，法益関係的錯誤

は，考え方の枠組みを示しているだけであって，その結論は，何を保護法益と考え，何を法益関係的錯誤と考えるかによって変わってくる[42]。したがって，この点の検討が最も重要であるが，個別の犯罪について何が法益関係的錯誤かを検討するのは各論の役割である[43]。

　読者の方に注意していただきたいのは，法益関係的錯誤説とこれに対する最近の有力な批判説とは，従来の通説では処罰範囲が広すぎると考える点では，共通の基盤に立っているということである。学説を評価する際にも，個々の見解の細かな違いを気にする前に，まず大づかみに違いを把握することが大事である。錯誤に基づく同意に関する学説をそのように評価すると，従来は判例を支持する見解が通説とされてきたが，現在では，むしろ判例に反対する見解の方が多数説になっているのではないかと思われる。しかし，身びいきが入っているかもしれないので，ここでは，現在は両説が拮抗した状況にあると言っておこう。

---

[42]　法益関係的錯誤説の内部での注目すべき動きは，法益処分の自由を法益の構成要素として，法益処分の理由・動機に関する錯誤を広く法益関係的と解する見解が主張されるようになっていることである。山口・前掲注37)司法研修所論集103頁以下。山口厚「法益侵害と法益主体の意思」同編著『クローズアップ刑法各論』16頁以下（2008年）。しかし，法益処分の自由を当該構成要件の制約なしに保護すると，結局，あらゆる動機の錯誤が法益関係的とされてしまい，法益関係的錯誤説の自殺行為になるように思われる。批判として，小林・前掲注35)230頁以下。松原芳博「刑法総論の考え方(10)」法セ661号107頁（2010年），西田ほか・注釈361頁〔深町〕参照。

[43]　拙稿・前掲注35)51頁以下において，一応の検討を行った。近時の検討として，山口・前掲注37)司法研修所論集109頁以下参照。橋爪隆「詐欺罪(下)」法教294号94頁以下（2005年），山口・前掲注42)刑法各論16頁以下，拙稿「刑法各論の考え方・楽しみ方」法教360号101頁以下，362号101頁以下（2010年），372号106頁以下（2011年），佐藤・前掲注6)，西田ほか・注釈362頁以下〔深町〕など参照。

第13章

被害者の同意とその周辺（2）

I 傷害罪と被害者の同意

1 学説の状況

　傷害罪における被害者の同意については，学説は，①社会的に相当な場合には違法性が阻却されるとする見解，②原則として違法性が阻却されるが[1]，生命に危険のある傷害の場合には違法性が阻却されないとする見解[2]，③原則として違法性が阻却されるが，重大な傷害，具体的には，身体の枢要部分に対する回復不可能な永続的損傷については，違法性が阻却されないとする見解[3]，④常に違法性が阻却されるとする見解[4]に分かれている。

　まず，被害者の同意による違法性阻却の根拠は，同意によって法益の法益性ないし要保護性が失われる点にあると考えるべきであるから，①説が，社会的相当性の内容として，傷害罪の法益である身体以外の利益を考慮するのであれば，妥当ではない。これに対して，①説が，社会的相当性の内容として，傷害行為の危険性や傷害の程度だけを考慮するのであれば，結局，②説

---

1) 被害者の同意を構成要件阻却事由と位置づける見解では，構成要件該当性が否定されることになるが，以下では，両者を特に区別しないで論じる。
2) 平野・Ⅱ 254 頁など参照。
3) 内藤・㊥ 588 頁，山中・205 頁など参照。
4) 浅田・206 頁，前田雅英『刑法総論講義〔第 3 版〕』115 頁以下〔ただし，前田・348 頁は明確でない〕，西田ほか・注釈 364 頁〔深町〕など参照。なお，同意傷害を違法と解しても，被害者の有効な同意があれば，行為者の正犯性が否定され，傷害罪で処罰することはできない，という見解も主張されている。島田聡一郎『正犯・共犯論の基礎理論』257 頁（2002 年）参照。さらに，山口・163 頁参照。

ないし③説に帰着することになる。他方で，④説は，明快ではあるが，どのような傷害を与えても，極端にいえば，被害者を植物状態にしてしまっても，傷害罪が成立せず，（殺人未遂が認められる場合を除いて）不可罰になってしまうという結論は受け入れ難い。②説についても，生命に対する危険がない限り，腕や足を切断しても被害者の同意があれば違法性が阻却されるという結論は，やはり受け入れ難いように思われる。同意殺人罪が，自己決定の不可欠の基盤である生命について，同意による違法性阻却を認めないものだとすれば，自己決定の自由を構成する行動の自由を回復不可能な程度に侵害するような重大な傷害についても違法性阻却を認めないと解することには，十分な理由があると思われる[5]。したがって，③説を支持すべきであり，将来の行動の自由を著しく損なう，腕や足の切断などは，被害者の同意では，違法性が阻却されないと解すべきである。脳の一部を破壊するロボトミー手術なども同様である。これらの行為の違法性が阻却されるためには，治療行為など，他の違法性阻却事由の存在が必要である。

なお，同意による違法性阻却を認められない場合にも，有効な同意による違法減少は認められるので，同意殺人罪との均衡上，同意傷害を，同意殺人罪の法定刑の上限である7年を超えて処罰することはできないと解すべきである。

2 判例の状況

判例（最決昭和55・11・13刑集34巻6号396頁）は，「被害者が身体傷害を承諾したばあいに傷害罪が成立するか否かは，単に承諾が存在するという事実だけでなく，右承諾を得た動機，目的，身体傷害の手段，方法，損傷の部位，程度など諸般の事情を照らし合せて決すべきものであるが，本件のように，過失による自動車衝突事故であるかのように装い保険金を騙取する目的をもって，被害者の承諾を得てその者に故意に自己の運転する自動車を衝突させて傷害を負わせたばあいには，右承諾は，保険金を騙取するという違法な目的に利用するために得られた違法なものであって，これによって当該傷

---

[5] 内藤・(中)588頁参照。

害行為の違法性を阻却するものではないと解するのが相当である」と判示している。これは，基本的には，①説の立場に立つものといえるが，傷害罪の法益と関係のない利益侵害（この場合は詐欺）を考慮に入れて違法性を判断する点で，妥当ではない[6]。

一方，従来の下級審の裁判例を検討すると[7]，傷害罪の違法性阻却が否定されたのは，①生命に危険の高い行為の類型と，②任意の同意が認められない疑いが強い類型があることがわかる。前者の代表例は，被害者の求めに応じて首を絞めながら性交をしていて窒息死させてしまったという事案について，被害者の同意による違法性阻却を否定して，傷害致死罪の成立を認めた裁判例である。例えば，東京地判昭和52年6月8日（判時874号103頁）は，「性交中において双方が合意したうえで行われるいわゆる加虐行為としての暴行や傷害あるいはこれによる致死の結果については，その違法性が阻却されるためには，ただ単にそれが被虐者の承諾嘱託にもとづくというだけでなく，その行為が社会的に相当であると評価されるものでなければならないと考えられる。そこでどのような場合に加虐行為が社会的に相当とされ，あるいは相当とされないのかであるが，性交中の合意ある加虐行為にも種々の態様があり一概にはいえないけれども，本件に即していえば，同じ絞頚行為でも少なくとも相手方の生命に危害を及ぼす危険性の高い絞頚行為によって，性的な満足を高めようとすることは，右社会的相当行為の範囲内に含まれないものと解するのが相当である」と判示している。ここでは，社会的相当性の要件が用いられてはいるが，実質的には，生命に危害を及ぼす危険性の高い行為かどうかが判断の基準となっている[8]。

後者の代表例は，被害者の同意に基づく指つめについて違法性阻却を否定して傷害罪の成立を認めた判決（仙台地石巻支判昭和62・2・18判タ632号254頁）である。事案は，暴力団の組員であるAが，他の暴力団の組員であるBから不義理に対するけじめをつけるように言われたため，謝罪として

---

6) 本書102頁以下参照。判例の結論は，不可罰である詐欺の予備を傷害罪で処罰することになってしまう点でも疑問がある。林陽一「判評」『刑法判例百選Ⅰ〔第5版〕』44頁（2003年）参照。

7) 裁判例については，中山研一「被害者の同意と暴行・傷害の故意(1)(2・完)」北陸法学7巻4号1頁以下，8巻1号1頁以下（2000年）が詳しい。

指をつめるしかないと決意し，被告人にこれを依頼し，被告人が，Aの左小指の根元をしばって血止めした上，風呂のあがり台に乗せた指に出刃包丁を当て金槌でたたいて小指の末節を切断した，というものである。判決は，「被告人の行為は，公序良俗に反するとしかいいようのない指つめにかかわるものであり，その方法も医学的な知識に裏付けされた消毒等適切な措置を講じたうえで行われたものではなく，全く野蛮で無惨な方法であり，このような態様の行為が社会的に相当な行為として違法性が失われると解することはできない」と判示した。しかし，公序良俗に反するというだけで傷害罪の違法性を認めるとすれば，刑法と道徳の混同という批判を受けざるを得ないであろう。また本件で，被告人が医学的知識を有していて消毒等の措置を講じていれば，違法性阻却が認められたかといえば，それも疑問である。この事例について，傷害罪の成立を認めるべきだと感じられるのは，被害者の意思が自由なものか疑わしいからである（不義理に対するけじめをつけろ，と言われて，被害者がこれを断ったら，おそらく小指だけではすまなかったであろう）。そうだとすれば，裁判所は，被害者の同意が自由でなかったことを認定すべきであり，認定できないのであれば，傷害罪の成立を否定すべきである。近時の判例（最決平成16・1・20刑集58巻1号1頁）のように，被害者の意思が「自由でない」というためには，完全に自由意思が失われていることまでは必要ないと考えれば[9]，そのように解しても不都合はないと思われる。

以上のように考えると，下級審の裁判例は，③説の立場からも，結論としておおむね是認しうるものである。一方，最高裁の判例については，以下のように再構成されるべきであろう。まず，第1に，傷害の程度・部位・危険性を判断して，「重大な傷害」といえなければ，それだけで被害者の同意に

---

[8] 類似の裁判例として，大阪高判昭和40・6・7下刑集7巻6号1166頁，東京高判昭和52・11・29東高刑時報28巻11号143頁，大阪地判昭和52・12・26判時893号104頁などがある。これに対して，過失致死罪とした裁判例として大阪高判昭和29・7・14裁特1巻4号133頁がある。両者の違いを，手段の危険性の差に求めることができるか（町野朔「被害者の承諾」西原春夫ほか編『判例刑法研究2』198頁以下〔1981年〕参照）は，議論の余地があろう。区別できないとすれば，過失致死罪とした裁判例は，先例としての価値を失っていることになる。

[9] 山口厚『新判例から見た刑法〔第2版〕』29頁（2008年）参照。

基づく違法性阻却を認めるべきである。例えば，保険金詐欺の目的で指に傷をつける場合や，医師が犯人の逃走を助けるために整形手術をする場合には，傷害罪の違法性阻却を認めるべきである（もちろん，詐欺罪や犯人隠避罪の成否は別個に判断される）。第2に，傷害の程度・部位・危険性を判断して，「重大な傷害」と判断された場合には，その行為がどのような目的で行われたものかを考慮すべきである。もっとも，「重大な傷害」の違法性が阻却されるのは，治療行為など，優越的利益の保護を目的[10]としている場合であるから，このような場合は，被害者の同意による違法性阻却ではなく，それぞれの目的に応じた他の違法性阻却事由の問題として扱うのが理論的には明快である。

II 推定的同意

　推定的同意とは，法益主体が現実に同意を与えていないが，もし事態を認識していたならば同意をしたであろう場合をいう。通説は，現実の同意がなくとも，推定的同意によって違法性が阻却される場合があることを認めている[11]。
　推定的同意が認められる場合としては，法益主体の利益のために行為する場合と行為者または第三者の利益のために行為する場合がある。一般に，前者の例として，水道の蛇口からあふれ出る水を止めるために，不在の隣家に立ち入る場合（水道栓事例），友人宛に来た信書を，その不在中に，必要な措置をとるため開封する場合（信書開封事例），意識を喪失した患者のために緊急手術をする場合（無意識患者救命事例）などが挙げられ，後者の例として，友人の不在中に，タバコを一本もらって吸う場合（タバコ事例）などが挙げられている。しかし，無意識患者救命事例は，治療行為の事例であるから，

---

[10] ただし，結果無価値論の立場からは，ここでいう目的は，行為の客観的な目的と理解されるべきであって，行為者の主観を重視すべきではない。
[11] 学説の状況については，内藤・㊥612頁以下参照。これに対して，従来推定的同意の問題とされてきた判例群を，①現実の同意，②被害者の価値観による法益価値の減少，③緊急避難などに分解しようとする見解として，小林憲太郎『刑法的帰責』249頁以下（2007年）参照。

一般の推定的同意とは別個に扱うのが適当である。

　推定的同意の根拠は，法益主体が現実を認識していれば同意したであろう，という点に求められるのであるから，判断の基準はあくまで法益主体その人であって，その人の意思を離れた「理性的人間」の合理的意思ではないと考えるべきである。例えば，水道栓事例において，通常の人なら同意するような場合であっても，当該法益主体が，他人が自分の家に入ることを極度に嫌っている人であれば，そのような意思を基にして判断がなされなければならない。

　問題は，このような推定的同意に関する事前の蓋然的判断が事後に判明した法益主体の意思と合致しなかった場合をどのように扱うかである。通説は，このような場合にも，違法性が阻却されると解しており，最近では，これを，「許された危険」の一類型として説明する見解が有力である。被害者の意思に合致する事前の高度の客観的蓋然性の存在によって，事後的に被害者の真の意思に反する危険を冒すことが許されているというのである。

　これに対して，法益主体の意思に関する行為者の「判断の誤り」のリスクは，行為者の側が負担すべきであるとして，事後的に明らかになった被害者の意思に合致していなければ違法性阻却は認められないとする見解が，山口教授によって主張されている（錯誤の問題として扱うべきだとされる）。山口教授は，通説を，「法益主体の意思に合致する」という違法性阻却事由から，「法益主体の意思に合致する事前的蓋然性が存在する」という別の違法性阻却事由を引き出すものであり，このような考え方は，あらゆる違法性阻却事由に援用可能であるから，すべての違法性判断が行為時の事前的な可能性判断になってしまう，と批判されるのである[12]。

　しかし，推定的同意と被害者の同意は，別個の根拠に基づく別個の違法性阻却事由だと考えるべきであるから，このような批判は妥当しないと思われる。「推定的同意は被害者の同意の延長線上にある」とよく言われるが，このことは，両者の根拠が同一で，推定的同意が被害者の同意の単なる拡張である，ということを意味しない。もしそうであれば，被害者の同意が存在す

---

12) 山口・169頁参照。

る事前的蓋然性が存在すれば常に推定的同意による違法性阻却が認められなければならないが，そのような主張はなされていないのである。被害者の同意は，法益主体が法益の保護を放棄することによって法益の法益性ないし要保護性が失われることにその根拠が求められるが，推定的同意においては，結果発生時に法益主体の法益処分が存在しない以上，そのような根拠が妥当することはあり得ない。推定的同意は，法益主体の意思に合致する事前の高度の蓋然性に基づく法益侵害行為を認めた方が，（少なくとも中長期的には）法益主体の，ひいては社会全体の利益になる，という優越的利益の考えに基づいて認められるものなのである。

　山口教授も事前の蓋然性判断による違法性阻却を一切認められないわけではないであろう。例えば，逮捕行為は，犯人である事前の蓋然性に基づいて認められており，事後的に犯人でないことが分かったからといって，遡って逮捕が違法になるわけではない。次に述べる治療行為も，治療効果が生じることの事前的蓋然性によって違法性阻却が認められるのであって，事後的に治療効果が生じなかった（さらには，患者の状態が治療前より悪化した）からといって，事後的に違法になるわけではない。このように，事前の蓋然性を要件とする違法性阻却事由が法律や解釈で認められているからといって，他の違法性阻却事由がすべて事前判断になっているわけではない。同様に，推定的同意による違法性阻却を事前的蓋然性判断によって認めたからといって，その他の違法性阻却事由も事前判断になるわけではないのである。

　もちろん，事前の蓋然性に基づく違法性阻却を認めることができるということは，推定的同意もそのようなものでなければならないということを意味しない。結局，この点は，「判断の誤り」のリスクをどちらに負担させることが妥当であるかに関する価値判断に帰着するように思われる。通説は，場合によっては「判断の誤り」のリスクを被害者に負担させてよいと考えているわけであり，この考えは，結論として支持しうるように思われる。法益主体の利益のために行動する行為者に，誤りのリスクを負担させることは，社会の利他的行動を萎縮させてしまい，妥当でないと思われるからである[13]。

　もっとも，被害者の同意が存在する蓋然性さえあれば，「判断の誤り」のリスクを被害者に負担させることが常に正当化されるわけではない。従来の

通説は，推定的同意が認められる事例を幾つか挙げるだけで，「判断の誤り」のリスクを被害者に負担させることが正当化されるための条件を十分には検討してこなかったといえる。ここで本格的な検討をすることはできないが，考え方の方向性としては，以下のように考えるべきではないかと思われる。

　まず第1に，「判断の誤り」のリスクをできるだけ小さくすることが必要であり，そのためには，①法益主体を基準にして「判断の誤り」の可能性をできるだけ小さくするとともに（したがって，実際に事前の蓋然性判断と事後の意思が食い違うことは稀であろうし，逆に言えば，そうなるように判断されなければならない），②推定的同意による違法性阻却を比較的軽微な法益侵害に限るべきである。したがって，推定的同意に基づいて身体を傷害したり，重大な財産的損害を加えることは，許されないと解すべきである。無意識患者救命事例のような場合は，患者の推定的意思に基づく緊急手術も許されるであろうが，それは，すでに述べたように，一般的な推定的同意の問題ではなく，治療行為における患者の推定的意思の問題として扱うべきである。

　第2に，「判断の誤り」のリスクを被害者に負担させるためには，被害者に何らかのメリットがある場合に限るべきであると思われる。その意味で，推定的同意を法益主体の利益のために行為する場合に限定する見解[14]が主張されていることも理解できないわけではない。しかし，行為者または第三者の利益のために行為する場合とされている事例も，親しい友人関係の維持という利益が法益主体にあると考えれば[15]，広い意味では，法益主体の利益も考慮して認められていると評価することができるであろう。したがって，気前のよい人だからといって，まったくの赤の他人が勝手にタバコをもらってよいということにはならない。また，どのくらいのリスクを負担させてよいかは，被害者にどのくらいメリットが想定されるかによっても変わっ

---

13) 錯誤による解決は，違法性阻却による解決と不可罰という点では同じであったとしても，自分の行為を違法と評価されることによるスティグマや，（場合によっては）正当防衛を受ける可能性など，違法性阻却による解決よりも不利益な点がある。しかし西田・195頁は，「小さな親切，大きなお世話」でもあり得る，として本書のような価値判断を疑問視している。たしかに，そういわれると，そのような気がしないでもない。

14) 川原広美「推定的同意に関する一試論」刑法25巻1号99頁（1982年），吉田宣之『違法性の本質と行為無価値』285頁（1992年）参照。

15) 松宮・129頁参照。

てくると考えるべきであるから，行為者または第三者の利益のために行為する場合の方が，被害者の利益のために行為する場合に比べて，推定的同意によって許容される法益侵害の程度が限定されると考えるべきであろう。友人から無断で100円借りることは許されても，10万円を勝手に借りてよいかは疑問がある。

第3に，推定的同意は，そのような違法性阻却を認める必要性が，類型的に高い場合に認めるべきであろう。推定的同意の要件として，現実の同意を得ることができる場合には，推定的同意は認められない，という「補充性の原則」が要求されてきたが，行為時に「補充性」が充たされていても，事前に現実の同意を得ることが困難でなかった場合には，推定的同意を認める必要は少ない。推定的同意による違法性阻却が必要なのは，水道栓事例のように，突発的な事態で，事前の同意を得ることが困難な場合である。

以上のように考えると，推定的同意が限定されすぎると思われるかもしれないが，推定的同意の例として従来挙げられてきた事例もそれほど広範なものではなく，推定的同意の範囲が従来より著しく限定されるということはないであろう。信書事例などは，プライヴァシーの利益が重視されるようになっている現在もなお推定的同意による違法性阻却を認めるべきか，疑問の余地があるように思われる。

推定的同意を認める範囲を考える際には，さらに，以下の点も考慮する必要がある。第1に，事前の包括的同意が存在する場合には，推定的同意を問題にするまでもなく違法性阻却が認められる。推定的同意の事例とされている場合のなかには，事前の包括的同意を認めることができる場合も多いであろう。例えば，友人といつもタバコを貸し借りしている場合には，事前の包括的同意を認めることができるであろう。

第2に，推定的同意による違法性阻却が認められない場合にも，他の違法性阻却が認められる可能性があり，特に緊急避難や治療行為による違法性阻却が重要である。例えば，不在の隣家から出火して火を消すために戸を破って入る場合は，たとえ推定的同意が認められないとしても（隣人が他人の立入りを絶対に許容しない人であっても），緊急避難として立入りが認められることが多いであろう。

第3に，法益侵害がきわめて軽微な場合には，推定的同意による違法性阻却は認められなくとも，可罰的違法性が認められない場合がある。推定的同意の事例として挙げられる，友人の自転車をちょっと借りるという場合は，推定的同意を問題にするまでもなく，（可罰的違法性の観点から要求される）不法領得の意思が認められず，窃盗罪は成立しない。
　第4に，違法性も責任も認められ，犯罪が成立したとしても，軽微な法益侵害であれば，被害者が事後的にこれを許せば，事実上，刑事事件になることはないであろう（実際の社会生活ではこのような場合も多いと思われる）。
　これらの点を考慮すれば，推定的同意の範囲は限定されたものでよいのではないか，というのが筆者の現在の考えである。

III　治療行為

　すでに述べてきたことから明らかなように，治療行為（医療行為）は，治療効果が期待できる適切な医療行為であることによって違法性が阻却されるのであって，同意の存在自体によって違法性阻却が認められる被害者の同意とは，正当化の根拠が異なっている[16]。「凍傷のため壊疽になった指を切断する医師の行為と，女のことで不義理をしでかした子分の指を詰める親分の行為とは」，意味がまったく異なるのである。被害者の同意においては，同意が違法性阻却の「基礎」であるが，治療行為における患者の同意は，医学の専断を抑制し，違法性阻却を限界づける「柵」である[17]。
　以上のような理論的違いから，被害者の同意と治療行為とは，主に次のような違いがある。第1に，重大な傷害については被害者の同意があっても違法性が阻却されないと解する場合，そのような重大な傷害については，治療

---

[16]　治療行為に関連する問題としては，安楽死，尊厳死の問題が重要であるが，ここで扱う余裕がないので，興味のある方は，文献の引用を含めて，上田健二『生命の刑法学』（2002年），甲斐克則『安楽死と刑法』（2003年），同『尊厳死と刑法』（2004年）を参照されたい。筆者による簡単な検討としては，拙稿「判評」『刑法判例百選I総論〔第5版〕』42頁（2003年），同「末期医療のあり方」ジュリ1251号104頁以下（2003年）〔樋口範雄編著『ケース・スタディ生命倫理と法〔第2版〕』（2012年）所収〕がある。
[17]　町野朔『患者の自己決定権と法』172頁（1986年）参照。この問題に関する近時の包括的研究として，小林公夫『治療行為の正当化原理』（2007年）参照。

行為による違法性阻却が問題となる。治療行為として正当なものであれば，生命に危険のある手術であっても許される。

第2に，治療行為における患者の意思は，被害者の同意と比べて，緩やかに認めることができる[18]。例えば，治療行為における患者の同意能力は，一般の被害者の同意能力よりも緩やかな要件で認められるであろう。また，患者の推定的同意も，一般の推定的同意よりも広範に認めることが可能である。

IV 危険の引受け

危険な行為を行うことについては同意があるが，法益侵害結果の発生については同意がない場合には，被害者の同意を認めることはできない。このような場合をどのように扱うかという問題が，「危険の引受け」の問題として，議論されている。その契機となったのが，ダートトライアル事件判決（千葉地判平成7・12・13判時1565号144頁）である。判決は，ダートトライアルの練習中に，初心者である被告人が運転操作を誤り，自車を暴走させて防護柵に激突して，被告人を指導するために同乗していた被害者を死亡させた，という事案について，被告人の運転方法および死亡結果は，被害者が自己の危険として引き受けていた危険の現実化であり，また，社会的相当性を欠くものともいえない，として，業務上過失致死罪の成立を否定した。

危険の引受けの問題については，①違法性阻却の問題として扱う見解，②正犯性の問題として扱う見解，③因果関係（法的因果関係）ないし客観的帰属の問題として扱う見解，④過失を含めた責任の問題として扱う見解などがある[19]。これらの論拠は，相互に排他的なものではないので，それぞれについて検討が必要であるが，ダートトライアル事件のような事例の解決方法は，基本的に違法性阻却に求められるべきだと思われる。その理由は，第1

---

18) 町野・前掲注17)177頁以下に詳細な検討がある。
19) 学説の詳細については，島田聡一郎「被害者による危険引受」山口厚編著『クローズアップ刑法総論』124頁以下（2003年），塩谷毅『被害者の承諾と自己答責性』332頁以下（2004年），東雪見「法益主体の危険引受け(1)(2・完)」上智法学論集47巻2号69頁以下（2003年）・3号77頁以下（2004年），西田ほか・注釈373頁以下〔深町〕など参照。

に，違法性阻却以外の解決では，刑事責任は否定できても行為の違法性が残ってしまう。違法な行為に対しては正当防衛が可能であるが，ボクシングの試合で相手をノックアウトしようとしている選手に対して第三者による正当防衛が認められるのはおかしいであろう。第 2 に，被害者が危険を認識してこれを引き受けているというだけで，行為者の刑事責任を否定することはできない。例えば，危険の引受けがあるからといって喧嘩の当事者の刑事責任を否定することはできない。酒酔いで正常な運転ができないにもかかわらず友人を自車に乗せて運転する者の刑事責任についても同様である。危険の引受けの可罰性を適切に判断するためには，行為の社会的有用性をも考慮に入れることが必要であり，そのような判断の枠組みは，違法性阻却の判断が相応しい。

　近時，島田教授は，被害者が結果に実現した危険を行為時において的確に認識し，かつ結果の発生を望んでいない場合，通常であれば，その危険を回避して，わが身を守ろうと試みるのであるから，被害者がその能力を行使せず，そのこと故に結果が生じた場合には，行為時においては小さな危険しか存在しなかったにもかかわらず異常にも結果が生じてしまったと評価して，因果関係，結果帰属を否定すべきであり，ダートトライアル事件はそのような場合である，と主張された。そして，このような場合には，危険創出が認められないから，正当防衛や緊急避難もできない，とされた[20]。しかし，行為と結果の間に第三者の過失が介在した場合にも，それが重大な過失といえない限り，法的因果関係が否定されていないように，被害者が危険を回避する能力を行使しなかったとしても，それが重大な落ち度といえない限り，法的因果関係が否定されることはないであろう[21]。そうだとすれば，ダートトライアル事件を含めた危険の引受け事例の多くで，法的因果関係（危険創出）を否定することは困難だと思われる。

　やはり，危険を減少させるための一定のルールに則って行われるスポーツのような行為については，その有益性も考慮に入れて，違法性が阻却されると考えるべきである[22]。

---

20)　島田・前掲注 19) 149 頁以下，152 頁注 103。
21)　小林・前掲注 11) 181 頁参照。

なお，山口教授は，危険の引受けが認められる場合には，危険な行為の遂行それ自体は許されることになり，一旦それを許した以上は，危険な行為の遂行のために行為者にとってもはや回避しえない結果が生じたとしても，行為者に結果回避可能性または過失が否定される，と説明されている[23]。しかし，問題は，生命に危険のある行為の遂行がそもそもどのような場合になぜ許されるのか，という点にあるのであって，行為が許容されるのであれば，結果について刑事責任を問うことができないことを，山口教授のように説明する必要があるかは疑問がある。例えば，生命に危険のある手術が治療行為として許容されるのであれば，結果的に患者が死亡しても違法性はないのであって，そのことを説明するのに結果回避可能性がないとか過失がないとは，通常言わない。行為から通常予想される範囲内の結果については，行為を許容したことの当然の効果として許容されると解すべきであろう[24]。

V　おわりに

被害者の同意とその周辺ということで，2回にわたって検討してきたが，被害者の同意の周辺部分については，駆け足になってしまった。法学部や法科大学院で刑法を勉強している学生の方は，被害者の同意とこれと関連する他の違法性阻却事由との違いについて，基本的な点を理解しておくことが必要であり，それで充分であろう。

---

22)　拙稿「違法論における自律と自己決定」刑法41巻2号186頁以下（2002年）参照。さらに，小林憲太郎「判評」『刑法判例百選Ⅰ総論〔第5版〕』113頁（2003年）も参照。
23)　山口・170-171頁。
24)　島田・前掲注19)161頁，小林・前掲注11)276-277頁参照。

第14章

故 意 論 (1)

I はじめに

　今回は，故意論の第1回目として，未必の故意を扱うことにしたい。本論に入る前に，次の事例を読んでいただきたい。

　若い奇術師のXが，演技中にナイフで妻の頸動脈を切断して死亡させ，殺人罪で起訴された。Xは，以前から，結婚前の妻と友人との関係に対する嫉妬から妻との生活がいやでたまらなくなり，妻が死んでしまえばよいと思っていた。事件の前夜には，妻との諍いから起こった興奮した気持ちの中で，うじうじとした生活に苦しんでいるくらいなら，なぜ妻を殺してしまわないのだ，殺した結果どうなろうと問題ではないではないか，という気持ちになった。Xのそのような気持ちは翌朝には消えてしまっていたが，舞台でナイフを持って妻と向き合った瞬間，Xは危険を感じる。その時の気持ちを，Xは，裁判官に対して，次のように話す。
　「私は出来るだけ緊張した気分で仕なければあぶないと思いました。今日の上ずった興奮と弱々しく鋭くなった神経とを出来るだけ鎮（しず）めなければならぬと思ったのです。しかし心まで食い込んでいる疲労はいくら落ちつこうとしてもそれを許しません。その時から私は何となく自分の腕が信じられない気がしてきたのです。」「ナイフが指の先を離れる時に何かべたつくような，拘泥（こだわ）ったものがちょっと入ります。私にはもう何処へナイフがささるか分らない気がしました。一本ごとに私は（よかった）という気がしました。私は落ちつこう落ちつこうと思いました。しかしそれはかえって意識的になる事から来る不自由さを腕に感ずるばかりです。頸（くび）の左側へ一本打ちました。次

> に右側へ打とうとすると，妻が急に不思議な表情をしました。発作的に烈しい恐怖を感じたらしいのです。妻はそのナイフがそのままに飛んで来て自身の頸へささる事を予感したのでしょうか？　それはどうか知りません。私はただその恐怖の烈しい表情の自分の心にも同じ強さで反射したのを感じたのでした。私は目まいがしたような気がしました。が，そのまま力まかせに，殆ど暗闇を眼がけるように的(あて)もなく，手のナイフを打ち込んでしまったのです……」
>
> 事件の直後，Xは，故意で殺してしまった，という気がして，過失を装おうとするが，そのうちに，自分でも故意なのか過失なのかわからなくなり，愉快でならなくなる。妻の死を悲しむ気持ちは全くない，と言ってXが部屋を出て行った後，裁判官は，すぐにペンを取り上げて，その場で「〇罪」と書いた。

あなたが裁判官なら〇に何と入れるだろうか？　言うまでもなく，この事例は，志賀直哉の小説『范の犯罪』からとったものであり，X（范）の発言は小説からの引用そのままである（岩波文庫『小僧の神様他十篇』）。作者は，この小説で現実の裁判を描こうとしたわけではないので[1]，これを現実の事件として判決を考えてみるというのは，単なるお遊びにすぎないが，余興のつもりで，以下を読む前に，そして読んだ後で，Xに未必の故意を認めることができるかどうかを考えてみていただきたい。

1）　作者は，X（「范」）や裁判官を抽象的存在として描いており，現実の裁判を叙述しようとしているわけではない。小説中の裁判官の宣告は「無罪」であるが，それは，芸術家の心情に対する芸術上の評価にすぎないといえよう。志賀直哉は，小説『城の崎にて』の中で，「（范が）その妻を殺すことを書いた」と述べており，范の行為は，芸術上は無罪でも，実生活上は有罪だと考えていたのかもしれない。もちろん，作者が「殺す」という言葉を故意殺の意味で意識的に使用しているかどうかは確かでないが，『范の犯罪』の中で，范が，「とうとう殺したと思いました」と供述して，裁判官のそれは故意でしたという意味かという質問に対して，そうだと答えているので，「殺す」という言葉を意識して使った可能性はあるように思われる。

II　未必の故意に関する学説

　故意は，意図（意欲），確定的故意，未必の故意に分けることができる[2]。わが国の刑法は，故意犯を一種類しか規定していないが[3]，背任罪の加害目的や虚偽告訴罪の刑事または懲戒の処分を受けさせる目的については，故意の特殊な態様として，結果の意欲ないしは確定的認識を要する，という見解が有力に主張されている[4]。

　故意の本質をめぐっては，周知のように，認識説（表象説）と意思説（希望説）が対立しており，未必の故意と認識ある過失の区別については，認識説の立場から蓋然性説が，意思説の立場から認容説が主張されている。また，両者を総合しようとする動機説と呼ばれる見解も主張されている。もっとも，認識説と意思説との間には，本質的な対立は存在しない，という評価もある。例えば，内藤博士は，認識説と意思説の対立について，次のように言われる。「故意とは，犯罪事実の認識として，その主観的反映であるが，犯罪事実に対する認識的対応にとどまるものではなく，犯罪事実を生じさせるとする意思（決意）でもある。犯罪事実を認識しなければ，その犯罪事実を生じさせると決意することはありえないが，しかしまた，単に犯罪事実を認識しただけでは，犯罪行為に出るということもありえないからである。そこで，故意があるというためには，表象という『認識的要素』と，決意とい

---

[2]　わが国では，意図（意欲）と確定的故意を一緒に確定的故意と呼ぶことも多い。確定的故意と未必の故意の違いは，被告人の情状を判断するための重要な要素として扱われており，高裁判例（東京高判昭和42・4・11判タ210号218頁）は，確定的殺意が認められるのに，殺人の未必の故意を認定した原判決の誤認は，判決に影響を及ぼすことが明らかである，と判示している（これと異なる判例として，札幌高判昭和38・12・17高刑集16巻9号809頁参照）。

[3]　旧刑法は，「予め謀て人を殺したる者は謀殺の罪と為し死刑に処す」（292条），「故意を以て人を殺したる者は故殺の罪と為し無期徒刑に処す」（294条）と規定して，謀殺と故殺を区別していた。現在でも，犯行が計画的なものであったかどうかは，刑事裁判において，被告人の情状を判断する上で重視されており，特に死刑の適用が問題になっている事件などでは重要な意味を持っている。

[4]　例えば，団藤重光『刑法綱要各論〔第3版〕』111頁，656頁（1990年），大谷實『刑法講義各論〔新版第3版〕』321頁，609頁（2009年）など参照。〔ただし，虚偽告訴罪の目的については未必的認識で足りるとする。同・597頁〕

う『意思的要素』が必要である。ただ，犯罪事実を認識（表象）して犯罪行為に出た以上，犯罪事実を生じさせる意思（決意）は当然に存在する。……その意味では，故意の概念における意思的要素の有無をめぐる認識説（表象説）と意思説との間に本質的な対立は存在しないということができる5)。」

　内藤博士が，認識説も意思的要素を無視しているわけではない，といわれるのは，そのとおりである。しかし，内藤博士自身が認められるように，認識説が要求する意思的要素とは，犯罪事実を認識しながら行為に出れば常に認められる行為意思にすぎない。意思説が問題にしているのは，そのような行為意思だけで「犯罪事実を生じさせるとする意思（決意）」があるといえるのか，それ以上のプラスアルファが必要なのではないか，という点にあるのであるから，両説に「本質的な対立は存在しない」と言い切ることはできないであろう。もっとも，両説，あるいは，両説を基礎として主張されている蓋然性説と認容説には，表面上の違いにもかかわらず，結論には違いがないかもしれず，その意味では，やはり「本質的な対立は存在しない」ということになるのかもしれない。以下，検討してみたい6)。

1　蓋然性説

　蓋然性説は，認識説を基礎として，行為者が犯罪事実が実現する可能性を蓋然性があるものと認識して行為したか否かによって，未必の故意と認識ある過失とを区別する見解である。そこでいう蓋然性がどのくらい高度の可能性を意味しているのかは，必ずしも明らかではないが，蓋然性説が認識説と区別して主張されている以上，単なる可能性を超える，ある程度高度の可能

---

5) 内藤・(下Ⅰ)894頁。
6) 各説に対する批判の詳細については，内藤・(下Ⅰ)1083頁以下が詳しい。また，近時の総合的研究として，玄守道「故意に関する一考察(1)〜(6・完)」立命館法学299号181頁以下，302号96頁以下，306号95頁以下，308号32頁以下，309号60頁以下，313号54頁以下（2005〜2007年）がある。さらに，裁判員裁判との関連で殺意の概念を再検討した研究として，司法研修所編『難解な法律概念と裁判員裁判』14頁以下（2009年），拙稿「裁判員裁判と刑法の難解概念」曹時61巻8号1頁以下（2009年），玄守道「裁判員裁判のもとにおける未必の故意」龍谷法学42巻3号568頁以下（2010年），遠藤邦彦「殺意の概念と証拠構造に関する覚書」『植村立郎判事退官記念論文集——現代刑事法の諸問題 第2巻』199頁以下（2011年），下津健司「殺意の認定における『要件事実的思考』」『植村立郎判事退官記念論文集 第2巻』229頁以下など参照。

性が要求されているといえよう。

　蓋然性説の基礎にある認識説に対しては，意思的要素を無視している，あるいは，認識していること自体を非難することはできない，といった批判がなされているが，いずれも誤解に基づいた批判である。このことは，認識説の代表的論者である牧野博士が，以下のように述べていることから明らかである。「われわれが認識主義として論じているところは，一定の事実を認識しつつ，しかもそれにもかかわらずその行為に出るの決意を為すところに，犯意の成立を認める，という点に在るので，かく認識と決意を結合して考えるにおいては，以て犯意の規範的意義を理解するのに十分と為すことを得るのである[7]。」

　蓋然性説に対しては，単なる可能性と蓋然性との区別が曖昧である，という批判もよくなされる。しかし，通説も，未遂の成立時期については，結果発生の現実的危険の有無で実行の着手時期を判断しているのであるから，そのような判断と蓋然性の判断に本質的な違いがあるとは思われない[8]。また，「故意と過失とは程度の差ではなく，質的な差があるべきだ」という批判もあるが[9]，程度の差なのは認識の対象であって，故意と過失は蓋然性の認識の有無で区別されるのであるから，両者には質的な差があるといえる。そもそも，このような批判をする論者も，著しく低い可能性の認識しかない場合（認識したとおりに結果が発生しても法的因果関係が否定されるような場合）には故意を否定するのであろうから，認識された可能性の程度によって故意の有無が判断されることは認めざるをえないのである。

　認識説に対しては，結果発生の蓋然性を認識しても，自己の技量などを信頼して結果は発生しないであろうと考えて行為に出た場合には，故意を認めることはできないはずである，という批判もある。しかし，これも誤解に基づく批判である。蓋然性の認識が行為者の頭の中をよぎったとしても，行為に出る時点で，結果は発生しないと考えているのであれば，結局，蓋然性の

7）牧野・303頁。
8）斎藤教授は，普通の法益尊重感覚でみれば行為を思い止まるに違いない程度の可能性の高さを「蓋然性」として，その認識まであったか否かで区別すれば基準は一応明確である，とされる。斎藤・98頁。
9）平野・Ⅰ187頁参照。

認識はなかったのである。認識説・蓋然性説に対しては，この種の誤解に基づく批判が繰り返されているが，既遂犯や未遂犯で問題となる故意は，あくまで実行行為の時点での認識であることを，明確に認識すべきであろう。

　蓋然性説に対しては，医師が成功の可能性がごくわずかであるにもかかわらず，それを期待して瀕死の患者を手術した場合，蓋然性説によれば故意が肯定され，認容説からは否定されるが，故意を認める結論が「いかにも不当であることは，疑いのないところである」という批判もなされている[10]。しかし，この事例で，犯罪の成立が否定されるのは，第1次的には，治療行為として違法性が阻却されるからであって，故意の有無は2次的な問題である。また，そもそも，認容説から故意が否定できるかについても疑問がある。成功の可能性のごくわずかな手術をする医師は，手術の成功を願ってはいるだろうが，手術が失敗して患者が死亡したとしても，それはそれでしかたのないことだ，と通常は思っているであろう（成功の可能性がごくわずかしかないのに，自分は絶対失敗しないと考えている医師がいるとすれば，それはかなり「怖い」医師である）。そうだとすれば，認容説からも（構成要件的）故意を否定することはできないはずである[11]。

　蓋然性説に対する最も重要な批判は，結果発生の可能性が低くとも，結果を意図していた場合には，故意が認められるべきである，という批判である。例えば，遠くにいる人を殺す意図で一生懸命けん銃で狙って発砲した場合には，たとえ当たる可能性が低くても，故意を認めるべきである。これに対して，蓋然性説を支持される前田教授は，「ある程度の確率と思って，人に向かって撃てば，それは殺意ありということ」であって，蓋然性という言葉が適当ではない，と反論されている[12]。しかし，説の名称はともかくとして，行為者が認識した結果発生の可能性が低くとも，それが著しく低くなければ，故意を認めるというのであれば，認識説との違いがなくなってしまい，蓋然性説の趣旨が失われてしまうであろう。前田教授は，「蓋然性説」

---

10) 福田・113頁注2。
11) 例えば，保険金を詐取する目的で家屋に火をつける場合，家の中にいる人が逃げ遅れて死ぬ可能性が非常に高いと認識しているのであれば，なんとか助かって欲しいと願い，また自ら救助のための努力をしたとしても，未必の故意を認めることができる。
12) 大谷實＝前田雅英『エキサイティング刑法総論』136頁〔前田発言〕(1999年)。

が正しい理由として,「結果発生の可能性が非常に低い,起こるはずがないと思っていても起こって欲しいと意欲すれば故意があるというのは妥当でない」と言われるが[13],行為者が「起こるはずがない」と思っているのであれば,結果発生の可能性の認識がないのであるから,「起こって欲しい」と思っていても,そのような「意欲」は単なる願望にすぎず,意思説からも故意が認められないことは明らかである。意思説とは,意思があれば故意を認めるという説ではなく,犯罪事実の認識にプラスして意思が必要とする説である。

行為者が結果発生を意図している場合には,結果発生の低い(もちろん実行行為性が認められる程度の)可能性しか認識していない場合であっても,故意を認めるべきであることについては,前田教授を含めて学説上一致がある。前田教授は,この結論を,行為者の認識の程度だけで説明しようとされたため,蓋然性説の本来の内容が失われてしまったのである。これを避けようとすれば,蓋然性説は,未必の故意と認識ある過失を区別するための基準であって,意欲がある場合は蓋然性説の射程外であると説明すべきであろう[14](蓋然性説とはもともとそのような説であったと考えられる)。もっとも,このように解すると,故意を認める基準が,意図がある場合とそうでない場合とで分裂してしまうことになるが,後でみるように,この点は蓋然性説だけの問題点というわけではない。

2 認容説

認容説は,意思説を基礎として[15],犯罪事実を可能なものとして認識した場合に,犯罪事実について認容があったか否かによって,未必の故意と認

---

13) 大谷＝前田・前掲注12)132頁〔前田発言〕。
14) 斎藤・98頁参照。前田教授も,意図や認容といった意思的要素の考慮を否定されるわけではない。前田・223-224頁参照。
15) 構成要件の要素にあたる事実のなかには,それを認識・予見したかどうかは問題になるが,それを意欲することは問題にならないものがある。例えば,客体が盗品であること,性行為の相手が13歳未満であることなどを「意欲」することはできない。井田良「故意をめぐる諸問題」現刑5号104-105頁(1999年)参照。しかし,盗品を譲り受けることや,13歳未満の少女と性交することを,意欲することはできるので,このことは意思説に対する本質的な批判とはいえない。

識ある過失を区別する見解である。意思説からは，結果発生を意図していた場合と結果発生を確実であると認識していた場合に故意を限定する見解もあり得るが，わが国でこのような見解を主張する者はいない。

認容説が，結果が発生しても「よい」と，積極的に結果発生を肯定・是認する態度（「積極的認容」）が認められる場合に故意を限定するのであれば，その内容は比較的明確だといえる。しかし，認容説の論者は，一般に，それでは狭すぎるとして，結果が発生しても「仕方がない」「意に介しない」という消極的な態度（「消極的認容」）の場合についても故意を肯定している。

認容説に対する批判としては，第1に，認容は情緒的・感情的要素であって，意思とは異なるので，故意の内容とはならない，という批判がある。認容が情緒的要素であることは，認容説の論者も認めているので，問題は，このような情緒的要素が故意と過失を区別する要素として適切なものであるかという点にある。認容説は，責任とは，行為者の人格に対する非難であり，情緒的要素の有無によって，非難の程度が異なってくる，と考える見解であり，このような理解は，故意を責任要素としてとらえる立場からは不可能ではないと思われる。しかし，故意を違法要素としてとらえる立場からは，採るのが困難であろう[16]。

認容説に対する批判の第2は，認容という微妙な心理状態を立証することは困難である，という批判である。特に，消極的認容となると，その心理的実質はほとんどないから，強いて心理的内容を求めようとすると，結果発生の可能性とその認識の程度にかかわらず，行為者の心情や人格態度が良くないために故意を認めることになりかねない，と批判されている[17]。しかし，認容説は，結果発生の可能性とその認識を故意の不可欠の要素として要求したうえで，さらに認容という意思的（情緒的）要素を要求しているのであるから，説が誤って適用された結果についてまで，非難される筋合いはないと思われる。問題にされるべきは，消極的認容という心理状態に，ほんとうに

---

[16] 井田教授は，認容説は，「『悪意』としての故意理解（厳格故意説の故意理解）と不可分であり，故意を悪い心情・非難すべき心理状態と同一視するもので，故意を違法要素として位置づけることと矛盾するという批判が可能である」とされる。井田・前掲注15)105頁。

[17] 平野・Ⅰ182頁以下，山口・199頁参照。

実態が残っているのか，という説の内容それ自体であろう。

　例えば，認容説の代表的論者の一人である福田教授は，「未必的故意は，結果発生の可能性を認容したばあいであり，認識ある過失は，そうでないばあい，すなわち，自分の技術・幸運等を過信して結果の発生を否定したばあいである[18]」といわれる。しかし，結果の発生を否定した場合は，認識説からも故意は認められないはずである[19]。結果発生の可能性を認識したうえで，結果の発生を否定することなく行為に出た場合には，常に消極的認容が認められる，というのであれば，そこでいう消極的認容に心理的実態はないことになろう。

　このような曖昧さは，認容説の判例理解にも現れている。未必の故意に関するリーディング・ケースとされている判例（最判昭和23・3・16刑集2巻3号227頁）は，「贓物故買罪は贓物であることを知りながらこれを買受けることによって成立するものであるがその故意が成立する為めには必ずしも買受くべき物が贓物であることを確定的に知って居ることを必要としない或は贓物であるかも知れないと思いながらしかも敢てこれを買受ける意思（いわゆる未必の故意）があれば足りるものと解すべきである」と判示しているが，認容説論者は，「敢て」という文言に認容の存在を読んで，判例は認容説に立つものと理解する[20]。しかし，平野博士がいわれるように，犯罪事実を認識しながら，「敢てでなく」行為に出るということはありえない[21]。「敢て」というのは，行為者の内心に存在する心理状態ではなく，犯罪事実を認識しながら行為に出たことに対する，裁判官の評価を示しているにすぎないものというべきであろう[22]。実際にも，この判例は，「買受物品の性質，数量，売渡人の属性，態度等諸般の事情から『或は贓物ではないか』との疑を持ちながらこれを買受けた事実が認められれば贓物故買罪が成立するものと

---

18)　福田・113頁。
19)　もし福田教授が，行為者が一度でも結果発生の可能性（蓋然性）を認識すれば故意を認めるのが認識説（蓋然性説）である，と解されているのであれば，それは適切な理解とは言い難い。
20)　例えば，団藤・296頁注11，日髙義博「未必の故意」『刑法判例百選Ｉ〔第5版〕』79頁（2003年）など参照。
21)　平野・Ｉ186頁参照。
22)　松宮・180頁，玄・前掲注6)立命館法学313号761頁参照。

見て差支ない」として,「敢て」であることの立証は必要でないとしているのである。

　結局,認容説は,論者が故意を認めるべきだと考えるすべての場合について認容を認めようとして,その実質を失っているといわざるをえないように思われる。認容説の論者が,認容という情緒的人格態度が故意を認めるために不可欠の要素だと真剣に考えているのであれば,積極的認容を要求すべきであろうが,それでは故意を認める範囲が狭くなりすぎるのである。

　消極的認容という心理状態が存在すれば,行為者は,結果の発生の可能性を否定していない,ということはできる。その意味で,消極的認容は故意の徴表である。しかし,消極的認容という心理状態の存在が,故意を認めるために不可欠の要素かというと,そうはいえないであろう。

3　動機説

　犯罪事実を認識しながら,これを行為を思いとどまる動機としないで行為に出たことに故意の本質を求める見解が動機説である。同じ動機説でも,結果発生の認識を行為の動機づけとした場合に故意が認められる,とする見解もある[23]。しかし,結果発生の認識が行為の動機になっているということを文字通りの意味でとれば,結果が発生すると思ったから行為に出た,ということが故意を認めるために必要になり,それは意欲説である。動機説がそのような過度の要求をしているわけはないので,「行為の動機づけとした」ということは,単に,結果発生を認識しながら行為に出たということを意味しているにすぎない。そうであれば,「行為の動機づけとした」という表現は誤解を招きやすく,「行為を思いとどまる動機としないで行為に出た」という表現の方が望ましいであろう。

　動機説でいう「動機」とは,行為者の心理の中に存在するものではなく,結果発生の可能性を認識しながら行為に出たことについて,故意非難ができるという評価を加えているにすぎないから,認識説と基本的に変わりがない。このことは,牧野博士が,認識説とは,一定の事実を認識しつつ,それ

---

23)　大谷・158頁参照。結果発生の蓋然性を認識しながら,その認識を反対動機としなかったことを要するとする「修正動機説」として,西田・219頁参照。

にもかかわらずその行為に出る決意を為すところに，犯意の成立を認めるものである，といわれていることからも明らかである。動機説は，認識説を，責任非難の観点から，説明し直した説だということができる。

　平野博士は，意図がある場合は，結果の発生が行為の「主たる動機」となっているから，動機説によって，はじめて意図と未必の故意を一つの故意概念に包摂できる，といわれる[24]。しかし，このような包摂は，見かけ上のものにすぎない。意欲の場合の「動機」は，行為者の心理の中に存在するものであるのに対して，未必の故意の場合の「動機」は，行為者の心理の中に存在するものではないからである。動機説からは，結果発生の可能性を認識しながら行為に出たという点だけが故意の基準であり，意図もその限りで故意に包摂されているにすぎない。

　なお，平野博士は，行為者が結果発生の可能性を認識した場合にも，結局においては，結果が発生するであろうという判断か，結果は発生しないであろうという判断かのいずれかに到達しているはずであり，故意と過失は，どちらの判断に到達していたかによって区別することができる，といわれる。また，町野教授も，おそらく同じ前提から，結果が発生するという判断が存在しなければ故意を認めることができない，とされる[25]。しかし，結果発生の可能性を認識した行為者が，行為の時点で，常に，結果が発生するか発生しないかどちらかの判断に到達しているとはいえないであろう。行為者の心理状態には，その中間として，結果が発生するかどうかわからないが，どちらでもよいと考えている場合，あるいは，そもそもそのような可能性について真剣に考えない，無関心である，という場合も存在している，ということは否定できないと思われる[26]。結果が発生しないという判断に到達した場合には，故意が認められない，というのは，そのとおりであるが，結果が発生するという判断に到達しなければ故意が認められない，とはいえないのである。

---

24)　平野・Ⅰ 188 頁参照。
25)　町野・201 頁参照。
26)　平野博士や町野教授のように，判断力と決断力に富んだ方は，どちらともつかない心理状態など経験されたことがないのかもしれないが，筆者にとっては，このような心理状態はとても親しみ深いものである。

4 実現意思説

 基本的には，動機説と同じ立場に立ちながら，故意を実現意思と解して，構成要件該当事実が全体として意思的実現の対象に取り込まれたかどうかを，故意の統一的基準とする見解も主張されている。この見解は，主として故意を違法要素と解する立場から主張されているが[27]，故意を責任要素と解する立場からも同様の見解が主張されている。例えば，内藤博士は，結果発生の可能性の認識と結果を発生させる行為に出る決意との結びつきがあるか否かが，未必の故意と認識ある過失の限界である，とされ[28]，山口教授も，「構成要件の実現が行為者の意識ないし意思過程に取り込まれ，それにもかかわらず行為意思が現実化したかを基準とすることが妥当である」とされている[29]。また，山中教授も，法益侵害行為に向かう実現意思の形成があった場合が故意である，として，このような見解を実現意思形成説と呼ばれている[30]。

 これらの見解が実現意思を問題にしていることは，故意が行為者が実行行為に出る段階での意思の問題であることを明確にする点で意味のあることである。また，動機説は，通常の意味での行為者の動機を問題にしているわけではないから，動機説という名称が妥当なものでないことも確かである。問題は，「実現意思に取り込まれた」かどうかという基準が実際に有効なものかどうかである。「実現意思に取り込まれた」といっても，結果発生の可能性の認識と行為意思との間に，心理的にどのような関係があるのかは，意図がある場合を除いて明らかではない。そうだとすると，後でみるように，結局のところ，論者が故意を認めるべきだと考える場合に，「実現意思に取り込まれた」と評価しているにすぎないようにも思われる。

---

27) 井田・165頁，高橋・169頁参照。井田教授は，違法段階では意思的行為による規範違反があったかどうかが問題であり，動機は問題にならないから，動機説という名称には疑問がある，とされる。井田・前掲注15)106頁。
28) 内藤・(下Ⅰ)1091頁。
29) 山口・199頁。
30) 山中・317頁。

III 若干の検討

1 ここまでに明らかになったこと

　未必の故意に関する議論を見ていると，理由のある批判も理由のない批判も一緒になって，同じような議論が延々と繰り返されているような印象を抱いてしまう。不毛な論争を繰り返さないためには，まず以下の点を明確に認識すべきであろう。

　①認識説・蓋然性説も行為意思を要求しており[31]，逆に，意思説・認容説も犯罪事実の認識を要求している。

　②既遂犯や未遂犯で問題となる故意は，あくまで実行行為の時点での認識であり，それ以前の段階での結果発生の認識は重要ではない[32]。

　③行為者が結果発生の極めて低い可能性しか認識していない場合は，どの説からも故意が否定される[33]。この場合，客観的にも極めて低い可能性しか存在していないのであれば，故意の問題の前に，実行行為性（ないし結果との法的因果関係）が否定される。

　④行為者に結果発生の意図（意欲）があれば，どの説からも故意が認められる。

2 残された問題

　以上を前提にしたうえで，残された問題は，それほど多くはない。次頁の図は，縦軸に認識的要素を横軸に意思的要素を並べて相関させた図であり，

---

31)　ただし，認識説・蓋然性説が要求する行為意思は，故意の要素ではなく，行為の要素に位置づけられるべきものである。髙山佳奈子『故意と違法性の意識』151頁以下（1999年）参照。

32)　もちろん，予備の故意としては問題になりうるし，行為の時点での認識を間接的に証明するための証拠にはなりうる。

33)　実行行為の概念を認める通説の立場からは，実行行為性の認識が欠けるので故意が否定され，実行行為の概念を認めない立場からは，相当な因果経過の認識が欠けるので故意が否定される。許された危険の観点から実行行為性が否定されることを認めるのであれば，そのような行為を認識している場合にも，故意が認められないことになる。

認識の程度

確実性	○	○	○	○
蓋然性	a	○	○	○
可能性	b	c	d	○
極めて低い可能性	×	×	×	×
	否定	消極的認容	積極的認容	意図

意思的要素

故意が認められる場合を○，認められない場合を×で表している。意思的要素の「否定」は，結果が発生することを望んでいない場合を示している。上記③から，極めて低い可能性の認識しかない場合は，意思的要素の程度にかかわらず，すべて×である。この場合の意図は「願望」と呼ばれる。それ以外で意図がある場合は，上記④から，すべて○である。また，結果発生が確実であると認識している場合（確定的故意）も，意思的要素の程度にかかわらず，すべて○になる。問題は認容説であるが，認容説の論者も，結果発生を確実なものと認識しながら行為に出た以上，「消極的認容」は認められると解するものと思われる。行為者が結果の発生を望んでいなかったとしても，そのような意思は単なる「願望」とみなされるのである。こうして，どの説からも故意が認められることに問題がない枠を埋めていくと，残るのは図でアルファベットを記入した部分である。

　まずaの枠はどうだろうか。問題となるのは，認容説から故意を認めることができるかどうかであるが，おそらく認められると思われる。確定的認識の場合と同様に，結果発生の蓋然性を認識しながら行為に出た以上，「消極的認容」はあると解されるのではないかと思われるからである。

　残ったのは，蓋然性よりも低い単なる可能性の認識しかなく，意図がない場合（b，c，d）である。まず，蓋然性説からは，いずれについても故意が否定される。認容説からは，bについては故意が否定され，cとdについては故意が肯定される。認容説において，心理的実態としての認容が問題となるのは，実際上はこの場面だけである。一方，動機説や実現意思説からは，

いずれについても故意が肯定されそうであるが，そう簡単ではない。このような場合には，故意が否定されると解する見解も有力だからである。例えば，井田教授は，低い程度の可能性の認識は，その事実の実現が意図的に追求されるのでないかぎり故意とはいえない，とされる[34]。内藤博士も，意図がない場合には，結果発生の可能性を本当のこととして考えているのではなく，その可能性の認識は行為決意と結びついているとはいえないから，未必の故意の成立を認めるべきではない，とされる[35]。これらの見解によると，b，c，dいずれについても故意が否定されることになる。これよりもやや広い範囲で故意を認められるのが，平野博士である。平野博士は，「積極的認容の場合は『意図』があった場合に準じて故意を認めることができるが，消極的認容の場合には，単なる結果発生の可能性と消極的認容とで故意を認めることはできない」とされるので[36]，bとcについては故意が否定され，dについては故意が肯定されることになる[37]。

　認識的要素と意思的要素を相関させて故意を判断する見解は，魅力的であり，常識にも合致しているように思われる。しかし，理論的に基礎づけることはできるのだろうか。

　これを実現意思から説明する見解は，意図がなければ可能性の認識が実現意思に「取り込まれた」とはいえない，とする。しかし，結果発生の可能性を認識しながら行為に出ることを決意している以上，確実性，蓋然性，単なる可能性，という認識の程度の違いによって，その認識が実現意思に「取り込まれる」かどうかが違ってくるということは，考えにくいように思われる。内藤博士は，意図がない場合には，結果発生の可能性を本当のこととして考えているのではない，といわれるが，結果発生の可能性を認識しこれを否定していない以上，「本当のこととして考えていない」ということはできないであろう。行為者に積極的認容が認められる場合などは，特にそうであ

---

34)　井田・前掲注15)105-106頁。
35)　内藤・(下Ⅰ)1091頁。
36)　平野・Ⅰ188頁。
37)　前田教授も認識的要素と意思的要素を相関的にとらえて故意の有無を判断されようとしているが，cおよびdの場合にどのように判断されるのかは明らかではない。前田・224頁参照。

る。

　平野博士の見解については，博士は，認容という情緒的要素で故意を判断するのは妥当でないと認容説を批判されているのであるから，積極的認容の有無で故意を判断するのは矛盾している，という評価も可能である[38]。しかし，認容説を批判する論者も，犯罪実現を積極的に認容している場合は，そうでない場合と比べて，責任非難の程度が一般に重い，ということは認めるのではないであろうか。そうだとすれば，積極的認容の有無を考慮して，故意と過失を区別することも，直ちに否定することはできないように思われる。

　責任のない行為を処罰することはできないが（責任主義），責任非難の可能な行為を，どのような類型に区別するかは，ある程度まで立法裁量の問題である[39]。現在の刑法のように故意と過失の2類型とするか，故意を意図と確定的故意に限定して，未必の故意を故意と過失の中間類型とする3類型にするか，未必の故意と認識ある過失を一緒にして中間類型とするか，立法政策上の当否は別にして，いずれの選択も可能であろう。このように故意の限界がある程度まで決め方の問題だということを考えれば，現行法の解釈としても，故意の範囲を，認識的要素と意思的要素を相関的に考慮して決めることは，不可能ではないと思われる。つまり，結果発生の単なる可能性しか認識していない場合には，結果の発生についてある程度積極的な意思・態度が認められなければ，故意責任を認めるために必要な積極的人格態度を認めることができない，と解することは，少なくとも故意を責任要素と解する立場からは，可能だと思われる[40]。

　結局，理論的可能性としては，結果発生の可能性を認識しながら，これをうち消すことなく行為に出た以上は常に故意があると解する立場と，認識し

---

[38]　町野教授は，認容説と蓋然性説の不当な結論をともに採用したものにすぎない，と酷評されている。町野・200頁。

[39]　故意も過失も一緒にした「人を死なせる罪」というような規定を設けるのは，法定刑の幅があまりに大きすぎて，罪刑法定主義の観点から問題がある。

[40]　遠藤・前掲注6)205頁以下参照。なお，この場合には，あくまで行為に現れた限度で行為者の人格的態度が問題とされているのであって，人格的態度そのものが責任非難の対象となっているわけではない。

た結果発生の可能性が低い場合には，結果に対するより積極的な意思・態度が必要と解する立場と，2つの可能性があることになる。後者の立場から，意図がある場合に限定するか，積極的認容まで含めるか，消極的認容まで含めるかは，論理的に決着のつく問題ではない。それぞれの結論を比較すると，前者の立場は，明快ではあるが，故意を認める範囲が広すぎるように感じられ，筆者は，現在のところ，後者の立場から，積極的認容まで故意を認める結論に魅力を感じている[41]。

　なお，学説には，故意を判断する際に，行為者の結果回避措置を問題として，故意を客観化しているのではないかと疑われる見解がある。例えば，井田教授は，「かなりの程度の可能性，すなわち蓋然性（＝結果の不発生を当てにすることが不合理な程度の可能性）を認識したときには，回避措置がとられないかぎり結果の発生は実現意思に取り入れられたといえるから故意が認められる」とされる[42]。また，山中教授が，「結果発生の高い蓋然性を認識したが，行為者が自己の行為制御能力によって結果を回避しうる自信をもって行為した場合には，法益侵害に対する実現意思の形成への決意はない。この『自信』は，たんなる『願望』ではなく，現実的に投入された回避意思である[43]」といわれるとき，「現実的に投入された」ということが，行為者の回避意思が現実の回避措置として現実化していなければならないということを意味しているのであれば，同じ疑問があてはまる。たしかに，内心で結果の回避を願っていても，現実の回避措置がとられなければ，それは単なる願望であって，結果発生の認識を否定したわけではない，と判断されることは多いであろう。しかし，それはあくまで事実認定の問題であって，故意を正面から客観化することは妥当でない[44]。両教授の見解も故意の概念自体を客観化しようとするものではおそらくないであろう。

---

41) 筆者の見解は，故意概念を限定することを意図しているので，意思的要素を要求することで結果的にこれまで故意が認められていなかった領域に故意が認められるようになるのであれば（そのような危険を指摘するものとして，中山研一＝浅田和茂＝松宮孝明『レビジオン刑法3』319頁（2009年）），いつでも撤回するし，そうはならないのではないかと考えている。
42) 井田・前掲注15)106頁。
43) 山中・317頁。
44) 平野・Ⅰ186頁参照。客観的回避措置ではなく，回避意思を基準とすることにも問題があることについて，髙山・前掲注31)146頁以下参照。

3 幾つかの補足

　最後に，裁判例に触れながら，幾つかの点を補足しておきたい。
　よく指摘されるように，実務における故意（特に殺意）の認定は，意図が明確に認められるような場合を除いては，かなり客観的に行われている[45]。例えば，生命に対する危険の高い凶器で，身体の枢要部を強く刺している場合には，被告人の供述の如何にかかわらず，特別の事情がない限り殺人の故意が認定されている。もちろんこの問題は，故意理論に関する問題というよりも，事実認定に関するものであるが，結果発生の蓋然性（高い可能性）を認識しながら行為に出た以上故意が認められるという見解（おそらくすべての説がそうである）と整合的であるといってよいであろう。
　もちろん，故意が認められるためには，行為の時点で現実的心理が存在していなくてはならない。裁判例には，「殺人罪の犯意即ち殺意は，必ずしもそれが犯人の意識の表面に明確に現われたことを要するものではない。殺意が意識の深層にあって，犯行時夢中で人体の重要部分にそれを対象として重大な傷害を与えた場合には，たとえ犯人の意識の表面に殺意が現われていなかったとしてもなお殺人罪の殺意を認めなければならない場合もある。憤激の余り夢中で日本刀を以て人の首をねらって切り附け又は刺身包丁でその胸板を目がけて突き刺し，よってそれらの部位に大損傷を与えて死亡させた場合には，その犯人がその犯行の終った瞬間平静に返り，こんな筈ではなかった，殺す意思はなかったと真実反省したとしても，同犯人に精神上の欠陥がなかった以上，それは意識の表面の問題に過ぎないのであって，その意識の深層における殺意を認めて殺人罪の成立を認めざるを得ないのである」と判示したものがある（高松高判昭和31・10・16高等裁判所刑事裁判特報3巻20号984頁）。しかし，深層心理の故意を認めることが不当であることについては，現在では，おそらく異論がないところであろう[46]。この判決の事案では，深層心理の故意など持ち出さなくとも，故意を認めることができたと思

---

45)　裁判例における故意の認定については，小林充＝香城敏麿『刑事事実認定(上)』1頁以下（1992年），平川宗信「故意」西原春夫ほか編『判例刑法研究3』75頁以下（1980年），司法研修所編・前掲注6)14頁以下など参照。

われる。

　故意の判断において積極的認容といった人格的態度を考慮することを認めたとしても，それはあくまで，結果発生の可能性を認識しながら行為に出たことを前提にして，そのような行為に現れた限りでの人格的態度を問題にするものであるから，無謀な人格的態度からただちに未必の故意を認定してよいわけではない。あくまで行為の時点で現実の認識が必要である。裁判例には，追突事故を起こした行為者が，逃げようとしてボンネットに乗っていた被害者を振り落とした事案について，「被害者を発見してから急停車の措置をとるに至るまでの時間は極めて短く，3, 4秒位であったことがうかがわれるから，このような瞬間的な状況のもとで突嗟の行為として右の犯意を形成するゆとりがあったか，どうかも疑わしい」として，殺人の未必の故意を否定した判決（東京地判昭和40・12・24判時440号57頁）がある。

　また，故意を認めるために必要な結果発生の可能性の認識とは，結果発生の具体的な可能性の認識でなければならない。高裁の裁判例（仙台高判昭和38・6・7高刑集16巻5号395頁）には，被告人がひどく酩酊して車を運転中，Aの車に接触する事故を起こし，このとき，Aからも，酔っていて危険だから運転をやめるように注意をされたにもかかわらず，さらに運転を続けた結果，それから約20分後に，停車中の車に正面衝突し，同車の運転者等に傷害を負わせるに至った，という事案について，原判決が傷害罪の成立を認めたのに対して，「刑法にいわゆる故意とは具体的な犯罪事実の認識（予見）をいうのであるから，被告人が，単に，どこかで事故を起す危険のあることを自覚しながら運転を継続したというだけでは，衝突の相手方を認識したわけでもなく，具体的事実を対象としない抽象的な事故発生の危険意識に過ぎないのであるから，また，傷害罪の成立に必要な暴行の故意があるということはできない。その後，現実に被害者が乗車している自動車を発見した際に，これと衝突の危険のあることを認識しながら，あえて，これを容

---

46) 裁判官による共同研究の成果をまとめた，大阪刑事実務研究会「事実認定の実証的研究——殺意の認定」判タ227号9頁注6〔河村澄夫〕(1969年) によると，参加した裁判官の中に深層心理の殺意の理論を積極的に支持する者はいなかった，という。さらに，平川・前掲注45) 92頁以下も参照。

認して進行したという場合であってこそ，初めて，暴行の未必的故意があるといい得るのである」と判示したうえで，衝突を避けようと努力した事実を認定して，暴行の故意を否定したものがある。

これに対して，大量に飲酒酩酊し，無免許で，前照燈の故障により無燈火で盆踊り帰りの人が多数いる暗夜の道路上を走行して，自車をこれらの人々に次々衝突させ，3名を死亡させ，6名に傷害を負わせた，という事案について，暴行の未必の故意を認定して傷害罪および傷害致死罪の成立を認めた判決（広島高判昭和36・8・25高刑集14巻5号333頁）の事案は，具体的な結果発生の蓋然性を行為者が認識していた事例だと思われる。この判決は，「酒の勢に駆られて意に介しなかったという『態度』から，やや安易に故意を認定したのではないかの疑いがある」と批判されることもあるが[47]，具体的事案との関係で見ると，そのような批判は当たらないであろう。

Ⅳ　おわりに

髙山教授は，故意は犯罪事実の主観面における反映の問題であり，行為者の心理における「像」ないし「絵」のようなものであるとして，故意と過失の区別を，以下のように大変わかりやすく説明されている[48]。まず，犯罪事実が頭をよぎらなかった場合は，絵が描かれておらず，故意がない（認識なき過失）。犯罪事実が一旦頭をよぎっても，それをうち消した場合には，行為者は犯罪事実の絵に代えて犯罪事実にならない絵を描き直したのであり，やはり故意がない（認識ある過失）。これに対して，犯罪事実が頭をよぎり，どうなるかわからないと思いつつ行為に出たときは，犯罪事実の絵と犯罪事実でない絵の2枚が描かれたままであり，故意がある（未必の故意）。犯罪事実が頭をよぎり，その「絵」だけが心理において描かれた場合にも，故意がある（確定的故意）。

髙山教授の説明は，結果発生の可能性を認識して行為に出れば故意を認めることができる，という見解からのものである。認識的要素と意思的要素を

---

47)　平野・Ⅰ185頁。
48)　髙山・前掲注31)148-149頁参照。

相関的に考慮する見解を，髙山教授の比喩を借用して説明すれば，犯罪事実の低い可能性しか認識していない場合は，犯罪事実の「絵」は描かれていても，それは色の薄い「絵」でしかなく，故意を認めるためには十分ではない。認識された可能性が高くなるにつれて，あるいは，意思的要素が加わることによって，「絵」の色が濃くなり，一定の濃さの「絵」が描かれれば，それが故意である，ということになる。

　さて，読者の方は，最初の事例について，どのように判断されただろうか。

第15章

故 意 論 (2)

I　はじめに

　本章では，故意論の2回目として，具体的事実の錯誤について検討することにしたい。具体的事実の錯誤，特に方法の錯誤の扱いをめぐっては，すでに論じ尽くされているといっていいくらい，多くの議論がなされてきている。筆者自身も，以前にこの問題を検討したことがあり[1]，今の段階で，理論的に新しく付け加えることはほとんどない。そこで，本章では，理論的な問題に触れた後で，抽象的法定符合説が常識に合致するものとして実務に採用されていることの前提条件を考えてみることにした。読者の皆さんにおもしろく読んでいただけることを願っている。

II　方法の錯誤の扱い

1　具体的符合説の意味

　まず第1に理解しなければならないことは，具体的符合説とは，行為者の認識と実際に発生した結果が具体的に符合していなければならない，と主張する説ではない，ということである。仮にそのような見解があるとすると，行為者の認識と実際に発生した結果はしばしば食い違うから，きわめて広い範囲で故意が阻却されてしまうことになるが，そのような主張が実際になされたことはない。実際に主張されている具体的符合説は，Xが目の前のA

1）　拙稿「故意・錯誤論」山口厚＝井田良＝佐伯仁志『理論刑法学の最前線』97頁以下（2001年）参照。

をBと間違えて殺害した，といういわゆる客体の錯誤の場合について，Aに対する殺人の故意を認めている。

具体的符合説が客体の錯誤の場合に故意を認めるのは，具体的符合説が，構成要件を基準として重要な錯誤とそうでない錯誤を区別する見解であり，「その人」を殺す認識があれば，「その人」が誰であるかは殺人罪の構成要件にとって重要でない，と考えるからである。具体的符合説と法定的符合説は，どちらも構成要件を基準にして故意の有無を判断する「法定的符合説」であり，両説の違いは，後者が殺人罪の構成要件を「およそ人を殺す」という形で抽象的にとらえるのに対して，前者が「その人を殺す」という形で具体的にとらえる点にあるだけなのである。

具体的符合説が「法定的符合説」であることを理解すれば，具体的符合説が客体の錯誤の場合にも故意阻却を認めないのは一貫しない，という批判や，具体的符合説の論者が抽象的事実の錯誤において法定的符合説を採るのは一貫しない，という批判が，まったく理由のないものであることが，容易に理解できるであろう。

平野龍一博士は，具体的符合説が「法定的符合説」であることを明快に指摘されて，具体的符合説を具体的法定符合説，法定的符合説を抽象的法定符合説と呼ぶべきだと主張された[2]。単なる名称の問題にすぎないともいえるが，相変わらず誤解に基づいた批判が繰り返されていることを考えれば，平野博士の用語法に従うべきである。そうすることで議論の見通しがずいぶんよくなると思われる。

2　抽象的法定符合説の問題点

抽象的法定符合説の論拠は，第1に，構成要件が抽象的・類型的に規定されているので，認識した事実と生じた結果が，同一構成要件内で抽象的に符合していれば故意を認めることができる，ということであり，第2に，より実質的には，同じ構成要件的評価を受ける事実を認識していたのであるから，故意責任を問うために必要な規範の問題は与えられている，ということ

---

[2]　平野・Ⅰ175頁。

である。しかし，どちらの論拠も説得的ではない。

　まず，構成要件が抽象的・類型的なのは，犯罪を法律に記述することからくる限界であって，具体的に適用される構成要件自体が抽象的なわけではない。例えば，殺人罪の規定は「人を殺した」と規定しているが，実際に適用される殺人罪の構成要件が「およそ人を殺した」という抽象的なものであるわけではない。このことは，1個の行為でAとBの2名を殺害した場合，「およそ人を殺した」という1個の殺人罪が成立するわけではなく，Aを殺した罪とBを殺した罪の2個の殺人罪が成立することに現れている。このように，Aの死とBの死を殺人罪の構成要件にとって重要な事実として別個に扱うのであれば，故意の点でも，Aの死とBの死を別個に扱ってそれぞれについて故意を問題にするのが，構成要件を基準とする法定的符合説の論理に忠実な立場だといわなければならない。山口教授が言われるように，「構成要件的評価と故意にとっての認識事実の重要性の評価とを連動させていない抽象的法定符合説は『法定的符合説としては誤っている』といわざるをえない」のである[3]。

　次に，第2の規範論からの説明は，抽象的法定符合説の論拠としては，不十分であると思われる。もし「規範の問題」が与えられているかを問題にするのであれば，構成要件の枠を超えて故意の符合を認める抽象的符合説に至るのが一貫している。犯罪を行う意思さえあれば，「規範の問題」は与えられており，故意責任を問うことができるはずだからである。抽象的法定符合説がこのような結論をとらないのは，「規範の問題」が与えられていても構成要件を基準に故意を画するからであり，構成要件を基準とするのであれば，今述べたように，抽象的法定符合説を採ることはできないのである[4]。

---

[3]　山口厚『問題探究刑法総論』119頁（1998年）。同様の指摘として，専田泰孝「具体的事実の錯誤」早稲田法学会誌48巻70頁以下（1998年），松宮・197頁，井田良『刑法総論の理論構造』88頁（2005年）など参照。さらに，長井長信『故意概念と錯誤論』239頁以下（1998年），行為無価値論の立場から具体的法定符合説を基礎づける見解として，伊東・121頁参照。

[4]　山口・前掲注3)117頁以下参照。

3 客体の錯誤と方法の錯誤の区別

　具体的法定符合説に対しては，客体の錯誤と方法の錯誤を明確に区別することができない，という批判がなされている。区別が困難であるからすべて故意を認めるべきである，ということにはならないが，この批判には，具体的符合説が「その人」という場合，どのような基準で「その人」を特定するのか，という重要な問題提起が含まれている[5]。

　まず，XがAを殺そうと思って拳銃を用意して，Aの勤務する会社に赴き，目の前にいる人をAだと思って拳銃を発射したら実はBだった，という客体の錯誤の場合を考えてみよう。この場合，予備の段階では，Aを殺すという意思しかないのであるから，Aに対する殺人予備罪が成立し，間違えられる可能性のある者との関係で殺人予備罪が成立するわけではない。これに対して，前にいる人を殺害の対象として認識した時点で，「その人」を殺そうとしていると評価され，それがAであるという認識は，殺人罪の故意にとっては重要な事実ではなくなり，Bに対する殺人予備罪が成立し，Aに対する殺人予備罪は終了する。実行の着手に至れば，Bに対する殺人未遂罪が成立し，Bの死亡の結果が発生した時点でBに対する殺人既遂罪が成立する。山口厚教授は，客体の錯誤の場合について，Bに対する殺人既遂のみならず，Aに対する殺人未遂が成立しうる，とされるが[6]，「その人」という形で故意を特定した以上，Aに対する故意は認められないと解するべきであろう[7]。したがって，この場合に，方法の錯誤が生じて，Bに向けて発射した弾がはずれて，隣に立っていたAに当たってAが死亡してしまったとしても，Aに対する殺人既遂罪が成立するわけではない。

　客体の錯誤と方法の錯誤の区別として，しばしば問題とされているのは，Aを殺害しようとして，Aの車にエンジンをかければ爆発するような装置を仕掛けておいたところ，Aの妻がその車を運転しようとして爆死した，という自動車爆弾事例である。具体的法定符合説の論者の中では，「車のエ

5） 詳しくは，拙稿・前掲注1)113頁以下参照。
6） 山口・210頁注17参照。
7） 浅田・310頁注22参照。

ンジンをかける人」という特定をして，客体の錯誤と解する見解が有力であるが[8]，このような特定の仕方では，方法の錯誤の典型事例についても，「弾丸が当たるであろう人」という特定の基準で客体の錯誤とすることが可能になってしまう，という批判[9]をかわすことが困難であろう。山中教授は，「自ら制御できない標的たる人ないし他人の将来の行動を予測して実行行為を行ったが，現実の実行行為自体は予測通り経過した場合には，客体の錯誤である[10]」として，自動車爆弾事例を客体の錯誤とされるが，なぜそのように解することができるのかは不明である[11]。やはり方法の錯誤として解して，未必の故意が認められる範囲で故意を認定するしかないと思われる。

　そもそも，具体的法定符合説にとって重要なのは，構成要件上重要な事実に関するものかどうかということだけであって，客体の錯誤と方法の錯誤の区別それ自体が重要なわけではない。例えば，Xが傷害の故意でAの左脚を狙ってピストルを発射したところ，狙いがそれてAの右脚に当たって傷害を負わせた場合，これを方法の錯誤ということもできるが，傷害の部位は傷害罪の構成要件評価にとって重要な事実ではないから（左脚と右脚の両方を傷害しても1個の傷害罪が成立するだけである），具体的法定符合説からも，傷害の故意を認めることができる。その他の犯罪についても，当該構成要件にとって，客体の個性が重要でなく，異なった客体を侵害しても客観的に1個の構成要件が充足されるにすぎない場合は，同様に解することができるであろう[12]。例えば，Aが右手に持った花瓶を損壊しようとして，狙いがはずれて左手に持った鉢植えに命中して，これを損壊した場合，花瓶と鉢植えの両方を損壊しても1個の器物損壊罪が成立するだけだとすると（花瓶と鉢植えのどちらもAの所有に属していることがその前提となる），鉢植えの損壊について故意を認めることができる。また，現住建造物放火罪の構成要件にとって，客体がAの住居かBの住居かが重要でないとすれば，Aの住居に

---

8)　伊東・127頁，今井ほか・132頁〔今井猛嘉〕，山口・210頁参照。
9)　井田良「故意における客体の特定および『個数』の特定について」刑法雑誌27巻3号585頁（1986年）参照。
10)　山中・332頁。
11)　浅田・314頁注35参照。

放火しようとしてBの住居を焼損してしまっても，故意は阻却されないことになる[13]。

具体的法定符合説の理解については，別々の客体である場合には方法の錯誤であり，器物損壊罪や放火罪は成立しない，とする見解も主張されているが[14]，なぜ「客体」の範囲で故意を画さなければならないのかは明らかではない。学説には，故意の方向性を問題にする立場からこれを基礎づける見解もあるが[15]，このような見解からは，左脚を狙って右脚に当たったという場合にも故意が否定されてしまうであろう。傷害罪は「人の身体を傷害した」と規定しているから身体の部位は重要ではない，という説明もなされているが[16]，この規定の「人」についてAかBかを区別する以上，「身体」について部位を区別しないという結論は，文言からは出てこないはずである。実際の適用としても，例えば，電車の車両が切り離されて停まっているときは，別個の客体なので，故意の存否も別個に判断されるが，連結されているときは，1個の客体なので，一体として故意が判断される，というような区別が理由のあるものとは思われない。

---

12) 曽根・186頁参照。法益の同一性の範囲内で符合を認める見解として，西田・225頁，西田典之「共犯の錯誤について」『団藤重光博士古稀祝賀論文集第3巻』99頁以下（1984年），内藤・（下Ⅰ）942頁以下，堀内・108頁，専田泰孝「具体的事実の錯誤における方法の錯誤(1)(2・完)」早稲田法学76巻1号143頁以下，2号349頁以下（2000年）など参照。この見解は，本稿と結論がほぼ同じになると思われるが，構成要件が着目する属性と法益主体が必ず一致する保障はない。これに対して松原芳博「刑法総論の考え方(16)」法セ667号109頁（2010年）は，財産犯の保護法益を「個別財産」と解する限り，個別の客体ごとに保護されるとして，符合を否定する。

13) 柏木千秋『刑法総論』234頁注17（1982年）は，甲の住宅を焼くつもりで媒介物に放火したら付近の乙の住宅を焼いたという場合には，誰しも乙に対する放火の故意犯を当然のこととして認めるし，「これを特に法定的符合説などとはいわない」とする。もちろん，非現住建造物に放火しようとして現住建造物を焼損してしまった場合は，抽象的事実の錯誤として故意の有無が問題になる。

14) 浅田・313頁，町野・243頁参照。

15) 町野朔「故意論と錯誤論」刑法雑誌26巻2号178頁（1984年）参照。傷害の部位の錯誤にも故意の阻却を認める見解として，葛原力三「打撃の錯誤と客体の錯誤の区別(2・完)」関大法学論集36巻2号140頁（1986年）参照。

16) 浅田・313頁。

4　中間説（修正具体的符合説）について

　井田良教授は，抽象的法定符合説の論理が妥当でないことを認めながら，故意の有無は実行行為の時点で判断され，故意の既遂犯を認めることができるかどうかは，結果を故意に帰属することができるか，という主観的帰属の問題である，と主張されている（井田教授は自説を「修正具体的符合説」と呼ばれる）。このような見解は，目的的行為論に基づく行為無価値論の立場に立たれる井田教授にとっては，一貫した主張なのかもしれない[17]。しかし，故意は，あくまで発生した犯罪事実の認識であって，結果と切り離した故意を観念することは，妥当でないと思われる[18]。故意と結果の関係を切り離してしまうと，主観的帰属の基準を任意に設定することが可能になり，井田教授のように，行為者の認識した事実を前提にして故意の有無を判断することもできるし[19]，行為者の予見可能性を基準に主観的帰属を判断することもできる。行為者の認識を基準にすれば具体的法定符合説にも至りうることになろう。

III　故意の個数について

　故意の個数の問題は，平野博士が，抽象的法定符合説に対する批判として持ち出されたものである。Aを殺害する意図で拳銃を発射してBを死亡させてしまった，という方法の錯誤の場合について，殺人の故意は，「およそ」人を殺す意思ではなく，「1人の」人を殺す意思なのであるから，1個の故意

---

[17]　山口教授は，井田説を「（かなり徹底した純粋の行為無価値一元論に近い）行為無価値論的枠組みを前提とするもので，このような理論的前提それ自体がまさに問題である」と批判される。山口・前掲注3）128頁。

[18]　井田説に対する批判として，専田泰孝「具体的事実の錯誤における『新たな解決』について」早稲田法学78巻3号68頁以下（2003年）参照。

[19]　結論として，井田説と似た結論になると思われる見解として，鈴木左斗志「方法の錯誤について」金沢法学37巻1号135頁（1995年），伊東研祐「故意の内実と結果の帰属範囲についての一考察」『平野龍一博士古稀祝賀論文集(上)』281頁以下（1990年），同「故意の内実について——再論」『松尾浩也先生古稀祝賀論文集(上)』258頁以下（1998年）参照。これらの見解に対する筆者の評価として，拙稿・前掲注1）111頁以下参照。

しかないのに，殺人既遂と殺人未遂の2罪を認めるのは不当である，と主張された[20]。

抽象的法定符合説のなかでも，この批判を受けて，様々な一故意犯説が主張されている[21]。しかし，抽象的法定符合説とは，構成要件的に同価値である限りいずれの客体との関係でも故意を認めうるとする見解なのであるから，そのうちのいずれかの客体に故意を限定するための基準はもともと存在せず，あえて限定しようとすれば，その基準が恣意的になることは避けられない[22]。

故意の個数の問題は，具体的法定符合説を採っても生じる問題である[23]。そして，故意が認められる複数の客体に結果が生じた場合に，どれかの客体を特別視する基準がないのは，具体的法定符合説であっても同じである。例えば，Xが重なりあって立っているAとBに向けて拳銃を発射し，弾がどちらかに当たってどちらかの人間が死亡するだろうが，2人同時に当たることはないだろう，と思っていた，という事例（択一的故意の事例）を考えてみよう。この場合，数故意犯説からは，弾をAとBに向けて発射しようとした時点で，Aに対する殺人未遂罪とBに対する殺人未遂罪が成立し，弾がAに当たってAが死亡した場合は，Aに対する殺人既遂罪とBに対する殺人未遂罪となる。さらに，弾がAの体を貫通してBにも当たり2人とも死亡すれば，通常は因果関係が認められるであろうから，Aに対する殺人既遂罪とBに対する殺人既遂罪が成立することになる。

故意の個数に関しては，殺人既遂と殺人未遂の併存も認めない厳格な一故意犯説のほかに，殺人未遂の併存（殺人未遂と殺人未遂，殺人既遂と殺人未遂）は認めて，殺人既遂の併存は認めない，緩やかな一故意犯説も主張されている[24]。これらの見解から，択一的故意の事例で2人が死亡した場合は，ど

---

20) 平野・I 176頁参照。
21) 詳しい内容については，井田良「構成要件該当事実の錯誤」阿部純二ほか編『刑法基本講座(2)』237頁（1994年）参照。
22) 井田・前掲注21)236頁参照。
23) 井田良「故意における客体の特定および『個数』の特定に関する一考察(2)」法学研究58巻10号72頁以下（1984年），鈴木・前掲注19)104頁以下参照。
24) 増田豊「択一的故意と重畳的故意をめぐる刑法解釈学的諸論点」『刑事法学の現実と展開〔齊藤誠二先生古稀記念〕』164頁以下（2003年），山口・211頁参照。

のような処理がなされるのであろうか。2人が死亡していても、1個の殺人既遂と1個の殺人未遂が成立する、という見解も主張されているが[25]、これはいかにも常識に反しているし、どちらについて既遂犯を認めるのかという問題も残る。検察官はどちらか好きな方を殺人既遂で起訴すればよく、検察官が両方を訴因に挙げた場合には、裁判官がどちらか好きな方について殺人既遂を認めればよい[26]、というわけにもいかないであろう。そうすると、両者を包括一罪とするか[27]、AまたはBに対する1個の殺人罪という択一的訴因（認定）を認めるか[28]、どちらかになる。しかし、AとBが死亡し、それぞれの結果について行為者が認識を有しているにもかかわらず、1個の殺人既遂罪しか認めない見解が妥当だろうか。

平野博士は、抽象的法定符合説の一故意犯説を批判して、何罪であるかは、各個の構成要件該当事実ごとに、独立に、他の犯罪事実とは無関係に判断されなければならない、と主張されている[29]。そのように考えるのであれば（少なくとも、故意を含めた構成要件該当性判断についてはそう考えるべきであろう）、Aに対する殺人既遂罪の成否を考える際に、Bに対して殺人既遂罪が成立するかどうかを考えるべきではなく、Bについても同じことがいえるから、Aに対する殺人既遂罪とBに対する殺人既遂罪がそれぞれ成立するはずである。1人の人を殺す意思しかなかったのに2個の殺人罪を認めるのは不当である、というのは、Aに対する殺人とBに対する殺人を併せて考えて初めていえることである。このように考えてくると、数罪の成立を認めた上で観念的競合として処理する数故意犯説がやはり妥当である[30]。

---

25) 増田・前掲注24)165頁参照。
26) 専田泰孝「具体的事実の錯誤における『故意の個数』(2・完)」早稲田法研論集84号106頁以下（1997年）参照。
27) 林・257頁参照。
28) そのような認定の可能性について、三井誠「特定認定か不特定認定か(1)(2)」研修531号3頁以下, 534号3頁以下（1992年）参照。西田・226頁は、択一的訴因、択一的認定が許されるとする。
29) 平野龍一『犯罪論の諸問題(上)』74頁（1981年）参照。
30) 松原・前掲注12)108頁参照。念のために付け加えると、具体的法定符合説の数故意犯説は、認識された犯罪事実の個数に応じて故意犯を認めているだけであって、1個の犯罪事実の認識を複数の故意犯に「流用する」抽象的法定符合説の数故意犯説とは、理論的基盤が全く異なる。したがって、具体的法定符合説の数故意犯説は、1人の人を殺す意思がなかった

Ⅳ　抽象的法定符合説の前提条件について

　筆者の考えでは，抽象的法定符合説は，十分な理論的基礎をもっていない。にもかかわらず，抽象的法定符合説が判例・多数説の立場を占めているのは，その結論が「常識に合致している」と考えられているからであろう。そこで，以下では，そのような感覚を支えている前提条件について考えてみたい。それは，実務において，抽象的法定符合説を用いてどのような場合に故意が認められ，そのような故意がどのようなものとして扱われているのかを検討することでもある[31]。判例研究においては，判例理論の検討だけでなく，実際の適用範囲を明らかにすることも，現実の法（Law in Action）を認識するという意味で重要である。

1　未必の故意との関係

　以前には，判例が抽象的法定符合説によって故意を認めた事案のほとんど全部が未必の故意の範囲内にある事例である，という評価がみられた[32]。もしそうだとすると，錯誤論が未必の故意を認定する代用として用いられていることになる。しかし，戦後のリーディングケース（最判昭和53・7・28刑集32巻5号1068頁）は，「警ら中の巡査Aからけん銃を強取しようと決意して同巡査を追尾し，東京都新宿区西新宿1丁目4番7号先附近の歩道上に至った際，たまたま周囲に人影が見えなくなったとみて，同巡査を殺害するかも知れないことを認識し，かつ，あえてこれを認容し，建設用びょう打銃を改造しびょう1本を装てんした手製装薬銃1丁を構えて同巡査の背後約1メートルに接近し，同巡査の右肩部附近をねらい，ハンマーで右手製装薬銃

のに数個の故意犯を認めることができるか，という問いに対して，認めることができない，と答えることもできる。Aを殺す意思もBを殺す意思も有している場合には，2人の人を殺す意思を有しているからである。その場合に，行為者が，どちらか1人しか死なないだろうと思っていたことは，「その人」がBなのにAだと思っていたのと同様，重要な錯誤ではない，と考えるのが具体的法定符合説の数故意犯説なのである。

31）　判例の詳しい研究として，佐々木和夫「方法の錯誤における判例理論」専修大学法学研究所紀要23『刑事法の諸問題Ⅴ』135頁以下（1998年）参照。
32）　荘子邦雄「法定的符合説」『刑法講座(3)』115頁注5（1963年）参照。

の撃針後部をたたいて右びょうを発射させたが，同巡査に右側胸部貫通銃創を負わせたにとどまり，かつ，同巡査のけん銃を強取することができず，更に，同巡査の身体を貫通した右びょうをたまたま同巡査の約30メートル右前方の道路反対側の歩道上を通行中のBの背部に命中させ，同人に腹部貫通銃創を負わせた」という事案について，Aに対する（強盗）殺人未遂のほかにBに対する（強盗）殺人未遂も認めている。この事件の原判決（東京高判昭和52・3・8高刑集30巻1号150頁）は，被告人にはBに対する未必的殺意はもちろん暴行の未必的故意も認め得ないと認定しており，最高裁もこの認定を前提にしていると思われるので[33]，判例が，未必の故意が認められる場合を超えて抽象的法定符合説を適用していることは明らかである[34]。

2　予見可能性による限定

　学説の抽象的法定符合説は，ほとんどの場合，折衷的相当因果関係説とセットで主張されている（これに対して，ほとんどの客観的相当因果関係説の論者は，具体的法定符合説を採っている）。折衷的相当因果関係説では，結果が発生した客体の存在が行為者または一般人に予見不可能な場合には，相当因果関係が否定される。例えば，室内でピストルを発射したら狙いがはずれて天井に当たってしまい，天井裏にたまたま潜んでいた窃盗犯人に命中して死亡してしまった，という場合は，通説の立場からは，錯誤を問題にする前に，死亡結果との間の相当因果関係が否定され，殺人既遂罪は成立しない。抽象的法定符合説が支持されているのは，このような前提があるからである。

　もっとも，判例は，折衷的相当因果関係説をとっているわけではない。また，折衷的相当因果関係説からは，客体の存在が一般人に予見可能であれば行為者に予見できなくとも相当因果関係が肯定されるので，故意犯が成立す

---

[33]　増田・前掲注24)154頁以下は，この事案についても，未必の故意を認めることができる，とするが，未必の故意を認める範囲が広すぎると思われる。

[34]　未必の故意を否定して方法の錯誤による故意を認める最近の裁判例として，東京高判平成6・6・6高刑集47巻2号252頁参照。錯誤理論が未必の故意の立証の手抜きとなることを戒める検察実務家による指摘として，幕田英雄『実例中心　刑法総論解説ノート』185頁（1998年）参照。

る範囲がなお広すぎる，と感じられる場合がある[35]。そこで，もう一歩進んで，行為者が結果の発生を予見可能であった範囲で故意の符合を認めるという立場が考えられる。実際にも，実務は，そのような基準で動いているのではないかと思われる。例えば，最高裁昭和53年判決の原判決（前掲東京高判昭和52・3・8）は，「被告人のBに対する傷害は，弁護人の主張するように，被告人にとっては，全く予期せぬ結果であったとしても，前認定のごとく，結果の発生につき被告人の過失を認めうるのであって，客観的には，充分予見可能な通常予想しうる事故であることからしても，錯誤の問題を論ずることに何ら支障はな〔い〕」と判示している。この判示は，「Bに対する傷害の結果につき過失のみを認定しておきながら，いかなる理由によって，故意犯である強盗殺人未遂罪の成立を認めたのか，何ら理由を示していない」と上告理由で論難され，最高裁にも「十分な理由を示していないうらみがある」と批判されることになったが，その趣旨は，予見可能な範囲で「故意」を認めれば責任主義に反することはない，ということであろう[36]。方法の錯誤で故意が認められた事案で，行為者に結果発生の予見可能性が認められない事案は，おそらくないのではないかと思われる。

3 「敵・味方」による区別

最近，故意の符合について興味深い判決が出されている。大阪高裁平成14年9月4日判決（判タ1114号293頁）は，被告人が，相手方グループ員から危害を加えられている兄を助けるために，暴行の故意で相手方グループ員付近に自動車を急後退させ，誤って兄に車両を衝突させて死亡させてしまった，という事案について，グループ員に対する暴行は正当防衛として違法性が阻却され，兄に対する傷害致死は誤想防衛の一種であり故意責任を認めることができない，として無罪を言い渡したが，その際，錯誤論についても言及して，味方である兄と相手方グループ員とでは構成要件的評価の観点からみて法的に人として同価値であるとはいえず，故意の符合を認める根拠に欠

---

[35] 例えば，井田・前掲注3)88頁，同・前掲注21)241頁参照。
[36] そうだとすれば，少なくとも，過失については，抽象的法定符合説をとるべきではないことになる。本書301頁参照。

ける，と判示した。判決の錯誤に関する判示が，理論的に妥当なものであるかは疑問があるが，ここでの関心にとって興味深いのは，抽象的法定符合説が常識に合致していると感じられる前提を，はしなくも明らかにしているように思える点である。山口教授は，本判決について，正当防衛の根拠を法益欠如に求めれば，法的に同価値でないことを抽象的法定符合説からも説明できる，とされている[37]。理論的にはそうだとしても，この説明では，相手方に対する暴行が過剰防衛である場合には，兄に対する故意も阻却されないことになる。大阪高裁判決が言いたかったのは，行為者の「味方」に対して故意犯の成立を認めるのは適当でない，という常識的感覚なのではないであろうか。例えば，最高裁判例の事案で，共犯者が存在していて，被告人の撃ったびょうが共犯者に当たって負傷させた場合に，共犯者に対する強盗殺人未遂罪を認めることが常識に合致しているとは思えない[38]。

4 量刑での配慮

抽象的法定符合説が常識に合致しているといえるためのもう一つの前提は，錯誤によって認められた故意は，通常の故意とは異なっており，量刑においてはそのことが考慮されなければならない，と考えられていることである[39]。抽象的法定符合説の論理からすれば，量刑においても同じに扱われるべきだということになりそうであるが，そうは考えられていないのであ

---

[37] 山口厚『新判例から見た刑法〔第2版〕』55頁（2008年）参照。

[38] 強盗致死傷罪について，学説では，死傷の原因行為が強盗行為と密接な関連性を有していなければならないと解して，強盗の共犯者同士が，犯行の機会に仲間割れして仲間を死傷させたような場合は含まれない，と解する見解が有力になっている。拙稿「刑法各論の考え方，楽しみ方(13)」法教370号90頁（2011年）参照。このような限定は，行為の性質に着目したものであるが，結果の方に着目して，方法の錯誤で強盗行為等から共犯者の死傷が生じた場合を，強盗致死傷罪から除外する解釈は可能だろうか。強盗致死傷罪の立法趣旨が，強盗の被害者や強盗を逮捕しようとした者が死傷することを防止することにあるのであれば，共犯者の死傷については適用しなくともよいと考えることは，不可能ではないように思われる（傷害を負った共犯者に強盗致傷罪の共同正犯が成立することはないであろう）。

[39] したがって，裁判において，検察官が錯誤論の適用を前提として殺人未遂罪で起訴したにもかかわらず，未必の故意を認定するためには，審理の過程で検察官に釈明を求めるなど，事実の認識，認容があったかどうかを争点として顕在化させる措置等がとられる必要があり，そのような措置等をとることなく未必の故意を認定することは，訴訟手続の法令違反になる（前掲注34）東京高判平成6・6・6）。

る。率直に言えば，錯誤によって認められた故意は，故意と過失の中間，むしろ過失に近いものだ，というのが裁判官の方の実感なのではないであろうか[40]。

　このことをよく示しているのが，次のような控訴審判決（東京高判平成14・12・25判タ1168号306頁）である。G会H一家に属する暴力団の組員である被告人両名は，I会系暴力団組長であるAを殺害することを共謀して，斎場において，至近距離からAに向けて弾丸4発を発射し，そのうちの1発がAの頭部に命中してAを死亡させるとともに，他の1発がI会系暴力団総長Bに命中して同人を死亡させ，もう1発がI会系暴力団組長代行Cに命中して同人に傷害を負わせた。1審判決は，方法の錯誤として，Aに対する殺人既遂の他に，Bに対する殺人既遂およびCに対する殺人未遂を認めて，被告人のうち1名を無期懲役，もう1名を懲役20年に処したが，量刑の判断において，「〔Bらの死傷の結果は〕もとより被告人らの認容するところではあったが，甲を甲として，乙を乙として認識し，それぞれの殺害を図った事案とは，その評価を異にする余地がある」と説示した。これに対して，検察官は，「甲を甲として，乙を乙として認識し，それぞれの殺害を図った事案と同一に評価することができる」と主張して，量刑不当を理由に控訴したが，控訴審判決は，「そもそも，本件は，打撃の錯誤〔方法の錯誤〕の場合であり，いわゆる数故意犯説により，2個の殺人罪と1個の殺人未遂罪の成立が認められるが，B及びCに対する各殺意を主張して殺人罪及び殺人未遂罪の成立を主張せず，打撃の錯誤〔方法の錯誤〕の構成による殺人罪及び殺人未遂罪の成立を主張した以上，これらの罪についてその罪名どおりの各故意責任を追及することは許されないのではないかと考えられる。したがって，前述のとおり，周囲の参列者に弾丸が命中する可能性が相当にあったのに，これを意に介することなく，Aに対する殺害行為に出たとの点で量刑上考慮するのならともかく，B及びCに対する各殺意に基づく殺人，同未遂事実が認められることを前提とし，これを量刑上考慮すべきこと

---

[40] 中野博士は，意図しなかった客体に対する責任は，過失責任そのもの（「故意犯に対する過失責任」）と考えられるようである。中野次雄「方法の錯誤といわゆる故意の個数」『団藤重光博士古稀祝賀論文集第2巻』216頁以下（1984年）参照。

をいう所論は，失当といわなければならない」と判示して，検察官の控訴を棄却している。

5 まとめ

以上は，抽象的法定符合説が常識に合致するという感覚を支えている前提条件を，思いつくままに挙げてみたもので，これがすべてだというわけではない。判例が抽象的法定符合説を採用しているとはいっても，そこには様々な前提条件が存在している（隠れている）と思われるので，実務家の方には，抽象的法定符合説を鵜呑みにしないで，自分で結論の妥当性を考えてもらいたい。

抽象的法定符合説が，十分な理論的根拠に基づいているというよりも，常識に合致しているという理由で採用されているのであれば，理論的根拠が必ずしも明らかでなくとも，結論が常識に合致するように説の修正を行うことが必要であると思われる[41]。もちろん，判例を整合的に説明できれば，それが望ましいことは言うまでもない。この点で，井田説は，判例を前提としながら，その射程を限定する論理として，注目に値する見解だと思われる。

---

41) もちろん，筆者の立場からは，修正したからといって抽象的法定符合説が理論的に妥当なものになるわけではない。

第16章

故意論 (3)

I はじめに

本章では，故意論の第3回として，因果関係の錯誤と抽象的事実の錯誤を扱う。

II 因果関係の錯誤

1 因果経過の認識

錯誤の重要性を構成要件の観点から判断する法定的符合説の立場からは，結果犯の故意が認められるためには，実行行為としての危険を有する行為を行い，相当な因果経過によって結果を発生させることの認識（予見）が必要であるが，現実に生じた因果経過を認識している必要はない[1]。結果犯の構成要件にとっては，相当な因果経過であるかぎり，どのような因果経過であるかは重要でないからである[2]。このことは，「その人」を殺すことを認識していれば，「その人」がAさんなのかBさんなのかは重要ではないのと同じである。

これに対して，法定的符合説の論者の多くは，従来，現実の因果経過を故意の対象と解した上で，行為者の認識した因果経過と現実の因果経過がくい

---

1) このことは，具体的法定符合説か抽象的法定符合説かの争いとは関係がない。
2) 伊東・128頁，大谷・173頁，西田・227頁，林・257頁，堀内・113頁，前田・248頁，町野・245頁，山口・212頁，山中・352頁以下，安田拓人「錯誤論(上)」法教273号73-74頁（2003年）など参照。

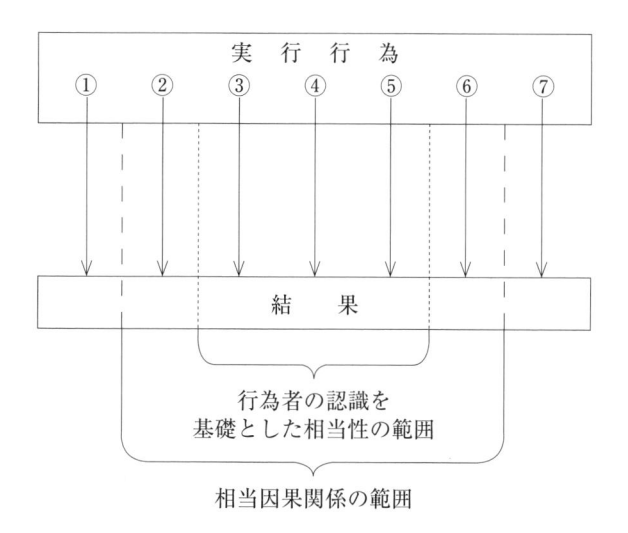

```
                実 行 行 為
        ①    ②   ③   ④   ⑤    ⑥   ⑦
        │    │   ┆   │   ┆    │   │
        ▼    ▼   ▼   ▼   ▼    ▼   ▼
        ┌────────────────────────────┐
        │          結 果              │
        └────────────────────────────┘
                 ╰───────╯
              行為者の認識を
             基礎とした相当性の範囲
          ╰─────────────────────╯
              相当因果関係の範囲
```

ちがった場合には，そのくいちがいが相当因果関係の範囲内であれば符合が認められ故意は阻却されない，と解してきた[3]。しかし，理論的には，法定的符合説から具体的因果経過の認識を要求する理由はないし，実際上も，この見解には，因果関係の錯誤を論じる実益がない，という批判が妥当する[4]。

まず第1に，現実に生じた因果経過が相当でない場合（図の①⑦の場合）には，因果関係が否定されて，客観面で未遂になるから，因果関係の錯誤として既遂結果に対する故意が問題になることはない（問題にしても意味がない）。

第2に，行為者に相当な因果経過の認識がない場合（図の①⑦しか認識していなかった場合）には，そもそも故意が認められないので，因果関係の錯誤は問題とならない。この場合には，故意既遂犯だけでなく故意未遂犯も認められない。

---

3) 大塚・193頁，川端・175頁，佐久間・137頁，団藤・298頁，福田・117-118頁など参照。
4) 町野朔「因果関係論」『現代刑法講座第1巻』341頁（1977年），山中敬一「過失犯における因果経過の予見可能性について(1)——因果関係の錯誤の問題を含めて」関西大学法学論集29巻1号57頁以下（1979年）参照。

第3に，以上から，因果関係の錯誤が問題となるのは，現実に生じた因果経過が相当で，かつ，行為者が認識した因果経過も相当な場合ということになるが，そのような場合に，両者のくいちがいが相当因果関係の範囲内でないということはありえない。図でいえば，現実の因果経過と行為者が認識した因果経過の組み合わせが②から⑥のどの組み合わせであっても，すべて相当因果関係の範囲内におさまっている。②と⑥の組み合わせはズレが大きいので相当因果関係の範囲を超える，などということはありえないのである（両方とも相当因果関係の枠内にあるのだから当たり前である）。

　以上のことは，現実の因果経過と行為者が認識した因果経過のズレを同じ基準で判断しても意味がないことを示している[5]。そこで，最近では，因果関係の錯誤を，因果関係の判断とは別個の基準で判断する見解が主張されるようになっている。その中で最も有力な見解は，行為者の認識を前提として結果の発生が相当なものかどうかを判断する見解である[6]。この見解からは，図の②⑥についても故意既遂犯の成立が否定されることになる。例えば，XがAを殺害しようとして刀でAの肩に斬りつけ，Aがこれをよけたので腕にけがを負わせただけだったが，Aは血友病であったので，出血多量で死亡してしまった，という場合や，AがXから逃げようとして後ろの崖から転落して死亡してしまった，という場合は，因果関係が肯定されたとしても[7]，Aが血友病であることや崖が存在していることをXが知らなけ

---

[5] これに対して，ドイツでは，因果関係論において条件説が通説であったので，因果関係の錯誤を問題にして，故意で帰責範囲を限定することに（その理論的妥当性は別として）意味があった。このような見解に対しては，「玄関で拒否した相当因果関係説を裏口から引き入れている」という周知の批判がある。町野・前掲注4)346頁注11は，わが国の従来の通説を，「玄関からすでに人を招じ入れたのに，また裏口にまわって同一人物を引き入れようとするもの」と評している。

[6] 井田良「故意における客体の特定および『個数』の特定に関する一考察(3)」法学研究58巻11号78頁以下（1985年），同『刑法総論の理論構造』93頁（2005年），内藤・(下Ⅰ)956頁，曽根・183頁，松宮・198-199頁，浅田・316頁など参照。さらに，独自の立場から，因果関係の錯誤を問題にする見解として，鈴木左斗志「因果関係の錯誤について」本郷法政紀要1号189頁以下（1993年），同「方法の錯誤について」金沢法学37巻1号135頁以下（1993年）参照。

[7] 客観的相当因果関係説からは因果関係が肯定され，折衷的相当因果関係説からも，被害者の血友病や崖の存在が一般人に認識可能であれば，行為者の認識の有無にかかわらず，因果関係が肯定される。

れば，死亡の結果について故意を認めることができず（結果を故意に帰属させることができず），殺人未遂罪になる。

しかし，なぜ行為者の認識した事実を前提にして結果が発生することが一般に予測できる場合に限って結果を帰責できるのかは，明らかではない。もし，既遂結果について故意を認めるためには，行為者が認識した危険が結果に実現していなければならない，と考えるのであれば，行為者が被害者の血友病や崖の存在を知っているだけでなく，血友病のために出血多量で死亡する可能性や崖から転落して死亡する可能性を実際に認識していることまで要求すべきであろう。実際の結論としても，この説では，主観的相当因果関係説を採用した場合と同じになって，帰責の範囲が狭すぎるように思われる[8]。

2 遅すぎた構成要件の実現

被害者の首を絞めて（第１行為）殺害したと思い，犯行の発覚を防ぐため近くの海岸に運んで放置した（第２行為）ところ，被害者は生きていて砂を吸って窒息死した，という事例について，大審院の判例（大判大正12・4・30刑集２巻378頁）は，「殺人ノ目的ヲ以テ爲シタル行爲ナキニ於テハ犯行發覺ヲ防ク目的ヲ以テスル砂上ノ放置行爲モ亦發生セサリシコトハ勿論ニシテ之ヲ社會生活上ノ普通觀念ニ照シ被告ノ殺害ノ目的ヲ以テ爲シタル行爲ト市之助ノ死トノ間ニ原因結果ノ關係アルコトヲ認ムルヲ正當トスヘク被告ノ誤認ニ因リ死體遺棄ノ目的ニ出テタル行爲ハ毫モ前記ノ因果關係ヲ遮斷スルモノニ非サルヲ以テ被告ノ行爲ハ刑法第百九十九條ノ殺人罪ヲ構成スルモノト謂フヘク此ノ場合ニハ殺人未遂罪ト過失致死罪ノ併存ヲ認ムヘキモノニ非ス」と判示している。学説では，判例と同様に，殺人既遂罪の成立を認める見解が一般的であるが，第１行為と第２行為を分離して，殺人未遂罪と過失致死罪の併合罪とする見解も主張されている[9]。

---

[8] 中森喜彦「錯誤論１」法教106号27-28頁（1989年）参照。
[9] 中山・364頁，野村・199頁，斎藤・134頁（観念的競合ではないが，併合罪として既遂より重く罰することは原則として許されないとする），浅田・318-319頁（場合によっては牽連犯とすべきとする）など参照。

このような事例は，一般に「ウェーバーの概括的故意」の事例と呼ばれているが，第2行為の時点で行為者に殺人の故意がないことは明らかであり，適切な呼び方とはいえない。次に述べる「早すぎた構成要件の実現」にあわせるならば，「遅すぎた構成要件の実現」とでも呼ぶべき事例である。

　この事例を考える上では，まず，第1行為と結果の間に因果関係を肯定することができるかが問題となる。第1行為と第2行為を分離する見解は，因果関係を否定する見解といえるが，①殺人犯人が被害者を別の場所に遺棄しようとすることは稀ではないこと，②行為と結果の間に過失行為が介在しても一般に因果関係は否定されないこと，③第1行為と第2行為が時間的場所的に近接していること，④被害者が意識を失っていることが砂を吸って窒息死する結果につながっていること，などを考慮すれば，第1行為と結果の間の因果関係は，第2行為の介在によって否定されることはない，と解すべきであろう[10]。

　第1行為と結果の間の因果関係が肯定されれば，後は因果関係の錯誤の問題となるが，本稿の立場からは，故意が否定されることはないので，判例と同様，殺人既遂罪の成立を認めることができる[11]。

3　早すぎた構成要件の実現

　行為者が予定していたよりも早く構成要件が実現してしまった場合，例えば，朝食の時に毒入りのミルクを夫に飲ませるつもりで冷蔵庫に入れておいたところ，夜中に夫が飲んで死亡してしまった場合や，他人の壺を家の外に持ち出して壊そうとしたところ途中で転んで壺を落として割ってしまった場合に，既遂犯の成立を認めることができるだろうか。学説では，早すぎた構成要件の実現の場合について，行為者が実行に着手して，それ以降に結果が

---

[10]　第1行為時に第2行為を予定していたことは，不可欠の要件ではない。山口・356-357頁参照。もちろん，判例の事案について因果関係を肯定するからといって，常に因果関係が肯定されるというわけではない。山中・356-357頁参照。

[11]　因果関係の錯誤を問題にする見解からは，行為者が当初から第2行為を予定していた場合は，行為者が認識していた事情も含めて考えた第1行為の危険が結果に実現したといえるから殺人既遂罪が成立するが，そうでなければ既遂結果についての故意が阻却され，殺人未遂罪と過失致死罪の併合罪となる，という見解が主張されている。井田・前掲注6)「一考察」79頁，内藤・(下Ⅰ)963頁参照。

生じた場合には既遂犯の成立を認める多数説[12]と，行為者が既遂結果惹起のために必要だと考えていた行為のすべてを行わなければ既遂結果について故意を認めることができないとする少数説[13]が対立している。多数説の立場からは，ミルクを冷蔵庫に入れる時点や壺を外に持ち出そうとした時点で実行の着手が認められれば，既遂犯の成立が認められ，実行の着手が認められず，予備とされれば，毒入りミルク事例では殺人予備と過失致死，壺事例では不可罰，ということになる。

　過去の下級審裁判例では，放火の故意で，ガソリンをまいて，自分でガソリンに火をつける前に，他の火種に引火して建物を焼損した，という事案について，ガソリンをまいた時点で実行の着手が肯定され，放火既遂罪の成立が認められている[14]。そして，最近，この問題に関する最高裁判例（最決平成16・3・22刑集58巻3号187頁）が出された。事案は，被告人らが，被害者Aを車に誘い込んでクロロホルムを使って失神させ（第1行為），約2km離れた港まで運んで，車ごと海中に転落させて（第2行為）殺害したが，被害者は，第1行為により死亡していた可能性があり，被告人らは，このことを認識していなかった，というものである。最高裁は，「第1行為は第2行為を確実かつ容易に行うために必要不可欠なものであったといえること，第1行為に成功した場合，それ以降の殺害計画を遂行する上で障害となるような特段の事情が存しなかったと認められることや，第1行為と第2行為との間の時間的場所的近接性などに照らすと，第1行為は第2行為に密接な行為で

---

[12] 大谷・188頁，前田・277頁，山口・216-217頁，佐藤拓磨「早すぎた構成要件実現について」法学政治学論究63号225頁以下（2004年），山中敬一「いわゆる早すぎた構成要件実現と結果の帰属」『板倉宏博士古稀祝賀　現代社会型犯罪の諸問題』97頁以下（2004年），安田拓人「判評」平成16年度重判解（ジュリ1291号）157頁（2005年）など参照。さらに，井田・186頁参照。

[13] 浅田・376-377頁，曽根・216頁，町野朔「因果関係と錯誤理論」北海学園大学法学研究29巻1号229頁以下（1993年），増田豊「志向的故意帰属と因果経過の齟齬（2・完）」法律論叢70巻5＝6号98頁以下（1998年），宮川基「条件付故意について（2・完）」法学63巻4号39頁以下（1999年），林・225頁，西村秀二「『早まった結果惹起』について」富山大経済論集46巻3号115頁以下（2001年），石井徹哉「いわゆる早すぎた構成要件の実現について」奈良法学会雑誌15巻1＝2号34頁以下（2002年）など参照。

[14] ガソリンに屋内にあった練炭またはストーブの火が引火した事例（静岡地判昭和39・9・1下刑集6巻9＝10号1005頁，広島地判昭和49・4・3判タ316号289頁），たばこを吸おうとつけた火が引火した事例（横浜地判昭和58・7・20判時1108号138頁）がある。

あり，実行犯3名が第1行為を開始した時点で既に殺人に至る客観的な危険性が明らかに認められるから，その時点において殺人罪の実行の着手があったものと解するのが相当である。また，実行犯3名は，クロロホルムを吸引させてAを失神させた上自動車ごと海中に転落させるという一連の殺人行為に着手して，その目的を遂げたのであるから，たとえ，実行犯3名の認識と異なり，第2行為の前の時点でAが第1行為により死亡していたとしても，殺人の故意に欠けるところはなく，実行犯3名については殺人既遂の共同正犯が成立するものと認められる」と判示した。判例が学説の多数説と同じ立場に立つことが，これで明確になったといえる。

この問題を考える上で，まず注意が必要なのは，早すぎる構成要件の実現といっても，結果が行為者の予定していたより早く発生した，というだけで既遂犯の成立が問題となるわけではないことである。例えば，被害者に毒を飲ませて，一晩苦しませて死亡させようと思っていたら，即死してしまった，という場合に，既遂犯の成立を否定する者はいないであろう。同じことは，実行行為の作用が予想より早かった場合についてもいえる。殺人の意図で時限爆弾をセットしたが，タイマーの時間を間違えたため，予定より早く爆発して被害者が死亡した，という場合に，殺人既遂の成立を否定する者もやはりいないであろう。

したがって，問題となるのは，行為者が構成要件の実現に必要だと考えているすべての行為を行う前に構成要件が実現してしまった場合である。早いことが問題なのではなく，予定していたすべての行為を終えていないことが問題なのである。このような場合に，既遂犯の成立を否定する学説は，その理由として，規範の動機づけの可能性は，行為の発展段階に応じて動態的にとらえられなければならず，行為者が既遂結果発生に至った危険を認識している必要があることを挙げている[15]。あるいは，遡及禁止論の立場から，行為者が結果発生のために後の故意行為を留保していた場合には，相当な因果経過の認識がないので故意既遂犯は認められない，という見解も主張されている[16]。

---

15) 石井・前掲注13)34頁以下参照。

しかし，人間が自己の行為を完全にコントロールできるものではない以上，最後の最後まで因果経過を行為者がコントロールしていたことを既遂の要件として要求するのは，過度の要求だと思われる[17]。テロ犯人が，多数の人を殺害する目的で，仕掛けた爆弾の起爆装置を手に持ち，実際にはAのボタンを押しただけで爆発するのに，AとBの2つのボタンを順番に押さないと爆発しないと誤解して，最初にAのボタンを押したところ，爆弾が爆発して被害者が死亡した，という場合に，殺人既遂罪の成立を否定すべきではないであろう。他方で，家族を殺害する目的で爆弾を作成していて，誤って爆発させてしまい，家族が死亡した，という場合に，殺人既遂罪を認めるべきでもない。故意が認められるためには，実行行為の時点で，実行行為を行っていることの認識が必要だからである[18]。

多数説の根拠を，安田拓人教授は，例外的に各則に規定されているにすぎない予備と，広く処罰の対象とされ総則に規定されている未遂犯には，刑法上重要な差があり，構成要件実現の意思でそうした決定的段階である着手の段階を突破したことに求められている[19]。

しかし，多数説の結論を是認するとしても，それは，安田教授が言われるような理由ではないように思われる。早すぎた構成要件の実現が問題となるのは，単独正犯の既遂罪に限られるわけではなく，予備罪や共犯にも同じ問題は生じ得るからである。例えば，①殺人に使用する毒薬を製造していて，あと1つ薬品を入れる必要があると思っていたら，すでに完成していた場合，②教唆者は，教唆を成功させるためには何度も説得を重ねる必要があると考え，1回目の説得の後，翌日も説得しようと考えていたが，被教唆者は1回目の説得で犯罪の実行を決意し，その日のうちに教唆された犯罪を実行した場合，③殺人に使う拳銃を貸してくれと頼まれて，持っていた拳銃を貸

---

16) 山口厚『刑法総論〔補訂版〕』194頁（2005年）参照。さらに，林幹人「早過ぎた結果の発生」判時1869号3頁以下（2004年）参照。その他，既遂犯の成立を否定する見解として，浅田・377頁，曽根・216頁，高橋・173-174頁など参照。

17) 佐藤・前掲注12)247頁以下参照。肯定説として，井田・186頁，大谷・174頁，西田・229頁，前田・277頁，山口・216-217頁など参照。

18) 実行行為と実行の着手を区別する見解からは，実行行為の時点で判断されることになるが，通説は，実行行為の時点で実行の着手を認めるので，結論は同じである。

19) 安田・前掲注12)158頁。

したが，弾の持ち合わせがなかったので，弾は翌日届けることにしていたら，正犯者が弾を別のところから入手してその日のうちに殺害を実行した場合。これらの場合には，実行の着手と同様の理由づけはあてはまらないが，だからといって，構成要件の実現に対する故意責任をすべて否定すべきだとも思えない[20]。少なくとも，教唆犯や幇助犯については，既遂を認めてよいように思われる[21]。

結局，最終行為と前段階の行為が接着し密接に関連するものであれば，前段階の行為時に「一連の行為の認識」が認められ故意犯が成立しうる，ということではないであろうか[22]。単独の既遂犯の場合は，それが実行の着手（実行行為）だということである。

III 抽象的事実の錯誤

1 法定的符合説と抽象的符合説

異なる犯罪類型にまたがる錯誤を抽象的事実の錯誤と呼んでいる。抽象的事実の錯誤の扱いについては，大きく分けると，法定的符合説と抽象的符合説[23]が対立している。抽象的符合説は，犯罪を犯す意思で犯罪を実現すれば，軽い限度で常に犯罪を成立させる見解であるが，犯罪間の質的相違を認めない点で疑問があり[24]，現在ではほとんど支持がない。同説の最大の論

---

20) この場合，正犯者が共犯者が考えていたより早く実行に着手したこと自体は，共犯者の既遂責任を否定する理由にならないであろう。例えば，XがYに1週間後にAを殺害しろと教唆したところ，Yが2日後にAを殺害した，という場合に，殺人教唆既遂罪の成立が否定されるとは思えない。
21) 予備の場合は，行為者が毒薬の完成に気がつかなければ危険がないし（利用されるおそれがない），気がつけばその時点で予備罪を成立させることができるので，完成した時点で予備罪を認める必要があまりない。
22) 山口・217頁参照。
23) 抽象的符合説の詳細については，日髙義博『刑法における錯誤論の新展開』31頁以下（1991年）参照。
24) 西田典之「共犯の錯誤について」『団藤重光博士古稀祝賀論文集第2巻』95頁（1984年），井田・前掲注6)理論構造103頁，町野・228頁以下，中森喜彦「錯誤論2」法教107号53頁（1989年）など参照。

拠であった．器物損壊の故意で人を死亡させた場合の刑の不均衡の問題は，重過失致死罪が設けられたことによってすでに解消している[25]。

法的観点から犯罪の重なり合いを問題とする法定的符合説の中では，構成要件を基準として，行為者が認識した構成要件と実現した構成要件が重なり合う限度で故意を認める構成要件的符合説[26]と，構成要件を離れて実質的な重なり合いを問題にする他の諸説（罪質符合説や不法・責任符合説[27]など）が対立している。また，構成要件的符合説の中でも，形式的に加重・減軽関係および補充関係にある場合に限って符合を認める見解と，実質的に重なり合っていれば符合を認める見解が対立している。

2 判例の立場

この問題に関するリーディング・ケースである最決昭和54年3月27日（刑集33巻2号140頁）は，営利の目的で，かつ，税関長の許可を受けないで，麻薬を覚せい剤と誤認して輸入した，という事案について，以下のように判示した。

「麻薬と覚せい剤とは，ともにその濫用による保健衛生上の危害を防止する必要上，麻薬取締法及び覚せい剤取締法による取締の対象とされているものであるところ，これらの取締は，実定法上は前記2つの取締法によって各別に行われているのであるが，両法は，その取締の目的において同一であり，かつ，取締の方式が極めて近似していて，輸入，輸出，製造，譲渡，譲受，所持等同じ態様の行為を犯罪としているうえ，それらが取締の対象とする麻薬と覚せい剤とは，ともに，その濫用によってこれに対する精神的ないし身体的依存（いわゆる慢性中毒）の状態を形成し，個人及び社会に対し重大な害悪をもたらすおそれのある薬物であって，外観上も類似したものが多いことなどにかんがみると，麻薬と覚せい剤との間には，実質的には同一の法律による規制に服しているとみうるような類似性があるというべきであ

---

[25] 内藤・(下Ⅰ)970頁参照。
[26] 具体的事実の錯誤に関する具体的法定符合説や抽象的法定符合説も，構成要件を基準としている点では，構成要件的符合説である。
[27] 町野朔「法定的符合について(上・下)」警研54巻4号3頁以下，5号3頁以下（1983年）参照。

る。

　本件において，被告人は，営利の目的で，麻薬であるジアセチルモルヒネの塩類である粉末を覚せい剤と誤認して輸入したというのであるから，覚せい剤取締法41条2項，1項1号，13条の覚せい剤輸入罪を犯す意思で，麻薬取締法64条2項，1項，12条1項の麻薬輸入罪にあたる事実を実現したことになるが，両罪は，その目的物が覚せい剤か麻薬かの差異があるだけで，その余の犯罪構成要件要素は同一であり，その法定刑も全く同一であるところ，前記のような麻薬と覚せい剤との類似性にかんがみると，この場合，両罪の構成要件は実質的に全く重なり合っているものとみるのが相当であるから，麻薬を覚せい剤と誤認した錯誤は，生じた結果である麻薬輸入の罪についての故意を阻却するものではないと解すべきである。（中略）
　関税法は，貨物の輸入に際し一般に通関手続の履行を義務づけているのであるが，右義務を履行しないで貨物を輸入した行為のうち，その貨物が関税定率法21条1項所定の輸入禁制品である場合には関税法109条1項によって，その余の一般輸入貨物である場合には同法111条1項によって処罰することとし，前者の場合には，その貨物が関税法上の輸入禁制品であるところから，特に後者に比し重い刑をもってのぞんでいるものであるところ，密輸入にかかる貨物が覚せい剤か麻薬かによって関税法上その罰則の適用を異にするのは，覚せい剤が輸入制限物件（関税法118条3項）であるのに対し麻薬が輸入禁制品とされているというだけの理由によるものに過ぎないことにかんがみると，覚せい剤を無許可で輸入する罪と輸入禁制品である麻薬を輸入する罪とは，ともに通関手続を履行しないでした類似する貨物の密輸入行為を処罰の対象とする限度において，その犯罪構成要件は重なり合っているものと解するのが相当である。本件において，被告人は，覚せい剤を無許可で輸入する罪を犯す意思であったというのであるから，輸入にかかる貨物が輸入禁制品たる麻薬であるという重い罪となるべき事実の認識がなく，輸入禁制品である麻薬を輸入する罪の故意を欠くものとして同罪の成立は認められないが，両罪の構成要件が重なり合う限度で軽い覚せい剤を無許可で輸入する罪の故意が成立し同罪が成立するものと解すべきである。」
　この決定によって，判例は，構成要件の実質的重なり合いによって符合を

判断する構成要件的符合説をとっていることが，明らかになったといえるであろう。そして，認識した犯罪と実現した犯罪の間に重なり合いが認められる場合については，①両罪の法定刑が同一の場合には，実現した犯罪について故意が認められ，同罪が成立し，②認識した犯罪よりも実現した犯罪の法定刑が重い場合は，認識した軽い犯罪が成立すること（刑法38条2項），が明らかにされた。②は，下級審裁判例の多くがとっていた，実現した重い罪の成立を認めて，刑だけを軽い罪の限度にとどめる，という処理を否定したものであり，犯罪と刑の分離を認めるのは適当でないとして，学説からも支持を受けている。③認識した犯罪の方が実現した犯罪よりも重い場合については，判例は特に触れていないが，実現した軽い犯罪の故意が認められ，同罪が成立し，さらに，認識した重い犯罪の未遂罪も成立する可能性がある，と考えられる。下級審の裁判例では，強盗の実行行為を行ったが被害者が単に畏怖して財物を交付した場合について，強盗未遂罪と恐喝既遂罪の観念的競合とした判決（大阪地判平成4・9・22判タ828号281頁）や，傍論ではあるが，殺人の故意で同意殺人を実現した場合には，同意殺人罪が成立するとした判決（大阪高判平成10・7・16判時1647号156頁）がある。

　本決定以前の判例には，虚偽公文書作成罪の教唆を共謀したが，公文書偽造罪の教唆が実現した，という事案について，「両者は犯罪の構成要件を異にするも，その罪質を同じくするものであり，且法定刑も同じである」ことを指摘して，公文書偽造教唆について故意を阻却しない，と判示したものがあった（最判昭和23・10・23刑集2巻11号1386頁）。この判例は，「罪質の同一性」を基準としている点で，昭和54年判例と異なる立場に立つものと理解することも不可能ではない。しかし，その後の下級審判決（東京地判平成13・7・12判タ1083号288頁）は，同種の事例について，「虚偽公文書作成罪と有印公文書偽造罪は，共に刑法の『文書偽造の罪』の章に規定され，いずれも公文書を客体とし，公文書に対する公共の信用を保護法益とする犯罪であり，その法定刑は全く同一に定められている上，両罪の実行行為は，公文書を不正に作出するという意味で，偽造として統一的に把握し得ることに鑑みると，両罪は別個の条文に規定されているとはいえ，その構成要件はその重要な部分で実質的に重なり合っているものとみるのが相当である。したがっ

て，上記の錯誤によって，生じた結果である有印公文書偽造罪についての故意は阻却されないと解すべきである（最一小決昭和54年3月27日・刑集33巻2号140頁，最二小判昭和23年10月23日・刑集2巻11号1386頁参照）」と判示している。昭和23年判例のいう「罪質の同一性」とは構成要件を基準とする同一性であって，昭和23年判例と昭和54年判例との間に違いはない，という理解を前提とする判決といえよう。

その他，判例が符合を認めた事例としては，単独犯の場合について，同意殺人と普通殺人（大判明治43・4・28刑録16輯760頁），占有離脱物横領と窃盗（大判大正9・3・29刑録26輯211頁，東京高判昭和35・7・15下刑集2巻7＝8号989頁），麻薬所持と覚せい剤所持（最決昭和61・6・9刑集40巻4号269頁），共犯の錯誤の場合について，窃盗と強盗（最判昭和23・5・1刑集2巻5号435頁），恐喝と強盗（最判昭和25・4・11裁判集刑17号87頁）などがある。

3 構成要件的符合説における符合の範囲

故意を構成要件該当事実の認識と解する以上は，実現した構成要件と認識した構成要件は対応している必要がある。したがって，実現した構成要件と異なった構成要件の認識しかない場合には，犯罪が成立しないのが原則である。しかし，構成要件は，条文そのものではないから，解釈によって重なり合いを認めることが可能であり，その意味で，構成要件的符合説が妥当である。問題は，符合をどこまで認めるかである。

実現した構成要件と認識した構成要件の間に，普通殺人と（旧）尊属殺人，普通殺人と同意殺人，横領と業務上横領のように，基本類型と加重減軽類型という関係がある場合に，符合が認められることについては，異論がない。例えば，尊属殺人の故意で普通殺人を実現した場合は，尊属殺人の故意には人を殺すという普通殺人の故意も含まれているので，普通殺人罪の構成要件が客観的にも主観的にも充足されており，普通殺人罪が成立する。逆に，普通殺人の故意で尊属殺人を実現した場合も，人を殺したことには変わりがないので，普通殺人罪の構成要件が客観的にも主観的にも充足され，普通殺人罪が成立する。構成要件的符合説を最も厳格に解した場合には，符合が認められるのは，このような場合に限られることになる。しかし，厳格な

麻薬及び向精神薬取締法は，法律の別表で多数の薬物を麻薬と定義しているが，別個の物質という意味では，表に挙がっている薬物すべてが別個の物質である。例えば，ヘロインとコカインは別個の薬物であるが，ヘロインをコカインと誤信して所持したからといって麻薬所持の故意が阻却されるわけではない。それは，どちらも麻薬とされているからであるが，何らかの理由でコカインだけを取り出して別の法律にすると，途端にヘロインとコカインの間の錯誤が重要になるというのは，おかしなことであろう。

　このように，条文や法律の枠を超えて構成要件の重なりを認めることに対しては，「立法者が別個の構成要件ないし別個の法律としていることを，単に立法技術上のものといって軽視するのでは，罪刑法定主義は成り立たない[33]」ともいわれているが，条文と構成要件は同じものではない[34]。構成要件の重なり合いを厳格に解して符合を認めなければ，立法者は，包括的な刑罰法規（例えば，麻薬，覚せい剤，大麻をすべて包括した刑罰法規）を設けることによってこれに対応しようとするであろう。それが罪刑法定主義にとって望ましい帰結かは疑問である。

　構成要件がどの範囲で重なり合うかは，個々の構成要件解釈の問題であるが[35]，構成要件が法益保護のために規定されたものである以上，構成要件に規定された保護法益が同一であることは，必須の要件である。したがって，死体遺棄の意思で人の遺棄を実現した場合や死体損壊の意思で人の傷害を実現した場合については，符合を認めることができない。人の生命・身体に対する罪と死者への敬虔感情に対する罪に法益の重なり合いを認めることはできないからである[36]。

　これに対して，罪質同一の範囲内で故意を認めてよいとする罪質符合説の立場からは，日常生活の実態からすれば，生きているのか死んでいるのか明

---

33) 浅田・323頁。
34) 伊藤ほか・118頁〔小林憲太郎〕参照。
35) 平野博士は，符合が認められる場合として，①構成要件の内包的包摂性が認められる場合の他に，②外延的包摂性が認められる場合を挙げ，後者の例として，(a)同じ構成要件の中に択一的に規定されている場合（たとえば，印章使用公文書偽造と署名使用公文書偽造，同意殺人と自殺幇助，1項詐欺と2項詐欺），(b)立法技術上，別個の条文に書かれているにすぎない場合（たとえば，公文書有形偽造と無形偽造，麻薬所持と覚せい剤所持）を挙げておられる。平野・Ⅰ178頁以下参照。

らかでない状態の人を捨てるという意思が認められるので，死体遺棄罪の故意を認めることができる，という見解が主張されている[37]。最近では，特定の処罰規定を行為状況に向けて具体化した行為規範と，行為者が理解した事情を前提にそれを一般化した行為規範が一致すれば故意が認められる，とする「規範的符合説」の立場からも，同様の主張がなされている[38]。しかし，保護法益の全く異なる犯罪について罪質の同一性を肯定することには疑問があり，保護法益を離れて行為規範を考えることにも疑問がある。保護法益を離れて罪質や規範を考えると，人だと思って傷害の故意で石を投げてマネキンを損壊したという場合についても，「人のように見える客体を傷つけるな」という規範を想定することが可能であるから，傷害罪と器物損壊罪との間の符合も肯定することになってしまうであろう。これらの見解は，結局のところ，行為態様の類似性だけで符合を認めていることになってしまうように思われる。

　法定的符合説の中で構成要件的符合説をとらない論者は，実質的な重なり合いを問題にする構成要件的符合説に対して，構成要件は形式的なものであって，実質的重なり合いを問題にすることは，構成要件の本質に反する，と批判する。しかし，構成要件を離れた基準を設定することによって，構成要件的符合説よりも広い符合を認めることになるのは不当であろう。

　同じく構成要件的符合説を批判する見解の中でも，不法責任符合説は，構成要件的符合説よりも広い符合を認めようとするものではない[39]。むしろ，類型的責任の符合も要求する結果，窃盗罪と器物損壊罪の間で符合を認めないなど，構成要件的符合説よりも符合の範囲が狭くなっている。論者は，器物損壊罪は，他人の所有物を損壊することによって被害者を困惑させる，という固有の責任内容をもつので，窃盗罪とは符合しない，と言うのである

---

36)　死体遺棄と保護責任者遺棄罪の重なり合いを肯定して，軽い死体遺棄罪の成立を認めた第1審判決を破棄して，事実認定の問題として死体遺棄罪の成立を認めた札幌高判昭和61・3・24高刑集39巻1号8頁は，明言はしていないが，両罪の符合は認められないと考えたものと思われる。
37)　西原・(上)227頁参照。
38)　井田・前掲注6)理論構造108頁以下参照。
39)　不法責任符合説に対する批判としては，髙山佳奈子『故意と違法性の意識』212頁以下（1999年），山口厚『問題探究刑法総論』146頁以下（1998年）参照。

が⁴⁰），器物損壊罪が所有権侵害に対応する責任非難を超えた固有の責任内容をもつとは思われない。不法責任符合説の立場からも，軽い器物損壊罪の成立を認めることに支障はないと思われる。

　構成要件的符合説は，法益の同一性と行為態様の同一性の2つを挙げる見解が多い。しかし，行為態様の同一性がどこまで意味を持っているかについては疑問もある。暴行と脅迫は行為態様において異なるが，2つの手段の間での錯誤について，故意が阻却されると解されているわけではないからである。サラ金の自動契約機に虚偽の情報を入力し，オペレーターを欺いてキャッシングカードを自動契約機から入手した場合に，行為者が，機械の背後に（機械と通信回線で結ばれた）オペレーターがいることを知らず，人を欺いて財物を交付させていることを認識していなかったとすると，窃盗の故意で詐欺を実現したことになるが，このような場合であっても，詐欺罪の成立を肯定してよいように思われる。なお，択一的な手段について符合を認めることは，副次的な法益侵害の違いは重要でないと考えられていることも意味している。暴行による恐喝と脅迫による恐喝では，同じ財産犯であっても，身体に対する法益侵害と自由に対する法益侵害という異なった法益侵害を有している。しかし，財産犯の枠内では，そのような副次的法益侵害は，重要でないものと解されるのである⁴¹⁾。

IV　おわりに

　故意論にはまだ多くの重要な問題が残されているが，本書は，すべての論点を網羅することを目的としているわけではないので，故意論はこのくらいで終わりにして，次章は，過失論に入ることにしたい。

40）　町野・230頁。
41）　井田・前掲注6)理論構造108頁は，恐喝罪には脅迫等により被害者を畏怖させるという独自の法益侵害が含まれるから，詐欺罪と恐喝罪との間に構成要件の重なり合いを認めることはできない，とするが，そう解する必要はないと思われる。

第17章

過失犯論

I　はじめに

　過失犯は，法律に特別の規定がある場合に限って処罰される（刑法38条1項但書）。刑法典で過失犯を処罰する規定は，失火罪（116条），過失激発物破裂罪（117条2項），業務上失火罪・業務上過失激発物破裂罪（117条の2前段），重失火罪・重過失激発物破裂罪（117条の2後段），過失建造物等浸害罪（122条），過失往来危険罪（129条），過失傷害罪（209条），過失致死罪（210条），業務上過失致死傷罪（211条1項前段），重過失致死傷罪（211条1項後段），自動車運転過失致死傷罪（211条2項）である。自動車運転過失致死傷罪が導入されたのは2001年のことであるが，その存在を知らない人がいるので注意してほしい（いまだに知らないのは重大な注意義務違反である）。

　過失犯処罰は，規定上は例外的なものであるが，実際には，自動車運転過失致死傷罪の発生件数がきわめて多く，また，自動車・列車・航空機事故，大規模火災事故，薬害事故，医療事故など，社会の注目を集める過失事犯が多く発生しており，刑事政策的にきわめて重要な犯罪である（平成22年の刑法犯の認知件数は227万1039件であるが，そのうちの30.2％が自動車運転過失致死傷罪であり，これは窃盗の53.4％に次ぐ）。また，過失犯には，多くの重要な理論的問題が存在しており，学界での議論も盛んである。

　このように，過失犯は，理論的にも政策的にもきわめて重要な問題であるが，法学部や法科大学院の授業でこれを詳しく検討することは，レベル的にも時間的にも難しい。学生の方は，まず基本的な事柄を理解することが重要であり（過失犯に限ったことではないが），以下では，過失犯の理解に必要な基本的な事柄について，なるべく分かりやすく説明することにしたい。

II 過失犯の構造

1 学説の展開

　まず，どの教科書にも書かれている，過失犯の構造に関する学説の変遷を簡単に復習することにしたい[1]。

　伝統的な過失論（旧過失論）は，故意犯と過失犯は，構成要件・違法性の段階では同じで，責任の段階で区別されると考えていた。故意は構成要件該当事実の認識・予見（認容説からはプラス認容）で，過失はその認識・予見の可能性である[2]。過失は，内心の不注意として，注意していれば結果を予見できたのに，予見しないで行為に出て，結果を発生させたことについて，非難される。

　伝統的な過失論に対して，故意犯と過失犯を，違法性の段階，したがって，違法類型としての構成要件の段階で区別する見解が主張され，新過失論と呼ばれた。新過失論は，過失を注意義務違反としてとらえ，その内容を結果回避義務を中心に構成した。新過失論によれば，結果回避義務に違反する行為，すなわち，落ち度のある行為（社会生活上要求される基準から逸脱した行為）が過失の本質であり，それは違法要素（構成要件要素）である。新過失論においても，結果の予見可能性は注意義務違反の内容として過失の要件とされたが，それはあくまで結果回避義務を導き出すための2次的な要件にすぎないことになった。このような新過失論は，違法の本質を行為基準からの逸脱に求める行為無価値論を理論的基礎にするものであった。

　新過失論と旧過失論の違いは，当初は，理論的な説明の違いにとどまって

---

1) 詳しくは，内藤・(下I) 1102頁以下（1991年），大塚仁ほか編『大コンメンタール刑法第3巻〔第2版〕』296頁以下〔神山敏雄〕（1999年），西田ほか・注釈541頁以下〔上嶌一高〕など参照。
2) 過失犯で問題になるのは，主として，過失致死傷などの結果犯であるので，過失は結果の予見可能性とされるのが一般である。以下でもこれに従うが，児童福祉法60条の罪における児童の年齢に関する過失のように，行為時に存在している事実の認識可能性が問題となる場合もあることに注意が必要である。

おり，予見可能性の内容についても，結果の具体的予見可能性が必要と解する点で，両説に違いはなかった。しかし，新過失論の立場からは，結果の予見可能性は，結果回避義務を導くためのものにすぎないから，具体的予見可能性の要求は必然的なものではない。そこで，過失犯の成立を認めるためには，具体的な予見可能性は必ずしも必要ではなく，一般人が危惧感をいだく程度のものであれば足りる，とする見解が，藤木英雄教授によって主張され[3]，危惧感説あるいは新・新過失論と呼ばれるようになった。新・新過失論は，危惧感が認められれば直ちに過失を肯定しようと主張したわけではなく，結果の予見可能性の程度と結果回避義務を相関させて，高いレベルの結果回避義務を基礎づけるためには高度の予見可能性が必要であるが，低いレベルの結果回避義務を基礎づけるためには，危惧感程度の低い予見可能性でも足りる，と主張したのである。新・新過失論の主張は，過失の本質を結果回避義務に求める新過失論の主張を，理論的に突き詰めたものということができる。

　新過失論が支持を集めた背景には，わが国の刑法学説における行為無価値論の一般化という理論状況と，昭和30年代からのモータリーゼーションの進行による業務上過失致死傷事件の急増を受けて，過失犯の成立範囲を交通ルールという客観的基準によって限定しようという実践的意図があった。これに対して，新・新過失論は，昭和40年代からの公害事件や薬害事件などの企業犯罪に対処するために，過失犯の成立範囲を拡張しようとして主張されたものであった。新過失論が広く受け入れられたのに対して，新・新過失論があまり支持を集めなかった理由がそこにある。

　以上のような過失の構造論に関する学説を理解する上では，次の点に注意が必要である。

　第1に，新過失論の論者の多くは，違法要素としての過失だけでなく，責任要素としての過失も要求し，違法要素としての過失を一般人を基準とした客観的注意義務違反，責任要素としての過失を行為者を基準とした主観的注

---

[3]　藤木・240頁。これを支持する見解として，土本武司『過失犯の研究』21頁以下（1986年），板倉宏『刑法総論』252頁（2004年），さらに，井田・208-209頁，高橋・205頁，208頁など参照。

意義務違反として理解している[4]。したがって，責任要素としての過失を要求するという点では，学説上広く一致がある。

　第2に，旧過失論においても，実行行為，相当因果関係，実質的違法性といった，故意犯で要求される客観的要件は，過失犯の要件として要求され，予見可能性が認められればそれだけで過失犯が成立するわけではない。このことは，旧過失論の修正として説明されることもあるが，むしろ当然のことといえる。過失犯でしばしば問題となる結果回避可能性の問題も，故意犯と共通の要件と考えることができる[5]。

　第3に，伝統的過失論は，違法は客観的に責任は主観的にという考えと，構成要件は違法類型であるという考えに基づいていたが，現在の旧過失論の論者の中には，このような考えをとらない者も多い。すなわち，旧過失論の立場からも，構成要件を違法・責任類型ととらえる見解に立てば，故意と過失は構成要件レベルで区別されることになる。また，違法類型としての客観的構成要件に属する実行行為や因果関係の判断において，行為者の主観を考慮する立場に立てば，結果発生の認識がある場合とない場合とで，違法性の判断が異なる場合がある。しかし，このような判断は，故意犯と過失犯の区別と直結しているわけではないので（例えば，認容説をとれば，結果発生の認識があっても認容の有無によって故意と過失が分かれてくるが，認容の有無によって実行行為の危険性や因果関係の判断が変わるわけではない），故意犯と過失犯が違法レベルで異なるということにはならない。

　第4に，過失犯に関する学説は，様々な問題点について，様々な主張がなされているので，新過失論・旧過失論といったレッテルよりも，個別の結論との関係で理解する必要がある。例えば，新過失論から旧過失論に対して，予見可能性の判断があいまいで，過失犯の成立範囲を適切に限定することができない，という批判がなされ，行為基準からの逸脱を問題にする新過失論

4）　大塚・203頁，471頁以下，佐久間・142-143頁，団藤・333頁以下，野村・178頁以下，福田・125-126頁，201頁，301頁以下など参照。これに対して，責任要素としての過失を認めない見解として，井田・218頁，川端・195頁以下，西原・(下)464頁以下など参照。なお，大谷・211頁は，客観的注意義務違反と主観的注意義務違反の両方を違法要素としての過失としている。

5）　本書54頁参照。

の方が罪刑法定主義にかなった理論だと主張されている[6]。逆に，旧過失論からは，新過失論は，結果回避義務の内容を行為無価値論の立場から決めようとするので，自由な決定の余地が大きく，恣意的な判断が可能である，という批判がなされている[7]。この正反対の主張のうち，どちらの主張が妥当かは，具体的な結論との関係で判断されなければならない。後で見るように，実際に最も処罰範囲が明確なのは，旧過失論の中で高度の予見可能性を要求する見解である。新過失論は，道交法などの行政取締法規を行為基準とする点で明確なように見えるが，法律の規定があっても注意義務の内容が一義的に決まらないことは少なくないし，法律の規定がない場合の注意義務の内容はそれほど明確なものではない[8]。

2 判例の立場

判例は，過失を注意義務違反ととらえて，その内容を，結果の予見可能性と予見義務，および，結果の回避可能性と回避義務と解している（最決昭和42・5・25刑集21巻4号584頁参照）。また，過失の認定においては，結果を回避するための措置を認定し，そのような措置をとるべきであったのに，その注意を怠った，ということを認定している。例えば，時速50キロで走行し，人を轢いた場合に，「被告人は，時速30キロに減速すべきであったのに，その注意を怠り」といった認定が行われている。このような判例の態度が，結果回避義務を中心におく新過失論と親和的であることは疑いないが，旧過失論からも説明できないわけではない[9]。

具体的予見可能性説と危惧感説の対立については，危惧感説が，森永砒素ミルク事件判決（徳島地判昭和48・11・28判時721号7頁）で採用されたことがあるが，その後の下級審裁判例は，危惧感説を否定して，具体的予見可能性説を採用している。その代表例として，しばしば挙げられるのが，北大電気メス事件控訴審判決（札幌高判昭和51・3・18高刑集29巻1号78頁）の，

---

6) 井田良「過失犯理論の現状とその評価」研修686号4頁以下（2005年）参照。
7) 山口厚『問題探究刑法総論』158頁（1998年）参照。
8) 過失犯が「開かれた構成要件」だと言われているのは，まさにこのことを示しているのであり，新過失論の方が罪刑法定主義に合致しているという井田教授の主張は，新過失論のなかでも一般的なものではないと思われる。

「結果発生の予見とは，内容の特定しない一般的・抽象的な危惧感ないし不安感を抱く程度では足りず，特定の構成要件的結果及びその結果の発生に至る因果関係の基本的部分の予見を意味するものと解すべきである」という判示や，水俣病事件控訴審判決（福岡高判昭和57・9・6高刑集35巻2号85頁）の，「いわゆる構造型過失犯においても，……予見の対象に関し内容的に特定しない一般的又は抽象的な危惧感ないし不安感を抱くだけでは足りないものであ〔り〕……行為者が特定の構成要件的結果及び当該結果の発生に至る因果関係の基本的部分に関する実質的予見を有すること」が必要である，という判示である。もっとも，両判決は，結論として予見可能性を肯定しており，特に前者の判決については，後述のように，危惧感説と変わらないという批判も強い。結論との関係でも明らかに具体的予見可能性説をとっていると評価できる裁判例としては，例えば，強い雨で路面が濡れていた道路を高速走行中にハイドロプレーニング現象による異常なスリップ事故が起きた事案について，結果の予見可能性を否定した判決（大阪高判昭和51・5・25刑月8巻4＝5号253頁）を挙げることができる。

III 予見可能性をめぐる諸問題

予見可能性は様々な面で問題になっており，具体的予見可能性説と危惧感説の対立はその一部に過ぎない。

1 過失の標準

過失を判断する標準をめぐっては，以前から，一般人の能力を標準とする客観説，行為者の能力を標準とする主観説，行為者の能力を標準とするがその上限を一般人の能力に置く折衷説が主張されてきた。この論争は，新過失論の登場によって新たな意味が付与され，新過失論の多くの論者は，違法レ

---

9) 30キロに減速すべきであったという認定は，①減速すれば結果を回避することができたこと，②減速しないで（50キロで）走行したことが結果発生の相当な危険のある行為であったこと，③そのような事情があるにもかかわらず減速しなかったことが内心の不注意を証明するものであること，などを示すものだと，理解するのである。平野・I 200頁以下，内藤・（下I）1113頁参照。

ベルの過失では，行為者の立場におかれた一般人を基準とする客観的注意義務違反が問題となり，責任レベルの過失では，行為者を基準とする主観的注意義務違反が問題となる，とする折衷説をとっている。

しかし，松宮孝明教授が指摘されるように，これらの説は，いずれも支持することができない[10]。まず，客観説・折衷説が一般人を基準にするといっても，行為者の具体的能力を離れて結果の予見可能性や結果回避可能性を判断することはできない。目の見えない者に平均的視力の運転者を基準にした前方注視義務を課しても意味はないし，目が見えないことを理由に車の運転自体を控える義務を課すのであれば，それは行為者の身体的能力を基準に注意義務を判断していることにほかならない。また，客観説ないし折衷説は，行為者が特に認識していた事情は，これを基礎にして予見可能性を判断する，と解しているが，認識していた事情に，個別の事実の認識だけでなく，法則的知識も含まれるのであれば（含まれるべきであろう），それは，結局，行為者自身の知的能力を基準とした予見可能性を問題にしていることにほかならない。

他方で，すべての能力について行為者本人のものを基準とすれば，結果予見ないし回避できなかったものはできなかった，ということになって，常に過失責任を認めることができなくなってしまうから，主観説も維持することができない。「彼は日頃からうっかり者で，こんなことをしでかすのはあたりまえだ」と言って過失なしとすることはできないのである[11]。

結局，行為者の規範心理的能力（「慎重さ」といった法益に対する配慮・関心）については，法の期待する「誠実な市民」のそれが標準とされ，その他の知的能力・身体的能力・知識などは行為者を基準とすべきである[12]。

理論的にも，過失を違法要素とすることから，論理必然的に一般人が基準になるわけではない。このことは，故意の扱いを考えれば明らかである。故意・過失を違法要素とする論者も，違法要素としての故意を一般人であれば

---

10) 松宮孝明『刑事過失論の研究』121頁以下（1989年），同『過失犯論の現代的課題』151頁以下（2004年）参照。
11) 平野・Ⅰ206頁。
12) 井田・217頁，西田・270頁，林・292頁，松宮・217頁以下参照。

結果を認識するかどうかを基準に判断し，責任要素としての故意を行為者が認識しているかどうかを基準に判断する，などということは主張していない。

　折衷説は，旧過失論の立場からも支持されることがある。法は一般人を対象として制定されることから，行為者であれば予見できても，一般人であれば予見できない場合には過失を認めるべきではなく，これは，規範的責任は認められても可罰的責任が否定される場合である，というのである[13]。たしかに，規範心理的能力は，一般人を基準とすべきであって，杞憂とも思われるような慎重さで情報を集めてはじめて結果の発生が認識できる場合に過失を認めるのは妥当でない[14]。しかし，この見解が，知的・身体的能力も一般人を標準にするということであれば，妥当とは思われない[15]。例えば，手術の名人が，その人しかできない手術を行っている際に，ミスで患者を死亡させた場合に，一般の医師ならそもそもそのような手術を行うことはできないから患者はやはり死亡したであろうとか，一般の医師なら同じようなミスをするだろう，とかいって，過失がないということはできないであろう。患者は，名人だからこそ，その手術を受けているのである。また，一般の医師よりも高度の知識・能力を有する医師が，一般の医師には認識できない結果発生を予見させる事実を認識していた場合，一般人を基準とする論者も，そのような特別の認識を無視して一般の医師の立場から予見可能性を否定しないと思われるが[16]，それは，理論的に一貫しないと思われる。

　判例は，客観説に立っていると言われることが多いが，行為者と年齢・地位・職業などの点で同じ立場の一般人を意味しているとされているので，どこまで客観説に立って判断されているのかは必ずしも明らかでない。この点で興味深いのが，HIV に汚染された非加熱濃縮血液凝固因子製剤の投与を

---

[13]　浅田・342 頁参照。
[14]　松宮・前掲注 10) 現代的課題 208 頁参照。
[15]　一般人よりも高い能力を有している者についてはその能力を基準とする見解として，井田・217 頁，伊東・149 頁，林・298 頁，松原芳博「刑法総論の考え方(19)」法セ 670 号 126 頁 (2010 年)，松宮・221 頁など参照。
[16]　高橋・221-222 頁は，薬害エイズ事件判決が，血友病の最高権威ではなく，通常の血友病専門医を基準にしたのは妥当であるとするが，当該行為者が認識または認識し得た事実も含めて過失を判断すべきであり，結論として医師には結果回避義務違反が肯定されるとする。

受けた血友病患者がHIVを発症してエイズで死亡した事件について，血友病の最高権威である医師の過失責任を否定した，薬害エイズ帝京大ルート判決（東京地判平成13・3・28判時1763号17頁）である[17]。同判決は，被告人の予見可能性の点について，本件当時，被告人には，エイズによる血友病患者の死亡という結果発生の予見可能性はあったが，その程度は低いものであったと認められる，と認定した上で，結果回避義務違反の点について，「非加熱製剤を投与することによる『治療上の効能，効果』と予見することが可能であった『エイズの危険性』との比較衡量，さらには『非加熱製剤の投与』という医療行為と『クリオ製剤による治療等』という他の選択肢との比較衡量が問題となる。刑事責任を問われるのは，通常の血友病専門医が本件当時の被告人の立場に置かれれば，およそそのような判断はしないはずであるのに，利益に比して危険の大きい医療行為を選択してしまったような場合であると考えられる」と判示した。そして，本件当時，わが国の大多数の血友病専門医は，非加熱製剤を投与しており，この治療方針は，エイズの危険性に関する情報が共有化された後も，加熱製剤の承認供給に至るまで，基本的に変わることがなかったことから，判決は，結果回避義務を否定して，被告人を無罪とした。

判決の見解は，客観説として理解され批判されることが多いが，判決は，予見可能性については被告人を基準にその可能性が低かったと認定しており，また，規範的な観点からの修正を認めている点でも，単純な客観説ではない。仮に，被告人に専門的知見を基にした高い程度の予見可能性が認定されていたとすれば，わが国の大多数の血友病専門医が非加熱製剤を使用していたとしても，過失を認めることに判決は躊躇しなかったと思われる。また，後でも述べるように，本件で問題となっているのは，被告人の治療行為の適切さであり，本来的には，治療行為による違法性阻却の問題であると思われる。

---

17) 本判決については多くの評釈があるが，基本的に支持するものとして，井田良「判評」ジュリ1204号26頁以下（2001年），批判的なものとして甲斐克則「薬害と医師の刑事責任」広島法学25巻2号69頁以下（2001年），松宮・前掲注10)現代的課題168頁以下など参照。さらに，注45)文献参照。

2 予見可能性の対象

(1) 構成要件関連性

　過失の存否は，当該構成要件について判断されるべきものであるから，過失致死罪では死亡結果についての予見可能性が必要であり，傷害結果の予見可能性では足りない。判例は，結果的加重犯の加重結果について過失を不要と解しているので，過失致死罪を過失傷害罪の結果的加重犯と理解すれば，傷害結果に過失があれば足りるという立場が成立しそうにも思える。しかし，判例の立場からも，結果的加重犯は，基本犯に故意がある（結果発生の危険の高い行為であることを認識している）ことに重い責任を基礎づける根拠があると考えるべきであって，過失致死罪を同様に考えることは，やはり認められないと解すべきであろう。加重結果について過失を要求する通説の立場から，このような結論をとりえないことはもちろんである。

　ふぐの肝料理を客に提供して死亡させた調理師に業務上過失致死罪が成立するかどうかが問題となったいわゆる板東三津五郎事件において，判例（最決昭和55・4・18刑集34巻3号149頁）は，「原判決が，近時解明されてきたふぐの毒性，京都府におけるふぐ取扱いについての規制，府の行政指導に基づくふぐ料理組合における講習等その判示する諸事情に徴し，京都府のふぐ処理士資格をもつ被告人には本件とらふぐの肝料理を提供することによって客がふぐ中毒症状を起こすことにつき予見可能性があった旨判断したのは相当である」として，業務上過失致死罪の成立を認めた原判決を是認した。是認された原判決は，判決中で，過失致死罪の予見可能性は，「傷害の点すなわち被告人が被害者にふぐの肝料理を提供することによって被害者がふぐ中毒症状を起すことについて存在すれば足り，致死の点すなわち被害者がふぐ中毒症状を起して死亡するに至ることについてまで必要とするものではない」と判示しているので，最高裁は，この点についても是認したとみられなくもない[18]。しかし，本決定が指摘する「近時解明されてきたふぐの毒性」とは，人の死亡結果を惹起しうる毒性であって，本件被告人に致死の点についても予見可能性が認められることは，当然の前提となっていると思われる。したがって，本判例は，原判決の前記判示まで是認したものではないと

解すべきである[19]。

(2) 客体の認識可能性

　結果が生じた具体的客体について結果発生の予見可能性が必要かどうかは，故意犯における錯誤論の理解と過失の理解によって決まってくる[20]。錯誤論を故意論の裏返し（つまり，故意論そのもの）と考え，過失を責任要素として故意の可能性と考えれば，故意の錯誤論がそのまま過失にも妥当することになるので，故意の錯誤論で抽象的法定符合説をとれば，過失でも具体的客体について予見可能性は不要ということになり，具体的法定符合説をとれば具体的客体について予見可能性が必要ということになる。

　判例（最決平成元・3・14刑集43巻3号262頁）は，被告人が軽四輪貨物自動車を運転中に過失で自車の後部荷台を信号柱に激突させ，荷台に乗っていたAおよびBを死亡させ，助手席に乗っていたCに傷害を負わせたが，被告人はAおよびBが荷台に乗っていることを認識していなかった，という事案について，「被告人において，右のような無謀ともいうべき自動車運転をすれば人の死傷を伴ういかなる事故を惹起するかもしれないことは，当然認識しえたものというべきであるから，たとえ被告人が自車の後部荷台に前記両名が乗車している事実を認識していなかったとしても，右両名に関する業務上過失致死罪の成立を妨げない」と判示した。この判例は，上記のような理解からは，具体的客体について予見可能性は不要としたものであり，判例が抽象的法定符合説をとることからの理論的帰結である，と理解されることになる[21]。

　このような学説・判例の整理は，理論的に明快なものであり，筆者自身も，錯誤論では具体的法定符合説を支持し，過失犯論では，具体的客体について結果発生の予見可能性が必要だと考えている。しかし，抽象的法定符合

---

18) その趣旨に理解した批判として，例えば，林・290頁参照。
19) 仮に本決定が原判決の理論を是認しているとしても，「この点について法律判断を示しているわけではないから，この点についての判例性はもたないとみるべきであろう」。佐藤文哉「判解」最判解刑事篇昭和55年度79頁（1985年）参照。
20) 橋爪隆「過失犯(上)」法教275号78頁以下（2003年）参照。
21) 山口・前掲注7)167頁，林・290頁，安廣文夫「判解」最判解刑事篇平成元年度85頁以下（1991年）参照。

説の論者がすべて、錯誤論を故意論の裏返しと考えて、このような理解に立っているわけではない。故意犯論で述べたように[22]、わが国の抽象的法定符合説は、一般に、結果発生の予見可能性があることを故意と認める前提としているように思われる。そうだとすれば、故意の錯誤論で抽象的法定符合説をとったとしても、過失については具体的客体について予見可能性を要求する立場を採ることが可能であるし、そうあるべきだと思われる。判例がどのような論理で抽象的法定符合説をとっているのかは、必ずしも明らかではないのであるから、判例を1つの立場から理解して、その射程を広く解することには、慎重であるべきであろう[23]。

　客体の特定性を考える上では、次の点にも注意する必要がある。まず、どのような立場からであれ、過失責任を肯定するために、具体的客体の存在を認識している必要はない。前方不注意で前の車に追突して後部座席に乗車していた子どもを死亡させた場合、子どもの背が低くて見えず、前の座席にしか人がいないと思っていたとしても、過失責任を否定する理由にはならない。「前記両名が乗車している事実を認識していなかったとしても……業務上過失致死罪の成立を妨げない」のは、あたりまえのことである[24]。具体的客体について予見可能性を要求する立場に立ったとしても、概括的故意が認められているのと同様に、概括的過失も認められるから、具体的客体について予見可能性を要求しない立場と比べて、過失犯の成立範囲がそれほど限定されるわけではない。例えば、無謀運転をしている行為者には、無謀運転

---

22) 本書267-268頁参照。
23) 松宮・前掲注10)現代的課題105頁以下、219頁、大塚裕史「『結果』の予見可能性」岡山大学法学会雑誌49巻3＝4号187頁以下（2000年）参照。伊東・147頁は、予見可能性の対象を「およそ人」でよいとするのは責任主義と相容れず、判例がそのような立場をとっているかも疑問とする。
24) 原判決（東京高判昭和60・12・27判タ607号109頁）は、「人が普通貨物自動車（軽四輪を含む。）の後部荷台に乗車することは時にあることであって必ずしも極めて異常な事態ではないから、人が後部荷台に乗車していることがありうるとの認識可能性は一般的に存在するところであり、また、本件においてこれが認識できなくなる特段の事情は認められず、むしろ……本件軽四輪貨物自動車の後部荷台に人が乗り込むと車体が相当に揺れて運転席に座っている者にそれが感じられるのであるから、いずれにしても被告人が後部荷台に右両名が同乗していたことを認識する可能性は一般の場合よりも更に高かったことが明らか」と認定している。

から生じうる死傷の結果が概括的に予見可能であれば足りるから，無謀運転に起因する事故が起こって死傷結果が生じた場合に，結果の予見可能性が否定されることは稀であろう。

(3) 因果経過の予見可能性

具体的予見可能性を要求する通説や下級審の裁判例は，「特定の構成要件的結果及びその結果の発生に至る因果関係の基本的部分」の予見を必要と解している。このような立場は，故意論の因果関係の錯誤において，現実の因果経過の認識が故意の内容となることを前提とした上で，行為者が認識した因果経過と現実の因果経過が相当因果関係の範囲内で符合していれば（すなわち基本的部分で一致していれば）故意を認める見解と，共通するものといえよう。しかし，因果関係の錯誤において述べたように[25]，故意非難にとって重要なのは結果の認識であって，具体的な因果経過の認識は不要である。同様に，過失責任を認めるために必要なのは結果の認識可能性であって，具体的な因果経過の認識可能性は不要である[26]。もちろん，結果は何らかの因果経過をたどって発生するものであるから，漠然とした不安を超えた，結果の具体的予見可能性が認められるためには，通常は，因果経過の予見可能性が必要である。しかし，それが現実の因果経過と一致している必要はないし，例外的には，因果経過は解明されていないが，当該行為から結果が生じることは明らかである場合（例えば，公害事件において疫学的証明で因果関係が認定されるような場合）にも，結果の予見可能性を肯定することができる。通説は，そのような場合には，「因果関係の基本的部分」の予見可能性があると説明するのであろうが，どこまで抽象化して「基本的部分」を設定するのかの基準は明らかではない。

なお，現実の因果経過Aとは別の因果経過Bによる結果の発生を予見で

---

25) 本書273頁参照。
26) 山中敬一「過失犯における因果経過の予見可能性について(1)(2・完)」関西大学法学論集29巻1号28頁以下，2号177頁以下（1979年），前田雅英『現代社会と実質的犯罪論』229頁以下（1992年），町野・280頁以下，山口・235頁以下など参照。これに対して，具体的因果経過の認識が必要とする見解として，大塚裕史「監督過失における予見可能性(5)」海上保安大学校研究報告37巻2号第1部11頁以下（1991年），北川佳世子「ホテル・デパート火災事件における実務の動向と管理・監督者の刑事過失論（3・完）」早稲田法経論集66号115頁以下（1993年）参照。

きれば，結果の予見可能性を認めることができる，という立場をとったとしても，因果経過Bによる結果発生を防止する措置をとっている場合には，因果経過Bによる結果発生の予見可能性がなくなり，結局，結果の予見可能性は認められなくなるから，過失犯の処罰範囲が過度に広くなるということはない。

　最高裁判例も，結果が予見可能であれば，現実の具体的因果経過の予見可能性は問題にしていないように思われる。トンネル内の電力ケーブルの接続工事において，被告人が，ケーブルに高圧電流が流れる場合に発生する誘起電流を接地するための2種類の接地銅板のうちの1種類を分岐接続器に取り付けることを怠ったため，誘起電流が分岐接続器本体の本来流れるべきでない部分に流れて炭化導電路を形成し，長期間同部分に電流が流れ続けたことによって火災が発生し，トンネル内を通過中の電車の乗客が死傷した，という，いわゆる生駒トンネル事件において，第1審判決（大阪地判平成7・10・6判タ893号87頁）は，本件火災の因果経路の基本部分を構成する炭化導電路の形成現象について予見可能性がなく，火災発生結果自体の予見が不可能であるとして，被告人の過失責任を否定した。これに対して，控訴審判決（大阪高判平成10・3・25判タ991号86頁）は，誘起電流が本来流れるべきでない部分に流れ続けたことにより同部が発熱して発火に至るという最終的な結果につきるのであって，これらのことを大筋において予見できた以上，結果の予見可能性を認めることができる，として過失責任を肯定した。最高裁は，被告人の上告を適法な上告理由に当たらないとして却けた上で，「被告人は，右のような炭化導電路が形成されるという経過を具体的に予見することはできなかったとしても，右誘起電流が大地に流されずに本来流れるべきでない部分に長期間にわたり流れ続けることによって火災の発生に至る可能性があることを予見することはできたものというべきである。したがって，本件火災発生の予見可能性を認めた原判決は，相当である」と判示した（最決平成12・12・20刑集54巻9号1095頁）。原判決は，通説と同様に，現実の因果経過の予見可能性が必要であるという立場を前提として，現実の因果経過を抽象化した「因果関係の基本的部分」の予見可能性を認定して過失責任を認めたのかもしれないが，判例は，具体的な因果経過の予見可能性がなく

とも，別の因果経過の予見可能性が認められれば過失責任を肯定することができるとしたものと理解すべきであろう[27]。

前述の北大電気メス事件判決は，具体的予見可能説を明示的に採用したものとして有名であるが，実際の事案の解決は，危惧感説と変わらない，という評価が有力である[28]。事案は，北海道大学医学部付属病院で手術が行われた際に，電気メス器のケーブル接続を担当した看護師がケーブルのプラグを本体の対極端子に誤接続して，安全装置のない心電計の併用という条件下で新たな電気回路が形成され，患者の身体に重度の熱傷が生じて，右下腿切断のやむなきに至った。この事件では，ケーブルの誤接続だけでは結果が発生せず，安全装置のない心電計を併用して初めて結果が発生したものであり，このことは行為時にはわかっていなかった，という特殊事情があった。にもかかわらず，判決は，「ケーブルの誤接続をしたまま電気手術器を作動させるときは電気手術器の作用に変調を生じ，本体からケーブルを経て患者の身体に流入する電流の状態に異常を来し，その結果患者の身体に電流の作用による傷害を被らせるおそれがあることについてであって，その内容は，構成要件的結果及び結果発生に至る因果関係の基本的部分のいずれについても特定していると解される」と判示して，看護師について結果の予見可能性を認めたのである。

すでに述べたように，具体的な因果経過の予見は必要ないから，安全装置のない心電計の併用下で新たな電気回路が形成されて熱傷が生じたという具体的因果経過が予見できないことから直ちに結果の予見可能性が否定されるわけではない。また，傷害が生じた部位や程度まで予見可能である必要はな

---

[27] 島田聡一郎「判評」ジュリ1219号165頁以下（2002年），山口厚「判評」『刑法判例百選I〔第5版〕』105頁（2003年）参照。近時の判例として，人口砂浜において砂層内に発生した空洞が崩壊して児童が死亡した事故について，第1審判決が，空洞が発生することの予見可能性がないとして被告人らに無罪を言い渡したのに対して，原判決は，実際にたどった具体的因果経過の予見可能性までを必要とするものではなく，本件事故現場付近の砂浜のどこかで防砂板が破損して砂が吸い出され陥没が発生するという一連の因果経過を予見の対象ととらえることが相当であるとして，被告人らに予見可能性を肯定し，最高裁もこれを是認したものがある（最決平成21・12・7刑集63巻11号2641頁）。

[28] 内藤・（下I）1121頁以下，井田良「判評」『刑法判例百選I〔第5版〕』101頁（2003年），山口・前掲注7）166頁，など参照。

いから,何らかの傷害が生じることの予見可能性があれば,重度の熱傷が足に生じたことが予見できることも必要ない。したがって,誤接続によって生じる異常な電流の作用によって何らかの傷害が生じることの予見可能性が認められれば,具体的予見可能説からも過失傷害罪の成立を認めることができる。予見できた傷害よりも重大な傷害が生じたという事情は,量刑上の事情にすぎない。本件では,傷害に当たる程度の健康の不良変更が予見できたのであれば,過失致傷罪の成立を認めることが可能であるが,そのような予見可能性が認められた事例かは疑問の余地がある。

3 予見可能性の程度

旧過失論の具体的予見可能性説においては,結果発生の高度の予見可能性を要求する見解が有力である[29]。この見解によれば,具体的予見可能性説と危惧感説は,結果発生の予見可能性の程度によっても区別されることになる。しかし,判例は,それほど高度の予見可能性を要求していないように思われる。この点が明確に現れているのが大規模火災事例における管理・監督過失の認定である。これらの事例においては,消防・避難誘導訓練や防火・消防設備の設置管理などの人的・物的防火管理体制を確立しておくべき義務を怠ったことが過失行為とされているが,予見可能性の点については,「宿泊施設を設け,昼夜を問わず不特定多数の人に宿泊等の利便を提供する旅館・ホテルにおいては,火災発生の危険を常にはらんでいる上,被告人は,同ホテルの防火防災対策が人的にも物的にも不備であることを認識していたのであるから,いったん火災が起これば,発見の遅れ,初期消火の失敗等により本格的な火災に発展し,建物の構造,避難経路等に不案内の宿泊客等に死傷の危険の及ぶ恐れがあることはこれを容易に予見できた」という認定がされている[30]。火災が発生しなければ死傷の結果が発生することはないのであるから,結果の予見可能性を肯定するためには,火災発生の予見可能性も必要なはずである。判例は,「旅館・ホテルにおいては,火災発生の危険を常にはらんでいる」ということで,予見可能性を肯定していると考えられ

---

29) 平野・Ⅰ 194頁,山口・前掲注7)165頁など参照。

るが，そのような危険は，それほど高度のものとはいえないであろう。そこで，具体的予見可能性説の論者からは，判例の予見可能性の認定に対して批判がなされているのである[31]。

それでは，裁判例が危惧感説を否定して，具体的予見可能性説をとると言っているのは，単なるリップサービスにすぎないのであろうか。危惧感説は，どのような危険かわからない漠然とした不安感しかない場合であっても過失を認めうるとする見解であった。そこでは，行為時に解明されていない未知の危険であっても，漠然とした不安感を抱くべき兆候があれば，それを除去する結果回避義務が課されることになる。判例が否定しているのは，このような意味での危惧感説であると考えられる。先に挙げたハイドロプレーニング現象に関する判決は，まさにこのことを示している。これに対して，ホテルにおける火災の発生は，発生する確率は低くても，発生の原因自体は予見可能なものであることが一般である。判例は，発生の確率が低いこと自体では予見可能性は否定されない，その意味で，高度の予見可能性は必要ない，と考えているのである[32]。

もちろん，高度の予見を要求していないといっても，ある程度の予見は必要であるが，防火管理体制確立の懈怠という過失行為については，結果が発生しうる時間的範囲を極めて長くとりうること，出火の原因は複数ありえて概括的に予見できればよいこと，などを考慮すると，過失犯として処罰に値する程度の危険性とその予見を肯定することは可能であると思われる[33]。

高度の予見可能性を要求する見解は，過失犯の処罰範囲を明確に画する点では優れた見解である。しかし，この見解からは，大規模火災事例のように

---

30) 最決平成2・11・16刑集44巻8号744頁〔川治プリンスホテル事件〕。その後の，最決平成2・11・29刑集44巻8号871頁〔千日デパート事件〕，最判平成3・11・14刑集45巻8号221頁〔大洋デパート事件〕，最決平成5・11・25刑集47巻9号242頁〔ホテル・ニュージャパン事件〕においても同様の判断がなされている。

31) 松宮・前掲注10)現代的課題212頁，町野朔「『管理・監督過失論』の確立？」法教139号130頁（1992年），山口・前掲注7)181頁以下，北川・前掲注26)116頁，浅田・353頁，曽根・179頁，大塚ほか編・前掲注1)〔神山〕，松宮・前掲注15)125頁など参照。

32) 判例の分析については，拙稿「予見可能性をめぐる諸問題」刑法34巻1号113頁以下（1995年）参照。井田教授は，従来の危惧感説の問題点を認めながら，判例のような立場を，危惧感説として支持されている。井田・208-209頁，同・前掲注6)9頁以下参照。

33) 拙稿・前掲注32)117頁以下，西田・278頁参照。

発生する頻度は低いがいったん発生すると多数の死傷者が出るような類型を過失犯として処罰することができなくなる。また，この見解を一貫させると，過失犯が著しく（おそらく論者が考えている以上に）限定される可能性がある。ブレーキとアクセルを踏み間違えた，他のことに気をとられて前方不注視になった，といった単純ミスは，一瞬のことであって，「人間にはそのようなミスもあり得る」としか言いようがないであろう。長年にわたって何のミスもなく過ごしてきた看護師が，ある日たまたまミスを犯してしまったという場合に，そのようなミスに高度の予見可能性があるとはいえない。これらの単純ミス事例については，これまで問題なく過失が認められてきたが，高度の予見可能性を要求する見解からは，説明が困難なのである[34]。

　もちろん，高度の予見可能性を要求する立場を一貫させて，このような場合には過失を否定することも考えられなくはない。英米法では，過失致死の処罰を行為者が高度の危険を認識していた場合に限定する立場が有力である[35]。このような立場からは，単なる前方不注視，誤接続，薬のラベルの見間違え，ブレーキとアクセルの踏み間違え，といった単純ミスは，そのようなミスが起こることを予想させる特別の事情が事前に存在していない限り，過失犯処罰から除外されることになる[36]。それは，一つのあり得る立場であるが，長年にわたって定着している実務の運用とは異なるし，誤接続しやすい（例えば，コードや接続先の形状が同じ）器具を不注意で誤接続した場合と誤接続しにくい（例えば，誤接続を避けるためにコードと接続先が同じに色分けされている）器具を不注意で誤接続した場合とで，前者の方が非難の程度が大きく，したがって，前者だけを処罰すべきであるといえるかには，疑問が残る。

4　「契機」の認識

　近時，過失犯の成立要件として結果発生の契機・予兆の認識を要求する見

---

[34]　橋爪隆「過失犯(下)」法教276号42頁（2003年）参照。
[35]　詳しくは，拙稿『制裁論』293頁以下（2009年）参照。
[36]　これに対して，西田・269頁，西田ほか・注釈576頁以下〔上嶌〕は，一般人を基準とすれば，単純ミスには当然に高度の予見可能性が肯定されるとする。

解が主張されている37)。「契機」が，それを認識することによって，結果に対する予見可能性も肯定できるような事情を意味するのであれば，予見可能性の認定にとって重要な意味をもっている38)。しかし，そのような契機の認識がなければ予見可能性が認められないわけではなく39)，そのような認識を過失犯の成立に不可欠の要件と解すべきではないであろう。

　契機の認識については，危惧感説との関連で理解する見解もある。危惧感を，意思の集中や調査・検討によって到達するための「契機」ないし「警告表象」として理解すれば，危惧感説と具体的予見可能性説とは対立するものではなく，危惧感を抱いた者には，結果の予見に到達する可能性が与えられており，これを払拭せずに行為に出た限りで結果の具体的予見可能性が認められる，というのである40)。

　しかし，危惧感を抱いたにもかかわらず調査・検討を行わずに行為に出た者には，具体的予見可能性は存在しないのであるから，このような見解は，結局のところ，危惧感に基づく調査・検討義務違反を根拠に，現実の具体的予見可能性がなくとも過失犯の成立を認めるものである。危惧感説と具体的予見可能性説はやはり対立するものだと思われる。

---

37) 石井徹哉「過失犯論」曽根威彦＝松原芳博編著『重点課題刑法総論』173 頁（2008 年），山本紘之「予見可能性の『契機』について」法学新報 112 巻 5＝6 号 234 頁以下（2005 年），さらに，同「予見可能性の『契機』の具体的内容について」法学新報 116 巻 7＝8 号 27 頁以下（2009 年）参照。

38) 西田・266 頁は，判例・学説のいう「因果関係の基本的部分」は，その契機・予兆と理解することができるとする。さらに，前田教授のいわゆる中間項理論（前田・315 頁以下）も参照。

39) 西田・266 頁参照。

40) 松原・前掲注 15)127 頁注 9。危惧感を契機として理解する見解として，藤木英雄編著『過失犯』149 頁以下〔三井誠〕（1975 年），松宮・前掲注 10)研究 294 頁以下，さらに，山本紘之「過失犯における情報収集義務について——危惧感説との関連を中心に」法学新報 112 巻 9＝10 号 397 頁以下（2006 年）参照。

Ⅳ　過失犯の限定

1　許された危険

　過失犯の成立に高度の予見可能性を要求しない場合には，過失犯の処罰範囲を客観的に限定する必要が生じてくる。新過失論の立場からそのような限定は，結果回避義務の判断における，許された危険の法理に求められている。許された危険の法理は，行為無価値論の立場から主張されることが多いが，旧過失論からも採用できないわけではない[41]。

　許された危険の問題点は，裁判官が行為の危険性と有用性を包括的に一から比較衡量するのだとすると，およそ計量不可能な利益の衡量となってしまい，結局のところ，採用したい結論の先取りにすぎなくなるおそれがある点にある[42]。そこで，新過失論は，一般に，行政取締法規を許された危険（＝注意義務）の判断基準とするのであるが，このような新過失論の主張に対しては，結果無価値論に立つ旧過失論の論者から，行為無価値論の主張として批判が強い。しかし，特別法の規定によって犯罪の成立が否定されることは，法令正当行為の規定があるように，決して不当なことではない。結果無価値論とは，法益侵害またはその危険性が生じない限り処罰すべきでない，と考える見解として理解すべきであって，違法性判断をすべて結果から論じるべきだとする見解として理解すべきではない。道交法や建築基準法のような行政取締法規は，「国家があらかじめ範型となる一定の事例類型を想定し

---

41)　前田雅英「許された危険」中山研一ほか編『現代刑法講座第 3 巻』39 頁（1979 年），内藤・㊥629 頁（1986 年），林・35 頁，288 頁以下など参照。批判的な見解として，山口・前掲注 7）185 頁参照。

42)　橋爪・前掲注 34）44 頁。そこで，橋爪教授は，「〔その行為を断念させることが〕行動の自由の重大な制約を意味するような行為は，そもそも過失実行行為としては評価されず，それが因果的起点となって結果が惹起された場合であっても処罰されないと考えることが可能であるように思われる。……『自動車運転行為，新製品の開発等の活動を継続していくことを保証するような行為態様のうち，もっとも危険性の低い行為』を遂行する行動の自由は保護されており，この行為から法益侵害結果が発生したとしても，行為者は過失犯では処罰されないと考えるべきであろう」と主張されている。橋爪・前掲注 34）45 頁。

たうえで，そこにおける危険と有用性の衡量の帰結を示したものと理解することができる」のであって，そのような法律の義務を履行している限り，残された危険は法的に許されたものと考えることができるのである。

行為が許容されていることから，結果が生じたことまで正当化されるのかが疑問視されることもあるが，「刑法が危険な行為の遂行を許容した以上，たとえそれが侵害に発展したとしても，そのような事態を回避するために，当該行為の遂行をあきらめるほかない場合には，刑法が矛盾した態度をとることを避けるため，許容の効果を持続させる必要がある」から，結果の正当化も認められるべきである。

許された危険は，実定法に限らず，医学上の準則や危険なスポーツにおける安全確保のための規則に従っている場合にも認められる。これらの場合に行為が許容される範囲は，道交法などの場合と比較すれば，明確でないことは認めざるを得ないが，治療行為を違法性阻却事由として認めることに異論がないように，決定的な欠点とはいえないであろう[43]。

本稿のように理解された旧過失論は，新過失論と，実際の適用においてほとんど違いがない。それならば新過失論の方がすっきりしているように思われるかもしれない。しかし，体系的に言えば，新過失論には，違法性阻却事由が認められる場合には，結果回避義務が否定されるから，過失の判断と違法性阻却の判断が一体のものになってしまうという問題があるように思われる[44]。先に触れたように，薬害エイズ帝京大ルート判決で，真に問題となっていたのは，（予見可能性の存在を前提として）エイズの危険のある血液製剤を使用することが治療行為として正当化されるかどうかという問題であった[45]。判決は，行為のメリットとデメリットを比較衡量して注意義務を否定したが，このような衡量は患者の意思に基づいて行われなければならないのではないか，という正当な指摘がある[46]。判決が患者の意思という重要な考慮要素を見落としてしまった（少なくともそのように見える）のは，

43) 許された危険に関する本稿の主張は，小林憲太郎「許された危険」立教法学 69 号 54 頁以下（2005 年）〔同『刑法的帰責』264 頁以下（2007 年）所収〕に依拠している。本文の引用はすべて同論文からのものである。
44) 藤木・240 頁は，過失犯については，注意義務違反行為についての違法性の阻却をあらためて論ずる必要はない，とする。

利益衡量を違法性阻却事由としての治療行為の問題ではなく，過失の問題として扱ってしまったことに一つの原因があるように思われる。

許された危険の法理については，近時，故意犯・過失犯に共通の客観的帰属の問題として理解する見解も有力になってきている。すなわち，許されざる危険を創出し，その危険が結果に実現することを，故意犯・過失犯共通の客観的帰属要件と解する見解である[47]。

故意犯であれ過失犯であれ，実行行為に該当するに足る危険性が認められない場合には，構成要件該当性が否定される。結果回避義務が履行された結果として危険性が減少して実行行為性が失われる場合も同様である。しかし，このような場合を許された危険と呼ぶ必要はないであろう[48]。

行為が通常であれば実行行為性を肯定できるような危険性を備えているにもかかわらず，その利益性を比較衡量して犯罪の成否を検討すべき場合があることは確かであるが，これを構成要件該当性（客観的帰属）の問題として扱うべきなのか，実質的違法性の問題として扱うべきなのかについては，なお検討が必要なように思われる。どちらであっても，考慮されるべき要素が同じなのであれば，体系上の問題にとどまるが，上で述べたように，構成要件該当性の問題として扱うことによって，本来考慮すべき要素が抜け落ちてしまうとすれば，妥当でない。また，令状に基づく逮捕行為は「許された危険」であろうが，構成要件該当性が否定されるわけではないとすれば，客観的帰属の問題と違法性阻却の問題の境界がどこにあるかも問題である。

---

45) 斎藤信治「治療行為と過失犯（薬害エイズ安部無罪判決の検討）」渥美東洋ほか編『齊藤誠二先生古稀記念 刑事法学の現実と展開』177頁以下（2003年），松原・前掲注15）121頁参照。大塚裕史「薬害エイズと具体的予見可能性」西原春夫ほか編『佐々木史朗先生喜寿祝賀 刑事法の理論と実践』149頁（2002年）は，許された危険の判断として，死の危険がありながらそれを上回るメリットを肯定することができるのか疑問である，とする。危険の程度にもよるが，死の危険があっても行為が許容されることはありうるであろう。西田・264頁参照。
46) 山口厚「薬害エイズ事件三判決と刑事過失論」ジュリ1216号15頁（2002年）参照。
47) 山中・376頁以下参照。さらに，松宮・208頁参照。
48) 山口・231頁参照。

2　信頼の原則

　信頼の原則とは，行為者がある行為をなすに当たって，被害者あるいは第三者が適切な行動をすることを信頼するのが相当な場合には，たとえその被害者あるいは第三者の不適切な行動によって結果が発生したとしても，過失責任を問われることはないという原則である[49]。信頼の原則を認めた代表的判例（最判昭和42・10・13刑集21巻8号1097頁）は，「センターラインの若干左側から，右折の合図をしながら，右折を始めようとする原動機付自転車の運転者としては，後方からくる他の車両の運転者が，交通法規を守り，速度をおとして自車の右折を待って進行する等，安全な速度と方法で進行するであろうことを信頼して運転すれば足り，本件Aのように，あえて交通法規に違反して，高速度で，センターラインの右側にはみ出してまで自車を追越そうとする車両のありうることまでも予想して，右後方に対する安全を確認し，もって事故の発生を未然に防止すべき業務上の注意義務はないものと解するのが相当である」と判示している[50]。

　信頼の原則は，交通事犯だけでなく，組織中の分業体制にも（したがって，行為者と被害者との関係だけでなく，行為者相互の関係にも）適用され得る。その代表的な判決は，北大電気メス事件において，「チームワークによる手術の執刀医として危険性の高い重大な手術を誤りなく遂行すべき任務を負わされた被告人Xが，その執刀直前の時点において，極めて単純容易な補助的作業に属する電気手術器のケーブルの接続に関し，経験を積んだベテランの看護婦である被告人Yの作業を信頼したのは当時の具体的状況に徴し無理からぬものであったことを否定できない。……執刀医である被告人Xにとって，前述のとおりケーブルの誤接続のありうることについて具体的認識を欠いたことなどのため，右誤接続に起因する傷害事故発生の予見可能性が必ずしも高度のものではなく，手術開始直前に，ベテランの看護婦である被告人

---

[49]　西原春夫『交通事故と信頼の原則』14頁（1969年）参照。判例・学説について詳しくは，西田ほか・注釈580頁以下〔上嶌〕参照。さらに，従来の過失犯論とは異なる観点から，判例を理解しようとする試みとして，樋口亮介「刑事過失と信頼の原則の系譜的考察とその現代的意義」東京大学法科大学院ローレビュー4巻173頁以下（2009年）参照。
[50]　近時の注目すべき判例として，最判平成15・1・24判時1806号157頁参照。

Yを信頼し接続の正否を点検しなかったことが当時の具体的状況のもとで無理からぬものであったことにかんがみれば，被告人Xがケーブルの誤接続による傷害事故発生を予見してこれを回避すべくケーブル接続の点検をする措置をとらなかったことをとらえ，執刀医として通常用いるべき注意義務の違反があったものということはできない」と判示した札幌高判昭和51・3・18高刑集29巻1号78頁である。

　信頼の原則は，①他人を信頼できない具体的兆候を認識している場合（北大電気メス事件についていえば，誤接続のあり得ることについて具体的認識があった場合など）はもちろん，②行為者に他人を監督する義務がある場合や，③他人と独立に注意義務が課されている場合にも，適用されない。信頼の原則の限界を考える上で参考になる判例として，医療過誤事件に関する次の2つの判例がある。

　まず，最決平成17・11・15刑集59巻9号1558頁〔埼玉医科大病院事件〕は，大学病院の耳鼻咽喉科に所属する医師で患者の主治医であるYが抗がん剤を過剰投与するなどして患者を死亡させた事案において，同科科長Xについて，患者の病気が極めてまれな症例であり，Yの経験が浅く平素から指導監督の必要を感じていた等の事情のもとでは，Xには，①自らも抗がん剤の投与計画案の内容を具体的に検討し，これに誤りがあれば是正すべき注意義務があり，②治療の実施に当たっては，主治医らに対し副作用への対応について事前に指導を行うとともに，自らも主治医らからの報告を受けるなどして副作用の発現等を的確に把握し，結果の発生を未然に防止すべき注意義務があり，Xはこれらの注意義務を怠った過失がある，と判示した。

　次に，最決平成19・3・26刑集61巻2号131頁〔横浜市大病院事件〕は，患者を取り違えて手術をした医療事故において，「医療行為において，対象となる患者の同一性を確認することは，当該医療行為を正当化する大前提であり，医療関係者の初歩的，基本的な注意義務であって，病院全体が組織的なシステムを構築し，医療を担当する医師や看護婦の間でも役割分担を取り決め，周知徹底し，患者の同一性確認を徹底することが望ましいところ，これらの状況を欠いていた本件の事実関係を前提にすると，手術に関与する医師，看護婦等の関係者は，他の関係者が上記確認を行っていると信頼し，自

ら上記確認をする必要がないと判断することは許されず，各人の職責や持ち場に応じ，重畳的に，それぞれが責任を持って患者の同一性を確認する義務があり，この確認は，遅くとも患者の身体への侵襲である麻酔の導入前に行われなければならないものというべきであるし，また，麻酔導入後であっても，患者の同一性について疑念を生じさせる事情が生じたときは，手術を中止し又は中断することが困難な段階に至っている場合でない限り，手術の進行を止め，関係者それぞれが改めてその同一性を確認する義務があるというべきである」と判示して，手術に関与した麻酔医についても業務上過失傷害罪の成立を認めた（患者を取り違えた看護師と取り違えを見逃して手術を行った医師も１審で有罪となっている）。

　信頼の原則については，これを予見可能性の判断基準を示したもので特別の原則ではないとする理解[51]と，予見可能性が認められる場合に注意義務を限定する特別の原則とする理解[52]が対立している。前者は，旧過失論で高度の予見可能性を要求する立場から主張されているものである。信頼の原則が問題になる事例の中には，予見可能性がない場合も含まれているが（例えば，歩行者がガードレールを乗り越えて突然飛びだしてきたような場合），高度の予見可能性までは要求しない立場からは，その主な適用領域は予見可能性があっても過失犯の成立を否定する場合ということになろう[53]。

V　おわりに

　最後に，過失犯の成立要件をまとめておこう。第１に，一定の危険のある実行行為から相当な因果関係で結果が発生することが必要である。第２に，結果回避可能性が必要である[54]。第３に，実質的違法性が肯定されること

---

51)　平野・Ｉ 197 頁，内藤・（下Ⅱ）1118 頁，大塚ほか編・前掲注 1)727 頁〔神山〕，松宮・222 頁，西田・275 頁など参照。
52)　大塚・222 頁，大谷・193 頁，高橋・218 頁，藤木・249 頁，山中・380 頁など参照。林・297 頁，山口・238 頁は，両方に理解する。
53)　近時，信頼の原則を，他者の自律的活動領域における問題まで責任を負うことはないという自己答責性原理に基づくものであり，許された危険，結果回避可能性，予見可能性といった通常の帰属原理に優先するメタ原理であると理解する見解が主張されており，注目される。小林・前掲注 43)刑法的帰責 163 頁以下，石井・前掲注 37)184 頁参照。

が必要である。実質的違法性の判断においては，許された危険の法理も妥当する。ここまでは，故意犯と過失犯で異なる点はないが，実行行為性，相当因果関係，実質的違法性などの判断においては，行為者の認識や認識可能性が影響することがあるので，故意犯と過失犯で結果的に犯罪の成立範囲が異なることはあり得る。第4に，責任要素（＝主観的構成要件要素）としての過失が認められることが必要である。過失の本質は，結果の予見可能性であり，具体的予見可能性が必要であるが，実際の因果経過の予見可能性までは必要なく，また，高度の予見可能性も必要ない。

---

54) 結果回避可能性の問題については，古川伸彦『刑事過失論序説』（2007年）が詳しい。

第18章　責任論

I　はじめに

"To be, or not to be, that is a question."

デンマーク王子ハムレットは，迷ったあげく，最後に父親の仇である王クローディアスを殺害して死んでいく。ハムレットは，王を殺さないこともできたのだろうか。それとも，ハムレットの性格と置かれた環境からすれば，迷うことも，最後に王の殺害を決意することも，決定されていたことだったのだろうか。

私は，本章を付け加えるかどうか最後まで迷っていた。付け加えないこともできたのだろうか，それとも，私の性格と編集者のTさんの熱心なお薦めを考えれば，迷うことも，結局，付け加えることを決意することも，その時々で決定されていたことなのだろうか。

今，この本を読んでいるあなたは，この本を読まないこともできたのだろうか。それとも。

本章のテーマは，責任論である。

II　責任論

1　責任主義

犯罪とは，構成要件に該当する違法で有責な行為である。有責性とは，その行為に出たことについて行為者を非難できること（非難可能性）を意味す

る。第1章で述べたように、刑罰の正当化根拠の1つを応報に求める立場からは、行為者の非難可能性が不可欠である。有責性を処罰の要件とすることを責任主義という。責任主義は、罪刑法定主義などと並ぶ、近代刑法の大原則の1つである。責任主義は、憲法上の原則と解すべきであり、その根拠は、憲法31条または13条に求めることができる[1]。有責性が問題となるのは、個々の構成要件該当行為についてであり、その人の生き方や人格それ自体ではない。これを行為責任の原則という。

故意・過失は非難のために必要な責任要素である。古い行政法規には、有責性を要件としない刑罰規定も存在したが、このような刑罰規定を認めることはできない。両罰規定の業務主処罰についても、判例は、無過失責任説から選任・監督上の過失を必要とする説に変わっている（最大判昭和32・11・27刑集11巻12号3113頁、最判昭和40・3・26刑集19巻2号83頁）。結果的加重犯について、判例（最判昭和26・9・20刑集5巻10号1937頁）は、重い結果について過失を要しないと解しているが、責任主義の観点からは、重い結果について過失が必要であり、学説のほとんどはそう解している[2]。

2　責任の概念

責任とは非難可能性をいうが、旧派の応報刑論は、人間の行動に関する非決定論、自由意思肯定論に基づいて、行為時の他行為可能性に非難の根拠を求めていた。行為者は、刑法で禁止された行為に出ないことが可能であったのに、行為に出たことについて非難されるというのである。

これに対して、新派の特別予防論は、決定論、自由意思否定論に基づいて、行為者は犯罪行為に出ることが決定されており、社会に対する危険性を理由に刑罰を受ける責任を有すると主張した。この見解は、社会的責任論と呼ばれているが、そこでいう「責任」に非難の意味は含まれていない。また、この見解からは、刑罰と保安処分との違いはなくなってしまう。社会的責任論は、新派が支持を失うのにともなって、支持されなくなっている。

---

1) 責任主義を、刑罰だけでなく、行政制裁を含めた制裁一般の要件と考えるべきことについて、拙稿『制裁論』19頁（2009年）参照。

2) 過失を不要とする見解として、高橋・230-231頁参照。

従来の通説は，人間は素質や環境に制約されながらなお主体的に決定する能力を有していると考える相対的意思自由論（相対的非決定論）をとってきた。しかし，この見解には，素質や環境によって決定されている部分が大きいほど責任の程度が軽くなるという難点がある。例えば，出来心で生まれてはじめて窃盗をした犯人と，犯行を重ねて規範意識が鈍磨した常習犯人とでは，前者の意思決定の方がより自由で責任が重いということになりかねない[3]。このような難点を回避するために主張されたのが，行為者は現在の人格だけでなく，そのような人格を過去に形成してきたことについても責任を負うとする人格形成責任論[4]である。しかし，人格形成のどこまでが行為者の責任であるかは不明であることや，行為責任主義に反することから，現在ではほとんど支持を受けていない。

　そこで，最近では，「責任の有無と程度を決めるための基準としての自由と可能性は，経験的事実ではなく，規範的要請ないし仮設として前提におかれるものでなければならない。刑法は，行為者に対し，この社会をともに構成する者としての平均的な要請に応じることを期待し，その要請に反する以上，責任を肯定すべきである」とする見解が有力になっている[5]。このような規範的要請としての自由意思に基づく責任非難は，刑罰の積極的基礎づけとしてではなく，消極的制約としてであれば，あるいは，筆者の見解のように，刑罰のミクロレベルの正当化の基礎としてであれば，認めることが可能だと思われる。連載時には，それでよいと考えていた。しかし，現在では，行為者の他行為可能性を責任の基礎に置きながら，社会の一般人・平均人を

---

3) 井田・357頁参照。
4) 団藤・258頁以下参照。
5) 井田・358頁。同旨の見解として，内藤・（下Ⅰ）784頁以下，山中・588頁，安田拓人『刑事責任能力の本質とその判断』4頁以下（2006年），林幹人「責任能力の現状——最高裁平成20年4月25日判決を契機として」上智法学論集52巻4号38頁（2009年）など参照。これに対して，浅田和茂『刑事責任能力の研究下巻』354頁（1999年）は，意思自由をフィクションとしてではなく認めるべきであるとする。もっとも，続けて，個別的他行為可能性の認定は，訴訟の場では行為者の立場に置かれた平均人の他行為可能性を想定して類型的になされざるを得ない，とするので，他行為可能性を一般的に判断する見解と実際には変わりがない。浅田教授は，これを，状況証拠による認定一般の問題であるとされるが，このような認定方法によって行為時の個別的他行為可能性が合理的疑いを超える程度に証明できるとは思えない。

基準に行為者を非難することが，(理論的にはあり得る説明だとしても) 十分に説得的であるのかについて[6]，疑問を持つようになっている[7]。

　責任主義の基礎付けとして有力なもう1つの見解は，他行為可能性は人間の行動が自由であることの必須の条件ではなく，行為が決定されていたことと責任非難は両立しうると解する両立可能論である[8]。この見解が決定論と結びつくと「柔らかな決定論」と呼ばれる見解になる[9]。この見解によれば，人間が自由であるかどうかは，行為が決定されているかどうかによるのではなく，何によって決定されているかによる。行為が外部的強制や精神病等の生物学的要因によって決定されている場合は自由でないが，行為者の内面の規範心理の層によって決定されている場合は自由であり，その行為について行為者に責任を問うことができる。

　法哲学者の瀧川裕英准教授は，ある行為について責任を問うための条件として必要な能力は，それ以外の行為を行う能力ではなく，その行為に関わる理由を理解して行為する能力，すなわち，その行為に関する規範が提示する

---

[6]　浅田・274頁は，一般人・平均人を基準にして行為者を非難することはできないとする。

[7]　拙稿「裁判員裁判と刑法の難解概念」曹時61巻8号2528頁以下 (2009年) 参照。自由意思を責任非難の基礎に置く見解は，その自由意思がどこから生じて，なぜそれを非難できるのか，という困難な問題にも直面する。もしそのような意思決定がサイコロの目のように偶然のものであれば，自由ではあっても，非難の基礎にはならない (サイコロを非難しても意味がない) からである。そこで，浅田教授は，意思自由ということは，無原因に意思決定するという意味ではなく，「因果連関からではなく意味連関から生ずる決定因子を付加することにより，因果過程を被覆決定する，という意味であ〔る〕」とされる (浅田・274-275頁)。しかし，決定因子が「意味連関から生ずる」とは何を意味するのだろうか。浅田教授は，心身二元論をとられるのだろうか。また，現実には存在しなかった決定因子を付加するとは，行為時の「同一の条件の下での」他行為可能性ではなく，「類似した条件の下での」他行為可能性を問題にしていることになるのではないだろうか。もしそうであれば，それは決定論と矛盾する立場ではない。増田豊『規範論による責任 刑法の再構築』403頁以下 (2009年) 参照。

[8]　最近の包括的研究として，瀧川裕英『責任の意味と制度 負担から応答へ』(2003年)，同「他行為可能性は責任の必要条件ではない」大阪市立大学法学雑誌55巻1号31頁以下 (2008年) 参照。

[9]　平野龍一『刑法の基礎』19頁以下 (1966年) 参照。同旨の見解として，松原芳博「刑法総論の考え方(14)」法セ665号105頁 (2010年)〔規範意識は，他者や外界から区別して認識される「自我」を構成するので，自らの規範意識について責任を問われることには納得できる，とする〕参照。ときどき誤解が見られるが，柔らかな決定論は，行為の決定のされ方が柔らかであると言っているわけではない。決定論と意思の「自由」は両立しうると言っているだけである。

行為理由を理解し，その理由に基づいて自らの行為の妥当性について推論して行為を決定し，その決定に従って行為する能力である，とされる[10]。柔らかな決定論がいう「内面の規範心理の層によって決定されている」とは，瀧川准教授が言われる意味で理解されるべきであろう[11]。

　われわれは，自由の意識，他行為可能性の意識を持っている。そのことが，自由意思の根拠とされることも多い。しかし，自由の意識は単なる幻想かもしれない。また，われわれが，熟慮の末にある重大な決定を行ったような場合には，自分の性格と当時の状況を考えれば，そのような決定しかあり得なかった，同じ状況に立たされたらまた同じ決定をするであろう，と感じることも少なくないように思われる。そうだとしても，われわれは，自分の決定に対する責任を否定しようとはしないであろう。それは，十分な考慮をして自分が決定したことだからである。

　責任非難の要素は刑法に不可欠なものである。しかし，自由意思の存在は（少なくとも現状では）証明不能な問題であるし，残された自由が小さければ責任も小さいということを認めるわけにもいかないから，結局，一般人・平均人を基準にした非難を肯定するか，柔らかな決定論のように自由意思の存在を基礎にしない非難を肯定するか，どちらかになる。たとえフィクションであっても自由意思を基礎にした刑罰制度を構想すべきであるとする見解は，その方が，現行憲法の予定するような諸々の価値（例えば，個人の自由と権利の重視，人道性，寛容性，公正性等）とより整合的である，という[12]。しかし，憲法が保障する個人の自由や自律が，自由意思の存在を不可欠の要素とするとはいえないと思われるし，一般人・平均人を基準とする自由や自律の尊重が，本当に個人の自由や自律の尊重につながるのかは不明である。一般人・平均人を基準として行為者の責任を判断するよりも，行為者の「その行為に関わる理由を理解して行為する能力」を精査して行為者の責任を判

---

10) 瀧川・前掲注8)責任の意味と制度108頁。
11) 増田教授は，人間の認識能力が不完全なため将来の出来事を完全に予測することができないという意味での認識論的非決定論に依拠する認識論的自由意思論を構想し，これに基づいて「批判的責任論」を展開されている。増田・前掲注7)576頁以下参照。
12) 井田・359頁，安田拓人「責任の概念」西田典之ほか編『刑法の争点』54頁（2007年）参照。

断する方が，より個人を重んじた判断になる可能性も大きいように思われる。

　刑罰と自由意思の関係をめぐる議論は，古代ギリシアの時代からずっと続いてきたものであり[13]，近時の脳神経科学の発展に伴い再び議論が活発になってきているが[14]，なお決着がついていない問題である。永遠に決着のつかない問題なのかもしれない。われわれは，科学の知見を参考にしながら，法律学，刑法学の観点からこの問題を考えていく必要がある。現在の筆者は，自由意思を基礎に置かない責任概念が望ましいのではないかと考えているが，仮に自由意思が存在するなら，それはそれでよろこばしいことである。

III　責任能力

1　責任能力の基準と判断方法

　刑法39条は，「心神喪失者の行為は，罰しない。」「心神耗弱者の行為は，その刑を減軽する。」と規定するだけで，「心神喪失者」「心神耗弱者」の意義については何も規定していない。判例（大判昭和6・12・3刑集10巻682頁）は，心神喪失とは，精神の障害により事物の理非善悪を弁識する能力またはその弁識に従って行動する能力のない状態をいい，心神耗弱とは，精神の障害により，これらの能力が著しく減退した状態をいう，と定義している。このように，精神の障害（生物学的要素）と是非弁識・行動制御能力（心理学的要素）の双方を考慮して責任能力を判断する方法は，混合的方法と呼ばれている。是非弁識・行動制御能力とは，先に述べた，「その行為に関する規範が提示する行為理由を理解し，その理由に基づいて自らの行為の妥当性について推論して行為を決定し，その決定に従って行為する能力」である。

　責任能力の判断方法について，判例（最決昭和58・9・13判時1100号156

---

[13]　森村進『ギリシア人の刑罰観』（1988年）参照。
[14]　詳しくは，増田・前掲注7) 397頁以下参照。

頁）は，「被告人の精神状態が刑法39条にいう心神喪失又は心神耗弱に該当するかどうかは法律判断であって専ら裁判所に委ねられるべき問題であることはもとより，その前提となる生物学的，心理学的要素についても，右法律判断との関係で究極的には裁判所の評価に委ねられるべき問題である」と解している。この判例の一般論は妥当なものであるが，精神医学の専門家でない裁判官が，精神医学的事実を判断する場合には，基本的には，精神医学の専門家の鑑定に依拠する必要があり，生物学的要素について，専門家の鑑定と異なった判断をすることができるのは，その鑑定の基礎となった事実に誤りがある場合など，合理的な理由が認められる場合に限られる（最決平成21・12・8刑集63巻11号2829頁参照）15)。近時の判例は，「生物学的要素である精神障害の有無及び程度並びにこれが心理学的要素に与えた影響の有無及び程度については，その診断が臨床精神医学の本分であることにかんがみれば，専門家たる精神医学者の意見が鑑定等として証拠となっている場合には，鑑定人の公正さや能力に疑いが生じたり，鑑定の前提条件に問題があったりするなど，これを採用し得ない合理的な事情が認められるのでない限り，その意見を十分に尊重して認定すべき」とするとともに（最判平成20・4・25刑集62巻5号1559頁），「裁判所は，特定の精神鑑定の意見の一部を採用した場合においても，責任能力の有無・程度について，当該意見の他の部分に事実上拘束されることなく，上記事情等〔被告人の犯行当時の病状，犯行前の生活状態，犯行の動機・態様等〕を総合して判定することができるというべきである」としている（前掲最決平成21・12・8）。

2　責任能力の体系的位置

　責任能力の体系的位置付けについて，これを他の責任要素に先行する責任の前提要件と解する責任前提説と他の責任要素と並ぶ要件と解する責任要素説とが対立している。責任能力が場面によって異なること（部分的責任能力）

---

15)　実務がそのように運営されてきたことについて，高橋省吾「精神鑑定と刑事責任能力」小林充＝香城敏麿編『刑事事実認定(上)』（1992年），池田修「精神鑑定について──裁判官の立場から」刑法36巻1号56頁以下（1996年），司法研修所編『難解な法律概念と裁判員裁判』32頁以下（2009年）など参照。さらに，山口厚ほか「現代刑事法研究会(3)責任能力」ジュリ1391号82頁以下（2009年）参照。

を認めることができるか，例えば，好訴妄想を有するパラノイア患者が虚偽告訴罪などについては責任無能力であっても，他の犯罪，例えば，窃盗罪については責任能力が認められる，ということを認めることができるか，という問題について，責任前提説は否定説と責任要素説は肯定説と結びつくとされている[16]。

　結論としては，責任要素説が妥当である。第1に，責任無能力者にも故意・過失を認めることができるから，故意・過失を責任要素（あるいは，違法要素であると同時に責任要素でもある）と解する立場からは，責任能力は故意・過失と並ぶ責任要素ということになる。第2に，行為責任主義をとる以上，責任能力が問題となるのは，特定の構成要件該当行為（例えば殺人）についてであり，行為を離れた行為者の人格一般が問題となるわけではない[17]。実際の裁判においても，ある罪で起訴された被告人の責任能力は，その行為に関する責任能力が問題になるだけであって，起訴されていない他の犯罪に関する責任能力が問題となるわけではない。そうだとすれば，たまたま2つ以上の罪で起訴されている場合にも，その責任能力は別々に判断されるべきである。京都地裁舞鶴支部昭和51年12月8日判決（判時958号135頁）は，被告人が，覚せい剤の使用に基づく覚せい剤中毒性精神障害による妄想に基づき被害者を殺害したとして殺人罪およびけん銃所持の罪等で起訴された事案について，殺害行為時に心神喪失状態にあったとして，殺人罪の成立を否定したが（原因において自由な行為の法理によって重過失致死罪の成立を認めた点については，Ⅳ2参照），けん銃等の所持については，覚せい剤中毒性精神障害としての妄想は，その対象以外のことがらに対する関係では判断能力を左右しないものと考えるのが相当であり，本件けん銃等の所持に関する判断能力は通常人と異なるところはなく，心神喪失の主張は認められない，と判示している。

　責任前提説の根拠としては，人格は統一的なものであるということがいわ

---

16) 責任前提説からの否定説として，大谷・321-322頁，平野・Ⅱ288-289頁，責任要素説からの肯定説として，井田・367頁，370頁，松原・前掲注9)106頁など参照。なお，曽根・147頁は，部分的責任能力を認めるのは，極力慎重であるべきとする。

17) 曽根・146頁参照。

れる。人格をそのようにとらえること自体についても疑問があり得るが，仮にそうであったとしても，その行為への表れ方は様々であり得るから，部分的責任能力を否定する理由にはならないと思われる。たしかに，刑法39条の条文は「心神喪失者」「心神耗弱者」となっていて，責任前提説とより調和的であるが，責任要素説をとりえないわけではないであろう。41条の「14歳に満たない者」や削除された40条の「瘖啞者」が具体的な行為と関係のない行為者の属性であることは明らかであるが，41条は少年の可塑性を考慮した刑事政策的規定であり[18]，旧40条も同様である。

3 心神喪失者・心神耗弱者の扱い

精神保健福祉法は，精神障害者が，「医療及び保護のために入院させなければその精神の障害のために自身を傷つけ又は他人に害を及ぼすおそれがある」と認められる場合には，都道府県知事が，その者を強制的に入院させて医療を施す，措置入院制度を規定している（24条～29条）。従来は，不起訴または無罪になった心神喪失者や不起訴になった心神耗弱者の治療は，この制度によって行われてきたが，現在は，2003年に制定された心神喪失者等医療観察法が，殺人・放火・強盗・強姦・強制わいせつ・傷害のいずれかに当たる行為を行った心神喪失者・心神耗弱者について，特別の強制的医療制度を規定している。この法律の運用や評価についてここで詳しく触れることはできないので，興味のある方は他の文献で勉強していただきたい[19]。

---

[18] 14歳未満の刑事未成年者であっても（特に，12歳，13歳になれば）実質的な意味での責任能力を認めることができる。したがって，刑事未成年者に指示して犯罪を行わせた者は，常に間接正犯になるわけではない。強制による意思支配が認められる場合に間接正犯を認めた最決昭和58・9・21刑集37巻7号1070頁，そのような事情のない場合に共同正犯を認めた最決平成13・10・25刑集55巻6号519頁参照。

[19] 町野朔編『精神医療と心神喪失者等医療観察法』（2004年），特集「医療観察法の現在」刑事法ジャーナル19号2頁以下（2009年），「刑事政策研究会 精神障害者による犯罪」論究ジュリスト2012年秋号190頁以下など参照。故意との関係については，拙稿・前掲注7）2536頁以下参照。

Ⅳ　原因において自由な行為

1　学説の状況とその検討

(1)　学説の状況

　責任能力は実行行為の時点で存在しなければならない。これを（実行）行為と責任の同時存在の原則と呼ぶ。しかし，行為者が自らを責任無能力・限定責任能力の状態に陥れて，その状態で犯罪を実行したような場合に，行為者に完全責任能力を認めるための理論構成が，原因において自由な行為の法理として議論されてきた。議論においては，責任無能力・限定責任能力の状態を招く行為を原因行為，そのような状態でなされた違法行為を結果行為と呼んでいる。

　この問題に対する回答は，大きく，完全責任能力否定説[20]と肯定説に分かれ，肯定説は，同時存在の原則を維持して，原因行為に実行行為性を認める見解（構成要件モデル）と，同時存在の原則の例外を認める見解（例外モデル）に分かれる。さらに，構成要件モデルは，実行行為と実行の着手時期を同視して，原因行為時に未遂犯の成立を認める見解と，実行行為と実行の着手時期を切り離して結果行為時に未遂犯の成立を認める見解に分かれており[21]，例外モデルは，原因行為時と結果行為時の意思の連続を重視する見解と，違法性の意識の可能性と同様に解する見解に分かれている。最近では，構成要件モデルと例外モデルの併用説も主張されている。

　以上のように学説が複雑に分かれているのは，この問題が，責任能力の問

---

[20]　否定説として，平川宗信「原因において自由な行為――否定説と立法的解決の提案」現刑20号36頁以下（2000年），浅田和茂「原因において自由な行為――全面否定説の展開」現刑20号42頁以下（2000年）など参照。

[21]　構成要件モデルで，実行行為と実行の着手時期を同視して，原因行為時に未遂犯の成立を認める見解は，従来，間接正犯類似説と呼ばれてきた。しかし，実行の着手時期の問題と正犯性の問題は別の問題であり，その後，構成要件モデルで，未遂犯の成立時期を異なって解する見解が主張されているので，この名称は適切ではなくなっている。そもそも，正犯性の判断にとって，第三者を利用したか自己を利用したかは本質的違いではないから，間接正犯「類似説」という名称は適切なものではない。

題だけでなく，未遂犯の実行の着手の問題，（間接）正犯性の問題とも関係しているからである。

(2) 例外モデルの検討

例外モデルの代表的見解は，行為の最終意思決定時に責任能力が存在しており，その意思がそのまま実行行為時の意思につながっていれば責任能力を認めることができるとする見解である[22]。このような見解に対しては，責任能力は行為の同時コントロールでなければならないとする批判がなされているが，それは同時存在の原則を維持しなければならないという構成要件モデルの主張を繰り返しているにすぎず，有効な批判とは言えないであろう。例外モデルの問題点は，「最終的意思決定」を，どこまで過去に遡ってよいのかが不明な点にあると思われる。もし実行行為性が認められる限度で遡るのであれば，それは構成要件モデルである[23]。

第19章で述べるように，実行行為と実行の着手時期は分離しうる。構成要件モデルに対しては，行為者が原因行為だけで終わってしまい，結果行為に出なかった場合に未遂犯が成立するのは不当である，という批判がなされてきたが，この批判は，構成要件モデルで実行行為と実行の着手時期を分離する見解[24]には妥当しない。飲酒行為や薬物の摂取行為だけでは，実行の着手を認めることはできず，予備にとどまるからである。例外モデルをとる見解の一部は，実行行為と実行の着手時期を同視する立場からのものであり，構成要件モデルで，原因行為を実行行為，結果行為時を実行の着手時期とする見解と，実質的には同じものだと思われる。

近時，例外モデルの基礎づけとして主張されているのが，責任能力を違法性の意識の可能性と同様に解する見解である[25]。行為時に違法性の意識を欠いていても，事前に法律を調査するなど相当の注意を払っていれば行為の

---

22) 西原春夫『犯罪実行行為論』(1998年)，平野・Ⅱ304頁，大谷・326頁など参照。
23) 西田ほか・注釈628-629頁〔古川伸彦〕は，この見解は，原因行為と結果故意を1つの意思に貫かれた1つの行為と見るのであるから，同時存在の原則は充たされているとする。そうだとすると，構成要件モデルそのものである。
24) 実行の着手時期は未遂犯の問題であって，行為と責任の同時存在の原則とは別個の問題である。
25) 違法性の意識の可能性とのアナロジーは，故意の連続性を問題にする説からも援用されている。山口・257頁参照。

違法性を認識することができた場合には，責任非難が認められる。調査をすべきなのは，実行行為に出る前であるのが一般であるから，行為前の落ち度を理由に責任非難を認めていることになる。そうだとすれば，責任能力についても，心神喪失に陥った原因行為に非難すべき点があれば，結果行為時に責任能力がなくとも，責任非難は可能だと解するのである。

しかし，違法性の意識の問題と責任能力の問題を同じに扱うことはできないであろう。違法性の意識の問題においては，行為前の時点（例えば調査を怠っている時点）での故意は問題にならないから，同じように解すると，原因行為時に行為者に落ち度がありさえすれば，その時点で故意がなくとも故意犯の成立を認めることが可能になる[26]。例えば，誤って覚せい剤を使用して心神喪失に陥り，その状態で殺意が生じて殺人を行った場合には，殺人罪で処罰されることになるが，この結論は不当である[27]。

そこで，責任非難を実行行為以前に遡らせることを認めながらも，責任非難を行う時点で責任要素すべてがそろっていなければならないとする見解も主張されている[28]。その結論は妥当であるが，責任要素すべてがそろっていなければならないのは，それが実行行為だからではないであろうか。

(3) 構成要件モデルの検討

構成要件モデルからは，原因において自由な行為の法理などという特別の法理は存在しない。もし構成要件モデルで処罰することができないのであれば，処罰を諦めるべきであり，それが責任主義の要請である。

構成要件モデルから処罰を認めることが可能であるかは，原因行為時に実行行為性を認めることができるかにかかっている。まず，因果関係の起点としての実行行為は，結果発生の相当程度の危険性が認められれば足り，未遂犯の成立を認めるための切迫した現実的危険性までは必要ないから，原因行

---

[26] 安田拓人『刑事責任能力の本質とその判断』56-57頁（2006年）。同「回避しえた責任無能力状態における故意の犯行について（2・完）」法学論叢142巻2号47-48頁（1997年）は，39条2項の類推適用を認める。また，原因行為時の責任故意が故意犯としての責任非難を基礎づけるとする見解として，中空壽雅「『原因において自由な行為の法理』の検討（3・完）」早稲田法研論集54号221頁以下（1990年）参照。

[27] 伝統的な例外モデルは，意思の連続性を問題にするので，原因行為時に故意が必要である。

[28] 山口・258頁参照。

為時に認めることが可能な場合があると思われる。飲酒すると心神喪失状態に陥り，周りの人に暴力を振るって怪我をさせることを何度も繰り返している者が，近くに被害者になり得る者が存在する状況下で，飲酒をすればその人に暴行を加えることを認識（認容）しながら，飲酒を開始すれば，傷害罪の実行行為を認めることが可能であろう。次に問題となるのは正犯性であるが，心神喪失状態に陥って，そのような状態の自らを道具として利用する行為に正犯性を認めることができる。構成要件モデルとしては，以前から間接正犯類似説が主張されてきたが，責任無能力状態の自己を道具のように利用する点で間接正犯そのものである。

　責任無能力者の意思決定に働きかける利用行為と自己を責任無能力に陥らせてこれに働きかける利用行為とを比較すると，不確実さが後者の方が高いので，両者を規範的に同一視できないとする批判もある[29]が，他に働きかけるよりも自己に働きかける方が類型的に不確実性が高いかは疑問であり，むしろ逆ではないかと思われる。

　構成要件モデルの問題点は，心神耗弱の状態を利用する場合に原因行為の正犯性を認めることができるかである。山口教授は，構成要件モデルに立つ見解から，両モデルの併用を認める見解に変わられたが，その理由は，構成要件モデルを心神耗弱の場合に適用することはできないという点にあったと思われる。たしかに，遡及禁止論を基礎にすれば，「正犯の背後の正犯」を認めることはできないであろうが，正犯の背後の正犯を肯定することは可能だと思われる[30]。例えば，クロロホルム事件においては，クロロホルムをかがせる行為も被害者を乗せた車を海中に転落させる行為も実行行為である。このことは，同一の行為者の実行行為については遡及禁止は働かないということを示していると思われる。また，正犯性の点でも，「道具」として利用するためには完全に支配している必要まではないと考えるべきである[31]。このように考えた場合，責任非難の対象となる実行行為は，原因行

---

29) 中空壽雅「『責任能力と行為の同時存在の原則』の意義について」刑法45巻3号387頁（2006年）。

30) 井田・458頁は，「限定責任能力下の自己を利用する形態の場合は，限定責任能力状態における第三者を利用する形態の通常の間接正犯の場合と比較して，より容易に正犯性が認められるといえる」とする。

為と結果行為の双方にこれを一連一体のものとして認められることになるので，その責任は，原因行為時の責任と結果行為時の責任を併せたものとなる。従来から主張されてきた，結果行為時の減少している責任と原因行為時の完全な責任を「併せて一本」として完全な責任を問うことができるとする見解[32]と，結論としては同じである。

　以上をまとめると，構成要件モデルでは，まず原因行為に実行行為性・正犯性が認められなければならない。そのためには，原因行為に結果発生の相当程度の危険が認められることおよび間接正犯といえることが必要である。次に，原因行為と結果行為が一連一体のものと認められなければならない。例外モデルでは故意の連続が問題とされているが，構成要件モデルにおいても，原因行為時の故意と結果行為時の故意との間に連続性がなければ，実行行為の一連一体性が認められないであろう。

　故意については，原因行為＝実行行為の時点で結果について故意がなければならないのは当然であるが，さらに，間接正犯性を基礎づける事実，すなわち自己が心神喪失状態（または心神耗弱状態）になって犯罪を行うことの認識（いわゆる二重の故意）が必要である[33]。

2　判例の状況

　原因において自由な行為の法理に関する判例・裁判例は限られているが[34]，その代表的な類型の1つは，飲酒運転および飲酒運転中の交通事故について，原因において自由な行為の法理によって完全責任能力を認めるものである。

　最高裁昭和43年2月27日決定（刑集22巻2号67頁）は，酒酔い運転をする意思で飲酒して，心神耗弱の状態で運転を行った事案について，「本件

---

31) 山口厚＝井田良＝佐伯仁志『理論刑法学の最前線』164頁以下（2001年）〔佐伯〕参照。批判として，深町晋也「原因において自由な行為」西田典之ほか編『刑法の争点』84頁（2007年）参照。

32) 平野・Ⅱ305頁参照。

33) 山口厚『問題探究刑法総論』187頁以下（1998年），林美月子『情動行為と責任能力』184頁以下（1991年），井田・456頁，西田ほか・注釈632頁〔古川〕など参照。これに対して，西田・291頁は，構成要件モデルからも，二重の故意は不要とする。

のように，酒酔い運転の行為当時に飲酒酩酊により心神耗弱の状態にあったとしても，飲酒の際酒酔い運転の意思が認められる場合には，刑法39条2項を適用して刑の減軽をすべきではないと解するのが相当である」と判示している。

　このような事例は，故意の連続性が認められ，原因行為と結果行為との連続性が強いので，完全責任を認めやすい事例といえる。継続した違法な薬物の使用・所持の途中で心神喪失・耗弱状態に陥ったような場合も同様である。大阪高裁昭和56年9月30日判決（高刑集34巻3号385頁）は，覚せい剤の使用及び所持について，犯行当時覚せい剤中毒等により少なくとも心神耗弱の状態にあっても，責任能力がある当時における覚せい剤の反復使用，継続所持の意思が実現されたものと認められる場合には，刑法39条を適用すべきではないと判示している。

　これらの事例について構成要件モデルから故意犯の完全責任能力を認めるためには，心神喪失・耗弱下で酒酔い運転を行うことの予見が必要になるが，心神喪失・耗弱という法律概念を理解している必要はないので，日頃から飲酒すると異常に酩酊することを認識していれば十分であろう。これまで異常酩酊ないし病的酩酊に陥ったことがなく，そのような状態に陥ることの予見がないというような場合には，完全責任能力を問うことができなくとも，不当ではないと思われる。

　酩酊による心神喪失ないし心神耗弱中の酒酔い運転によって過失で人を死傷させた場合についても，原因行為時の過失責任を問題にすることによって完全責任能力を認めることができる。大阪地裁平成元年5月29日判決（判タ756号265頁）は，酒酔い運転中に発生した業務上過失致死傷事件について，事故発生時点では酩酊のため心神喪失ないし心神耗弱の状態にあったと

34）　最決昭和28・12・24刑集7巻13号2646頁は，麻薬中毒者である被告人が，麻薬の資金を得るため衣類等を持ち去った行為が，当時の麻薬取締法4条4号「麻薬中毒のため公安をみだし，又は麻薬中毒のため自制心を失うこと」に当たるとして起訴され有罪となった事案について，「自制心を失つた行為の当時には被告人に責任能力がなくとも，麻薬を連続して使用する際被告人に責任能力があり，且つ麻薬の連続使用により麻薬中毒症状に陥ることについての認識（未必の認識）があれば，いわゆる原因において自由な行為として，処罰することを得るのである」と判示した。この判例は，特殊な犯罪類型に関するものであって，その先例的価値は高くない。

しながら、「被告人は、……Ａ方で行われた勤務先の新年会に出席するにあたり、既に……ビールをコップに４杯分以上、日本酒を１合以上飲酒しており、それ以上適量を超えて飲酒すれば酩酊に陥り正常運転に支障をきたすことは明らかであったうえ、新年会終了後は、兵庫県尼崎市内の自宅まで普通貨物自動車を運転して帰宅するつもりであったのであるから、それ以上の飲酒は厳に慎むべきであり、あえて飲酒する場合には酩酊に陥らない程度に飲酒量を抑制すべき業務上の注意義務があるのにこれに怠り、……右Ａ方において、さらに、日本酒約４合を飲酒した過失により、正常運転に支障をきたす程度の酩酊に陥り」、自車の運転を開始して進行中に、自車前部を道路左側の信号柱に衝突させて自車を左前方に暴走させ、歩行者２名に衝突させて１名を死亡させ、１名に傷害を負わせた、として業務上過失致死傷罪の成立を認めている。同判決は、「被告人は前示のとおりＡ方で飲酒して酩酊状態に陥り、その結果本件交通事故を惹起させたのであり、被告人は当初から、Ａ方で飲酒後、自動車を運転して帰宅する予定であったこと、以前にも何回か飲酒したうえで自動車を運転していて、飲酒運転自体には抵抗感がなかったこと及びこれまでにも飲酒が進むと自制心を失い、酩酊中の自己の行動を覚えていないことも幾度か経験しており、このような自己の酒癖についての認識もあったと認められることから判断して、被告人のＡ方での飲酒とこれに続く自動車の運転とには明らかな因果関係もあるから、結局、Ａ方における右飲酒行為の時点において、本件交通事故の発生の予見が可能であったものと認められる」と判示している。

　同様の理論構成は、飲酒や薬物の使用によって心神喪失ないし心神耗弱に陥り、その状態で暴行等の犯罪を行った場合についても可能である。東京高裁昭和41年３月30日判決（判タ191号200頁）は、日頃から酒癖が悪く、酒に酔うと短気粗暴になって乱暴を働くことがしばしばで、そのことを十分に自覚していた被告人が、酒を飲んで心神喪失状態に陥り、隣室に寝ていた長男（当時２歳）に暴行を加えて死亡させたという事案について、重過失致死罪の成立を認めている。また、前掲京都地裁舞鶴支部判決は、覚せい剤の使用に基づく覚せい剤中毒性精神障害によって心神喪失状態に陥り、その状態で被害者を殺害したという事案について、「覚せい剤を多量に使用すると、

幻覚・妄想に支配されて暴力的行動を振舞う習癖を有するに至り，被告人もこれを覚知していたのであるから，このような場合，被告人は自戒して覚せい剤の多量の使用を抑止し，覚せい剤使用に基づく中毒性精神障害による暴行・傷害等の危険の発生を未然に防止すべき注意義務があるのに，これを怠〔った〕」として，重過失致死罪の成立を認めている。あるいは，大阪高裁昭和41年9月24日判決（下刑集8巻9号1202頁）は，飲酒により心神喪失状態に陥り放火した事案について，「被告人には夜間外出先等で飲酒しての帰宅途次などに一人で街路を放浪し，朦朧状態の下で衝動的に所携のマッチを弄び火を失する習癖があり，……被告人は飲酒時の習癖により火を失する高度の危険性を有し，且それを自覚していたものというべく，かかる被告人としては，漫然と夜間外出先で飲酒する等は厳に慎しみ，仮に飲酒するような場合でもその量を極度に制限し，且予め確実な介護者を付けるなどして右危険の発生を未然に防止すべき注意義務を負うものというべきである」と判示して，重過失失火罪の成立を認めている。

　以上は原因行為時の過失責任を認めたものであり，過失犯については，原因行為時に実行行為性を認めることが比較的容易であると考えられている。これに対して，いわゆる非連続型の場合について，故意犯の成立を認めた裁判例は極めて限られている。

　名古屋高裁昭和31年4月19日判決（高刑集9巻5号411頁）は，ヒロポン（エフェドリンから合成された覚せい剤の一種）の中毒者でいったん治癒していた被告人が，エフェドリンを注射したことにより，ヒロポンの残遺症状を急激に誘発して幻覚妄想等を起し，心神喪失状態の下に同居の姉を殺害したという事案について，「薬物注射により症候性精神病を発しそれに基く妄想を起し心神喪失の状態に陥り他人に対し暴行傷害を加へ死に至らしめた場合に於て注射を為すに先だち薬物注射をすれば精神異常を招来して幻覚妄想を起し或は他人に暴行を加へることがあるかも知れないことを予想しながら敢て之を容認して薬物注射を為した時は暴行の未必の故意が成立するものと解するを相当とする」と判示して，傷害致死罪の成立を認めた。また，大阪地裁昭和51年3月4日判決（判時822号109頁）は，アルコール中毒のため飲酒すると暴力を振るう習癖のあった被告人が，多量の酒を飲んで心神喪失

状態に陥り，その状態で牛刀を携えて外出し，市内を徘徊中にタクシーを停めて乗車し，運転手に兇器を示して強盗未遂を行ったという事案について，「飲酒すればその誘惑から自己規制が困難となり，杯を重ねて異常酩酊のための精神障害により是非弁別能力又は是非の弁別に従って行動する能力（以下「行動制禦能力」）が少くとも著るしく減低する状態になって他人に暴行脅迫を加えるかもしれないことを認識予見しながらこれを認容し，……兇器を示して人に暴行脅迫を加えた」として，暴力行為等処罰ニ関スル法律違反（示兇器暴行脅迫）罪の成立を認めた。同判決は，故意犯の犯意は，責任能力のある状態のもとで認識予見し，認容した範囲に限定され，「道具」の状態において知覚し意思を生じたものは人格の発現と認められないので否定されるとして，強盗未遂の成立は否定している。

　故意犯の成立を認める裁判例が極めて少ないのは，原因行為時に実行行為の危険性と故意を認めることが，一般には困難だからであろう。特に，筆者のように，未必の故意の認定について，結果発生の高度の蓋然性を認識していない場合には，積極的認容を要求する立場からは，原因行為時に故意を認めることができるのは，例外的な場合に限られる。上記裁判例の認定についても，（事実認定の問題なので確かなことは言えないが）疑問をはさむ余地はあると思われる[35]。

3　実行の着手後の心神喪失・心神耗弱

　実行の着手後に心神喪失・心神耗弱に陥り，その状態での行為から結果が生じた場合の扱いについても議論がある。

　裁判例として，①東京高裁昭和54年5月15日判決（判時937号123頁）は，殺人の実行行為の途中で情動性朦朧状態に陥り，心神耗弱状態で殺人行為を行った事案について，「被告人はその責任能力に特段の減弱のない状態において既に未必的殺意をもって積極的に重大な加害行為に及んだものであって，以後の実行行為は右殺意のおのずからなる継続発展として，かつ主としては右と同じ態様の加害行為をひたすら反覆継続したという関係なので

---

[35]　西田・292頁参照。

ある。本件犯行行為中右開始当初の部分が，被告人に対する本件行為全体の非難可能性の有無，程度を判定するうえに無視して差支えないほどの，或は見るべき意味をもたない程の軽微僅少なものであるとはとうていえない。そしてまた，被告人が行為中途でおちいった情動性朦朧状態も，それは被告人が相手方に対して意図的に右のような重大な加害を開始してしまったことによる激しい精神的昂奮が少なからず起因しているものであることは容易に窺知できるところであり，それならば，その精神的昂奮状態は被告人において自ら招いた面が多いという関係もそこに認められるのである。被告人に対し非難可能性の減弱を認めるべき実質的根拠はますます薄弱とならざるを得ない」と判示して，完全責任能力を認めた原判決を是認した。

　②大阪地裁昭和58年3月18日判決（判時1086号158頁）は，飲酒酩酊中に被害者に多数回にわたる暴行を加えて死亡させたが，犯行途中から飲酒酩酊による錯乱状態に陥っていた可能性がある，という事案について，「〔責任能力に疑いのない〕段階において被害者に加えた暴行は，優に致死の結果をもたらしうるものと認められるうえ，その後の被告人の錯乱状態は，被告人自らの飲酒及びそれに先き立つ暴行等の行動によって招かれたものであり，かつ，右状態で行われた暴行は，前段階におけるそれと態様を異にするものでもないから，本件における被告人の暴行は，その全部を一体として評価すべきであり，仮りに犯行の後半部分において，被告人がその責任能力に何らかの影響を及ぼすべき精神状態に陥っていたとしても，刑法39条1項又は2項は適用されないものと解すべきである」と判示している。

　③長崎地裁平成4年1月14日判決（判時1415号142頁）は，酒を飲んで被害者に暴行を加えているうちに心神耗弱状態に陥り，致命傷を負わせる暴行を加えて，被害者を死亡させたという事案について，「本件は，同一の機会に同一の意思の発動にでたもので，実行行為は継続的あるいは断続的に行われたものであるところ，被告人は，心神耗弱下において犯行を開始したのではなく，犯行開始時において責任能力に問題はなかったが，犯行を開始した後に更に自ら飲酒を継続したために，その実行行為の途中において複雑酩酊となり心神耗弱の状態に陥ったにすぎないものであるから，このような場合に，右事情を量刑上斟酌すべきことは格別，被告人に対し非難可能性の減

弱を認め，その刑を必要的に減軽すべき実質的根拠があるとは言いがたい。そうすると，刑法39条2項を適用すべきではないと解するのが相当である」と判示している。

④東京地裁平成9年7月15日判決（判時1641号156頁）は，てんかんの疾患を有する被告人が，被害者と口論となり，被害者を包丁で刺して傷害を与えたが，刺した時点ではてんかんの発作が起こっていた可能性があるという事案について，「刺した時点で発作が起きていたとしても，……発作中の行為がその直前の被告人の意思に従ったものである以上，被告人は自己の行為を認識して善悪の判断をしそれに従って行動する能力を有しつつ実行したものといえ，完全な責任能力が認められる」と判示している。

これらの裁判例を見ると，①②が完全責任能力下での犯行の重大性を指摘しているのに対して，③④はそのような事情を指摘していない（特に④は刺突行為前の責任能力だけを問題にしている）ので，異なる立場に立っている可能性もあるが，明確ではない。いずれにしても，裁判例は，機会の同一性と意思の連続性を完全責任能力を問うための前提としていると考えられ，実行の着手後の責任はおよそ問題にならないとしているわけではない。

学説では，実行行為後の責任能力は問題にならないとする見解[36]と原因において自由な行為の法理が適用されるとする見解が対立している。しかし，前者の見解も，いかなる場合でも完全責任能力を問えるとするわけではなく，行為態様や意思の連続性を考慮して，結果の帰責が認められない場合があることも認めており，後者の見解も，原因において自由な行為の法理の適用に当たっては，実行の着手後の事例であることを考慮して，原則として完全責任能力を認めており[37]，両者の違いはほとんどないものと思われる。構成要件モデルにおいては，実行行為後に心神喪失・耗弱状態に陥ったとい

---

[36] 中森喜彦「実行開始後の責任能力の低下」『中山研一先生古稀祝賀論文集(3)』225-226頁（1997年），中空壽雅「実行着手後の心神喪失・心神耗弱といわゆる『同時存在の原則』」『西原春夫先生古稀祝賀論文集(2)』260-261頁（1998年），山中敬一「実行行為の途中で責任能力の減弱・喪失状態に陥った事案に関する一考察」産大法学32巻2＝3号352頁以下（1998年），小野晃正「『承継的責任無能力』と実行行為の個数について(2・完)」阪大法学62巻2号439頁（2012年），高橋・341頁，西田・294頁など参照。井田・459頁は，心神耗弱状態の行為によって致命傷を与えた場合には，原因において自由な行為の法理の適用が必要とする。

う点では，原因において自由な行為の法理が問題となる他の事例と変わりがないので，理論的には同様に扱われることになるが，すでに実行の着手が認められている以上，完全責任能力が否定されるのは，完全責任能力下での行為と心神喪失・耗弱状態下での行為が，その客観面・主観面において，まったく態様を異にしており，当初の実行行為とは別個の行為と見るしかないような，極めて例外的な事例に限られるであろう。

V おわりに

　第1章で，筆者が刑法を勉強して感じた魅力の一つは，刑法学が，法解釈の問題だけでなく，哲学的問題，実証的問題，政策的問題など，幅広い領域にわたっていることにあった，と述べた。責任および責任能力は，まさにそのような問題であり，多くの読者の方に興味を持っていただくことを願っている。本章の筆者の見解にあなたが賛成するかどうかは，もちろんあなたの自由です。

---

37) 山口・263頁，深町・前掲注31)85頁，さらに，林美月子「実行途中からの心神喪失・心神耗弱」現刑20号52頁以下（2000年）など参照。

第19章

未遂犯論

I　はじめに

　未遂犯論は，論者の刑罰論や違法論の違いが明確に現れる場所であり，過去には，新派と旧派の主戦場であった。学派の争いが終焉した現在でも，様々な学説が対立している。説が多くて混乱しやすいところであるが，一旦考え方を理解すれば，刑法の勉強が俄然おもしろくなると思うので，頑張っていただきたい。

II　実行の着手時期

1　予備・未遂の処罰

　犯罪の遂行過程は，予備→未遂→既遂という経過をたどる。刑法44条は，「未遂を罰する場合は，各本条で定める」と規定し，未遂処罰が例外的なものであることを定めている。しかし，重要な犯罪の多くは，未遂も処罰されているので，実際には，未遂処罰が原則であるといってよいかもしれない。これに対して，未遂の前の段階である予備が処罰されるのは，極めて限定されているので，未遂の成立時期が可罰性の境界線として重要な意義を有している。

　もっとも，予備・未遂・既遂という区別は，犯罪の規定の仕方によるので，実質的には予備や未遂である行為が既遂犯として処罰されることもある。例えば，贈収賄罪は，未遂処罰規定を有していないが，賄賂の要求罪・申込罪・約束罪が，未遂処罰の機能を果たしている。偽造罪において，通貨

や文書の真正さに対する一般の信頼が侵害されるのは，偽造された通貨や文書が実際に行使された時点であるから，通貨偽造罪や文書偽造罪は，その予備行為を処罰していることになる。そうすると，通貨偽造や支払用カード電磁的記録不正作出の準備行為が処罰されているのは（153条，163条の4），予備の予備が処罰されていることになり，後者については，さらに，準備行為の未遂も処罰されているので（163条の5），予備の予備の未遂まで処罰されていることになる。窃盗罪には予備罪がないが，軽犯罪法の，「正当な理由がなくて合かぎ，のみ，ガラス切りその他他人の邸宅又は建物に侵入するのに使用されるような器具を隠して携帯していた者」を処罰する規定（1条3号）が，住居侵入窃盗の予備を処罰する機能を有してきた。最近では，いわゆるピッキング等による住居侵入窃盗の多発が大きな社会問題となり，ピッキング用具や鍵穴を壊す専用ドライバーを正当な理由なく所持した者を，1年以下の懲役または50万円以下の罰金で処罰する「特殊開錠用具の所持の禁止等に関する法律」が制定されている。

2 「実行の着手」の意義

刑法43条は，「犯罪の実行に着手してこれを遂げなかった者は，その刑を減軽することができる」と規定している。学説では，行為者が「犯罪の実行に着手し」た時点を未遂犯の成立時期と解したうえで[1]，その判断基準について，主観説と客観説が対立してきた[2]。主観説は，行為者の危険性を未遂犯の処罰根拠と考える新派の立場から，実行の着手時期を「犯意の飛躍的表動」といった，行為者の犯意が外部的に明らかになった時点に求めるものである。この見解は，新派の考え方自体が支持を失ったことと，未遂犯の成立時期が早すぎることから，現在ではほとんど支持がない。

1） 法文を素直に読むと，「これを遂げなかった」こと，すなわち，既遂にならなかったことも未遂犯の成立要件のように読めるが，既遂結果の不発生を未遂犯の成立要件と考えるべきではない。例えば，行為者が殺人の実行に着手したことさえ明らかであれば，被害者が行方不明でその生死が不明であったとしても（既遂の合理的疑いが残っていても），未遂犯として処罰できるはずである。もちろん，未遂罪が成立していても，既遂罪を適用する場合には，未遂罪は既遂罪に吸収されるので，両罪を同時に適用することはできない。
2） 代表的な学説は，どの教科書にも載っているので，読者の方はそちらをご覧いただきたい。

客観説は，行為の危険を未遂犯の処罰根拠と考える旧派の立場から主張されたものであり，形式的客観説と実質的客観説に分かれる。形式的客観説は，構成要件該当行為への着手を実行の着手時期と解する見解である。この見解は，明確ではあるが，未遂犯の成立時期が遅すぎる（例えば，窃盗の未遂は，窃取行為が開始されなければ成立しない）。そこで，形式的客観説の論者も，未遂犯の成立範囲を拡張して，構成要件該当行為に接着する行為にまで実行の着手を認めようとしているが，なぜそのような拡張が許されるのかについての理論的説明は必ずしも明らかではない。そのため，どこまで拡張するかについての明確な基準がなく，基準を求めようとすると，結局，実質的客観説と同じになるのではないかという問題がある。現在，通説とされているのは，既遂結果惹起の現実的（具体的）危険の発生をもって実行の着手と解する実質的客観説である。

判例も，実質的客観説に立っているものと理解されている。例えば，判例は，住居侵入窃盗について，窃盗目的で住居に侵入しただけでは窃盗の実行の着手を認めず，他方で，財物の窃取行為に着手しなくとも，財物を物色した時点で窃盗の実行の着手を認めている（最判昭和23・4・17刑集2巻4号399頁）。代表的な判例としては，深夜，電気器具商の店舗内に侵入して，懐中電灯で店内を照らしたところ，電気器具類が積んであったことが判ったが，なるべく金を取りたいので自己の左側に認めた煙草売り場の方に行きかけた際に，被害者らが帰宅したため，被害者に暴行を加えた事案について，窃盗罪の実行の着手を認めた判例（最決昭和40・3・9刑集19巻2号69頁）がある。また，強姦罪についても，共犯者とともに，強姦目的でダンプカーの運転席に被害者の女性を無理矢理引きずり込み，5km離れた工事現場に連れて行って強姦し，運転席に引きずり込む際に同女に傷害を負わせた，という事案について，「被告人が同女をダンプカーの運転席に引きずり込もうとした段階においてすでに強姦に至る客観的な危険性が明らかに認められるから，その時点において強姦行為の着手があったと解するのが相当であ〔る〕」とした判例（最決昭和45・7・28刑集24巻7号585頁）がある[3]。さらに，最近の判例（最判平成20・3・4裁判集刑293号683頁）は，外国で船に積み込んだ覚せい剤を本邦近海で海上に投下し，これを小型船で回収して陸揚げする

方法で密輸入しようとしたが，悪天候などの理由で投下した覚せい剤を発見・回収できなかった，という事案について，「小型船舶の回収担当者が覚せい剤をその実力的支配の下に置いていないばかりか，その可能性にも乏しく，覚せい剤が陸揚げされる客観的な危険性が発生したとはいえないから，本件各輸入罪の実行の着手があったものとは解されない」と判示している（後掲最決平成 16・3・22 刑集 58 巻 3 号 187 頁も参照）。

実質的客観説では，実行の着手の有無は，行為の態様ではなく，結果発生の危険性によって実質的に判断されるので，同じように車に引きずり込もうとする行為であっても，実行の着手が認められるかどうかは，事案によって異なってくる。例えば，友人 3 名と共に，通行中の女性を自動車に連れ込んで郊外へ連れて行って強姦しようと企て，被告人が A 女を自動車の助手席に連れ込もうとしたが，人が来たので，同女を突き飛ばして逃げ，同女に傷害を負わせた，という事案について，「被告人の暴行では，前記の自動車の狭隘さを考え併せると，抵抗する A を車内に引ずり込むことすら極めて不可能な状況にあったもので，同女が姦淫される具体的危険性はその段階では生じていたものとは認められないので，強姦の実行の着手があったものとは言えない」と判示した判決もある（京都地判昭和 43・11・26 判時 543 号 91 頁[4]）。

3　実質的客観説の残された問題

実質的客観説は，現在，通説・判例の地位を有しているといえるが，なお幾つかの重要な問題が残されている。

---

[3] これらの判例を勉強する際には，窃盗の実行の着手については，事後強盗罪の成否が問題となっており（窃盗の着手前に被害者に発見され，逮捕を免れるために被害者に暴行を加えたのであれば，事後強盗罪は成立しない），強姦の実行の着手については，強姦致傷罪の成否が問題となっている（着手前の行為から傷害の結果が生じたのであれば，強姦致傷罪は成立しない）ことを，理解しておく必要がある。

[4] その他，肯定例として，東京高判昭和 47・12・18 判タ 298 号 441 頁，東京高判昭和 57・9・21 判タ 489 号 130 頁，否定例として，広島高判平成 16・3・23 高刑集 57 巻 1 号 13 頁〔強姦の実行の着手を否定して，わいせつ目的略取未遂罪と傷害罪の成立を認めた〕などがある。これらの裁判例の事案を比較・検討してみると，よい勉強になると思う。

(1) 「行為の危険」か「結果の危険」か

　客観説は，未遂犯を行為の危険を処罰するものと理解する見解であるが，従来の通説は，実行行為と実行の着手時期を同視して[5]，行為者が実行行為を行った時点で未遂犯が成立すると解してきた。その結果，間接正犯の場合についても，行為者（利用者）の行為が終わった時点で未遂犯が成立することになるが，これでは，未遂犯の成立時期がいかにも早すぎ，通常の未遂の成立時期と不均衡である。例えば，毒入りの砂糖を歳暮として小包郵便に付して送付したような，いわゆる離隔犯の場合，この見解からは，郵便に付した時点で殺人未遂が成立することになるが，自分で小包を持参する場合に，相手の家に着いて手渡さなければ未遂犯が成立しないことと比較すると，著しく不均衡である。自分で窃盗に入る場合には，被害者の家に侵入して物色を始めなければ未遂とならないのに，道具として利用する者に窃盗をさせる場合には，窃盗してこいと命じただけで窃盗の未遂になってしまうのも，適当とは思えない。

　そこで，最近では，間接正犯の未遂の成立時期を，被利用者の行為時に求める見解が一般的になってきており，判例も，同様の見解をとっている[6]。例えば，大審院の判例は，毒入り砂糖の郵送事例について，毒薬混入の砂糖は被害者がこれを受領したときに同人またはその家族が食用し得る状態の下に置かれたので毒殺行為の着手があったといえる，と判示しており（大判大正7・11・16刑録24輯1352頁），戦後の下級審裁判例も，行為者が，家族を殺害する意図で，農道に毒入りのジュースを置き，これを拾得して飲んだ被害者を死亡させた事案について，ジュースを置いた時点ではまだ殺人の予備で，これが拾得され飲用される直前に実行の着手がある，と判示している（宇都宮地判昭和40・12・9下刑集7巻12号2189頁）。

　客観説が，未遂犯は行為の危険を処罰している，という場合の「行為」とは，結果を含んだ広い意味での行為であって，これを実行行為と同視する必然性はない。実行行為と実行の着手時期を同視する見解の背後には，行為無

---

5) 本書61頁参照。
6) 判例・学説については，塩見淳「間接正犯・離隔犯における実行の着手時期」川端博ほか編『理論刑法学の探究4』1頁以下（2011年）参照。

価値論(違法二元論)の立場から，未遂犯は実行行為という規範違反行為，すなわち，行為無価値を処罰するものである，という理解がある。これに対して，結果無価値論の立場からは，未遂犯も，単なる行為犯ではなく，既遂結果発生の危険という意味での「結果」(以下では，単に「未遂結果」と呼ぶ)の発生を必要とする，結果犯と解されることになる[7]。

実は，違法二元論からも，未遂犯を行為無価値の処罰と解する見解は，必然的なものではない。未遂犯も犯罪の一種である以上，違法二元論の立場からも，行為の危険という行為無価値の他に，結果としての危険の発生という結果無価値の惹起を必要と解すべきだからである[8]。わが国の刑法のように，未遂犯の刑が既遂犯の刑の任意的減軽にとどまっている場合には，なおさらそう解すべきだと思われる。

未遂犯を未遂結果の発生を必要とする結果犯と解した場合には，実行の着手は，未遂結果の発生時期を指す概念として解釈されることになる。例えば，離隔犯の場合は，発送行為が実行行為であるが，未遂結果が生じるのは到着時であり，その時点で「実行の着手」が認められることになる。

このような解釈が，実行の着手という言葉の解釈として不自然だというのであれば，実行行為＝実行の着手という従来の解釈を維持したまま，未遂結果の発生を「書かれざる構成要件要素」として要求することも考えられる[9]。財産犯の不法領得の意思や詐欺罪の処分行為のように，書かれざる構成要件要素を解釈によって認めることは可能ではあるが，そのような要素をなるべく認めない解釈の方が望ましいことも確かである。実行の着手を時間的概念と解することが，言葉の意味からおよそ認められないとまではいえないように思われる。

---

7) このような立場をわが国で初めて明確に主張して，刑法学にコペルニクス的転換をもたらしたのが，山口厚『危険犯の研究』(1982年)である。
8) 拙稿「コメント」山口厚＝井田良＝佐伯仁志『理論刑法学の最前線』203頁以下(2001年)参照。
9) 曽根・217-218頁，松原芳博「刑法総論の考え方(21)」法セ672号103頁(2010年)参照。危険の発生により遡及的に「実行行為」となるという見解として，山中・713頁以下，齋野彦弥「危険概念の認識論的構造」松尾浩也＝芝原邦爾編『内藤謙先生古稀祝賀 刑事法学の現代的状況』79頁(1994年)，西田・301頁参照。

(2) 結果発生の切迫性

　離隔犯の事例については，結果としての危険を問題にする立場からも，わが国の郵便事情の下では，郵便に付せばほぼ確実に届くのであるから，郵便に付した時点で実行の着手を認めることができる，という見解が主張されている[10]。たしかに，結果発生の蓋然性だけを考えれば，そのような見解にも十分な理由がある。これに対して，郵便物が相手方に到達することを要求する見解は，結果発生の蓋然性だけでなく，切迫性もあわせて要求しているものといえる[11]。自ら毒を持参する場合との均衡も考えて，未遂犯をなるべく限定的に解釈しようとするならば，こちらの見解の方が妥当であろう。未遂結果としての危険には，結果発生の可能性の高さという量的要素と結果発生の切迫性という時間的・場所的要素の両方が含まれていることになる。

　実行の着手の問題において，切迫性を要求することは，不能犯の問題において，危険性を仮定的に判断すること（次に述べるように，筆者は，そのような見解を支持している）と整合しない，という指摘もある。最初からチョコレートに毒が入っていない場合には，チョコレートの小包が配達されても危険性が高まるとはいえない，というのである[12]。鋭い指摘であるが，現実に毒が入っている場合には，危険の切迫性を問題にすることが可能であり，毒が入ったチョコレートが相手方に到達するまで未遂を認めるべきでないと考えるのであれば，それとの均衡上，仮定的危険の場合にも，毒が入っていると仮定されたチョコレートが相手方に到達するまで，未遂を認めるべきでないと解することは，可能だと思われる。

---

10) 平野・Ⅱ 320 頁参照。
11) 松原・前掲注 9) 103 頁参照。山中・702 頁は，被害法益の作用領域における危険の発生を，塩見・前掲注 6) 30 頁は，被害者を含む領域への働きかけを要求する。これに対して，切迫性を法的安定性の観点からの外在的制約と解したうえで，間接正犯の場合は「手放し」の時点とする見解として，佐藤拓磨「間接正犯の実行の着手に関する一考察」法学研究 83 巻 1 号 165 頁以下（2010 年）参照。
12) 和田俊憲「未遂犯」山口厚編著『クローズアップ刑法総論』216 頁以下（2003 年）参照。そこで，和田准教授は，仮定された因果経過において既遂結果が発生し得た時点を，未遂の成立時期とする可能性を示唆した上で，最終的には，確実性の基準を厳格に解することで，切迫性を要求するのと同じ結論に至ることを提案している。和田准教授の論文は，未遂犯に関するきわめてよく考えられた論文であり，刑法の精緻な論文を読んでみたいと思う読者にお薦めする。

切迫性の基準から,「到達」を要求するといっても,どこまでいけば「到達」といえるかについては,不明確な点も残されている。例えば,甲大学では,教員宛の郵便物等は,まず大学の事務部に配達され,事務部の職員が,1日1回,届いた郵便物をまとめて研究室の受付に運んで行き,そこに置かれている教員のメール・ボックスに入れることになっている。甲大学のA教授宛にバレンタインの贈り物として毒入りチョコレートを宅急便で送付した場合,大学の事務部に配達された段階で未遂になるのだろうか,それともA教授のメール・ボックスに入れられたときであろうか。あるいは,A教授宛に「試験で優をくれないと業者から賄賂をもらっていることをばらすぞ」という内容の電子メールを送付した場合,メールがA教授が契約しているプロバイダのホストコンピュータに到着した時点で強要罪の未遂が成立するのであろうか,それともA教授が(あるいはA教授のコンピュータが自動的に)プロバイダのコンピュータにアクセスして,当該メールがA教授のパソコンに送付された時点だろうか。筆者は,特別の事情がない限り,大学に配達された時点,プロバイダのコンピュータに到着した時点で,未遂の成立を認めてよいように思うが,読者の方はどう考えるだろうか。

(3) 行為者の主観の考慮

実質的客観説の危険判断においては,行為者の主観を考慮すべきか,考慮すべきだとするとどこまで考慮すべきか,という点が争われている。学説は,主観的違法要素を認めない立場から,純客観的に判断する見解と,主観的違法要素を認める立場から,行為者の主観を考慮に入れて判断する見解が主張され,後者は,さらに,故意は主観的違法要素であるから考慮に入れてよいが,故意を超えた犯罪計画までは考慮に入れるべきでないとする見解と,犯罪計画まで考慮に入れて判断すべきであるとする見解に分かれてきた。

まず,行為者の主観を考慮しないで純客観的に危険性を判断することはできないであろう。拳銃の引き金に手をかけて銃口を相手の方向に向けている場合に,殺人の危険があるかどうかは,行為者に引き金を引く意図があるかどうかにかかっている。しかし,以前述べたように,このことは,故意が主観的違法要素かどうかとは関係がない。人に向けて拳銃の引き金を引こうと

していれば，その人を熊だと思っていても（つまり殺人の故意がなくとも），人の生命に対する高度の危険が認められるからである[13]。

　行為者の主観を危険判断で考慮することが，故意が主観的違法要素であるかどうかと関係がないのであれば，判断の基礎を故意に限定する理由もなくなるので，行為者の計画も危険性判断において考慮されるべきである。強姦目的で被害者を車に引きずり込む場合であっても，①車の中ですぐに強姦しようと思っている場合，②近くの人のいない場所に連れて行って強姦しようと思っている場合，③別の場所に連れて行って監禁し，翌日強姦しようと思っている場合，それぞれの場合で，被害者が強姦される危険の程度に違いがある。このような危険の違いを未遂犯の成否に反映させようとすれば，行為者の計画の考慮が不可欠である。

　行為者の計画を考慮することについては，未遂結果を客観的危険に求めることと整合しないのではないか，という疑問があるかもしれない。しかし，危険判断において行為者の計画を考慮するということは，人間は行為の計画に従って行動することが多いという経験則に基づいて，将来の客観的な危険を判断しているだけであり，コンピュータがどのような作動をするかを知るために，そのプログラムを調べるのと，基本的には同じである。もちろん，人間は，コンピュータと違って，常に計画通りに行動するわけではないから，そのことを考慮に入れて判断しなければならないが（例えば，今日中に原稿を仕上げようという筆者の行動計画は，まるで当てにならない），そのことから，人間の行動には経験則が当てはまらないというのであれば，人間の行為について危険判断をすること自体が不可能になってしまうであろう。

　近時の最高裁判例（最決平成16・3・22刑集58巻3号187頁）は，被害者にクロロホルムを吸引させて，自動車ごと海中に転落させて死亡させたが，死因が溺水に基づく窒息であるか，クロロホルム摂取に基づく呼吸停止等であるか特定できなかった，という事案について，「実行犯3名の殺害計画は，クロロホルムを吸引させてVを失神させた上，その失神状態を利用して，Vを港まで運び自動車ごと海中に転落させてでき死させるというもので

---

[13] 本書109頁参照。

あって，第1行為は第2行為を確実かつ容易に行うために必要不可欠なものであったといえること，第1行為に成功した場合，それ以降の殺害計画を遂行する上で障害となるような特段の事情が存しなかったと認められることや，第1行為と第2行為との間の時間的場所的近接性などに照らすと，第1行為は第2行為に密接な行為であり，実行犯3名が第1行為を開始した時点で既に殺人に至る客観的な危険性が明らかに認められるから，その時点において殺人罪の実行の着手があったものと解するのが相当である」と判示している。この判例は，既遂結果発生の客観的な危険性を，行為者の犯行計画も考慮に入れて判断すべきこと，結果発生との時間的場所的近接性が重要であることを明らかにした点で，重要な意義を有している。

(4) 構成要件による限定の要否

刑法総論の未遂犯に関する議論は，すべての犯罪に共通する一般的な議論であるから，個別の犯罪の未遂の成立時期は，個々の構成要件の規定の解釈によって決まってくる。そして，強盗罪，恐喝罪，詐欺罪などのように構成要件的に手段が限定されている犯罪においては，暴行・脅迫・欺罔行為等の手段行為に着手しなければ，結果発生の危険があっても，未遂の成立は認められない，と一般に解されている[14]。形式的客観説は，すべての犯罪について，このような構成要件的限定を認める見解だといえよう[15]。

しかし，放火罪については，火をつけるつもりでガソリンをまく行為に実行の着手が認められており（広島地判昭和49・4・3判タ316号289頁など），火をつける行為が未遂の必須条件とされているわけではないので，このような限定解釈がどこまで妥当するのか疑問がないわけではない。

---

[14] 逆に，暴行・脅迫等の手段に着手すれば実行の着手が常に認められるか，という問題もある。仮にこのことを認めたとしても，強姦目的で車に引きずり込む行為が強姦の実行の着手かどうかが問題となっているように，行われた暴行・脅迫が強盗罪・強姦罪の手段としての暴行・脅迫といえるかがなお問題になるので，手段に着手すれば実行の着手が認められる，と言っただけで，問題が解決するわけではない。詐欺罪においても，欺罔行為がなされれば常に詐欺罪の未遂が成立するわけではなく，結果発生の危険性をもった欺罔行為でなければ，詐欺罪の欺罔行為ということはできない。

[15] 塩見淳「実行の着手について(3・完)」法学論叢121巻6号15頁以下（1987年）は，構成要件行為との一体性を，自動性および時間的近接性を基準に判断し，さらに，被害者領域への介入を要求する，「修正された形式的客観説」を提唱している。

1つのあり得る説明として，放火罪の「放火して」という文言は，火災が発生したという中間結果を表していて，手段を限定しているのではない，と解することができるかもしれない。例えば，往来妨害罪の「陸路，水路又は橋を損壊し，又は閉塞して往来の妨害を生じさせた」という規定（124条1項）は，手段を規定しているようにも読めるが，むしろ中間結果を規定している（損壊等の手段が限定されているわけではない）ものと解すべきであろう。したがって，同罪の未遂は，損壊行為が行われて往来の妨害が生じなかった場合だけでなく，（往来の妨害を生じさせるおそれのある）陸路等の損壊の具体的危険が生じた場合（例えば，橋に爆弾を仕掛けた場合）にも，成立すると解すべきであると思われる。同様のことは，往来危険罪（125条1項）についてもいえる。

　しかし，翻って考えてみると，構成要件該当性が充足される切迫した危険が認められれば，手段に着手していなくとも未遂を認めてよいようにも思われる。構成要件の各要素は，すべての要素が備わらなければ既遂にならないという意味で等価値であるから，主体の不能や客体の不能について特別視する必要はない，と解する（後述Ⅲ3）のであれば，手段・方法についても，手段への着手を要求するという形で特別視する必要はない，と考えることができるからである。構成要件に規定された手段が実行されることは，既遂の要件ではあっても未遂の要件ではない，と解することは可能であろう。例えば，強盗殺人の目的で凶器を持って被害者宅の寝室に侵入し，寝ている被害者を殺害しようとする段階に至れば（これを暴行・脅迫と解することは，特に被害者が寝ている場合には，困難であろう），強盗罪の実行の着手を認めてもよいように思われる。とはいえ，実務でせっかく限定的に解されているものを，あえて拡張するように主張する必要もないのかもしれない。

　仮に手段の限定はないと解したとしても，それは，手段の実行が未遂犯成立の必須条件ではないということを意味するだけであり，手段の実行がなければ結果発生の具体的危険が認められないことは多いであろう。例えば，詐欺罪の場合は，単なる財物の領得ではなく，被害者の錯誤に基づく処分行為を通じた財物の領得が必要なので，欺罔行為がなければ，結果発生の具体的危険性は発生しないと解すべきである。しかし，このことは，構成要件によ

る限定ということではなく，手段として被害者を騙す行為が要求されていない窃盗であっても，被害者の錯誤を通じて財物を奪取しようとしている場合には，未遂が成立するためには，被害者を騙す行為がなされる必要があるように思われる。

III 不能犯

1 実行の着手との関係

外形的には実行の着手があるように見えるが，未遂の危険が認められないので，未遂犯が成立しない場合を不能犯という（「犯」といっても不可罰である）。実行の着手と不能犯の問題は，分けて論じられるのが一般であり，学説の名前も異なっているが，結局のところ，両者は，未遂犯が成立するかどうかという一つの同じ問題が別の角度から論じられているにすぎない（したがって，不能犯が認められる場合には，実行の着手の存在が否定される）。

2 具体的危険説の問題

不能犯の判断基準については，結果発生の危険性を，①行為者の認識を基礎に行為者の立場から判断する主観的危険説，②行為者の認識を基礎に一般人の立場から判断する抽象的危険説，③行為時に一般人が認識し得た事実および行為者が特に認識していた事実を基礎に一般人の立場から判断する具体的危険説，④事後的・客観的に判断する客観的危険説が主張されてきた。ここでも，新派から主張された主観説は，現在では実際上の意義を有しておらず，抽象的危険説も，現在ではほとんど支持者がいない。現在，主に主張されているのは，具体的危険説と客観的危険説である[16]。

具体的危険説の問題は，その根拠と実際の適用の両面にある。まず，具体

---

[16] 西田ほか・注釈651頁以下〔和田俊憲〕参照。不能犯については，西田典之＝山口厚編『刑法の争点〔第3版〕』90頁以下（2000年）にもう少し詳しく書いているので，本稿でわかりにくい点があれば，そちらも参照していただけると幸いである。さらに，この問題に関する近時の優れた検討として，佐藤拓磨「不能犯」川端博ほか編『理論刑法学の探究4』33頁以下（2011年）参照。

的危険説の根拠について検討すると，一般人が危険と思うと処罰される根拠としては，2つ考えられる。第1は，行為無価値論からの理由づけであり，刑法の任務を行為規範の妥当性確保に求める立場から，一般人の目から見て危険とされる規範違反行為は，未遂として処罰できる，と解するものである。しかし，すでに述べたように，未遂犯も既遂犯と同様に犯罪である以上，結果無価値論はもちろん，違法二元論の立場からも，行為無価値だけで処罰することはできず，結果無価値を必要と解すべきである[17]。第2は，未遂犯を，一般人に結果発生の不安を与えることを処罰する犯罪として理解することが考えられる。しかし，これでは，すべての未遂犯は，社会の平穏侵害罪として，既遂犯とは全く別個の犯罪になってしまい，妥当ではない。犯罪の発生によって社会の人々が不安を感じ衝撃を受けるのは，犯罪の副次的効果であって犯罪の結果それ自体ではない。

具体的危険説は，その適用においても問題がある。具体的危険説をそのまま適用すると，一般人が迷信を信じていれば，迷信犯も未遂犯として処罰されることになるし，逆に，科学的知識を持たない一般人が危険を認識していなければ，未遂の危険が否定されてしまう。このような結論が妥当でないことは明らかであり，裁判所がそのような結論を認めるとも思われない。そこで，具体的危険説の論者の中には，法則的知識は科学的なものを用いる見解も主張されている[18]。結論はもちろん正当であるが，法則的知識に限って科学的・客観的基準を用い，存在する事実については科学的・客観的基準を用いないのは，やはり妥当でないと思われる。

具体的危険説では，一般人から見た危険をどのように判断するのかも明らかではない。例えば，白い粉が毒なのか砂糖なのかは，事後的・科学的に粉を調べて初めて判ることであって，行為の時点で，一般人が白い粉を見せら

---

[17] 実行行為で事前の危険を問題にすることは，結果が発生しても一般予防の必要の低い行為については処罰をしないという形で限定として働いているのに対して，ここでは，客観的な危険はなくとも一般人から見た危険が認められれば処罰するという処罰を拡張する方向で機能している。井田教授は，「行為無価値のみが認められれば未遂犯としての処罰の最低限の要件は充足されるが，しかし，これは結果無価値が付加されてあわせて（より重い）処罰の理由になる」と主張される（井田良『刑法総論の理論構造』249頁注3, 267頁以下〔2005年〕参照）が，やはり結果としての危険を未遂犯処罰の要件とすべきである。

[18] 井田・前掲注17)274頁以下参照。

れて,その危険性をどのように判断するのかは,不明である。もし行為者が白い粉は毒だと思っていることを基礎として,一般人も,生命侵害の危険があると判断するのであれば,行為者の認識を基礎に一般人が危険を判断する抽象的危険説と変わらないことになる。そこで,具体的危険説の中では,客観的に存在した事情のなかで一般人に認識可能なものだけを考慮する,という見解も主張されているが,客観的に存在したかどうかは,事後にならなければ判らないので,このような限定が,未遂の危険判断を事前判断とする出発点と整合的かは疑問があるし,そのような主張が一貫されているわけでもない。例えば,警察官が着装している拳銃を奪取して引き金を引いたが,警察官が実弾の装填を忘れていて殺害に至らなかった,という空ピストル事例においては,警察官の拳銃には弾が入っていると一般人が思っていれば,それを基礎にして危険性が判断されている。

3 客観的危険説の問題

　客観的危険説の問題は,具体的危険説から客観的危険説に対して常に加えられてきた批判,すなわち,未遂には未遂になった原因が必ず存在しているので,事後的・客観的に判断すると,すべての未遂は不能犯になるのではないか,という問題である。具体的危険説に,すでに述べたような難点が存在しているにもかかわらず,同説が通説とされてきたのは,この点が大きかったように思われる。

　客観的危険説の立場からは,この問題を解決するために様々な見解が示されているが,①結果が発生しなかった原因を解明し,事実がいかなるものであれば結果の発生があり得たかを科学的に明らかにし,②次に,こうした結果惹起をもたらすべき(仮定的)事実が存在しえたかを判断する(仮定的事実の存在可能性),という見解[19]（「修正された客観的危険説」と呼ばれる）が,最も妥当である[20]。この見解の主唱者である山口厚教授は,②の判断は,「客観的にはなしえないのであり,一般人が事後的にそれを『ありえたことだ』と考えるかを基準として判断されることにある（一般人の事後的な危険

---

19) 山口・276頁参照。

感)」とされているが[21]，どの範囲の仮定的事実がどのくらい存在しえたかの判断も，やはり科学的判断であるべきだと思われる。もちろん，客観的な仮定的判断に基づいて，どのくらいの可能性があれば未遂として処罰に値するのかは，規範的な問題であって，客観的に判断できるわけではない。しかし，このことは刑法の解釈一般に言えることであって，この場面においてのみ一般人の感覚を持ち出す必要はないと思われる[22]。

そこで，仮定的事実が存在する可能性がどのくらいあれば未遂として処罰に値するのかであるが，不能犯の問題と実行の着手の問題が，未遂犯として処罰に値する危険が認められるかどうかという同じ問題であることからすれば，実行の着手で必要とされている現実的危険性は，不能犯の問題においても同じように必要とされるべきである。そうすると，絶対にあり得ないわけではない，といった程度の危険ではなく，ある程度高度の現実的な可能性が認められなければならないであろう。

不能犯の各類型のなかで，主体の不能の場合は常に不能犯になると解するのが構成要件欠缺理論[23]であるが，構成要件要素の中で主体だけを特別視する理由はない[24]。客観的危険説の中では，客体の不能を特別視する見解が有力であるが[25]，これもやはり理由がないと思われる。結果無価値論か

---

[20] このような判断過程は，客観的に存在した事実を別の事実と置き換える点で，事実の抽象化と呼ばれることがあるが，事実を類型化・抽象化しているわけではない（そのような抽象化は，むしろ具体的危険説において見られる）。例えば，空ピストル事案においては，警察官の拳銃には一般に弾が入っているという形の抽象化を行うわけではなく，あくまで，当該警察官の拳銃に弾が入っていた可能性を具体的事情のもとで判断しようとするものである。和田・前掲注12)199頁参照。鈴木茂嗣「刑法における危険概念」『光藤景皎先生古稀祝賀論文集(下)』1014頁以下（2001年）は，修正された客観的危険説を，事実の抽象化を認める見解として批判したうえで，具体的事実を踏まえて結果惹起条件具備の具体的可能性を吟味する「具体的可能性説」をとるべきことを主張している。しかし，修正された客観的危険説の主張が，まさに鈴木教授の主張される具体的可能性説であるように思われる。

[21] 山口・276頁。

[22] 佐藤・前掲注16)66頁以下は，「同様の行為が別の機会に行われれば結果が発生するであろうか」という予防の見地から仮定的判断を行うべきだとする。

[23] 大沼邦弘「構成要件の欠缺と可罰未遂の限界(3・完)」成城法学7号92頁以下（1980年），塩見淳「主体の不能について(1)(2・完)」法学論叢130巻2号1頁以下（1991年），6号1頁以下（1992年）参照。

[24] ただし，責任身分については，行為時に客観的に存在していなければならない，という指摘があり（和田・前掲注12)206頁），傾聴に値する。

ら客体の存在が重要だと考えたとしても，未遂犯は結果の発生ではなく，その可能性を処罰の根拠とする以上，行為時に客体が存在することが絶対必要とはいえないからである。

山口教授は，仮定的な危険判断の他に，具体的な被害法益に対する「現実的な」危険の発生を要求するという限定的基準を併用することで客体の不能について未遂犯の成立を否定できるとされるが[26]，客体の不能の場合は仮定的な危険が現実的でなく，方法の不能の場合には現実的であるとする理由は，明らかでないように思われる[27]。

4　判例の立場

判例は，伝統的に，未遂犯か不能犯かを，絶対的不能か相対的不能かで区別しており，現在に至るまでこれを変更する最高裁判例は出ていない。代表的な判例としては，硫黄の粉末を服用させて毒殺しようとして失敗した事案について，硫黄で人を殺害することは「絶対に不能」であるから不能犯とした大審院の判例（大判大正6・9・10刑録23輯999頁），静脈に空気を注射して人を殺害しようとしたが量が少なくて目的を達しなかった事案について，「身体的条件その他の事情の如何によっては死の結果発生の危険が絶対にないとはいえない」として未遂犯の成立を肯定した最高裁判例（最判昭和37・3・23刑集16巻3号305頁）などがある。判例の立場は，事後的・客観的に結果発生の可能性を判断する点で，客観的危険説と評価することができる。

判例の立場に対しては，絶対的不能と相対的不能の明確な区別はできない，という批判が強く，戦後の下級審裁判例では，一般論として具体的危険説を採用するものが増えてきている。しかし，客観的な危険を認定すること

---

25)　山口・前掲注7)168頁，内藤・（下Ⅱ）275頁。浅田・385-386頁，曽根・222-223頁参照。
26)　山口・276頁参照。その他，客体がその場に存在した可能性とこの世に存在した可能性を分けて，この世に存在しなかった場合は「法益の不能」として未遂を論ずる前提に欠けるとする見解として，西田ほか・注釈657-658頁〔和田〕参照。また，松原・前掲注9)108頁は，客体についての仮定的置換は許されないが，「死体殺人事件」では行為の時点を仮定的に置換して危険を判断することも考えられなくはないとする。
27)　西田・311頁参照。いずれにしても，死体に対する殺人未遂を認めることができるのは，直前まで生きていたような場合であって，仮定的に事実を大きく動かすべきではないであろう。

なく，一般人から見た危険だけで未遂犯を肯定した裁判例は存在しないように思われる。例えば，銃撃を受けて倒れている被害者Aにとどめを刺そうと日本刀を突き刺したが直前に死亡していた，という事案について，「Aの生死については専門家の間においても見解が岐れる程医学的にも生死の限界が微妙な案件であるから，単に被告人Xが加害当時被害者の生存を信じていたという丈けでなく，一般人も亦当時その死亡を知り得なかったであろうこと，従って又被告人Xの前記のような加害行為によりAが死亡するであろうとの危険を感ずるであろうことはいづれも極めて当然というべく，……行為の性質上結果発生の危険がないとは云えないから，同被告人の所為は殺人の不能犯と解すべきでなく，その未遂罪を以て論ずるのが相当である」と判示した判決（広島高判昭和36・7・10高刑集14巻5号310頁）も，医学的に生死の限界が微妙であったという事後的に判明した事実と無関係に，一般人の危険感だけで殺人未遂の成立を認めたものではないであろう。都市ガスを部屋に漏出させて一家心中しようとしたが，都市ガスには一酸化炭素が含まれていないので中毒死する危険はなかった，という事案について，未遂犯の成立を認めた判決（岐阜地判昭和62・10・15判タ654号261頁）も，一般人から見た中毒死の危険と科学的な窒息死・爆発死の危険の両方を認定して未遂の成立を認めている。

　実務的にも，必要に応じて科学的鑑定を行って危険の存否を判断することができる客観的危険説が優れていることは，明らかであると思われる。判例の問題点は，事実の抽象化の程度が大きく，結果の発生が絶対にないとはいえない，という程度の極めて低い危険で未遂犯の成立を認める点にある。すでに述べたように未遂犯の成立には，ある程度高度の危険を要求すべきであり，例えば，空気注射事案については，具体的な被告人の健康状態を前提として，死亡の結果が生じるある程度高度の可能性を認定すべきであると思われる。健康状態によっては死の結果が絶対に発生しないとはいえない，という基準を文字どおり当てはめれば，硫黄はもちろん，砂糖水を健康な人に飲ませた場合であっても，殺人未遂が成立しかねないであろう。

Ⅳ 中止犯

1 刑の減免の意味

　刑法43条但書は,「犯罪の実行に着手し」た後,「自己の意思により犯罪を中止したときは,その刑を減軽し,又は免除する」と規定している。中止犯以外の未遂犯（障害未遂と呼ばれている）の法定刑が任意的減軽なのに対して,中止犯の場合は必要的減免となっているのである。学説では,昔から,その根拠をめぐって,様々な議論が行われてきている[28]。

　議論の前提として,未遂は,結果が発生していない点で,既遂より違法性が減少していることは,明らかである。このことを否定できるのは,新派か行為無価値一元論だけである。刑法が未遂犯の法定刑を既遂犯の刑の任意的減軽にしていることも,このことを否定する理由にはならない[29]。未遂であっても,重大な危険が惹起された場合には,減軽した処断刑より重い刑を宣告することが必要な場合が考えられ[30],軽微な場合は,既遂の法定刑の範囲内で通常は適切な量刑を行うことができ,下限を下回る必要があれば,減軽をすることもできるから,必要的減軽ではなく任意的減軽にした,と考えることができるからである。したがって,中止犯がなぜ刑の必要的減免となっているのかを説明する場合には,既遂と比較して議論するのではなく,障害未遂と比較して議論しなければならない。当たり前のことのように思われるかもしれないが,既遂の法定刑からの減軽が問題となっているために,議論の中で,無意識のうちに既遂との比較が行われていることがあるように思われる。

---

28) 学説史について詳しくは,野澤充『中止犯の理論的構造説』(2012年)参照。
29) 現行刑法の未遂規定が旧刑法の必要的減軽から任意的減軽に変わったことについては,当時新派の考えが強かったことや,大津事件（ロシア皇太子の殺人未遂事件）で被告人に死刑を科すことができなかったことの影響が指摘されているが,それが仮に本当であったとしても,立法理由として法案の審議で明確に述べられたものではなく,あくまで背景事情にすぎない。
30) 和田・前掲注12)190頁参照。和田准教授は,「立法論として絶妙」と評する。

2 刑の減免根拠

(1) 政策説の妥当性

　刑の減免の根拠をめぐっては，大きく，実行に着手した行為者に対して犯罪を中止するインセンティブを与えたものと理解する政策説と，犯罪成立要件としての違法・責任に関係させて通常の犯罪論の枠内で説明する法律説が対立している[31]。法律説は，違法減少説，責任減少説，違法・責任減少説に分かれており，さらに，政策説と法律説を結びつける併合説も主張されている。

　刑罰規定は，すべて犯罪の防止という刑事政策目的で規定されているのであるから，その意味では，犯罪論はすべて政策論である。政策説が，中止犯の規定は，結果発生の防止を目的とした規定である，ということだけを言っているのだとすると，何も言っていないのに等しい。そんなばかなことはないのであって，政策説の趣旨は，中止犯の規定は，通常の犯罪論の枠内では説明できない，ということを言おうとしているのである。そして，このような意味での政策説の正しさは，否定しがたいと思われる。実行行為に着手することで未遂犯は成立しており，その行為に対する違法評価や責任評価が，事後的に変更を受けるということは考えられないからである（「過去の事実は過去に確定したのであり，変えようがない[32]」）。

　違法減少説は，故意が主観的違法要素であることを前提として，一度生じた故意を放棄し，自ら結果を防止したことによって，行為の違法性が減少する，と説明しているが，結果の不発生と故意の消滅は，障害未遂の場合も存在し得るのであって，このような意味での違法減少は，既遂の場合と比べた減少にすぎない。また，違法減少説には，中止犯が認められるためには，中止行為が「自己の意思による」ものでなければならない，ということをうまく説明できない，という致命的欠陥がある。

　一方，責任減少説は，自己の意思により中止行為をした場合は，行為者に

---

[31]　ただし，「法律説」の意義について，野澤・前掲注28)176頁以下参照。
[32]　山口・279頁。これに反対する見解として，金澤真理「未遂の理論構造と中止未遂」川端博ほか編『理論刑法学の探究4』96頁以下（2011年）参照。

対する非難可能性の程度が軽くなるので,責任が減少する,と説明する見解であるが,行為責任の原則からは,未遂犯の責任非難の対象は,実行行為のはずであり,その責任評価が,事後的に変化するということは,違法減少と同じようにあり得ないことだと思われる。もちろん,事後の行為(既遂後の行為も含まれる)によって行為者に対する非難が変化することはありうるが,それは,あくまで量刑上の責任にすぎない[33]。

最近の法律説においては,違法・責任減少説が有力になるとともに,その説明も,評価の事後的変更ではなく,未遂行為と中止行為を併せた総合的評価として説明されるようになっている[34]。そのこと自体は,学説の進歩といえるが,このような違法・責任の判断は,すでに通常の犯罪論で用いられている違法・責任の判断とは異なっているというべきであろう[35]。そのような総合的判断は,中止犯の規定があって初めて認められる特別の効果でしかないからである。事後の行為との総合的判断を認めるのであれば,既遂後の行為についても認めてよさそうであるが(例えば,既遂後の盗品の返還や損害賠償),未遂の場合に限って総合的評価を認めるのは,中止犯に関する特別の規定がそう定めているからである。その意味で,政策説の正しさは,否定しがたいと思われる。

---

[33] なお,責任減少説に対しては,「犯罪を中止した」ことが中止犯の要件となっていることを説明できないという批判がなされてきた(筆者も連載でそう書いた)。これに対して,責任減少説からは,既遂の場合にも中止犯の規定を準用する見解も主張されているが,この見解を一貫させると錯誤の場合(例えば,殺意をもって拳銃を1発撃った後,当たらなかったと思って,2発目を撃つのを中止したが,実際には,弾が命中していて,すぐに手当てをしないと死ぬ危険があったような場合)にも準用を認めざるを得なくなり,刑の減免の範囲が広すぎるであろう。むしろ,責任減少説に対するこのような批判には理由がないと考えるべきである。違法・有責でない行為を処罰することはできないが,構成要件に該当する違法・有責な行為に違法減少や責任減少が認められる場合に,通常の法定刑の枠内および酌量減軽によってそれを考慮することにとどめるか,特別の減刑(さらに免除)規定を設けるかは,立法裁量の問題であろう。そうだとすれば,責任減少説を採ったからといって,当然に既遂の場合にも中止犯の規定が準用されることにはならないはずである。過剰防衛に関する本書165-166頁を参照。

[34] 例えば,金澤真理『中止未遂の本質』91頁以下(2006年)参照。

[35] 岡本勝「中止未遂における減免根拠に関する一考察」渥美東洋ほか編『刑事法学の現実と展開――齊藤誠二先生古稀記念』291頁(2003年)は,この点を明確に指摘している。さらに,和田俊憲「中止犯論」刑法42巻3号282頁以下(2003年)参照。

(2) 政策説に対する批判

政策説に対しては，中止犯の規定を知らない者に対しては効果がない，ドイツのように中止犯の効果が不可罰ではないので効果が少ない，という２つの常套的批判がある。しかし，どちらも理由のない批判である[36]。

第１に，犯罪の実行を途中で中止して結果を防止すれば刑が軽くなる，というのは，常識に属することであって，政策説の根拠としてはそれで十分である。中止犯の規定を知っている者は少ないかもしれないが，犯罪防止の効果をあげるために，刑法の規定を知っていることまでは必要ない。刑罰規定の存在を知らない者に対しては犯罪予防の効果がないので，刑罰を適用できない，と主張する者は誰もいないであろう[37]。免除の可能性までは知らないだろう，というかもしれないが，刑の免除はあくまで裁量的なものであって，量刑の問題にすぎない[38]。

政策説に対する批判が理由のないものであることは，身の代金目的略取罪等の解放減軽規定（228条の２）や身の代金目的略取等予備罪の自首減免規定（228条の３）などの根拠としては，政策説がとられていて，規定を知らない者に対しては効果がないから妥当でない，とは言われていないことからも明らかである。身の代金目的拐取罪が未遂にとどまっていれば刑の必要的減軽は政策ではないが，既遂になっていれば政策である，などと言うのは不合理である。

第２に，中止犯の効果が必要的減免にとどまることも，政策説に対する批判とはならない。政策実現のためにどのような効果を用意するかは，犯罪防

---

[36] 城下裕二「中止未遂における必要的減免について」北大法学論集36巻４号207頁以下（1986年）参照。

[37] 処罰に違法性の意識を要求する厳格故意説をとる場合には，中止犯に減軽の認識を要求することもありうるように思われるかもしれない。しかし，厳格故意説が要求するのも違法性の意識までであって，刑罰規定の認識まで要求しているわけではない。違法性の意識の可能性で足りると考える現在の通説（制限故意説や責任説）からは，中止犯においても，減軽の認識可能性が必要だと解する余地はあり，これは，処罰のための要件と，減軽のための要件がパラレルでなければならないか，という問題である。例えば，処罰のためには責任能力が必要であるが，減軽のためには責任能力が必要であろうか。犯罪の実行に着手した後に責任無能力の状態に陥り，犯罪を任意に中止した場合，中止未遂の適用はないと解する余地はある。

[38] 岡本・前掲注35)287頁参照。

止のためにどのような法定刑を規定するかと同様，政策問題である。窃盗の法定刑には死刑がないから犯罪防止の効果がない，とは誰も言わないであろう。このことは，解放減軽規定等について政策説がとられていることからも明らかである。そもそも，ドイツでは，中止犯は不可罰であるが，未遂に含まれる他の犯罪の既遂（例えば，殺人未遂罪の場合は傷害罪）で処罰され得るのであるから，刑の免除の可能性があるわが国の方が，むしろ効果が大きいとさえいえる[39]。

(3) 中止犯の性質

もっとも，政策説が以上のことを主張しているだけであれば，あまり意味のない説と言わざるをえない。刑罰規定はすべて，犯罪防止という政策目的で規定されているが，刑法学は，それを単に政策と言ってすませるのではなく，犯罪成立要件を，違法・責任という概念を使って分析することによって，多くの解釈論上の帰結を導き出してきた。同じことが，中止犯の政策説にも求められるであろう。

政策説の立場からは，中止犯は，結果発生の防止を目的として，実行の着手によって発生した結果発生の危険を自らの中止行為によって消滅させることを奨励し，中止行為を行った者に，刑の減免という褒賞を与える規定と理解される。第1章で述べたように，筆者は，刑罰制度の目的は，犯罪の防止に，個々の処罰の根拠は犯罪行為に対する応報にあると考えている。全く同様に，中止犯の規定も，制度の目的は犯罪（この場合は既遂結果）の防止に，個々の減免の根拠は，犯罪の中止を行い結果が発生しなかったという良き行いに対する応報にあると考えることができる。中止犯の規定は，刑罰規定と同じ目的をもった，反対方向の規定であり，「裏返し（逆向き）の構成要件」である[40]。

---

[39] 旧刑法のもとでは，中止犯は未遂犯ではないと規定されていたので，生じた結果を別途処罰することができるかについて議論があったが，現行刑法のもとでは，中止犯は未遂犯の一種として規定され，その効果も必要的減免なので，生じた結果を別途処罰することができるかについては消極的に解されている。もっとも，検察官が，生じた結果だけを起訴した場合，例えば，殺人未遂の中止犯の事例を，傷害罪で起訴した場合に，殺人の故意があったことを理由に，傷害罪が無罪となるかは疑問の余地もある（もちろん，検察官がそのような訴追を行うとは通常考えられないが）。横領後の横領の問題に関する最大判平成15・4・23刑集57巻4号467頁参照。

中止犯を「裏返し（逆向き）の構成要件」と解することから，客観的には，中止行為，中止結果，両者の間の因果関係が必要であること，主観的には，中止行為の任意性と中止故意が必要であること，を導くことができる。このような中止構成要件の客観面を，法益侵害の危険性に関連するという意味で違法減少と呼ぶことは可能であり，主観面を，行為の主観的評価に関する要素という意味で責任減少ということは可能であるが，そこでいわれている違法・責任は，犯罪を基礎づける通常の意味での違法・責任とは性質を異にしている[41]。

3 犯罪の中止

(1) 中止の要件

中止犯が成立するためには，「犯罪を中止した」ことが必要であり，犯罪の中止が認められるためには，中止行為が行われ，これによって結果発生の危険が消滅したことと，行為者がそのことを認識・予見していたこと（中止故意）が必要である。行為者が，放火した後で，ガソリンと間違えて水をまいたため，火が消えてしまった場合は，客観的には中止行為があり，行為の任意性も認められるが，中止故意がないので，「犯罪を中止した」とはいえない。同様に，行為者が，目的を達成したと誤解して，犯罪の実行を中止した場合，例えば，1発目の弾丸が命中して被害者が死亡したと錯誤に陥り，2発目を撃つのを中止したような場合も，中止故意がないので，「犯罪を中止した」とはいえない。

(2) 実行行為の終了と中止行為

以前は，未遂を実行行為が終了していない着手未遂と実行行為が終了した終了未遂（実行未遂）に区別して，着手未遂であれば，以後の行為を止めれ

---

40) 平野龍一『犯罪論の諸問題(上)』266頁以下（1981年），山口厚『問題探究刑法総論』224頁（1998年），塩見淳「中止行為の構造」『中山研一先生古稀祝賀論文集(3)』247頁以下（1997年），井田・前掲注17)280頁など参照。

41) このような政策説は，「従来の用語法に従えば，違法・責任減少説と表現することが可能である」。山口・280頁。なお，松原芳博「刑法総論の考え方(22)」法セ673号102頁（2011年）は，実行行為と中止行為を総合して全体としての未遂犯の違法と責任が減少するとする。また，西田・316頁は，中止犯を量刑事情の法定化と解している（法定量刑事由説）。

ば中止行為が認められるが，終了未遂であれば，結果発生を阻止するための積極的作為を必要とする，と解されていた。そして，実行行為の終了時期の判断方法に関して，主観説，客観説，折衷説が対立していた。しかし，積極的作為を義務づけるかどうかは，その必要があるかどうかによって決めるべきであり，その判断は，実行行為の終了の有無とは直結していない。そこで，最近では，着手未遂か終了未遂かにかかわらず，因果関係の進行だけで結果発生の可能な状態が生じている場合には，結果発生を阻止するための積極的措置を講じなければ中止行為があるとはいえない，と解する見解が一般的になっている[42]。

　下級審の裁判例には，殺人の故意で被害者を牛刀で一撃して右腕に傷害を負わせたが，れんびんの情から，それ以上の攻撃を止めて病院に連れて行った，という事案について，二撃，三撃と追撃に及ぶ意図があったから着手未遂にあたる，として中止犯の成立を認めた判決（東京高判昭和62・7・16判時1247号140頁）があるが，一撃で死の危険のある重傷を負わせていた場合に，着手未遂として，それ以上の追撃をやめただけで，中止犯が成立することはないであろう。また，殺人の故意で被害者を1回刺突した後，病院に連れて行った，という事案について，何回も突き刺そうという予謀はなかったので1回で刺突行為は終了していることと，1回の刺突行為それ自体で殺害の結果を発生させる可能性があったことの，両方を判示して実行未遂とした判決（大阪高判昭和44・10・17判タ244号290頁）もあるが，行為者に何回も突き刺そうという予謀があったからといって，着手未遂として積極的作為が必要なくなるということはないであろう。積極的作為を義務づける必要がある場合を実行未遂と呼ぶのであれば，端的に積極的作為を義務づけるべき場合かどうかを論じれば足りるはずである。

　もっとも，実行行為が終了した後は，実行行為の中止ということはありえないから，不作為形態での中止行為については，着手未遂か終了未遂かの区別がなお意味を持っている。例えば，拳銃に6発の弾が入っていても，最初から1発しか撃つつもりがなかったのであれば，1発撃った時点で実行行為

---

[42]　因果関係遮断説と呼ばれている。浅田・356頁，井田・428-429頁，曽根・229頁，西田・317頁，西田ほか・注釈672頁〔和田〕，山口・281-282頁など参照。

は終了しており，それ以上撃たなかったことを中止行為ということはできない。したがって，着手未遂と終了未遂の区別の基準については，行為者の計画を基準とする主観説が妥当であろう。

　この点，目的を達成することができないことが判明したので中止した場合，例えば，殺人の実行に着手した後で人違いであることが判明したため行為を中止した場合や，高価なダイヤの指輪を盗もうとしたらイミテーションであることが判ったので窃取を中止した場合などについて，中止行為を認めることができるかどうかが問題となる。実行の着手の判断において行為者の犯罪計画を考慮に入れて結果発生の危険を判断したように，ここでも行為者の具体的な計画を考慮に入れて判断すれば，目的が達成できないことが判明した時点で危険はすでに消滅しているので，中止行為はないというべきであろう[43]。このような見解に対しては，危険をあまりに個別化・主観化するものであって妥当でなく，行為者の主観は，任意性の問題として扱うべきである，という批判もある[44]。中止行為を肯定したうえで，任意性を否定するのであれば，実際上の違いはないが，任意性を否定することが困難だとすれば，中止行為で判断すべきである。

　(3)　積極的作為の要件

　裁判でしばしば問題となっているのは，積極的作為が必要な場合に，行為者がどこまでの行為を行う必要があるか，という問題である。医師でない行為者が治療を行うことはできないから，行為者がすべて自分で行うことを要求することができないのは明らかであり，結果発生の危険を消滅させるのに必要な行為をしていれば，それで十分である。

　裁判例や学説では，「真摯な努力」を要求する見解が有力である[45]。この見解は，主に責任減少説から主張されており，政策説の立場からは，過度の要求である。真摯な努力をした場合の方が，そうでない場合より責任が減少しているとはいえるだろうが，それは，減軽された処断刑の範囲でどのよう

---

[43]　井田・428-429頁，西田ほか・注釈674頁〔和田〕。
[44]　塩見・前掲注40) 255頁参照。
[45]　大判昭和12・6・25刑集16巻998頁，東京地判昭和37・3・17下刑集4巻3＝4号224頁，団藤・365頁，大塚・261頁，前田・176頁など。なお，井田・426頁参照。

な刑を選択するか，刑の免除まで与えるか，という量刑判断において考慮されるべき問題であって，中止犯の要件とすべきではない[46]。

　裁判例のなかには，さらに，犯人が自分であることを打ち明けなかったことや治療費を負担すると約束しなかったことを理由に，「万全の行動を採ったものとはいいがたく，……未だ以て結果発生防止のため被告人が真摯な努力をしたものと認めるに足りない」と判示したものまであるが（前掲大阪高判昭和44・10・17），ここまでくると，明らかに過度の要求であろう。解放減軽の規定について，被拐取者を安全な場所に解放さえすれば，それ以上の要求はなされていない（自分が犯人であることを告げなければならないとか，家まで帰る旅費を与えなければならないとかいうことはない）ことと比較しても，病院に運んで行って治療を受けさせればそれで十分だというべきである。中止犯は，自首制度ではない。

　なお，表の構成要件で共同正犯が認められているように，裏の構成要件の中止行為についても，共同中止行為が認められるべきである。共犯者が共同して中止行為を実行した場合には，1人の行為だけを取り出してみると十分な行為とはいえなくとも，全体として中止行為として十分な行為がなされていれば，中止行為を認めることができる。さらに，共謀共同正犯に対応して，共謀共同中止行為も認めるべきであり，例えば，暴力団の組長Xが部下Yに指示をして殺人の実行に着手させた後で，XがYに指示をして中止行為を行わせた場合には，実際に中止行為を行ったYだけでなく，指示をしたXにも中止犯の成立を認めるべきである。中止犯の効果が一身専属的なのは（大判大正2・11・18刑録19輯1212頁），中止行為に関与しなかった共犯者に中止犯の効果が及ばないというだけのことであって，中止行為を共同して行った共犯者に，一部実行全部「責任」の原則が適用されて，中止犯の効果が及ぶのは，表の構成要件と同じである。

　共犯論の先取りになるが，中止犯の一身専属性が出てきたので，この点と関連した違法減少説に対する批判に，ここで触れておきたい。違法減少説に対しては，正犯の違法減少は共犯者に連帯的に働くので，中止犯の一身専属

---

[46] 浅田・397頁，大谷・389頁，曽根・225頁，高橋・385頁，山口・285頁など参照。

的効果に反する，という批判がなされてきた。この批判は，多くの教科書に載っているおなじみのものであるが，根拠のないものである。違法の連帯性の根拠は因果的共犯論にあり，違法が連帯的に働くのは，各共犯者の行為と発生した違法（法益侵害またはその危険）の間に因果性が認められる限りにおいてである。中止行為に関与していない共犯者は，中止行為による「違法減少」となんら因果性を有していないのであるから，その者に中止犯の効果が及ばないのは当然のことである。もちろん，未遂にとどまったこと自体の効果は他の共犯者にも及ぶが（中止行為に関与しなかった共犯者が既遂犯として処罰されるわけではない），それは，既遂と比べた場合の違法減少であって，障害未遂と比べた場合の違法減少ではない[47]。

 (4) **因果関係の必要性**

中止行為と結果不発生との間の因果関係が必要かどうか，という問題は，中止犯の成否をめぐる最も争われている問題の1つである。中止行為の因果関係が問題になる場合には，①結果発生の「危険」が生じていて，中止行為がなされたが，中止行為と関係なく結果が阻止された場合と，②結果発生の「危険」が存在しない（しかし，仮定的判断によって未遂犯の成立が認められる）状態で，（それを知らない行為者によって）中止行為がなされた場合とがある。前者は，例えば，行為者が救急車を呼ぶために電話をかけに行った間に，第三者が被害者を病院に連れて行ったような場合であり，この場合には，中止犯を認めることはできないであろう（このような場合は，そもそも中止行為がないということもできる）。後者は，例えば，殺人の意図で被害者に毒を飲ませた後で，翻意して病院に連れて行って治療を受けさせたが，致死量に達していなかったのでそのまま放置しても死ぬことはなかった，という場合である。

後者の場合についても，政策説や違法の減少を要求する立場から，中止犯の適用はないと解する見解が主張されている[48]。確かに，政策説から，結果の防止が中止犯の目的だと解すると，そのような見解に至るであろう。し

---

47) 野澤・前掲注28）381頁以下は，この問題は共犯の連帯性の問題ではなく，従属性の問題であるから，正犯の違法減少が共犯にも影響せざるを得ないとする。しかし，そのような従属性をア・プリオリに認めるべきかがまさに問題である。

かし，中止犯の規定にとって，結果の防止は終局的な目的であって，直接の目的は，実行の着手によって発生した結果発生の危険を消滅させることにある，と解すべきである。事前に結果の防止措置が必要かどうかは，行為者の立場からはわからないのであるから，結果の防止を万全なものとするためには，とりあえず結果の防止措置を義務づけることが合理的であり，そのためには，結果不発生との間の因果関係の有無を問わず，中止行為に対する褒賞を与えることが望ましい。結果の発生が不能であるにもかかわらず未遂犯の成立が認められている場合とは，仮定的判断によって未遂の危険が認められている場合であるから，そのような仮定的判断において認められた危険を中止行為によって消滅させれば，すなわち，危険が現実のものであったと想定して，それを消滅させる行為を行えば，中止犯の成立が認められるべきである。例えば，致死量の毒が入っていた場合に，病院に運んで治療を受けさせることで，中止犯が認められるのであれば，致死量の毒が入っていた可能性を根拠に危険が肯定される場合にも，そのような可能性に基づいて認められた危険は，病院に運んで治療を受けさせることで消滅すると考えて，中止犯の成立を認めるべきである。

以上をまとめると，中止行為と（仮定的なものを含めた）未遂の危険性の消滅という意味での中止結果との間に因果関係があれば，既遂結果の不発生との間に因果関係がなくとも中止犯を認めることができる。

4 中止行為の任意性

(1) 任意性をめぐる学説

中止犯が成立するためには，犯罪の中止が，「自己の意思による」ものでなければならない。学説は，これを任意性の要件と呼んで，その判断基準について，様々な説が主張されている。従来から主張されてきた説としては，行為者の主観において「できるのに止めたのか，できないから止めたのか」

---

48) 藤木・264頁，山口・283-284頁，西田ほか・注釈680頁以下〔和田〕など参照。これに対して，前者についても後者についても中止犯規定の適用を認める見解として，井田・425-426頁，大塚・262頁以下，曽根・230頁，西田・320頁，前田・176頁，山中・765頁以下など参照。責任減少説ないし法定量刑事由説からは一貫しているといえる。西田・320頁参照。また，大谷・390-391頁は，結果発生が可能な場合との均衡上，中止犯規定の準用を認める。

を基準とする主観説，行為者の認識した事情が経験則上一般に犯行の障害となるようなものか否かを基準とする客観説，「広義の悔悟」による場合に任意性を肯定する限定主観説などがあり，最近では，合理的な価値から逸脱する不合理な決断による場合に任意性を肯定する不合理決断説[49]，中止行為を強制されたような場合以外はすべて任意性を認める説[50]なども主張されている[51]。

　まず，「自己の意思による」かどうかの判断は，行為者（＝「自己」）を基準とするものであるから，基本的に主観説が妥当であり，客観説は妥当でない。蜘蛛が死ぬほどきらいな窃盗犯人が，金庫の上に蜘蛛がいたので金庫を開けられなかった，という場合に，客観説から，蜘蛛は一般に犯行の障害となるようなものでないとして，任意性を認めるのは，明らかにおかしい。

　もっとも，行為者の主観を基準として，「できるのに止めた」場合であっても，警察官に逮捕されることを恐れて犯行を中止したような場合については[52]，中止犯を認めるべきではないであろう。中止犯は，刑罰による犯罪防止が失敗した場合に，刑の減免という褒賞で結果の発生を防止しようとするものであり，逮捕を恐れて止めたのであれば，刑罰による犯罪防止がまさに機能したのであるから，中止犯を適用する必要がないからである。

　強制されたような場合以外は任意性を認める見解が，拳銃で相手を殺害しようと狙いをつけたところに，警察官がやって来たので，逮捕を免れるために犯行を中止して逃げた，という場合であっても，拳銃の引き金を引いて相手を殺害する時間はあるから，任意性を認める，というのであれば，妥当でないと思われる[53]。

　一方，限定主観説は，責任減少説からの主張であるが，条文上の根拠に乏しいし，刑の減軽の要件として厳格にすぎる。現行刑法の成立過程におい

---

49)　山中・772頁以下参照。批判として，山口・前掲注40)232頁，西田ほか・注釈689-690頁〔和田〕参照。
50)　高橋・388頁，山口・287頁参照。
51)　学説については，西田ほか・注釈684頁以下〔和田〕参照。
52)　やろうと思っても警察官に阻止されてできないと思った場合は，任意性が当然否定されるのであって，ここで問題にしているのは，逮捕されてもいいからやろうと思えばやれた場合である。
53)　林・367頁注36参照。

て，政府委員であった平沼騏一郎は，中止犯の効果を刑の必要的免除にすべきではないか，との衆議院での質問に対して，「真ニ悔悟ヲシテ中止シタト云フヤウナ場合ハ，其刑ヲ全ク免除スルコトカ出来ルノテアル，サリナカラ中止犯ニハイロイロアリマシテ，必シモ悔悟致シタ者ハカリテナイ，或ハ恐レテ止メル者モアル，或ハ利益ノ観念カラ中止スル者モアル。是等ノ者マテ免除ノ恩典ヲ與ヘル必要ハナイ」と答えている54)。現行刑法の立案担当者は，悔悟がない場合にも中止犯による刑の減軽が与えられることを当然の前提としていたのであり，このような立案担当者の議会における答弁は，可能な限り尊重されるべきである。そもそも，責任減少説から，限定主観説が必然であるかについても疑問の余地がある55)。犯罪構成要件に故意を超えた「悪しき意思」が必要でないのと同様に，中止犯という裏返しの構成要件にも，悔悟といった「良き意思」は必要ないと解すべきである。

  (2) 判例の立場

 判例は，広義の悔悟を要求する限定主観説に立っているといわれることもある。しかし，広義の悔悟に言及している判例は，中止犯を肯定する判例である。中止が悔悟に基づいていれば，任意性を容易に肯定できるから，中止犯を肯定する判例が悔悟を強調することは，その意味で理解することもできる。判例が広義の悔悟を中止犯の必要条件と解しているかは，明確でないと思われる56)。

 裁判例の任意性の判断を評価することが難しいのは，実体法上の要件の問題と立証の問題が混在している点にある。判例には，犯罪の発覚を恐れて放火を中止した事案について，「犯罪ノ発覚ヲ恐ルルコトハ経験上一般ニ犯罪ノ遂行ヲ妨クルノ事情タリ得ヘキモノナルヲ以テ右被告人ノ所為ハ障害未遂」であるとした判例（大判昭和12・9・21刑集16巻1303頁），殺害行為に着手した後，被害者の流血に驚愕恐怖し，その後の殺害行為を継続することができなかった事案について，「被告人において更に殺害行為を継続するの

---

54) 倉富勇三郎ほか編＝松尾浩也増補解題『増補刑法沿革総覧』1783頁（1990年）参照。現行刑法の中止犯規定の立法史については，野澤・前掲注28)58頁以下が詳しい。
55) 内藤・(下Ⅱ) 1312頁参照。
56) 伊藤ほか・274-275頁〔安田拓人〕参照。

がむしろ一般の通例であるというわけにはいかない。……被告人が犯行完成の意力を抑圧せしめられて本件犯行を中止した場合は，犯罪の完成を妨害するに足る性質の障がいに基くものと認むべきであって，刑法43条但書にいわゆる自己の意思により犯行を止める場合に当らない」とした判例（最決昭和32・9・10刑集11巻9号2202頁）など，客観説のように見えるものがある。下級審裁判例にも，強姦の被害者が鳥肌たっているのを見て欲情が減退して行為を中止したという事案について，「右の如き事情は，一般の経験上，この種の行為においては，行為者の意思決定に相当強度の支配力を及ぼすべき外部的事情が存したものというべく，そのため被告人は性欲が減退して姦淫行為に出ることを止めたというのであるから，……任意性を欠く」と判示した判決（東京高判昭和39・8・5高刑集17巻6号557頁）や，強姦に着手した後，被害者に哀願されてこれを中止した事案について，「一旦犯罪の実行に着手した犯人が，犯罪遂行の実質的障害となる事情に遭遇したわけではなく，通常であればこれを継続して所期の目的を達したであろうと考えられる場合において，犯人が，被害者の態度に触発されたとはいえ，自己の意思で犯罪の遂行を中止したときは，障害未遂ではなく中止未遂が成立すると解するのが相当」と判示した判決（浦和地判平成4・2・27判タ795号263頁）がある[57]。しかし，行為者の認識した事情が一般の経験上犯行の障害となるものでなかったとしても，行為者にとって現に障害となっていたことが明らかであれば，判例が客観説の立場から任意性を肯定するとは思われない。そうだとすると，判例は，行為者の主観的な任意性を認定するための経験則（一般人にとって障害となる事情であれば，特別の事情がない限り，行為者にとっても障害となる事情であったと認定できるということ）を述べているものと理解することも可能だと思われる。

　あるいは，判例は，主観説を基本としながら，政策説の立場から，一般人なら中止する場合はあえて褒賞を与える必要が少ないので，一般人であれば中止しないような場合に限って中止犯を認めれば足りると考えている，とい

---

[57] この判決は，続けて，「中止の際の犯人の主観が，憐憫の情にあったか犯行の発覚を怖れた点にあったかによって，中止未遂の成否が左右されるという見解は，当裁判所の採らないところである」と判示している点でも注目される。

う理解もありうるかもしれない（限定主観説はすでに使われているので，修正主観説とでも呼ぶべきか）。しかし，条文上は「自己の意思により」としか規定されていないのであるから，上のような限定は，やはり妥当でないであろう。一般人には必要がなくとも，当該行為者にとって必要であれば，中止犯の褒賞を与えるべきである。

なお，強姦しようとしたが被害者の出血を見て姦淫しなかった場合，性器が勃起しなくなったために姦淫できなかったのであれば，中止行為はあるが任意性がない，というよりも，そもそも中止行為がないというべきであろう。

5　中止犯規定の実務的意義

中止犯に関する記述を延々と読んでこられた読者を，最後にがっかりさせるようなことを言って申しわけないが，中止犯の問題は，理論的に興味深く，好んで議論されている割には，実務的にはそれほど重要でないように見える。わが国の刑法は，法定刑の幅が極めて広く，しかも，懲役3年まで執行猶予をつけることができるので，減軽を行わなくとも適切な量刑ができる場合が多いし，減軽が必要な場合でも，刑法43条本文による減軽を行えば足りるからである。さらに，検察官には起訴猶予の権限が認められているので，刑の免除が適当であるような事件が起訴されることは極めて稀だと考えられる。窃盗の中止犯を認めた裁判例を見ないのは，以上のような事情のためであろう。

裁判例では，障害未遂の場合に刑法43条本文による減軽をする例も稀ではなく，中止未遂を否定した上で，未遂減軽を行っているものも見られる。例えば，大阪地判昭和59年6月21日（判タ537号256頁）は，被告人が同棲相手の被害者を未必の殺意をもってナイフで1回突き刺した後，被害者が自らナイフを抜き取り，被告人に対して救急車を呼ぶよう指示し，被告人は被害者から指示されまた同人が出血しているのを見て大変なことをしたとの気持ちも伴って，直ちに公衆電話から119番したが通じなかったため，110番して自らの犯罪を申告するとともに救急車の手配を要求し，被害者は救急車で運ばれ医師の手当てが功を奏したため，入院加療19日間を要する傷害

を負ったにとどまった、という事案について、「被告人の行動は、結局のところ、被害者の指示のもとで被害者自身が救急車の手配をするのを手助けしたものと大差なく、もとより結果の発生は医師の行為により防止されており、したがってこの程度の被告人の行為をもってしては、未だ被告人自身が防止にあたったと同視すべき程度の努力が払われたものと認めることができず、本件が中止未遂であるということはできない」と判示して、中止犯の成立を否定した上で、刑法43条本文による減軽を行い、懲役2年執行猶予3年の刑を言い渡している。本件は中止犯を認めてよかった事案であると思われるが、量刑は、中止犯を認めた場合とあまり変わらないのかもしれない（量刑について確かなことはいえないが、殺人の故意で加療19日を要する傷害を負わせている以上、刑の免除が認められる事案ではおそらくないであろう）。

第20章

共犯論 (1)

I　はじめに

　共犯論の中核は，共犯行為に法益侵害・危険の（共同または間接）惹起が認められるかどうかという共犯の因果性の問題と，因果性の存在を前提とした上で，共犯構成要件の枠による限定をどこまで認めるかという共犯の限定性の問題である。共同正犯の成立要件の問題も，共同正犯の成立にはどのような因果性が必要かという問題と，因果性の存在を前提とした上で，どのような基準で共同正犯と狭義の共犯を区別するかという問題に分けることができる[1]。本章では，共犯の因果性の問題を中心にして，関連する問題を扱うことにしたい。

II　共犯の因果性

1　因果共犯論

(1)　心理的・物理的因果性

　刑法は，法益侵害またはその危険の惹起を処罰するものであるから，共犯も，単独正犯と同様に，法益侵害またはその危険（以下では単に「結果」という）の惹起を処罰するものである。共犯と単独正犯との違いは，単独正犯が結果の単独惹起であるのに対して，共犯が結果の共同惹起（共同正犯の場合）または間接惹起（教唆・幇助の場合）である点に存する[2]。このような共犯

---

[1]　亀井源太郎『正犯と共犯を区別するということ』14頁以下（2005年）は，広義の共犯成立の限界を「外側の限界」，共同正犯成立の限界を「内側の限界」と呼んで区別している。

の理解は，一般に，因果共犯論と呼ばれている（惹起説とも呼ばれる）。この因果共犯論が，すべての共犯論の出発点である[3]。

　結果を惹起したという共犯の因果関係には，心理的因果関係と物理的因果関係がある。教唆犯においては，正犯に犯意を生じさせて犯罪を実行させ結果を惹起した，という心理的因果関係が問題となり，幇助犯においては，正犯の犯意を心理的に維持・強化して犯罪の実行と結果の発生を容易にした，という心理的因果関係と，犯罪の実行に必要な道具の提供等によって正犯の犯罪の実行と結果の発生を物理的に容易にした，という物理的因果関係の，双方が問題となる[4]。共同正犯においては，一般に，共同実行の事実と共同実行の意思の連絡が要件とされているが（詳しくは後で検討する），共同実行の意思の連絡は犯意を相互に拘束し強化するという心理的因果関係を，共同実行の事実は物理的因果関係（および，その認識を通じた，心理的因果関係）を，基礎づけるものである。例えば，XとYが，Aの殺害を共謀し，XがAを押さえつけて逃げられないようにしている間にYがAを刺し殺した，という場合には，犯行を共謀することで，相互に犯意を拘束して強化しあった，という心理的因果関係と，結果の実現に必要な行為を相互に分担して結果を実現した，という物理的因果関係を認めることができる。

2）　共犯の処罰根拠論については，平野・II 343頁以下，松宮・317頁以下，大越義久『共犯の処罰根拠』（1981年），高橋則夫『共犯体系と共犯理論』（1988年），町野朔「惹起説の整備・点検」松尾浩也＝芝原邦爾編『内藤謙先生古稀祝賀 刑事法学の現代的状況』113頁以下（1994年），十河太朗「共犯の処罰根拠論の現状と課題(1)(2・完)」愛媛法学会雑誌29巻4号67頁以下，30巻1＝2号101頁以下（2003年），葛原力三「共犯の処罰根拠と処罰の限界（上）（下）」法教281号63頁以下，282号68頁以下（2004年），照沼亮介『体系的共犯論と刑事不法論』157頁以下（2005年）など参照。

3）　共犯の処罰根拠に関する説としては，他に，正犯を堕落させ罪に陥れたことに求める責任共犯論，正犯に違法な行為を行わせたことに求める違法共犯論がある。また，惹起説は，さらに，共犯の違法性は正犯の違法性と完全に独立するとする純粋惹起説，共犯の違法性は正犯の違法性に従属するとする修正惹起説，共犯の違法性は共犯独自の違法性と正犯行為の違法性の双方に基づくとする混合惹起説に分けられている。前掲注2）文献参照。これらの説については，議論の錯綜を避けるために，本書では，必要に応じて注で触れるにとどめる。

4）　犯罪の遂行に必要な情報（例えば，被害者宅への侵入経路，財産の隠し場所，ドアや金庫の暗証番号など）を正犯に提供する行為は，心理的幇助に分類されるが，因果性の点では，物理的幇助と全く変わりがない。例えば，ドアの合鍵を提供する行為と，暗証番号を教える行為との間に，実質的な違いはない。

(2) 幇助の因果性

　共犯の因果関係のうちで，幇助の因果関係については，単独正犯と異なり，結果との間の条件関係（結果回避可能性）は不要であり，正犯の実行と結果の発生を容易にした，という意味での促進的因果関係があれば足りる，と一般に解されている[5]。

　まず，因果関係を判断する以前の，幇助行為の要件として，当該行為が，正犯者の実行行為を容易にし，結果発生の危険を増加させるものでなければならない。例えば，正犯者が金庫を開けるのに使おうと用意していた電気ドリルを手動ドリルと交換する行為は，幇助行為とはいえない[6]。次に，このような幇助行為と結果発生の間に因果関係が認められるためには，幇助行為によって現実に正犯の実行が容易になり，結果の発生が促進されたことが必要である。学説では，幇助犯を危険犯と解して，結果との因果関係を不要とする見解も主張されたことがあるが，共犯と正犯の処罰根拠を同じに解する立場からは，受け入れることができないであろう。

　例えば，ドアの鍵が開いていたので正犯者が提供された合鍵を使わないで侵入窃盗を行った場合や，正犯者が提供された拳銃を使わないで被害者を絞殺した場合などでは，幇助行為は，既遂結果はもちろん，未遂結果との間でも物理的因果関係を有していない。そこで，幇助犯の成立を認めるためには，心理的因果関係を問題にする必要がある。合鍵や拳銃の提供を受けたので正犯者は犯罪の実行を決意した（提供がなければ犯行を決意しなかった），といえる場合には，問題なく心理的因果関係を認めることができるが[7]，それ以外の場合には，犯意の維持・強化という意味での心理的因果性が問題に

---

[5] 大越・前掲注2)159頁以下，西田典之「幇助の因果関係」法セ322号22頁以下（1981年）など参照。

[6] 小林憲太郎『因果関係と客観的帰属』44頁以下（2003年）は，共犯が成立するためには，正犯行為の段階で，犯行促進的な状況が生じたことが「中間結果」として必要である，と説明している。

[7] この場合の因果性は教唆のそれと同等であり，幇助より教唆を認めるべきなのかもしれない。教唆には，犯罪の実行を全く考えていなかった者に犯意を生じさせる場合の他に，犯罪の実行を考えてはいたが決意していなかった者に犯行を決意させる場合も含まれると考えられるからである。もっとも，教唆という概念が，言葉による唆しに限定されるのであれば，教唆には含まれないことになる。疑問をとどめたい。

なる。このような心理的幇助を否定する見解もあるが[8]，犯行を決意している正犯者にさらなる動機付けを与え，あるいは，犯行に出ることへのためらいを除去することによって，決意を強化し，その決意に基づいて正犯者が犯行を行った場合には，幇助犯の成立を認めるべきである[9]。

　下級審裁判例においては，正犯者Xから地下室においてAを殺害する計画を打ち明けられたYが，銃声が聞こえないように地下室の窓等に目張りをしたが，Xは計画を変更して，走行中の自動車のなかでAを射殺した，という事例について，「一連の計画に基づく被害者の生命等の侵害を現実化する危険性を高めたものと評価できる」として従犯の成立を認めた判決（東京地判平成元・3・27判時1310号39頁）があるが，一般的な危険増加を理由に幇助犯を認めたのであれば，妥当でない。その控訴審判決（東京高判平成2・2・21判タ733号232頁）は，Yの目張り行為が現実の強盗殺人の実行に全く役に立たなかったにもかかわらず，なおXの実行行為を幇助したといい得るためには，「Xを精神的に力づけ，その強盗殺人の意図を維持ないし強化することに役立ったことを要する」とした上で，本件では，XがYの行為を認識していたことの証明もないので，幇助を認めることができない，と判示している（ただし，判決は，Yが車に乗ってXの車の後をついて行った点に幇助を認めた）。

2　共犯の従属性

　共犯の成立が正犯の成立に従属するか，という共犯の従属性の問題は，昔は，新派は共犯独立性説，旧派は共犯従属性説，と図式的に説明されていた。しかし，共犯の従属性の問題には，①共犯の未遂犯が成立するためには，正犯が実行に着手したことを要するか，という「実行従属性」の問題，②共犯が成立するためには，正犯の行為がどのような犯罪成立要素を具備することが必要か，という「要素従属性」の問題，③共犯は正犯と同じ罪名で

---

[8]　例えば，浅田教授は，拳銃を貸与された正犯者が，絞殺に失敗しても最終的には射殺できると思い，安心して絞殺に及んだという状態が認められても，それだけでは心理的因果関係を認めることはできない，とされる。中山研一ほか『レヴィジオン刑法1』115頁〔浅田和茂〕（1997年）参照。

[9]　島田聡一郎『正犯・共犯論の基礎理論』369頁（2002年）参照。

あるべきか,という「罪名従属性」の問題などが含まれており[10],それぞれの問題ごとに,共犯の因果性と限定性の両面から検討がなされなければならない。

(1) 実行従属性

未遂犯論で述べたように,未遂犯は,結果発生の危険を発生させたことを処罰する結果犯である。因果共犯論からは,共犯の未遂も,正犯の未遂と同様に,結果発生の現実的危険が生じた時点で成立する。教唆犯・幇助犯においては,正犯が実行に着手しなければこのような危険は発生しないのであるから,教唆や幇助の未遂は,正犯の実行の着手に従属することになる[11]。例えば,XがYにAの殺害を教唆した場合に,Aの生命に対する現実的危険が発生するのは,教唆行為の時点ではなく,Yが実際に殺人の実行に着手した時点である。離隔犯の場合,例えば,教唆されたYがAに毒入りのウィスキーを郵送した場合に,小包がA宅に到着した時点で未遂犯が成立するのは,正犯であるYについても共犯であるXについても同じである。

このように,共犯の未遂の成立は正犯の未遂の成立に従属しているが,それは,共犯の処罰根拠論と未遂犯の処罰根拠論から導き出された結果にすぎない。共同正犯においても,未遂犯の成立には,共犯者のうちの少なくとも1人が実行に着手することが必要である。例えば,3人で住居侵入窃盗を共謀して,Xが住居の外で見張りに立ち,YとZが被害者宅に侵入した場合,YかZのどちらかが先に物色行為を行った時点で全員に窃盗の未遂犯が成立する。

(2) 要素従属性

要素従属性をめぐる学説には,共犯が成立するためには,正犯の行為が,①構成要件に該当する違法・有責な行為でなければならないとする「極端従

---

10) 平野・Ⅱ345頁以下参照。このような分析方法に対する批判として,山口厚「共犯の従属性をめぐって」『三井誠先生古稀祝賀論文集』277頁以下(2012年)参照。

11) 特別法には,教唆行為自体を独立に正犯の未遂より軽く処罰するものがあるが(破防法38条,40条など),このような独立教唆罪規定の存在は,立法者が,教唆の未遂が刑法43条によっては不可罰であることを当然の前提としていることを示している。もし教唆の未遂が未遂犯として一般的に処罰されるのであれば,一定の重大な教唆行為に限って軽く処罰するという不合理なことになってしまうからである。

属性説」，②構成要件に該当する違法な行為でなければならないが，有責である必要はないとする「制限従属性説」，③構成要件に該当する行為であればよいとする「最小従属性説」などがある。学説では，以前は極端従属性説が通説であったが，現在では，制限従属性説が通説となっており，最小従属性説も有力に主張されている。

　刑法61条は，「人を教唆して犯罪を実行させた者」と規定しており，「犯罪」とは，通常，構成要件に該当する違法・有責な行為を意味するから，極端従属性説が条文の文言の最も素直な解釈であることは否定できない[12]。これに対して，制限従属性説は，刑法61条の「犯罪」を，構成要件に該当する違法な行為と，最小従属性説は，構成要件に該当する行為と，解する見解であるが，このような解釈が，一般人の理解を超えた罪刑法定主義に反する解釈とまではいえないであろう。

　因果共犯論からは，正犯と共犯は，結果惹起が直接的か間接的かという点に違いがあるだけであるから，正犯行為と共犯行為の違法性判断は，原則として共通なものとなる。例えば，AがBを教唆してCを殺害させた場合，人の生命を侵害したという違法評価は，Bの正犯行為にもAの教唆行為にも共通である。これに対して，責任は，各人の行為に対する主観的な非難可能性であるから，そのような違法結果を発生させたことに対する責任の判断は，各人毎に個別に判断されることになる。これが，「違法は連帯的に責任は個別的に」というスローガンで表される原則である。

　極端従属性説は，共犯の成立を，正犯行為の違法性だけでなく，責任にも従属させる見解であるが，「違法は連帯的に責任は個別的に」という原則からは，共犯の違法判断だけが正犯のそれに従属し，責任判断は共犯と正犯で独立に判断することを認める制限従属性説が妥当だということになる。

　なお，制限従属性説を違法の連帯性から基礎づけるのであるから，責任構成要件を認める立場からは，共犯が従属するのは構成要件のうちの違法構成要件であり，これは，最小限従属性説でも同様である。

　極端従属性説と制限従属性説の違いは，実務上，刑事未成年者に対する共

---

[12]　責任共犯論からは，極端従属性説がとられることになる。

犯が成立するかという形でしばしば問題となってきた。例えば，父親Xが13歳の娘Yに窃盗をすることを命じて，Yがこれを実行した場合，Yは責任がないので不可罰であり（少年法の適用が問題となる），極端従属性説からは，Xに窃盗の共犯（教唆）を認めることはできない。そこで，極端従属性説の論者は，処罰の隙間を埋めるために，一般に，Xに窃盗の間接正犯を肯定する。しかし，刑事未成年者であっても，12歳，13歳になれば，窃盗が悪いことであることを認識して，これにしたがって行動する能力は，相当程度備わっているのが通常であり13)，そのような者を，是非弁別能力のない責任無能力者と同じように，「道具」として利用できるかは，疑問である。制限従属性説は，このような場合にも，Xに窃盗の教唆犯を認めることができる点で，理論的にも実際的にも優れている。

　判例は，以前は，被利用者が刑事未成年の場合には，特に理由を説明することなく間接正犯の成立を認めていたので，極端従属性説に立つものと理解されていた。しかし，最高裁昭和58年9月21日決定（刑集37巻7号1070頁）が，日ごろ暴行を加えて自己の意のままに従わせていた12歳の養女に窃盗を行わせた被告人について，意思を抑圧されている同女を利用して窃盗を行ったと認められるから，窃盗の間接正犯が成立する，と判示したことから，判例は極端従属性説を捨てて制限従属性説をとるようになったのではないか，という観測がなされることになった14)。そして，最高裁平成13年10月25日決定（刑集55巻6号519頁）が，是非弁別能力のある12歳の長男に強盗の実行を指示命令した母親について，強盗の間接正犯ではなく共同正犯

---

13) 刑事未成年の規定は，低年齢の者については，責任無能力の規定であるが，一定の年齢以上の者については，実質的な意味での責任はあっても，少年の可塑性を考慮して刑罰の使用を控えた，少年保護のための規定として，一般に理解されている。

14) 要素従属性の問題は，共犯成立のための必要条件を論じるものであって，条件が満たされれば常に共犯が成立するわけではない。制限従属性説から共犯が成立しうる場合であっても，行為者の行為が正犯に該当するのであれば，共犯ではなく正犯が成立するのであって，最決昭和58・9・21は，この点を明確に示している点でも，重要な判例である。その意味では，極端従属性説からも，本件被告人に間接正犯を認めることはできるので，本決定が，制限従属性説を採用したものとまで評価することはできない。その後の下級審裁判例には，10歳の少年に命じて窃盗を行わせた事例について，自己の行動に畏怖し意思を抑圧されている10歳の少年を利用して自己の犯罪を行った，として窃盗の間接正犯を認めた大阪高判平成7・11・9高刑集48巻3号177頁がある。

を初めて認めたことによって，判例が極端従属性説をとっていないことが明確になった。

「違法は連帯的に責任は個別的に」という原則は，しかし，例外のないものではない（使用上の注意。これ以上読むと混乱すると思う初学者の人は，以下は飛ばして(3)に進んでください）。因果共犯論から，正犯と共犯に共通しているのは，法益侵害・危険の惹起という点にすぎないから，結果について違法阻却が問題となっており，その判断が共犯者間で分かれることがあるとすれば，責任だけでなく違法も個別的になってくる[15]。

その例として広く認められているのは，被害者の同意が問題となっている場合である。

まず，XがYに自己の殺害を嘱託してYがこれに着手した場合，Yの行為は同意殺人罪の実行の着手として違法であるが，Xに同意殺人未遂罪の教唆犯は成立しない[16]。人の生命は本人に対しては保護されていないからである。同様のことは人の身体についてもいえるので，XがYに自己の身体の傷害を教唆してYがこれを実行した場合，Yに傷害罪が成立しても，Xに傷害罪の教唆犯が成立するわけではない。

被害者の同意においては，同意の相手を限定することが認められるから，共犯者間で違法判断が相対化することがある，といわれている[17]。たしかに，法益の性質によっては，同意の相手の限定が認められる。例えば，Aが住居への立入りをXに許可したからといって，許可を受けていないYが立ち入ってよいことにはならない。住居権は，誰の立入りを認めるかを決める自由であるから，あたりまえのことである。しかし，そうだとしても，許可を得てためらっているXをYが説得してAの家に立ち入らせてもYの行為が違法になることはなく，逆に，XがYを唆かしてAの家に立ち入らせれば，Xには違法な住居侵入の教唆が成立するのであるから，同意の効

---

[15] この問題について詳しくは，島田聡一郎「適法行為を利用する違法行為」立教法学55号21頁以下（2000年）参照。

[16] 混合惹起説からは，正犯と共犯の双方にとって違法でなければならないから，被害者に教唆犯は成立しない。修正惹起説をとると，被害者にも教唆犯が成立することになるが，この結論が妥当でないのは明らかである。

[17] 大越・前掲注2)234頁参照。

果の相対性から違法の相対性が生じるわけではないと思われる。

　さらに，違法の相対性は，正当防衛や緊急避難の場合にも認められる可能性がある。判例（最決平成4・6・5刑集46巻4号245頁）は，共同正犯が成立する場合における過剰防衛の成否は，共同正犯者の各人につきそれぞれその要件を検討して決するべきであって，積極的な加害の意思がなかった共同正犯者の一人について過剰防衛が成立したとしても，被害者の攻撃を予期して積極的な加害の意思で侵害に臨んだ他の共同正犯者については侵害の急迫性が否定され過剰防衛が成立しない，と判示している。過剰防衛の減免根拠を責任減少に求める立場からは，過剰防衛の判断が共犯者間で分かれることは，違法の連帯性の例外を認めることにはならない。しかし，判例は，急迫性要件の個別化を認めているのであるから，実際に防衛行為を行った者に正当防衛が成立する場合であっても，他の共犯者との関係では，侵害の急迫性が否定され，違法判断が共犯者間で相対化することを認めることになると思われる。判例理論に賛成するかどうかは別にして，一定の範囲で正当防衛や緊急避難による違法性阻却の判断が共犯者間で分かれることは認めるべきであろう[18]。

　違法の相対化を認める立場に立って，これをそのまま要素従属性に反映させれば，最小従属性説が妥当だということになる[19]。もちろん，違法が相対化するのはあくまで例外であって，最小従属性説を採るからといって，適法行為の教唆や幇助が原則的に処罰されるということにはならない。

　これに対して，教唆・幇助の「2次的責任性」を強調して，従属性の問題を教唆・幇助に固有の問題と理解した上で，制限従属性説を支持する見解が有力である[20]。この見解からは，正犯の行為が違法でなければ，教唆・幇助が処罰されることはなく（狭義の共犯は正犯の違法性に従属する），違法の相対性が認められるのは，間接正犯および共同正犯に限られることになる。例えば，XがAに対する積極的加害意思をもってYに包丁を渡し，Yがこ

---

[18] 島田・前掲注15)53頁以下参照。本書で詳しく検討することはできないが，筆者による簡単な検討として，拙稿「コメント」山口厚=井田良=佐伯仁志『理論刑法学の最前線』236頁以下（2001年）参照。

[19] 平野・Ⅱ358頁，西田・395頁参照。

[20] 山口・297頁以下，同・前掲注10)281頁以下参照。同旨，伊東・363頁。

れを用いて急迫不正の侵害をしてきたAを殺害したが，Yの行為は正当防衛として違法性が阻却される場合，Xが共同正犯であれば（判例の立場を前提として）殺人罪が成立し得るが，幇助であれば不可罰になる。

　要素従属性の問題が，因果性と違法性阻却の問題につきるとすれば，狭義の共犯と共同正犯・間接正犯とで区別する理由はないが[21]，これを共犯の限定性の問題だと考えれば，有力説を採ることも可能である。しかし，狭義の共犯の成立範囲を限定的に解すると，極端従属性説のもとで間接正犯が広く認められていたように，本来狭義の共犯であるべきものが間接正犯や共同正犯とされるおそれもあり，ここではなお最小限従属性説を支持しておきたい。最小限従属性説をとったとしても，それはあくまで例外的な場合を考慮に入れてであって，制限従属性説の考えが基本的に妥当であることに変わりはない。

　学説では，「正犯」の行為は違法でありさえすれば，構成要件に該当する必要もない，という，最小従属性説よりさらに従属性の程度を緩和した見解（一般違法従属性説）も主張されている[22]。この見解は，間接正犯の大部分を教唆犯に還元する意図をもっており，例えば，公務員が非公務員を使って賄賂を受け取らせた場合について，通説は，「身分なき故意ある道具」を利用した間接正犯が公務員に成立すると解しているが，この見解からは，公務員は教唆犯，非公務員は幇助犯と解されることになる。

　たしかに，因果共犯論からは，このような見解に至る可能性があるが，ここでは，因果性だけで共犯の成立を認めることができるか，という共犯の限定性が問題となっているといえる。この見解は，上記の例のように，正犯なき共犯を認めるのであるが，現行刑法がそのような共犯類型を予定しているかはかなり疑問である。すでに述べたように，要素従属性の問題は，刑法61条の「犯罪」の解釈が問題となっているのであるが，構成要件に該当し

---

21) 町野・前掲注2)120頁，島田・前掲注15)46頁参照。共同正犯について「従属性」という言葉を使うのは必ずしも適当ではないが（山口・297頁参照），要素従属性を違法の連帯性の問題と理解する立場からは，言葉使いの問題にすぎない。

22) 浅田・411頁，佐伯・338頁，山中・808頁参照。このような見解は，純粋惹起説からの主張である。さらに，山中敬一「共犯における可罰的不法従属性に関する若干の考察」『中山研一先生古稀祝賀論文集(3)』295頁以下（1997年）参照。

ない行為を「犯罪」と呼ぶことには，無理があるといわざるをえないであろう。

(3) 罪名従属性の問題

共犯は正犯と同じ罪名であるべきか，という「罪名従属性」の問題も，共犯の因果性の問題と共犯の限定性の問題が交錯する領域である。罪名従属性については，同一の犯罪についてのみ共犯の成立を認める（完全）犯罪共同説，構成要件が重なり合う限度で共犯の成立を認める部分的犯罪共同説，行為の共同があれば共犯の成立を認める行為共同説が主張されている[23]。

因果共犯論をそのまま一貫させると，行為共同説に至る。しかし，罪名従属性の問題は，構成要件の当てはめの問題であって，違法な法益侵害がすべて構成要件に該当するわけではないように，罪名従属性の問題を，因果共犯論だけから答えを出すことはできないように思われる。

例えば，傷害を共同して実行して被害者を死亡させたが，そのうちの1人が途中で殺人の故意を有していた，という場合，共同して死の結果を発生させたのであるから，死の直接原因となった傷害を負わせた者だけでなく，すべての共同正犯者が被害者の死の結果について責任を負うはずである。したがって，犯罪共同説から，共犯の成立をおよそ否定するのは，妥当でない。しかし，傷害（致死）罪の限度で共同正犯が成立し，殺人の故意のある者には別途殺人罪の単独犯が成立すると考えるのか（部分的犯罪共同説），それとも，傷害致死罪と殺人罪の共同正犯の成立を認めるのか（行為共同説）は，因果共犯論から結論の出る問題ではない。

この問題に関する従来の判例（最決昭和54・4・13刑集33巻3号179頁）は，暴行・傷害を共謀した被告人のうちの1人が未必の故意を持って殺人罪を犯した場合について，殺意のない者については，傷害致死罪の共同正犯が

[23) 亀井・前掲注1)18頁以下は，部分的犯罪共同説を，重い罪の共犯が成立する（軽い罪の故意しかない者については刑法38条2項により刑が減軽される）とする「かたい部分的犯罪共同説」と，構成要件の重なり合う限度で共犯が成立するとする「やわらかな部分的犯罪共同説」に分け，行為共同説を，全く異なった行為間にも共犯の成立を認める「かたい行為共同説」と，一定の限度で行為共同の限界づけをしようとする「やわらかな行為共同説」に分けた上で，現在は，やわらかな部分的犯罪共同説とやわらかな行為共同説が主に対立している，とする。

成立する，と判示していた。この判例は，故意のない者についても殺人罪の共同正犯を認めた上で，刑だけ傷害致死の刑を科す，という適用を否定した点で妥当な判例であるが，故意のある者についてどのような処理がなされるのかについては，明らかでなかった。その後，最高裁は，入院中の患者を退院させてその生命に具体的な危険を生じさせた上，その親族から患者に対する手当てを全面的にゆだねられた者が，患者に適切な治療を受けさせないで死亡させた，という事案について，不作為による殺人罪が成立するとした上で，殺人の故意のない親族との間では保護責任者遺棄致死罪の共同正犯が成立する，と判示した（最決平成 17・7・4 刑集 59 巻 6 号 403 頁：シャクティパット事件）。これによって，判例が，部分的犯罪共同説に立つことが明らかになったといえる。

　部分的犯罪共同説に対しては，殺意のあった者以外の共犯者の行為から死の結果が生じた場合（その疑いのある場合）には，殺意のあった者について殺人未遂の責任しか問えない，という批判と，殺意のあった者に殺人既遂の成立を認めて傷害致死罪と殺人既遂罪の観念的競合とするのは，死の結果の二重評価である，という批判がある。まず後者の点については，傷害致死罪は殺人既遂罪に吸収されると考えれば，二重評価は避けることができる。前者の点についても，傷害致死罪について死の結果の帰責（一部行為の全部責任）が認められるのであるから，これと客観的構成要件を共通にする殺人罪についても既遂罪の成立を認めることが可能だと思われる[24]。

　行為共同説は，これを文字通りとると，全く関係のない犯罪間の共犯を認めることになる。例えば，暴力団の組員である X と Y が，X が東京で窃盗を，Y が大阪で傷害を，それぞれ行うことを共謀し実行に移した，という場合に，窃盗と傷害の共謀共同正犯を認めることも可能になるが，これは極めて不自然な結論であり，窃盗の共謀共同正犯と傷害の共謀共同正犯を別個に認めるべきであろう[25]。行為共同説でも，共犯の成立に一定の限界を認める見解が有力になっているが，限界の基準が構成要件だとすれば，部分的犯罪共同説と行為共同説の差はほとんどないことになる。

---

[24]　井田良『刑法総論の理論構造』352 頁（2005 年）参照。

連載時には以上のように考えて部分的犯罪共同説を支持したのであるが，現在では，部分的犯罪共同説と現在主張されている行為共同説の差がほとんどないのだとすると，つまり，処罰範囲に違いをもたらすものではなく，単に罪名の問題だけなのだとすると，行為共同説を採る方がすっきりしているかもしれないと思うようになっている[26]。いずれにしても，罪名の問題だけであれば，この問題はあまり重要ではない。重要なのは，狭義の共犯の「2次的責任性」の問題である。

　罪名従属性の問題は，共同正犯についての議論だという理解も強いが，どのような場合に共犯が成立するか，という，因果共犯論と共犯の構成要件的限定の問題だと考えれば，共犯全体について当てはまる問題だといえよう[27]。

　むしろ，罪名従属性を先に述べた狭義の共犯の「2次的責任性」の問題として理解し，狭義の共犯の犯罪は，正犯に成立する犯罪に従属して，正犯より重い罪が成立することはない，という見解が主張されている。この見解からは，例えば，被害者が死亡していると誤信しているXに窃盗を教唆したYは占有離脱物横領の教唆にしかならないことになる[28]。

Ⅲ　共同正犯

　共同正犯においては，「一部行為の全部責任」の原則が認められる。例えば，XとYが，Aを殺害することを共謀して，それぞれAに向けて拳銃を発射したが，Xの発射した弾丸は外れ，Yの発射した弾丸がAに命中してAが死亡した，という場合，YだけでなくXも殺人既遂罪の責任を負う。

---

25) 行為共同説を採ったとしても，相互の精神的支援が幇助にとどまると評価された場合には，窃盗の正犯と幇助，傷害の正犯と幇助と，2つに分解せざるを得ない。このことは，この問題が，単なる因果性の問題を超えて，構成要件該当性の問題であることを示しているように思われる。
26) 伊東・352-353頁は，罪名の関連性までは必要ないとして，「制限的な行為共同説」を採り，「判例見解は行為共同説に変わったと評価することも強ち不当ではないであろう」とする。
27) 亀井・前掲注1)14頁以下参照。
28) 山口・314-315頁。間接正犯なら可能とする。

この場合，Xは，Yと犯罪行為の実行を共同することによって，自らの行為による直接的な因果性と，Yの行為を通じた間接的な因果性の双方を設定しているので，Yの行為の結果についても責任を負うのである。「一部行為の全部責任」とは，正確には，「全部行為の全部責任」である。

共同正犯の成立要件としては，共同実行の事実と共同実行の意思があげられており，そこでは物理的因果関係と心理的因果関係の双方が問題となっている。共同正犯をめぐる問題のうちで，共謀共同正犯は，意思の連絡による心理的因果関係だけで共同正犯を肯定できるかという問題であり，片面的共同正犯は，意思の連絡による心理的因果関係がなくとも共同正犯を肯定できるかという問題である。

まず，物理的因果関係を共同正犯の不可欠の要件とすることはできない。先ほどの，XとYが拳銃を発射したが，Yの撃った弾だけが命中した，という事例において，Xの行為はAの死亡結果に対して物理的因果性を有していない。だからといって，Xに共同正犯の成立を否定する見解は存在しないであろうから，意思の連絡による心理的因果関係の存在だけで共同正犯の成立を認めざるを得ないのである。そうだとすれば，共犯の因果性の観点からは，共謀共同正犯を否定する理由はないことになる。もちろん，このことは，心理的因果性があれば常に共同正犯が認められる，ということを意味しない。共同正犯と狭義の共犯との区別は，因果性の存在を前提とした上で，別個の基準によって定められなければならないのであって，この問題は，次章で扱うことにしたい。

片面的共同正犯とは，相互の意思連絡なしに，一方的に共同加功の意思を持った者が，他の者の犯罪行為に関与した場合をいう。判例・通説は，片面的共同正犯を否定し，片面的幇助を肯定している。共同「正犯」と評価できるためには，意思の連絡による心理的因果関係の存在が不可欠だと考えれば[29]，共犯の因果性は認められるが，正犯性が認められないので，幇助犯しか成立しない，ということになる。これに対して，物理的因果関係だけでも，共同「正犯」と評価できる場合があると考えれば，片面的共同正犯を肯定することになる[30]。

学説では，意思の連絡による心理的因果性を共犯一般の必要条件と解し

て，片面的幇助も否定する見解も主張されているが[31]，その他の物理的・心理的因果性をすべて無視してこれを不可罰とすることには疑問があるし，逆に，正犯として処罰するのは，なおさら疑問がある。

Ⅳ　未遂の教唆

未遂の教唆とは，最初から未遂に終わらせるつもりで教唆を行う行為をいう。例えば，Xが，金庫が空であることを知りながら，Yに金庫破りを教唆して，Yがこれを実行した，という場合，Yに窃盗未遂罪が成立することを前提として（Yが不能犯であれば，実行従属性から，Xも不可罰である），Xに窃盗未遂の教唆犯が成立するだろうか[32]。

共犯の処罰根拠を単独正犯と同様に考える因果共犯論の立場からは，共犯の故意も，単独正犯の故意と同様に解されることになる。正犯の故意について，既遂結果発生の認識が必要と解されているのであるから，共犯の故意についても既遂結果発生の認識が必要と解される。したがって，教唆者に既遂結果発生の認識がない未遂の教唆の場合には，故意が欠け，未遂の教唆犯は成立しない[33]。

授業で以上のような説明をすると，正犯が未遂犯として処罰されるのに，教唆犯が処罰されないことに違和感を感じる学生が多いようである。そのように感じられる理由を考えてみると，1つには，正犯を罪に陥れた以上，共犯も処罰されるべきである，という，責任共犯論的な（あるいは，より素朴に，連帯責任的な）感覚が根強く残っていることが考えられる。もう1つに

---

29) 片面的共同正犯でも，例外的に心理的因果性が認められる場合はあるが（例えば，「一方的な」加功をたまたま相手が知った場合など），片面的共同正犯で問題となる心理的因果性は，意思連絡による犯意の相互拘束である。

30) 片面的共同正犯肯定説として，浅田・415頁，西田・355頁，松宮・268頁，山口・348頁，山中・840頁など参照。片面的幇助だけを肯定するのが通説である。例えば，伊東・370頁，大谷・424頁，高橋・429-430頁，松原芳博「刑法総論の考え方(25)」法セ676号138頁（2011年）など参照。

31) 曽根・250頁，町野・前掲注2)136頁以下参照。

32) 理論的には，「未遂の教唆」だけでなく，「未遂の幇助」や「未遂の共同正犯」も問題になりうる。

は，未遂犯の故意に関する理解が十分でないことが考えられる。未遂犯は，結果発生の危険を生じさせたことを処罰するものであるが，未遂犯の故意は，そのような危険（未遂結果）の認識では足りず，既遂結果を発生させることの認識（予見）が必要である。結果発生の危険は認識したが結果発生の認識はなかった，という場合は，未遂犯の故意を認めることができない。そこが，危険の認識があれば故意を認めることのできる危険犯と未遂犯との決定的な違いである。未遂の教唆の問題は，共犯の処罰根拠論と関連してはいるが，故意論の問題でもあることを認識している必要がある[34]。

V 承継的共犯

先行者により犯罪の実行行為の一部が行われた後に，後行者がこれを認識した上で，先行者の行為に関与した場合に，後行者がどの範囲で共犯の責任を負うか，という承継的共犯の問題も，共犯の因果性の問題である。

承継的共犯の問題については，後行者も全面的に先行者と同じ責任を負うとする積極説，後行者は関与後の行為についてのみ責任を負うとする否定

---

[33] 浅田・438頁，井田・484頁，西田・339頁，福田・284頁，松宮・289頁，山口・317頁，山中・894頁など。教唆犯肯定説として，大塚・312頁，大谷・434頁，藤木・298頁，前田・512頁など参照。

[34] 連載を読んだ法科大学院の学生T君から，既遂の故意は，未遂の危険性を基礎づける主観的違法要素なので，正犯には必要だが，教唆犯には必要ないのではないか，という質問を受けた。たしかに，既遂の故意が，行為の危険性を基礎づける主観的違法性要素としての意味しかもたないのであれば，そのような主観を持つ必要があるのは実際に実行を行う者だけで，背後者には必要ない（実行を行う者がそのような主観を有していることを認識していれば足りる）ということになるだろう。しかし，これまでにも何度か述べたように，故意それ自体は行為の危険性を高める主観的違法要素ではない。人に向かってピストルの引き金を引こうとしていれば，その人を熊だと思っていても，つまり殺人の故意がなくとも，人を殺害する危険は存在しているのであって，行為の危険性を基礎づけているのは故意ではなく行為意思である。故意を責任要素だと考えれば，責任は行為者ごとに判断されるものであるから，教唆者も，正犯者と同様の故意をもっていなければならないことになる。もし，故意に行為の危険性を基礎づける意味しか認めないのであれば，未遂の教唆を間接正犯の事例に変えた場合（例えば，自分の命令を何でも聞く責任無能力者に，金庫の中に物が入っているから取ってこいと命じて，窃盗の実行を行わせた場合）にも，背後の正犯者には主観的違法要素としての既遂故意が必要ないことになって，窃盗の未遂を肯定しなければならなくなるが，そのような結論は採りえないであろう。

説，先行者の行為の効果が後行者の関与後にも及んでおり，後行者がこれを利用する限りにおいて先行者の行為についても罪責を負うという限定積極説などが主張されている。古い判例（大判昭和13・11・18刑集17巻839頁）には，夫が強盗目的で被害者を殺害した後で，夫から事情を告げられた妻が，ろうそくで犯行現場を照らして夫の金員奪取を容易にした，という事案について，強盗殺人罪の幇助犯を認めたものがあるが，この問題に関する最高裁の判例は存在していない。下級審裁判例では，従来は，積極説に立つものが多かったが，最近では，限定積極説が有力になってきている[35]。この説からは，大判昭和13年の事案は，強盗殺人幇助でなく，強盗幇助が成立すると考えられる。

　先に触れた罪名従属性について，犯罪共同説をとると，妻に共犯を認めるためには，強盗殺人罪の共犯を認めざるを得ない。大審院の古い判例の背後には，このような考慮があったのかもしれない。しかし，現在の判例・通説である部分的犯罪共同説からは，このような制約はないのであるから，純粋に共犯の因果性の問題として考えるべきである。

　共犯の因果性から考えると，否定説以外はとりえない。因果性は将来に向けたものであって，終わったことについて遡って因果性を持つことはできないからである。例えば，Aが被害者を3日間監禁した後で，Bがこれを認識した上でAの監禁行為に関与し，さらに1週間被害者を監禁した，という場合，Bが責任を負うのは，関与後の1週間の監禁についてである。監禁の一罪性を理由に全体について監禁罪の成立を認めて，後は量刑の問題として扱うのは，便宜的にすぎる。

　問題は，否定説を採ると，強盗犯人が被害者の反抗を抑圧した後で，財物の奪取にのみ関与した者，詐欺犯人が被害者を欺罔した後や，恐喝犯人が被害者を畏怖させた後で，被害者による財物の交付行為の部分にだけ関与した者に，強盗や詐欺や恐喝の共犯を認めることはできない，という結論になる

---

[35] 代表的な判例として，大阪高判昭和62・7・10高刑集40巻3号720頁がある。この問題に関する判例・学説の詳細については，照沼・前掲注2）213頁以下参照。なお，承継的共犯の問題は，同時傷害（刑法207条）との関係が重要であり，承継的共同正犯を否定して刑法207条を適用した判決として，大阪地判平成9・8・20判タ995号286頁がある。

かどうかである。一般にはそう解されているが，財物の奪取や受領は，先行者から見れば強取・詐取・喝取であり，後行者はこれに関与するのであるから，強盗罪・詐欺罪・恐喝罪の共犯が成立する，と考えることは[36]可能だと思われる[37]。

学説では，承継的共同正犯は否定し，承継的幇助は肯定する見解も有力である[38]。共犯の成立に必要な因果性の存在を前提としたうえで，共同正犯が認められるためには，構成要件的事実全体にわたって因果性を有していなければならない，と考えれば，このような見解も理論的にありうるであろう。

近時，最高裁は，AおよびBが，CおよびDに対し暴行を加えて傷害を与え，その後，被告人が加わって，3人で，CおよびDに暴行を加えて両名に傷害を与えたという事案について，原判決が，被告人は，Aらの行為及びこれによって生じた結果を認識，認容し，さらに，これを制裁目的による暴行という自己の犯罪遂行の手段として積極的に利用する意思の下に，一罪関係にある傷害に途中から共謀加担し，制裁の手段として利用したものであるから，共謀加担前のAらの暴行による傷害を含めた全体について，承継的共同正犯として責任を負うとの判断を示したのに対して，「被告人は，共謀加担前にAらが既に生じさせていた傷害結果については，被告人の共謀及びそれに基づく行為がこれと因果関係を有することはないから，傷害罪の共同正犯としての責任を負うことはなく，共謀加担後の傷害を引き起こすに

---

[36] 西田典之「承継的共犯」芝原邦爾編『刑法の基本判例』71頁（1988年），同・366-367頁参照。松宮・272-273頁，
　　否定説として，浅田・422頁，林・380頁以下，町野・前掲注2)133頁，松原芳博「刑法総論の考え方(26)」法セ677号109-110頁（2011年），曽根・258頁，山口・350頁など，限定積極説として，伊東・378頁，大塚・295頁，大谷・418頁，平野・Ⅱ383頁など参照。

[37] この場合も，共犯者は，自己が関与した後の行為について責任を負うだけであるから，これを承継的共犯と呼ぶのは正確でない。このような説明に対して，先ほどの（注34）参照）T君から，承継的共犯を否定しているが，結論は，限定積極説と同じではないのか，という質問も受けた。確かに，先行者の行為を承継するという言い方を避けているだけで，結論はほぼ同じになると思われる。限定積極説のように「利用」というと，先行者が強盗の目的で被害者を殺害した後で，財物を奪う行為にだけ加担した，という場合について，殺害行為を利用しているといわざるをえないのではないか，という批判が出てくるが，「強取行為」に関与したことを理由にすればこのような批判は受けないと思われる。

[38] 井田・473頁，照沼・前掲注2)290頁以下，高橋・430頁など参照。

足りる暴行によってＣらの傷害の発生に寄与したことについてのみ，傷害罪の共同正犯としての責任を負うと解するのが相当である」と判示した（最決平成 24・11・6 平成 24 年（あ）第 23 号）。因果性を重視した妥当な判決である。

VI 共犯からの離脱

因果共犯論では，共犯の処罰根拠は結果との因果性にあるから，因果性が処罰に値しない程度までなくなれば結果について責任を負うことはない。共犯からの離脱の問題は，最初の共犯行為によって設定された結果への因果性が，どのような場合に解消されるか，という問題である[39]。

この問題は，従来，共犯の中止と呼ばれて，中止未遂の問題と混同されてきたが，両者の問題は，別個の問題であることに，注意が必要である。因果性を切断すれば，任意性の有無を問わず共犯からの離脱が認められるが，共犯からの離脱が認められても，任意の中止でなければ，中止犯の適用はない。

共犯からの離脱について，裁判例は，実行の着手の前後で区別して判断していると理解されてきた。

まず，実行の着手前については，共犯関係からの離脱を表明して，他の共犯者がこれを了承すれば，離脱が認められている（東京高判昭和 25・9・14 高刑集 3 巻 3 号 407 頁）。

共謀に加わって他の共犯者の犯意を強化しただけの者については，共犯関係からの離脱を表明して了承されれば，心理的因果性は解消され，共犯からの離脱を認めることができる。もっとも，契約の解除が問題となっているわけではないから，共犯者による離脱の意思表示と他の共犯者による承諾が，共犯からの離脱に必ず必要なわけではない。学説では，一般に，意思表示は黙示のもので足りると解されているが，黙示の意思表示さえない場合であっても，離脱の意思が他の共犯者に明白な場合には，離脱を認めてよい[40]。例えば，共犯者の一人が待ち合わせ場所にやってこない，という場合に，何

---

39) 西田典之「共犯の中止について」法協 100 巻 2 号 1 頁以下（1983 年）〔同『共犯理論の展開』（2011 年）所収〕参照。

かの事情で遅れてやってくるのだろうと思って他の共犯者が犯罪の実行に着手したのであれば，心理的因果性をなお認めることができる。しかし，怖じ気づいて逃げたのだろう，しかたないので残った者だけでやろう，と思って犯罪の実行に着手したのであれば，結果との心理的・物理的因果性を認めることはできないから，離脱を認めるべきである。

同様に，他の共犯者の了承も不可欠の要件ではないと考えるべきである。例えば，住居侵入窃盗を行うことを企て被害者の家の前まで来た時点で，共犯者の一人が怖くなって離脱の意思を表明し，他の共犯者が「いまさら何を言っているんだ」と言って納得しなかったが，勝手に帰ってしまった，という場合，心理的にも物理的にも結果を促進してはいないのであるから，離脱が認められるべきである。

実行の着手前であっても，「離脱しようとするものが共謀者団体の頭にして他の共謀者を統制支配しうる立場にあるものであれば，離脱者において共謀関係がなかった状態に復元させなければ，共謀関係の解消がなされたとはいえないというべきである」とされている（松江地判昭和51・11・2刑月8巻11＝12号495頁）。このような場合には，単に離脱を表明しただけでは，心理的因果性が残ってしまう，と理解すれば，支持することができる[41]。

問題は，心理的因果性は消えたが物理的因果性が残っている場合である。例えば，侵入窃盗を共謀したAは，侵入に使う道具を用意した後，共犯からの離脱を表明して了承されたが，道具を回収しなかったので，他の共犯者がこれを用いて住居侵入窃盗を行った，という場合はどうだろうか。因果性

---

[40] 福岡高判昭和28・1・12高刑集6巻1号1頁は，強盗の予備をなした後，共犯者の1人が犯行から離脱するため現場を立ち去った，という事案について，「犯行から離脱すべき旨明示的に表意しなくても，他の共謀者において，右離脱者の離脱の事実を意識して残余の共謀者のみで犯行を遂行せんことを謀った上該犯行に出でたときは，残余の共謀者は離脱者の離脱すべき黙示の表意を受領したものと認めるのが相当であるから，かかる場合，右離脱者は当初の共謀による強盗の予備の責任を負うに止まり，その後の強盗につき共同正犯の責任を負うべきものではない」と判示している。「黙示の表意を受領した」というのは単なるフィクションであって，この部分がなくとも，理由付けとしては十分であろう。下級審裁判例（大阪地判平成2・4・24判タ764号264頁）にも，離脱の意思の黙示的表明・その了承というような構成をとることなく，共犯からの離脱を認めたものがある。

[41] 同旨の裁判例として，旭川地判平成15・11・14（LEX/DB 28095059，小池健治「判評」研修670号27頁参照）がある。

が解消できていない以上，Aは住居侵入窃盗の共同正犯の責任を負うというのが，一般的な考えかもしれない。しかし，最初から侵入道具を貸しただけの場合に幇助しか成立しないのであれば，用意した道具が使われたという物理的因果性だけが残っている場合にも，共同正犯は成立せず，幇助の責任だけを負うと解するのが，バランスの取れた結論であり，意思の共同を共同正犯の不可欠の要件として片面的共同正犯を認めない通説・判例の立場とも整合的だと思われる。

　実行の着手後については，判例は，離脱を認めることに慎重であり，結果の防止措置を要求しているものと理解されている。実行の着手後については，結果発生の具体的危険が生じているので，これを解消しなければ，因果性を消滅させることはできない，と考えているのであろう。代表的判例（最決平成元・6・26刑集43巻6号567頁）は，XとYが被害者AをY宅に連れ込んで，1時間ないし1時間半にわたり竹刀や木刀で暴行を加えた後，Xは，「おれ帰る」と言っただけで，AをY宅に残して帰宅し，ほどなくして，YがAにさらに暴行を加えて，Aが死亡した事案について，「被告人が帰った時点では，Yにおいてなお制裁を加えるおそれが消滅していなかったのに，被告人において格別これを防止する措置を講ずることなく，成り行きに任せて現場を去ったに過ぎないのであるから，Yとの間の当初の共犯関係が右の時点で解消したということはできず，その後のYの暴行も右の共謀に基づくものと認めるのが相当である」から，Aの死の結果が被告人が帰った後にYが加えた暴行によって生じていたとしても，Xは傷害致死の責を負う，と判示している。この判例は，明言はしていないが，被告人の行為によって生じた結果発生の危険を消滅させるための措置をとっていれば，生じた結果について責任を負わない，ということを裏側から判示したものと評価することができる。例えば，必死で止めようとしたが，他の共犯者に殴られて気絶してしまい，気がついたら犯行が終わっていた，というような場合は，共犯関係は解消し，新たな犯罪が行われたものと評価されるべきであろう[42]。

---

[42]　そのような事例について共犯関係の解消を認めた判決として，名古屋高判平成14・8・29判時1831号158頁参照。

因果性の切断の有無が共犯からの離脱の統一基準であるとすれば，実行の着手の前後で区別することが合理的か，判例は本当に区別しているのか，ということは，再検討の余地があるように思われる[43]。現に，首謀者については「例外」が認められているのは，すでにみたとおりである。たとえば，判例が，住居侵入窃盗（または強盗）で，住居に侵入して物色行為が行われる直前の段階でも，離脱の意思を表明して，他の共犯者の了解を得さえすれば離脱が認められるのかは，必ずしも明らかではないように思われる。強盗については，暴行・脅迫に着手しなければ，実行の着手が認められない，と一般に解されているが，強盗殺人の意図で，被害者の住居に侵入し，まさに強盗殺人が行われようとしている段階で，離脱の意思を表明して了承された場合には，殺人について実行の着手が認められるとすると，強盗殺人罪については共犯からの離脱が認められるが，殺人罪については認められず，殺人罪の共同正犯の責任だけを負う，ということになるのだろうか。疑問をとどめておきたい。

と，連載時に書いたら，その後，新しい判例が出た。最決平成21・6・30刑集63巻5号475頁は，住居侵入強盗を共謀した共犯者の一部が住居に侵入して強盗に着手する前に，戸外にいた被告人を含む共犯者3名が犯行の発覚を恐れて現場から逃げだしたが，残された共犯者が強盗を実行して被害者に傷害を負わせた，という事案について，「被告人は，共犯者数名と住居に侵入して強盗に及ぶことを共謀したところ，共犯者の一部が家人の在宅する住居に侵入した後，見張り役の共犯者が既に住居内に侵入していた共犯者に電話で『犯行をやめた方がよい，先に帰る』などと一方的に伝えただけで，被告人において格別それ以後の犯行を防止する措置を講ずることなく待機していた場所から見張り役らと共に離脱したにすぎず，残された共犯者らがそのまま強盗に及んだものと認められる。そうすると，被告人が離脱したのは強盗行為に着手する前であり，たとえ被告人も見張り役の上記電話内容を認識した上で離脱し，残された共犯者らが被告人の離脱をその後知るに至ったという事情があったとしても，当初の共謀関係が解消したということはでき

---

[43] 山口・355頁は，行為者の行為と独立した因果経過が設定されている場合を除けば，実行の着手の前後で，離脱の要件に異なる点はない，としている。

ず，その後の共犯者らの強盗も当初の共謀に基づいて行われたものと認めるのが相当である」と判示して，強盗の実行の着手前であったにもかかわらず，犯罪防止措置を要求したのである。

判例の事案は，住居侵入強盗という科刑上一罪として扱われる犯罪の一部にすでに着手している事案であって，これを直ちに一般化してよいかは不明である。理論的にいえば，共犯からの離脱は，因果性の遮断という統一基準で判断されるものであるが，その判断は必ずしも簡単・明瞭なものではないので，裁判所の判断がばらばらになってしまうおそれがある。実務における安定的判断を確保するためには，これまでのように，実行の着手前と着手後に分けた下位基準を定めたうえで，その例外を定めていくことが望ましいのではないであろうか。そうだとすれば，本判例は，実行の着手前の離脱の要件に新たな例外を1つ付け加えたものとして位置づけられることになる。

Ⅶ　おわりに

プロ野球に入った選手がプロのバッターとしてやっていけるかどうかは，変化球を打てるかどうかにかかっている，という話を何かで読んだことがある。このことは，逆にいえば，直球が打てればなんとかプロにはなれる，ということを意味しているのであろう。筆者は，大学で共犯論を教える際に，因果性の観点から共犯論の議論ができれば一応合格だと考えているので，今の話に例えると，共犯の因果性の問題が直球で，共犯の限定性の問題が変化球ということになる。読者の方は，教唆の未遂，制限従属性説，共犯からの離脱などの問題を，共犯の因果性から議論できることを第1目標にしていただきたい。

第21章

共 犯 論 (2)

I はじめに

本章では，共犯論の第2回目として，共謀共同正犯の問題と関連した実行行為を行う従犯の問題を扱うことにしたい。共謀共同正犯の問題は，理論的にも実務的にもきわめて重要な問題であり，また，判例の勉強のためにも最適の素材である。

II 共謀共同正犯

1 共謀共同正犯と狭義の共犯

共謀共同正犯とは，2人以上の者が犯罪の実行を共謀し，そのうちのある者が手を下してこれを実行したときは，その実行行為を直接に分担しなかった共謀者も共同正犯となることをいう。共謀共同正犯は，わが国の判例によって認められてきたものである[1]。その理由としては，背後にいて計画を立て実行を指示した黒幕を正犯として処罰する必要性が挙げられる。法定刑の問題だけであれば，教唆犯の法定刑は正犯と同じであるし，幇助犯も，現行法の法定刑の幅はかなり広いので，その範囲内で適当な刑を量定することは可能かもしれないが，「正犯」という「名」が持っている，その犯罪の「主犯」であるとする評価機能も重要だと考えられているのである。また，現実の関与形態には，話し合いの過程でしだいに犯意が形成されていくという相互教唆・相互幇助的形態も多く，この実態をとらえるためには，「共謀」

---

1) 判例・学説については，大塚仁ほか編『大コンメンタール刑法第5巻〔第2版〕』259頁以下〔村上光鵄〕(1999年) 参照。

という概念が適している，ということも指摘されている²⁾。

　刑法64条は，「拘留又は科料のみに処すべき罪の教唆者及び従犯は，特別の規定がなければ，罰しない」と定めており，刑法が幇助犯だけでなく教唆犯も正犯より軽い類型の犯罪とみていることが現れている。もっとも，拘留・科料のみに処すべき罪を定めた軽犯罪法の3条や酒に酔って公衆に迷惑をかける行為の防止等に関する法律の4条3項は，教唆犯・幇助犯を正犯に準じて処罰する，と規定している。刑法典の中で教唆や幇助が処罰されないのは，侮辱罪だけである³⁾。

　複数の関与者がいる場合の実務の処理を統計的にみると，共謀共同正犯が圧倒的に多く，教唆犯，幇助犯は，ごく少数に留まっている。亀井源太郎教授の研究によると，昭和27年から平成10年までの通常第1審における有罪総人員中，共犯者があった人員の割合は約25.4％である。関与者が複数であったケースのうち，その約97.9％が正犯として関与した場合であり，教唆は約0.2％，幇助は約1.9％である。しかも，狭義の共犯は特定の犯罪類型に偏る傾向があり，教唆の成立が認められる割合が高いのは，犯人蔵匿及び証拠隠滅の罪，偽証の罪であり，幇助が認められる割合が高いのは，賭博の罪（特に賭博場開張等図利罪），通貨偽造の罪である⁴⁾。その理由として，亀井教授は，犯人が自らを匿うように働き掛けた場合に，犯人蔵匿の教唆として処罰するのが判例であるので，同じような行為をした第三者についても横並びで教唆とされているのではないか，ということ，賭博場開張等図利罪の幇助については，単純な関与者を，単純賭博罪の正犯よりも重く処罰することが酷な例が多いのではないか，通貨偽造については，通貨偽造等準備罪が存在していることから，器械・原料の準備以外の幇助行為も，可罰的行為として捕捉されているのではないか，と推測されている⁵⁾。

---

2) 平野・Ⅱ400頁参照。
3) ちなみに，法令データベースによると，拘留又は科料のみを定めた規定としては，未成年者喫煙禁止法3条，未成年者飲酒禁止法3条2項（親権者が未成年者の喫煙・飲酒を止めないと科料に処される），古物営業法37条，質屋営業法34条，狂犬病予防法28条，旅館業法12条，興行場法10条，公衆浴場法10条，鉄道営業法34条・35条などがある。最近，女性専用車両が導入されていますが，駅員の制止をふりきって男が女性専用車両に乗ると，鉄道営業法34条2項で処罰されるんですね，知らなかった。
4) 亀井源太郎『正犯と共犯を区別するということ』6頁以下（2005年）参照。

2 最高裁判例

共謀共同正犯は，大審院の時代から認められており，その代表的判例である大審院昭和11年5月28日刑事連合部判決（刑集15巻715頁[6]）は，「共同正犯の本質は二人以上の者一心同体の如く互いに相倚り相援けて各自の犯意を共同的に実現し以て特定の犯罪を実行するに在り……二人以上の者窃盗又は強盗の罪を犯さんことを謀議し其の中或者に於て之を実行したるときは爾余の者亦由て以て自己の犯意を実現したるものとして共同正犯たるの責を負ふへきものと解せさるへからす」と判示している。この判決については，後で述べる共同意思主体説に基づくものであるという理解もあるが，むしろ「自己の犯罪」として犯罪に関与した者を共同正犯とする現在の実務の立場（「主観説」と呼ばれる立場）が，すでにこの時点で確立していたものと見ることもできる[7]。

戦後，最高裁は，大審院の判例を引き継いでいたが，いわゆる練馬事件の昭和33年5月28日大法廷判決（刑集12巻8号1718頁）において，「共謀共同正犯が成立するには，二人以上の者が，特定の犯罪を行うため，共同意思の下に一体となって互に他人の行為を利用し，各自の意思を実行に移すことを内容とする謀議をなし，よって犯罪を実行した事実が認められなければならない。したがって右のような関係において共謀に参加した事実が認められる以上，直接実行行為に関与しない者でも，他人の行為をいわば自己の手段として犯罪を行ったという意味において，その間刑責の成立に差異を生ずると解すべき理由はない」と判示した。この判決が，続けて，共謀共同正犯の訴訟法的側面に関し，「『共謀』または『謀議』は，共謀共同正犯における『罪となるべき事実』にほかならないから，これを認めるためには厳格な証

---

5) このような実務の運用に対する批判として，松宮孝明「『正犯』と『共犯』——その根拠と限界」刑法39巻2号264頁（2000年）参照。反論として，亀井・前掲注4)12-13頁参照。

6) 共謀共同正犯理論の形成過程については，従来，大判大正11・4・18刑集1巻233頁によって知能的犯罪に限って初めてこれが認められ，大判昭和11・5・28によって一般的に認めるようになった，と理解されてきた。しかし，このような理解が正確でないことについて，黄士軒「共謀共同正犯理論の形成に関する一考察(2・完)」法協129巻12号2958頁以下（2012年）参照。

7) 岩田誠「判解」最判解刑事篇昭和33年度404頁（1959年），内藤・(下Ⅱ) 1369頁参照。

明によらなければならない」と判示したことも相まって[8]，判例は，共謀共同正犯にいう共謀を，単なる「意思の連絡」を超えた，客観的謀議行為と解している（客観的謀議説）という理解が一般的になった[9]。

しかし，その後の裁判実務においては，共謀を犯罪の共同遂行の合意としてとらえる見解の方が有力であり[10]，練馬事件判決の判例としての位置づけは明確でなかった。このような状況のもとで最近出されたのが，暴力団組長である被告人を警護していたスワットと呼ばれる専属ボディガードらの拳銃所持について，被告人に共謀共同正犯の成立を認めた，最高裁平成15年5月1日決定（刑集57巻5号507頁）である。本件では，被告人とボディガードらとの間に具体的な謀議行為は認定できなかったが，最高裁は，「被告人は，スワットらに対してけん銃等を携行して警護するように直接指示を下さなくても，スワットらが自発的に被告人を警護するために本件けん銃等を所持していることを確定的に認識しながら，それを当然のこととして受け入れて認容していたものであり，……被告人とスワットらとの間にけん銃等の所持につき黙示的に意思の連絡があったといえる。そして，スワットらは被告人の警護のために本件けん銃等を所持しながら終始被告人の近辺にいて被告人と行動を共にしていたものであり，彼らを指揮命令する権限を有する被告人の地位と彼らによって警護を受けるという被告人の立場を併せ考えれば，実質的には，正に被告人がスワットらに本件けん銃等を所持させていたと評し得るのである。したがって，被告人には本件けん銃等の所持について，A, B, C及びDらスワット5名等との間に共謀共同正犯が成立するとした第1審判決を維持した原判決の判断は，正当である」と判示したのである。

8) 共謀共同正犯の訴訟法的側面については，文献の引用を含めて，亀井・前掲注4)138頁参照。
9) 例えば，岩田・前掲注7)405頁以下，内藤・（下Ⅱ）1371頁参照。この立場からは，謀議の厳格な証明がないとして原審の有罪判決を破棄した最大判昭和34・8・10刑集13巻9号1419頁は，意思連絡の証明があればよいとする「主観的謀議説」と客観的謀議の証明を要求する「客観的謀議説」が対立し，多数意見は後者を採ったものと理解されることになる。内藤・（下Ⅱ）1372頁参照。
10) 石井一正＝片岡博「共謀共同正犯の認定」判タ763号34頁（1991年）（小林充＝香城敏麿編『刑事事実認定(上)』341頁以下〔1992年〕所収）参照。

本決定によって，練馬事件判決で認定されたような客観的謀議行為は，共謀共同正犯を認める上で，不可欠の要素ではないことが，明らかになったといえる。本決定に付けられた深澤武久裁判官の補足意見は，「〔練馬事件判決は〕犯罪の謀議にのみ参加し，実行行為の現場に赴かなかった者の共同正犯性を判示したものであって，被告人を警護するため，その身辺で組員がけん銃を所持していた本件とは，事案を異にするものである」と判示している。
　本件は，「犯行時，犯行場所付近に被告人がいて，実行行為者と行動を共にし，その行動自体が，本件犯行の目的（被告人の警護）を実現するという関係にあったものであり，共謀共同正犯ではあっても，犯行時の被告人の行動が，犯行と密接な関係にあるという点で……やや特殊な事例であった」[11]ことに注意が必要である。したがって，本決定を，黙示の意思の連絡があれば共謀共同正犯を認めることができるとした判例として，一般化して理解してはならない。後で述べるように，「意思の連絡」は，（共謀）共同正犯を認めるための必要条件ではあるが，十分条件ではない。単なる意思の連絡を超えた謀議行為が認められない場合には，共同正犯性を基礎付ける事情が謀議行為とは別個に必要であり，それは，本件では，上記のような本件犯行に伴う特殊事情であり，また，「被告人が実行行為者に対して圧倒的に優位な地位にあり，被告人の指示の下で，実行行為者が行動するような関係にある中，まさに被告人自身のために行った犯行である」という事情なのである。
　意思の連絡が共同正犯を認めるための必要条件であって十分条件でないことを明確に示している判例が，大麻密輸入事件について，「被告人は，タイ国からの大麻密輸入を計画したAからその実行担当者になって欲しい旨頼まれるや，大麻を入手したい欲求にかられ，執行猶予中の身であることを理由にこれを断ったものの，知人のBに対し事情を明かして協力を求め，同人を自己の身代りとしてAに引き合わせるとともに，密輸入した大麻の一部をもらい受ける約束のもとにその資金の一部（金20万円）をAに提供したというのであるから，これらの行為を通じ被告人が右A及びBらと本件

11）　芦澤政治「判解」ジュリ1265号115頁（2004年）参照。類似の事例に関する裁判例を検討したものとして，村瀬均「共謀(1)――支配型共謀」小林充＝植村立郎編『刑事事実認定重要判決50選(上)』201頁以下（2005年）参照。

大麻密輸入の謀議を遂げたと認めた原判断は，正当である」と判示した最高裁昭和57年7月16日決定（刑集36巻6号695頁）である。同決定は，単に犯罪遂行の意思の連絡があったというだけでなく，①自ら大麻を得たいということが犯行の動機であったこと，②自分の身代わりとしてAを引き込んだこと，③犯罪によって得られた大麻をもらい受ける約束が存在していたこと，④犯行資金の一部を提供したこと，などの事実を摘示して，被告人とAおよびBの間の「謀議」の成立を認めているのである。

この決定は，共謀共同正犯否定説の代表的論者であった団藤重光裁判官（当時）が，否定説から肯定説に改説されることを明言する意見を付されたことでも有名である。団藤裁判官は，「社会事象の実態に即してみるときは，実務が共謀共同正犯の考え方に固執していることにも，すくなくとも一定の限度において，それなりの理由がある」として，「本人が共同者に実行行為をさせるについて自分の思うように行動させ本人自身がその犯罪実現の主体となったものといえるようなばあいには，利用された共同者が実行行為者として正犯となるのはもちろんであるが，実行行為をさせた本人も，基本的構成要件該当事実の共同実現者として，共同正犯となるものというべきである」と述べている。

以上の3つの最高裁判例は，判例を相互にしかも事案との関係で理解することの重要性を示している点で，判例を勉強するのに格好の素材といえる。法科大学院の学生であれば，当然勉強しているであろう。

3 裁判例における正犯と共犯の区別

裁判例で認められている共謀共同正犯は，一般に，暴力団の組長・組員の関係に代表される支配型共謀共同正犯と，各正犯者が対等な地位で各自の役割を分担する役割分担型共謀共同正犯に分けられる[12]。さらに，(1)主導型（①単純な主導的行為を伴う形態，②予備的な意思幇助的行為を伴う形態，③組織的犯罪における形態），(2)相互教唆型，(3)役割分担型（①犯罪の実行に密着する行為を担当する形態，②その他の予備的な意思幇助的行為を担当する形態，③複

---

[12] 中野次雄「判評」警研56巻1号81頁（1985年）参照。

数犯罪を分担して実行する形態）に分類する試みもある[13]。

裁判例は、「自己の犯罪を行う意思」によって行われたかどうかによって、正犯と共犯を区別してきたといわれる[14]。より具体的には、「動機、利益の帰属、実現意欲の積極性といった心情的要素」を重視している、とされ、一般に主観説と呼ばれている[15]。もっとも、裁判例においては、客観的な間接事実から「自己の犯罪を行う意思」を認定しているため、実際の判断においては、利益を得る意思といった主観的な要素に加えて、行為者の役割の重要性などの客観的な要素が考慮されている[16]。実体的要件としても、「自己の犯罪を行う意思」とは、規範的概念であり、主観だけで決まるわけではない、とされている[17][18]。

ここには、正当防衛の急迫性に関する積極的加害意思と同様の状況があるといえ、なぜ判例が条文にない主観的要件を設けてこれを客観的事情によっ

---

[13] 大塚ほか編・前掲注1)304頁〔村上〕参照。
[14] 判例について、伊東武是「共謀共同正犯の共謀認定」石松竹雄ほか編『小野慶二判事退官記念論文集 刑事裁判の現代的展開』133頁（1988年）、小林充「共同正犯と狭義の共犯の区別」曹時51巻8号1頁以下（1999年）、松本時夫「共同正犯──幇助との区別」芝原邦爾編『刑法の基本判例』64頁以下（1988年）、同「共謀共同正犯と判例・実務」刑法31巻3号313頁以下（1991年）など参照。
[15] 西田典之「共謀共同正犯について」『平野龍一先生古稀祝賀論文集(上)』380頁（1990年）〔同『共犯理論の展開』（2011年）所収〕参照。
[16] 亀井・前掲注4)66頁以下参照。石井＝片岡・前掲注10)34頁は、共謀の有無・成否を判断するということは、被告人の客観的行為など各種の事情から右の主観的要素の存否を推認する作業にほかならないから、事実認定の場面でいえば、客観説との差異は大きくない、とする。
[17] 松本時夫教授（当時判事）は、「『自己の犯罪』と『他人の犯罪』の区別は、この共犯者の主観的意思のみによって定まるものではなく、互いの意思連絡を通じ相互の利用関係及び依存関係が設定されたかどうかにかかることも明らかである」とされている。松本・前掲注14)刑法31巻320頁。また、小林・前掲注14)7頁も、規範的・総合的概念であることを強調している。
[18] 裁判員に刑法の概念をどのように説明すべきかに関する司法研究員（裁判官）による研究は、「判例等のいう正犯意思は、正犯と評価するにふさわしい犯罪遂行への重要な寄与と見なされる事情により認定されており、このような事情がないのに、本人が『自分が正犯である』という心情を有していただけで正犯意思を認定することは考えられない。そうすると、正犯意思が必要とする判例等の理解は、重要な寄与が必要とする見解と結論において実質的な違いはないといってよいと思われる」という理解を示した上で、「自分の犯罪を犯したといえる程度に、その遂行に重要な役割を果たしたかどうか」という判断基準を提案している。司法研究所編『難解な法律概念と裁判員裁判』57-58頁（2009年）。筆者のコメントとして、拙稿「裁判員裁判と刑法の難解概念」曹時61巻8号2539頁以下（2009年）参照。

て認定するという手法を好むのかは，興味深い問題である。

4 学　説

(1) 学説の概観

共謀共同正犯をめぐる学説は，大きく分けると，共謀共同正犯を否定する説として，①各人が構成要件該当行為の一部を自ら分担することを必要とする「形式的実行共同正犯説」があり，共謀共同正犯を一定の範囲で肯定する説として，②共犯現象を超個人的存在としての共同意思主体の活動と理解し，共同意思主体が犯罪を実行した場合には，その構成員全員に共同正犯が成立すると解する「共同意思主体説」，③実行行為を行うものが正犯という前提を維持しながら，実行行為の概念を規範的・実質的に理解することによって共謀共同正犯を認める「実質的実行共同正犯説」，④行為支配説から共謀共同正犯を認める見解，⑤実行行為＝正犯性という前提を否定して，実行行為に準じる重要な役割を果たしたものが共同正犯であるとする「準実行共同正犯説」などがある。

(2) 形式的実行共同正犯説

まず，形式的実行共同正犯説は，従来の通説であり，現在でも有力な支持がある[19]。その主たる論拠は，刑法60条の文言解釈である。たしかに，「共同して実行した」という言葉は，各人が実行行為を共同して行ったという意味で解するのが自然であるが，複数の者が共同して犯罪を共同実行したという意味に解することも，文言解釈として不可能ではないから，この点は決め手とならないであろう。

前章で述べたように，実行共同正犯において，犯罪の実行を分担していても結果との間には他の共犯者を通じた心理的因果関係しか存在しない場合がある。このような場合に既遂の共同正犯を認めるのであれば，実行の分担それ自体は決定的な要素ではないことになる。

実際の結論としても，形式的実行共同正犯説は明確ではあるが，実行者の背後の黒幕を正犯として処罰することができないように，実際の共犯現象を

---

[19] 村井敏邦「共謀共同正犯」刑法31巻3号54頁以下（1991年），浅田・419頁，曽根・255-256頁，山中・877頁以下など参照。

的確に捉えることができない，という問題がある。この説のなかにも，現場で指示をした者を共同正犯とする見解があるが，現場にいる行為者に携帯電話を使って指示をした場合を考えれば，現場にいるかどうかは決定的でないから，現場にいない場合にも拡張され[20]，事前に詳細な指示をしておけば同時的な指示は必ずしも必要ないから，結局，共謀共同正犯を肯定することにつながるように思われる。

(3) **共同意思主体説**

共同意思主体説は，社会的実態としての共犯現象を理論に反映させようとした点で，優れた着想であったといえる[21]。しかし，この説に対しては，個人責任の原則に反する，という批判が強い。また，共同意思主体を個々の構成員を超えた法主体と認めるのであれば，結果について責任を負うのも超個人的な共同意思主体のはずであって，個々の構成員が刑事責任を負うというのは一貫しない。仮に構成員が責任を負うことを認めるとしても，共同意思主体の責任は1つのはずであるから，構成員の責任も不真正連帯的な責任となるのが自然であって，すべての構成員が結果について完全な責任を負うのは，理論的に矛盾している。

実際の適用においても，現実の共謀共同正犯のほとんどは，組合のような緊密な人的結合を有しているわけではないので，すべての共犯現象を説明するのに，団体理論を用いることには無理がある[22]。また，共同意思主体といい得る実態が存在している場合も，その構成員には，役割の重要性にさまざまな差がありうるから，一律に共同正犯にすることは妥当でない。そこで，共同意思主体説の論者の多くは，重要な役割を演じた者だけを共同正犯とするのであるが，そうなると共同意思主体説は，広義の共犯の成立に関する理論で，共謀共同正犯に関する理論ではないことになる[23]。

---

20) 山中・877頁は，携帯電話等による同時的支配があれば共同実行といえる，とする。
21) 共同意思主体説については，岡野光雄「共同意思主体説と共謀共同正犯論」刑法31巻3号9頁以下（1991年）参照。
22) 川端博「共謀共同正犯の基礎付けと成立要件」『板倉宏先生古稀祝賀 現代社会型犯罪の諸問題』254-255頁（2005年）参照。松本・前掲注14)刑法31巻318頁は，「実務の日常で一般的であり数的にも多いのは，偶発的に共犯関係の生じた場合であって，そのような場合に『一心同体』と認めうるような実態を発見することは困難である」と指摘する。

(4) 実質的実行共同正犯説

実質的実行共同正犯説は，実行行為＝未遂の成立＝正犯行為という枠組みを維持しながら，実行行為概念を結果の現実的危険のある行為と規範的に定義したうえで，共謀共同正犯を肯定しようとするものである。しかし，すでに指摘されているように，正犯と共犯の区別と行為の危険性の程度は必ずしも連動していない[24]。例えば，射撃のヘタな単独犯より，腕の確かな殺し屋に高性能の銃を売る行為の方が危険性は高いが，前者は正犯であり後者は幇助犯である。そこで，この説の論者も，実際には，事実的な危険性以外の基準を用いて実行行為性を判断しているのであり，そのような基準としてしばしば持ち出されるのが，藤木英雄博士の間接正犯類似説[25]である。昭和57年最高裁決定の団藤博士の意見や大塚仁博士の見解[26]も，同様のものといえる。しかし，間接正犯と同じであるなら，間接正犯が成立するはずであり，間接正犯と異なるのであれば，なぜ違うにもかかわらず正犯とできるのかを説明する必要があるが，それはなされているとはいえない。また，仮に共謀共同正犯を認めることができたとしても，共謀だけで未遂の成立を認めることはできないから，実行行為＝未遂の成立＝正犯行為という同説の前提は結局のところ維持できていない。実際の適用においても，この見解では，支配型の共謀共同正犯は肯定できても，役割分担型の共同正犯を認めることが困難だという問題がある[27]。

(5) 行為支配説

行為支配説は，ドイツの通説であり，わが国においても有力になっている。行為支配説は，単独正犯，間接正犯，共同正犯に共通の正犯性を，構成要件事実の実現過程を支配していることに求める見解である[28]。

23) 曽根・246-247頁，西田・前掲注15)372頁以下参照。亀井・前掲注4)59頁注18は，共同正犯と狭義の共犯の区別の問題に関して，「共同意思主体説」という項目を立てて説明する従来の整理は見直されるべきである，とする。
24) 成瀬幸典「正犯・共犯」法教280号80頁（2004年）参照。
25) 藤木英雄「共謀共同正犯」同『可罰的違法性の理論』334頁以下（1967年）参照。
26) 大塚・291頁は，「実行を担当しない共謀者が，社会観念上，実行担当者に対して圧倒的な優越的地位に立ち，実行担当者に強い心理的拘束を加えて実行にいたらせている場合は」「優越支配共同正犯を認めることができる」とする。
27) 中野・前掲注12)81頁参照。

たしかに，共同正犯は他の狭義の共犯と比べて正犯とされているのであるから，他の正犯と共通する正犯としての実質がなければならないであろう。しかし，他方で，共同正犯と単独正犯・間接正犯がまったくおなじ原理で基礎づけられるのであれば，共同正犯に関する刑法60条は不要になる。共同正犯は，他人と共同して，他人の行為をも通じて結果に因果性を及ぼすものであるから，共犯としての性格も有している[29]。共同正犯は，共犯か正犯かという議論があるが，両方であるといわざるをえない[30]。

行為支配説が，共同正犯を単独正犯に解消しようとする試みであるとすれば，実質的実行共同正犯説が成功していないのと同様に成功しないであろう。実際には，行為支配説（といってもさまざまな行為支配説があるが，そのなかで最も有力な学説）は，単独正犯，間接正犯，共同正犯に，それぞれ別個の行為支配概念を用意しており，共同正犯が，単独正犯や間接正犯と異なるものであることは，認められている。共同正犯の場合の支配概念は，機能的支配であり，機能的支配とは，各関与者が「自己の寄与を撤回することによって全体の計画を挫折させうる」こととされる[31]。

この見解は，重要な因果的寄与を正犯性の基準とする点で妥当であるが，この基準をそのまま当てはめると，多くの場合に結果犯の共同正犯性が否定されてしまうであろう[32]。事前判断として機能的行為支配を認めようとする見解も考えられるが，行為支配にいう「行為」とは，実行行為という意味ではなく，犯罪事実全体であるとされているのであるから[33]，行為時の危険だけで機能的支配を認めようとするのは，一貫しないように思われる。端

---

28) 比較的最近の研究として，橋本正博『「行為支配論」と正犯理論』(2000年)，照沼亮介『体系的共犯論と刑事不法論』(2005年) など参照。
29) 西田・前掲注15)372頁参照。
30) 井田良教授は，共謀共同正犯については，「理論構成の方向性としては正犯性を論証することこそが求められている」と述べる（井田『刑法総論の理論構造』〔2005年〕356頁）と同時に，「単独犯の理論のアナロジーに訴えることには決定的な限界があると考える」とも言われる（同・358頁注24）。
31) 橋本・前掲注28)186頁以下，照沼・前掲注28)144頁参照。
32) 照沼・前掲注28)151頁以下はそのように主張する。
33) 平良木登規男「共謀共同正犯について」福田雅章ほか編『福田平・大塚仁博士古稀祝賀 刑事法学の総合的検討(下)』480頁 (1993年)，橋本・前掲注28)24頁参照。成瀬・前掲注24)84頁は，まさにこの点に，行為支配説の長所を見ている。

的に，心理的因果性を含めて重要な因果的寄与があれば，結果回避可能性までは必要ないと解すべきであろう[34]。

(6) 準実行行為説・実質的共同惹起説

西田典之教授は，共謀者（非実行者）と実行者の間の支配関係・役割分担関係から判断して，犯罪事実に対する事実的寄与において実行に準ずる重要な役割を果たしたと評価できる場合に，共謀共同正犯を認めることができる，として，これを準実行行為説と呼ばれている[35]。この見解の特徴は，広義の共犯の成立の問題と，共同正犯と狭義の共犯の区別の問題を区別する点にある。西田教授は，共同正犯の共犯としての性格を強調されているが，実行共同正犯と同様の（拡張された）正犯性を有すると解するのであるから，正犯としての性格も無視されているわけではない。

そこで，この点をより明確にするために，構成要件該当事実への重要な因果的寄与による，その実質的共同惹起の存在を基準（実質的に共同惹起と見うるかが最終的基準で，重要な因果的寄与はその判断基準である）とする見解（実質的共同惹起説と呼んでおこう）も主張されている[36]。

5 若干の検討

共謀共同正犯をめぐる議論は，実行行為を行わない者にも共同正犯を認めることができるか，という問題と，どのような場合にそのような共同正犯を認めることができるか，という問題に分けることができる。前者については，形式的な実行の有無は正犯性の判断に決定的でないから，これを肯定すべきである。後者については，準実行行為説ないし実質的共同惹起説が妥当だと思われる。重要な因果的寄与があったかどうかの判断においては，共謀

---

[34] 井田・438 頁は，「支配といっても，因果過程を思うままに左右するところまでは要求されず，実現意思を第 1 次的に帰せられるべきものとされる程度に大きな役割を演じれば正犯とすることが可能」とするが，それでは「行為支配」と表現する意味があまりないように思われる。松原芳博「刑法総論の考え方(24)」法セ 675 号 109 頁は，重要な役割説と行為支配説は対立するものではなく，行為支配は重要な役割を具体化するための指導理念として機能する，とするが，同じような疑問がある。

[35] 西田・前掲注 15) 377 頁参照。亀井・前掲注 4) 107 頁以下，前田・414 頁，山口・323 頁も同旨であろう。

[36] 山口・324 頁。

を含めた行為者の行為全体が判断対象となり，共謀の事実だけで判断されるわけではない。

　判例は，実行共同正犯と共謀共同正犯の双方で共謀という概念を用いているので，共同正犯の主観的要件としての共謀は，共同実行の意思の連絡を意味することになる。このような意思の連絡＝共謀は，共同正犯が成立するための最小限の条件であって，共謀があれば常に共同正犯が成立するわけではない。実行共同正犯においては，共謀＝意思の連絡に自手実行というプラスアルファが加わって共同正犯が認められるのであるから，自手実行のない共謀共同正犯においては，自手実行に匹敵するプラスアルファが存在しなければならないのである。どのような場合にプラスアルファが認められるかは，個別具体的に判断されなければならないが，一応，次のように言うことができるであろう。

　まず，行為者が共謀にのみ参加し，その他には何もしていない場合には，当該共謀の形成に主導的役割を果たしたとか，共謀の維持に重要な役割を果たしたという事情（これがプラスアルファ）が認められれば，共同正犯を肯定することができるであろう。この類型には，上下関係に基づいて指揮命令したような支配型の場合だけでなく，力を出す代わりに知恵を出す（例えば犯罪計画を立てる）といった役割分担型（参謀型）の場合も含まれる。また，この類型の場合には，練馬事件判決が判示しているように，客観的な謀議行為の存在が原則として必要であろう。

　次に，行為者が，共謀以外に犯罪実現に寄与する行為（見張り，現場での指示，実行者の送り迎え等）を行っている場合には，その寄与が実行行為に準ずるだけの重要性を有していれば（これがプラスアルファ），共同正犯を肯定できる。実行に準ずる因果的寄与があったかどうかの判断においては，共謀の形成・維持における役割の大きさとそれ以外の行為の因果的寄与の大きさを相関的に考慮すべきであろう。

　裁判例では，共同正犯を肯定できるプラスアルファが認められる場合に限って，共謀共同正犯の「共謀」を肯定する見解もある。この見解によれば，共同実行の意思の連絡があっても，プラスアルファが認められない場合には，「共謀」が認められないことになる。共謀共同正犯の説明には，次の

2種類があることになる。

> 説明①　共謀（＝意思の連絡）＋α＋一部の者による実行⇒共同正犯
> 説明②　共謀（＝意思の連絡＋α）＋一部の者による実行⇒共同正犯

　どちらの説明でも結論は違わないが，プラスアルファが客観的行為である場合に，これを共謀に含めることにはかなり無理があること[37]，共謀を2種類の意味で用いると，混同が生じて，意思の連絡だけで共謀共同正犯を認めてしまう危険があること，などを考えると，説明①の方が望ましいように思われる。②のような説明が出てくるのは，判例が実行共同正犯以外はすべて共謀共同正犯としているからであるが，そもそも共謀共同正犯などというものは刑法の規定に存在しないのであって，存在しているのは共同正犯だけである。非実行者を共同正犯とするために共謀共同正犯という概念が作られると，その概念が一人歩きし始め，もっぱら共謀とは何か，共謀に当たるか，ということが議論されるようになる。しかし，最終的な判断基準は，共同正犯が成立するかどうかであることを忘れてはならないであろう[38]。

　すでに述べたように，わが国の実務では，「自己の犯罪」か「他人の犯罪」かで共同正犯と狭義の共犯を区別する主観説をとっているといわれる。そして，「自己の犯罪」かどうかの判断においては，経済的な利害を含めた犯行の結果との関わり合いの事情，実行に関与した者としなかった者との人的関係，実行に関与するかどうかを決定した事情，動機犯の場合は直接又は間接の動機の有無などの状況も合わせて，判断するものとされている[39]。

　もし「自己の犯罪」かどうかという実務の基準が，客観面とは別の，犯罪遂行に対する行為者の主観面での積極的傾向を問題にしているのだとすれ

---

[37]　プラスアルファを主観的要件としての共謀（謀議）を認定するための間接事実として捉える見方もある（大久保隆志「判評」平成15年度重判解〔ジュリ1269号〕160-161頁〔2005年〕参照）。しかし，明確な謀議は認められないが，客観的に重要な寄与はしているような（プラスアルファの比重が圧倒的に大きい）場合に，後者を前者を認定するための間接事実にすぎないとみるのは，不自然だと思われる。
[38]　拙稿・前掲注18)2545頁以下参照。
[39]　松本・前掲注14)51頁参照。

ば，それは，責任（それも量刑責任）の正犯・共犯論への混入という批判を受けざるを得ないであろう[40]。たしかに，正犯性の問題が，犯罪遂行における中心人物，第1次的当罰性を有する者を選び出すものであることは，広く認められているが，それは責任とは別個の問題である。妄想に支配され，「悪魔の命令に従って悪魔の行為として」人を殺害した責任無能力者による行為であっても，正犯性が否定されるわけではなく，単に責任が否定されるだけである。

　主観説に対しては，「犯罪実現への意欲や積極性，利益の帰属といった心情要素によってその有無を判断するとすれば，明確な状況証拠がない場合その認定はかなり困難であり，却って不安定なものになると思われる」という西田教授の批判も妥当する。このような批判に対して，菊池則明判事は，「主観的な正犯意思の認定には，証拠により認められる被告人の分担した役割を含めた諸事情を総合的に勘案せざるをえないのであり，主観的な心情のみで共謀共同正犯と認定することは困難と思われ（例えば，被告人ひとりが自分は犯罪においてリーダー格だと思っておりその旨供述していても，その他の共犯者はそう思わず，客観的な行動からも従属的な役割しか果たしていない場合には主観説によっても従犯とされよう），教授の説かれる『実行に準ずる重要な役割を果たしたか否か』との基準による場合とさほど結論において変わるとは思われない」と反論されている[41]。この点は，多くの実務家によって指摘されていることであって，おそらく当たっているのであろう。しかし，そうだとすれば，なぜ誤解されやすい主観説として構成しなければならないのかは，やはり疑問なように思われる。共同正犯の基準を実行に準ずるような事実的寄与という客観的な基準として構成した上で，その判断に際して，行為者の主観も必要な限度で考慮に入れるという方が，実態に即した分かりやすい理論構成であり，構成要件としての性格にもマッチしているからである。実務はすでにそのような基準をとっているというのであれば，主観説という名前はいかにもミスリーディングである。

　客観的な事実的寄与といっても，役割分担や心理的因果関係のあり方を判

---

40) 西田・前掲注15)382頁，橋本・前掲注28)19頁参照。
41) 菊池則明「共謀(2)——対等型共謀」小林＝植村編・前掲注11)215頁参照。

断するためには，外部に表われた事実だけでなく行為者の主観（より正確には共犯者全員の主観）を考慮する必要があることは否定できないであろう。また，行為者の主観は，故意として意味を持っており，正犯性は構成要件要素であるから，正犯性を客観的に構成したとしても，正犯性を基礎付ける事実を認識していなければ，故意が欠けて，正犯の成立を認めることはできない。

Ⅲ 実行行為を行う従犯

1 共謀共同正犯論の裏面

　共謀共同正犯は，実行行為を行わなくても共同正犯とされる場合であった。それでは，実行行為を行っても正犯にならない場合がありうるだろうか。実行行為を形式的に解するか実質的に解するかは別にして，実行行為を行う者が正犯と解する見解からは，実行行為を行いながら正犯でないということはあり得ない。これに対して，正犯性を実行行為概念から切り離す見解からは，実行行為を行いながら正犯でないという場合を認めることが可能である。この場合，正犯が否定されて認められるのは従犯であるので，以下では，「実行行為を行う従犯」と呼ぶことにする。実行行為を行う従犯の問題は，（共同）正犯か（狭義の）共犯かを判断する際に，実行行為の自手実行の事実をどのくらい重視するか，という問題であり，その意味で，共謀共同正犯論の裏面の問題ということができる。

　実行行為を行う従犯は，正犯と共犯の区別に関する主観説を前提にして，「故意ある幇助的道具」とも呼ばれている。実行行為を行っていても他人の犯罪として行った者は，「故意ある幇助的道具」として従犯になり，正犯者意思をもって背後でこの者を利用する者が正犯となる，という考えである。ドイツでは，婚外子Ａを出産した母親ＸがＹＹにＡの殺害を依頼し，ＹがＡを浴槽で溺死させた，という事案について，主観説から，Ｘを正犯，Ｙを幇助とした判決や，（旧）ソ連のＫＧＢの命令でソ連からの亡命者２名を殺害したＸを殺人の幇助とした判決などが存在している。

2 わが国の判例

　わが国の最高裁判例には，①通運会社の社長であるXがヤミ米を従業員Yに輸送させた事案について，Xが，「Yに命じて同人を自己の手足として判示米を自ら運搬輸送した」としてXを食糧管理法違反の実行正犯とした判決（最判昭和25・7・6刑集4巻7号1178頁）がある。判決は，XとYの共謀を否定しているので，Yを幇助と解しているものと思われる。下級審裁判例としては，例えば，以下のようなものがある[42]。

　②横浜地川崎支判昭和51・11・25判時842号127頁：覚せい剤の譲渡でXに頼まれて覚せい剤を引き渡し代金を受け取ったYについて，当初の役割は仲介役にすぎなかったこと，いちいちXから指示を受けていたこと，Xからは1円も受け取らなかったこと，などを理由に，「覚せい罪譲渡の正犯意思を欠き，XのAに対する右譲渡行為を幇助する意思のみを有したに過ぎないと認めざるをえないので，いわゆる正犯の犯行を容易ならしめる故意のある幇助的道具」である，とした。

　③大津地判昭和53・12・26判時924号145頁：覚せい剤を注射しようと試みてうまくいかなかったXに頼まれて，手を貸して注射してやった被告人Yについて，覚せい剤の使用には他人に使用させる場合も含まれるとしながら，「被告人は，自ら又は他人に覚せい剤を使用させようとの積極的意図を有していたとは認め難いのであって，覚せい剤使用の正犯意思を欠き，Xの覚せい剤使用行為を幇助する意思を有したにすぎない」として，幇助とした。

　④福岡地判昭和59・8・30判時1152号182頁：Aを殺害して覚せい剤を強取する犯行にX他3名と加わり，Aを騙して覚せい剤を受け取り，これを持って現場から逃走したYについて，Xに騙され，知らぬ間に本件犯行に巻き込まれたものであること，Aに対し強盗殺人を働かねばならぬ理由は全くなかったこと，他の共犯者にとってもYはせいぜいXの手下程度のものにすぎず，謀議の際にもただその場にいただけであること，犯行加担に

---

[42] 詳しくは，中森喜彦「実行行為を行う従犯」判タ560号67頁以下（1985年），亀井・前掲注4）114頁以下参照。

対する報酬付与の約束はなく現実にも与えられていないこと，自己の意思に基づいて行動したのではなく，すべて命令に従って言われるままに行動したものであること，覚せい剤を運んだのは，たまたまその場に居合わせたからにすぎず，被告人が本件犯行に不可欠の存在であったとは考えられないこと，などの事情を挙げて，「実行行為の一部を担当した事実があるにもかかわらず，Xら他の共犯者と共同して本件強盗殺人を遂行しようとするような正犯意思，すなわち共同実行の意思は到底認めることができない」として，強盗殺人の幇助とした。

⑤東京地判昭和63・7・27判時1300号153頁：拳銃の密輸入を企てたXから拳銃を隠した荷物の発送を依頼され，途中で未必的認識を抱いたにもかかわらず，そのまま発送したYについて，「被告人の本件への関与は，重要な部分に関するものではあるが，特に被告人でなくともなし得る形式的・機械的行為を行ったにすぎない」として，幇助とした。

学説では，実行行為を行う従犯を否定する見解と肯定する見解[43]が対立している。

3　若干の検討

まず，実行行為を行う従犯とされる事例には，行為者がすべての実行行為を行っている場合と一部の実行を分担しただけの場合があり，両者は区別して論じる必要がある[44]。

このうち，一部の実行を分担しただけの場合については，行為者が犯罪全体について責任を負うのは，他人の行為を通じた因果性によるものであるから，犯罪全体の経過において重要な役割を果たしていない場合には，共同正犯でなく従犯とすることに問題はないであろう。実行行為を一部でも行えば常に共同正犯であるというのは，形式的にすぎる。判例が，片面的共同正犯を認めないのは，このような考慮の一つの現れということができる。

---

43)　肯定説として，亀井・前掲注4)134頁以下，大塚ほか編・前掲注1)560頁以下〔堀内信明＝安廣文夫〕(1999年) など。否定説として，中森・前掲注42)71頁，山口・324頁参照。
44)　島田聡一郎『正犯・共犯論の基礎理論』221頁以下 (2002年)，小林・前掲注14)20頁以下参照。

これに対して，単独ですべての実行行為を行った者を，主観説に基づいて従犯にするのは，客観的な寄与を無視しすぎており，心情刑法との非難を受けざるをえないであろう。もっとも，次にみるように，「実行行為をすべて行った」かどうかという評価は，単に事実的・物理的にではなく，規範的観点も加味して行う必要がある。

4　背後の正犯

実行行為を行う従犯を認めて背後にいる者を正犯と解する場合には，背後者は，一般的な理解では，間接正犯ということになる[45]。しかし，故意も責任もある者を「道具」といえるかは疑問がある。理論的には，実行行為を行う従犯が認められるかどうかよりも，こちらの方が，より深刻な問題である。

1つの可能性としては，この場合は，本来は共謀共同正犯であるのに実行行為を行った他の共犯者が従犯に落ちてしまい，単独の共同正犯となったものと解することが考えられる。しかし，単独の共同正犯を，現行刑法が予定しているかは問題である。

もう1つの可能性としては，実行行為を規範的・実質的に解釈して，背後者を直接正犯と解することである。賄賂収受罪のように，身分犯で背後者が身分を有しており，自分がいなければ法益を侵害できない場合，あるいは，構成要件において事実行為でなく法律行為が問題となっており，背後者がその主体とみられる場合などは，このような解釈も十分可能であろう[46]。

島田教授は，「公務員甲がタイピスト乙に命じて甲名義の内容虚偽文書を作らせた場合，……公務員の名義に裏付けられた『無形偽造』という構成要件的結果は，まさに甲の下で発生しているから，甲こそが直接行為者であ

---

[45]　大谷・170頁は，機械的事務処理者として一方的に利用されている道具にすぎないから，間接正犯が認められる，とする。

[46]　成瀬教授は，公務員Xが妻Yに賄賂を収受させた場合の，Yの収受行為は，Xの「身分及び収受」と併せ考慮しなければ「職務に関する」ものでも，「賄賂」でもないから，端的にXの収受行為と評価することができる，とされている。成瀬・前掲注24）85頁注4。また，中森・前掲注42）71頁は，経済的利益の移転が中心にある犯罪については，その利益の主体でない者に正犯性を否定するのは，構成要件の実質的解釈の枠内にあるものとみることができる，とする。

り，乙はそれに関与したにすぎないと解釈する余地があり得よう」とされている。また，証券取引法の相場操縦罪についても，「甲が乙に指示して株式の買い付け注文行為を行わせた場合，株式市場の公正な価格形成の確保の危険と直接結びついた『売買』結果は，実質的な売り主と買い主との間の意思の合致によって生じるから，乙の注文の後に甲の意思に基づく行為があると考えられ，結果はまさに甲の意思の下で発生しているのであり，甲が実行正犯である，ということができる」とされる。これに対して，最高裁の食糧管理法違反事件については，ヤミ物資の移転を防止するという保護法益の侵害と直接結びついている行為は，やはり使用人が行っている運搬行為だといわざるをえない，とされている[47]。妥当な見解だと思われる。

このように，背後者を直接正犯とみることができる場合には，自ら実行行為を行った者は，法的には「実行行為をすべて行った」とはいえず，乙の役割の程度によっては，従犯と評価することが可能になる。

---

47) 島田・前掲注44)228頁以下参照。

第22章

共犯論 (3)

I はじめに

本書の最終回になるが，連載時にとりあげることができなかった共犯の諸問題のなかから4つの問題をとりあげることにしたい。

II 共犯と身分

1 65条1項と2項の関係

(1) 判例・通説の問題点

刑法65条1項は，共犯者間における身分の連帯性を，同条2項は身分の個別性を定めている。両者の関係をどのように理解するかが共犯と身分に関する主たる問題であり，刑法総論の難問の1つである。

判例・通説は，1項は構成身分，2項は加減身分として，形式的に区別する。この見解は，文言に素直な解釈ではあるが，なぜ構成身分が1項で連帯的に作用し，加減身分が2項で個別的に作用するのか，その理論的根拠が明らかでないという問題がある。理論的根拠が明らかでなくとも，適用に困らないのであれば，実務上は問題ないが，実際にはある身分が構成身分か加減身分か明らかでない場合は多い。

例えば，業務上横領罪が単純横領罪の加重規定であり，業務上他人の財物を占有する者という身分が加減身分であることは明らかである。しかし，委託を受けて他人の財物を占有する者という身分が，占有離脱物横領罪との関係で構成身分なのか加減身分なのかは，明らかではない。同じ横領罪である

以上，加減身分として2項の身分となりそうだが，そうは解されていない。

事後強盗罪における窃盗犯人については，1項の身分と解する裁判例（大阪高判昭和62・7・17判時1253号141頁）と2項の身分と解する裁判例（新潟地判昭和42・12・5下刑集9巻12号1548頁，東京地判昭和60・3・19判時1172号155頁）が存在しているが1)，条文から形式的にどちらかを判断することはできない。特別公務員暴行陵虐罪についても，同罪が暴行罪の不真正身分犯なのかどうかは，条文を見ているだけでは答えは見つからない。

(2) 違法身分と責任身分

このように条文の文言だけからは明らかでない場合には，65条の理論的根拠に立ち返って解釈しなければ，妥当な解釈を導くことができない。そのような理論的根拠を持たないこと（したがって，行きあたりばったりの解釈にならざるをえないこと）が通説の問題点なのである。そのような理論的根拠として考えられるのが，違法の連帯性と責任の個別性であり，1項の身分は違法性を基礎づける違法身分であり，2項の身分は責任の軽重を基礎づける責任身分ということになる2)。問題は，構成身分と加減身分という区別が，違法身分と責任身分という区別と必ずしも一致していない（ように見える）ことである。そこで，西田典之教授は，違法身分であれば1項の身分で，責任身分であれば2項の身分であるという見解を主張された3)。基本的に妥当な見解だと思われるが，西田説が，身分によって特に軽重のある場合であるのに，違法身分であるから1項を適用するというのであれば，それは，罪刑法定主義に違反する解釈（説明）といわざるを得ないであろう4)。1項を適用するためには，それが「犯人の身分によって構成すべき犯罪」といえなくては

---

1) そもそも身分犯ではないという見解も有力である。詳しくは，拙稿「刑法各論の考え方・楽しみ方(13)」法教370号87-88頁（2011年）参照。
2) 違法・責任と関係のない政策的理由から身分が規定されている場合も個別的に作用するから，厳密には非違法身分ということになる。ただし，一身的刑罰阻却事由が個別的に作用するのは当然のことなので，身分犯の問題とは解されていない。
3) 西田典之『新版 共犯と身分』171頁以下（2003年）参照。これに賛成する見解として，内藤・（下Ⅱ）1406頁，林・431頁，山口・327頁など参照。
4) 浅田・449頁，松原芳博「刑法総論の考え方(27)」法セ678号114頁（2011年）参照。松原教授は，加減的違法身分に65条1項を適用するのは罪刑法定主義に違反する疑いがあるので，保護責任者遺棄や業務上横領など，明白に加重減軽類型として規定されている身分については，実質が違法身分であっても，罪刑法定主義の制約から2項を適用すべきとする。

ならない。そして，犯罪の主体が違法身分である犯罪を「犯人の身分によって構成すべき犯罪」と解することは可能だと思われる。例えば，遺失物等横領罪，単純横領罪，業務上横領罪は，同じ横領という名前で刑法典の同じ章に規定されているが，単純横領罪と業務上横領罪は，委託物横領罪として，占有離脱物横領罪とは独立の犯罪であり，単純横領罪は真正身分犯であると考えられている。同様に，特別公務員暴行陵虐罪や事後強盗罪を真正身分犯と解するためには，両罪は，暴行罪とは独立の犯罪であると解する必要があるが，横領罪の解釈が罪刑法定主義に反することがないのであれば，これらの解釈も罪刑法定主義に反することはないであろう。

　共犯と身分の問題が刑法総論の難問であることと関連して，保護責任者遺棄罪と単純遺棄罪の関係は，刑法各論の難問中の難問である。判例・通説からは，保護責任者遺棄罪には作為の遺棄と不作為の遺棄及び不保護が含まれるが単純遺棄罪には作為の遺棄だけが含まれるので，保護責任者という身分は，作為類型については，加重身分として2項の身分となり，不作為類型については，構成身分として1項の身分となる。その結果，非身分者が保護責任者による不保護に関与した場合には1項が適用され，遺棄に関与した場合には2項が適用される。例えば，母親の愛人が，子供を捨ててこいと母親に教唆して，母親が子供を遺棄すると，2項により単純遺棄罪の教唆で処罰されるが，子供の世話をするなと母親に教唆して，母親が子供の生存に必要な保護をしないと，1項により保護責任者遺棄罪の教唆で処罰される。この結論は明らかに不均衡である。

　これに対して，違法身分か責任身分かで区別する見解からは，保護責任者という身分を違法身分と考えるのであれば，1項の身分として身分のない共犯者にも保護責任者遺棄罪が適用されることになる。そのためには，保護責任者遺棄罪を単純遺棄罪とは独立の犯罪と解する必要があるが，単純横領罪を遺失物横領罪と独立の犯罪と解することが可能なのであれば，このような解釈も可能であろう。これに対して，保護責任者遺棄罪における保護責任者という身分を責任身分と考えれば，2項の身分ということになる。この場合，非身分者の不保護は不可罰であるから，不保護に関与した非身分者は不可罰と解すべきであろう（不可罰とは刑の減軽の極限である）[5]。

以上のように，ある身分が違法身分か責任身分かは自明のものではない。この点が，違法身分と責任身分で区別する見解に対する最大の批判点となっているが，解釈によって違法身分か責任身分かを確定しさえすれば，その後は，明確に適用できるのであるから，決定的な問題とはいえない[6]。判例・通説の立場からも，1項の身分か2項の身分かが明らかでない場合は存在しており，しかも，判例・通説には，そのような場合にどちらかを決定する実質的基準がないのであるから，このような批判は，自らに帰ってくるだけである。

　なお，学説では，違法身分であっても法益侵害性に影響する違法身分は1項で義務違反性に影響する違法身分は2項とする見解がある[7]。この見解は，行為無価値論に基づいて法益侵害性に影響しない身分をも違法身分と解するだけで，法益侵害性に影響する身分を1項とする点では西田説と同じである。両説を一緒に扱うためには，中立的に，法益侵害性に影響する身分は1項，それ以外の身分は2項と説明してもかまわない[8]。例えば，特別公務員職権濫用罪は，特別公務員の職務執行の公正さを保護法益とする罪であるから，特別公務員という身分は法益侵害性に影響する1項の身分である[9]。

---

5) 詳しくは，拙稿「刑法各論の考え方・楽しみ方(5)」法教359号101-102頁（2010年）参照。筆者自身は，保護責任者は違法身分と解している。
6) オーストリア刑法の身分犯規定（14条）は，違法身分の連帯性と責任身分の個別性を定めているが，実務上特に問題なく運用されているようである。十河太朗『身分犯の共犯』119頁以下（2009年）参照。
7) 井田・512頁以下参照。伊東・366-367頁，内田幸隆「共犯の諸問題」曽根威彦＝松原芳博編『重点課題刑法総論』252頁（2008年）も参照。
8) その他，学説では，非身分者が身分者の行為に加担した場合には，常に65条1項によって罪名および科刑を連帯させ，65条2項は，一身的処罰阻却事由や心神耗弱，中止犯，自首など，従来，身分犯の問題ではないとされてきたものに限る見解も主張されている（十河・前掲注6)254頁以下）が，責任身分を連帯的に作用させるのは，個人責任の原則に反するであろう。松原・前掲注4)117頁注6参照。逆に，身分犯の義務犯的な理解から，違法身分も個別的に作用すると解する見解も主張されているが（松宮・304頁以下参照)，法益侵害の連帯性を否定することはできないと思われるし，一貫させると非身分者は共犯としても不可罰になるのではないかという疑問がある。西田・402頁，山口厚「共犯と身分をめぐって」司法研修所論集103号58頁（2000年）参照。
9) 西田・402頁参照。松宮・302頁は，このような解釈は罪刑法定主義に反するとする。

2 罪名従属性の問題

　65条2項は個別性を定めるので，共犯の罪名従属性が問題となる。学説では，1項は共犯の成立の問題，2項は科刑の問題として，罪名従属性を貫く見解があるが[10]，罪名と科刑が分離するのは妥当でない。犯罪共同説に立つのであればともかく，そうでない以上，共犯者間の罪名が一致する必要はない。条文は「通常の刑を科する」となっているが，単に刑だけでなく，「通常の犯罪」が成立すると解すべきである[11]。

　しかし，判例は，必ずしもそうは解してない。すなわち，占有者の身分なき者が業務上占有者たる身分のある者と共に後者の占有する金員を横領したときは，1項により業務上横領罪の共同正犯が成立し，非身分者には2項により単純横領罪の刑が科されている（最判昭和32・11・19刑集11巻12号3073頁）。特別背任罪の身分のない者が身分のある者と共同で背任行為を行った場合にも，身分のない者には1項で特別背任罪の共同正犯が成立し，2項で通常の背任罪の刑が科されている（大阪地判平成13・3・29刑集59巻8号1170頁）。抽象的事実の錯誤に関する判例（最決昭和54・3・27刑集33巻2号140頁）は，罪名と科刑の分離を認めていた実務の伝統的立場を改めて，両者を一致させるようになっているが，これらの判例においては，従来の立場が引き継がれているのである。

　これに対して，公職選挙法の総括主宰者と共謀した者について，「刑法第65条第2項の『通常ノ刑ヲ科ス』とは一応身分ある者の犯罪が成立して刑だけを通常の例によるという意味ではなく，はじめから通常の犯罪が成立する意味と解する」とする仙台高判昭和30・9・13裁特2巻18号947頁，常習性の認められない共犯者について，単純賭博罪の幇助犯が成立するにすぎないとする東京地判平成2・10・12判タ757号239頁，営利の目的をもつ者の大麻の密輸入を営利の目的をもたない者が幇助した場合には，刑法65条2項により，大麻密輸入罪の規定（大麻取締法24条1項）を適用すべきであり，営利目的大麻密輸入罪の規定（同条2項）を適用した原判決は法令の適

---

10) 大塚・331頁，佐久間・403頁，団藤・418頁，福田・289頁，藤木・303頁など参照。
11) 西田・401頁，西田ほか・注釈964頁〔小林憲太郎〕参照。

用の誤りがある，とする東京高判平成10・3・25判時1672号157頁など，罪名と科刑を一致させる裁判例も存在しており，こちらの方が妥当であろう。

以上は，加重身分のある者に加重身分のない者が関与した場合にどのような罪が成立するかが問題になったものであり，罪名の問題にすぎないとも言えるが，加重身分のある者がない者に関与した場合にどのような罪が成立するかは，より実質的な処罰に関係している。

判例によれば，子が第三者に父親の殺害を教唆した場合には尊属殺人罪の教唆犯が成立し（大判大正12・3・23刑集2巻254頁〔ただし判旨にはなっていない〕），常習者が非常習者の賭博を幇助した場合には，常習賭博罪の幇助犯が成立する（大判大正3・5・18刑録20輯932頁，大判大正12・2・22刑集2巻107頁）。この場合，1項で単純賭博罪の幇助犯が成立し，2項で常習賭博罪の幇助犯刑を科すとするのは，成立していない犯罪の刑を科すことになって疑問があり，判例も2項により常習賭博罪の幇助犯成立を認めている。そうだとすると，上記の業務上横領罪に関する判例の処理も変更されるべきであろう。通説も判例を支持しており[12]，このような立場からは，2項は共犯の従属性を修正する規定ということになる。

これに対して，罪名従属性を共犯の「2次的責任性」の問題と解する見解からは，正犯に成立する犯罪よりも重い犯罪を成立させることは，65条2項を適用してもできないことになる[13]。

3 刑法65条の適用範囲

(1) 身分の概念

刑法65条にいう身分の概念について，判例（最判昭和27・9・19刑集6巻8号1083頁）は，「男女の性別，内外国人の別，親族の関係，公務員たるの資格のような関係のみに限らず，総て一定の犯罪行為に関する犯人の人的関係である特殊の地位又は状態を指称する」と定義している。この定義によっ

---

[12] 浅田・451頁，大谷・458頁，西田・411-412頁，前田・530頁，山中・940頁，松原・前掲注4)115頁，西田ほか・注釈967頁〔小林憲太郎〕など参照。

[13] 山口・334-335頁参照。

て，例えば，収賄罪の「公務員」(197条以下)や背任罪の「他人の事務処理者」(247条)が身分に当たることについては異論がない[14]。判例(最判昭和42・3・7刑集21巻2号417頁)は，さらに，営利の目的のような主観的要素も身分に当たると解している。これに対して，学説では，身分はある程度永続的な地位に限り，目的のような一時的な主観的要素は含まれないという見解も有力である[15]。後者の見解の方が一般の日常用語に近いが，判例のような見解も拡張解釈の範囲内であろう。営利の目的がある場合を加重処罰している場合に，そのような目的を有していない共犯者を軽く処罰するためには65条2項を適用することが必要であり，判例の立場を支持すべきである[16]。

(2) 65条1項の適用範囲

判例・通説は，65条1項を共同正犯にも適用しているが，狭義の共犯に関する規定であるとする見解も有力である[17]。その背後には，身分犯を特別の身分をもつ者だけに課された義務に違反する犯罪(義務犯)と解して，そのような身分をもたない者は，正犯になることはできないとする考えがある[18]。しかし，因果的共犯論，特に混合惹起説の立場から，このような立場をとると，正犯の義務違反(正犯違法)を惹起することはできても，自ら義務に違反して共犯違法を惹起することができない以上，共同正犯だけでなく狭義の共犯も成立しないといわなければ一貫しないが，そのような結論が

---

14) 判例(最決昭和40・3・30刑集19巻2号125頁)は，強姦罪を真正身分犯と解しているが，女性も強姦罪の手段である暴行・脅迫を行うことができるとして，これを否定する見解が有力である。強姦罪は男性がいなければ実行することはできないが，それは事実上の障碍であって，厳密な意味での身分犯ではないというのである(疑似身分犯と呼ばれる)。高橋・459頁，松宮・300頁，山口・328頁，山中・944頁など参照。身分犯を義務犯と解して65条1項に共同正犯を含めない見解をとるのであれば，このような見解に意味があるが，そうでないならば，疑似身分犯という類型を認める必要はないと思われる。西田・405頁参照。
15) 大塚・329頁，高橋・462頁，林・433-434頁，福田・292頁注1，前田・468頁，山中・942頁など参照。
16) 井田・514頁，団藤・419頁，西田・408頁，平野・Ⅱ372頁，松宮・300頁，山口・330頁，西田ほか・注釈963頁〔小林憲太郎〕など参照。
17) 大塚・333頁，団藤・420頁，福田・294頁，松宮・298頁，山中・937頁など参照。
18) 西田・410頁参照。もっとも，浅田・448頁は，義務犯説を否定しながら，1項に共同正犯が含まれることを否定している。

妥当でないことは明らかである[19]。特定の身分を有することによってはじめて法益を侵害することが可能な犯罪があり（例えば，公務員でなければ収賄罪の保護法益を侵害することはできない），その意味で，特別の義務が課されているということは可能であるが，身分を有しない者であっても，身分を有する者と共同で法益を侵害することは可能であるから，1項は共同正犯にも適用があると解すべきである。

III 必要的共犯

1 必要的共犯の概念

犯罪の中には複数の行為者の関与が不可欠な犯罪があり，必要的共犯と呼ばれている（そうでない犯罪の共犯は，任意的共犯と呼ばれる）。必要的共犯は，同一方向での協働である多衆犯（集団犯）と対向的な協働である対向犯に分けられる。前者の例が，内乱罪（77条），騒乱罪（106条），凶器準備集合罪（208条の3）などであり，後者の例が，重婚罪（184条），収賄罪（197条以下），贈賄罪（198条）などである。

理論的に問題とされているのは，多衆犯については，集団の外部の者に共犯規定の適用があるかという点であり，対向犯については，特別の処罰規定がなければ対向犯を処罰することはできないのかという点である。

2 多衆犯と共犯規定

例えば，内乱罪は，集団内での役割に応じて，首謀者，謀議参与者・群衆指揮者，職務従事者，付和随行者・暴動参加者という類型に分けて，法定刑を規定している。そこから，集団外の者については不可罰にする趣旨であり，共犯規定の適用はない，という見解が主張されている[20]。しかし，通説は，集団の外部にあって関与する者について共犯規定の適用による処罰を否定する理由はないとしており，通説が妥当である。

---

19) 西田・402頁，松原・前掲注4)115頁参照。
20) 大塚・276頁，団藤・434頁など参照。

3 対向犯

　対向犯について，収賄罪のみを処罰し贈賄罪の規定がなかった旧刑法下の判例（大判明治37・5・5刑録10輯955頁）は，収賄行為の必要的加担行為である贈賄行為を処罰する規定がない以上，収賄の共犯としてもこれを処罰することはできないと解していた。戦後の判例では，最判昭和43・12・24刑集22巻13号1625頁が，「弁護士法72条は，弁護士でない者が，報酬を得る目的で，一般の法律事件に関して法律事務を取り扱うことを禁止し，これに違反した者を，同法77条によって処罰することにしているのであるが，……同法72条の規定は，法律事件の解決を依頼する者が存在し，この者が，弁護士でない者に報酬を与える行為もしくはこれを与えることを約束する行為を当然予想しているものということができ，この他人の関与行為なくしては，同罪は成立し得ないものと解すべきである。ところが，同法は，右のように報酬を与える等の行為をした者について，これを処罰する趣旨の規定をおいていないのである。このように，ある犯罪が成立するについて当然予想され，むしろそのために欠くことができない関与行為について，これを処罰する規定がない以上，これを，関与を受けた側の可罰的な行為の教唆もしくは幇助として処罰することは，原則として，法の意図しないところと解すべきである」と判示している。

　学説も，対向犯の相手方の不可罰性を認めるのが一般的であるが，その理由としては，上記判例と同様の立法者意思に求める見解とより実質的な根拠に求める見解がある。

　立法者意思説の論者は，定型的な関与を超えた関与者は処罰されるとする[21]。わいせつ物販売は購入者の存在が不可欠であるが，真に不可欠な行為は買い受ける行為だけであるから，売ってくれと働きかける（教唆する）行為は必要的共犯ではないという見解もあり得るが，そこまで限定する見解はなく，執拗に販売を働きかけた場合に教唆犯として処罰されるとするのが一般である。しかし，このような見解に対しては，処罰の限界が極めて不明

---

21)　大谷・394頁，団藤・432頁以下など参照。

瞭になるという批判がある[22]。

これに対して，実質説は，相手方が被害者である場合（違法性がない）や可罰的責任がない場合を不可罰性の根拠として挙げる[23]。この立場からは，弁護士法72条に違反する非弁活動の依頼者は，十分な弁護活動を受けられないという意味では被害者であるから，不可罰であると説明される[24]。しかし，そのように説明すると，被害者の同意があるにもかかわらずなぜ相手方（非弁活動を行う者）を処罰できるのかという問題が生じてくる。生命や身体という保護法益と異なり，このような場合について，パターナリズムの観点から処罰を正当化することは困難であろう。わいせつ物販売罪についても購入者は被害者であるから不可罰であると説明する見解があるが[25]，わいせつ物販売罪の保護法益は性的風俗であると解するのが一般的であるし，仮に，購買者の法益と解しても，パターナリズムの観点から処罰を正当化することはいっそう困難である。

この問題を研究された豊田兼彦教授は，上記事例のような「他者侵害的な片面的対向犯」の場合，正犯行為の違法性は，正犯が不特定の第三者と繰り返し共働する可能性を持っていること（「増幅作用」）によって特徴づけられ，関与者は，この増幅作用を自ら実現しない限り，必要的関与として不可罰になるとされる[26]。相手方が被害者である場合や可罰的責任がない場合がありうることを否定する必要はないが[27]，上記事例のような場合の説明としては豊田教授の見解の方が妥当だと思われる。

実質説も立法者意思説を否定するわけではない[28]。対向的関与者を処罰しないという立法者の意思が明確であるならば，罪刑法定主義の観点から，

---

22) 西田・376頁，山口・338頁など参照。
23) 平野・Ⅱ379頁以下，山口・339-340頁。
24) 山口・339頁。この場合は，被害者であるから，いかに執拗に依頼しても，処罰されることはない。
25) 平野・Ⅱ379頁参照。
26) 豊田兼彦『共犯の処罰根拠と客観的帰属』106頁（2009年）。
27) 未成年者に対する煙草の販売者を処罰する規定（未成年者喫煙禁止法5条）は，パターナリズムからの説明が可能である。西田・377頁参照。
28) 浅田・402頁，内藤・（下Ⅱ）1416頁，西田・378-379頁など参照。西田・379頁は，概念的に当然必要とされる対向的関与行為に限るべきであり，その範疇に入る以上は，その定型性や通常性を問題にすべきでないとする。

実質的理由の有無にかかわらず，処罰すべきではないのは当然のことである。しかし，立法者意思は明らかでない場合が多い[29]。そこで，判例がいう「原則として」とは，定型的に予想される関与の範囲内であればという意味ではなく，必要的共犯の相手方を処罰する規定がない場合には，立法者の反対の意思が明らかでない限り，処罰しない意思であることが推定される，という趣旨に理解すべきであろう。逆に言うと，法案の起草者の解説や立法過程における議論などから，処罰する意思が明らかである場合には，共犯規定の適用は可能だということになる。例えば，金融商品取引法のインサイダー取引の罪（166条）は，内部者による取引の他に，内部者から直接内部者情報を受領した者（第1次情報受領者）による取引も処罰している。この場合，情報提供者の存在が不可欠であり，必要的共犯として情報提供者は常に不可罰になるのかが問題となる。しかし，立案担当者による解説は，共犯として処罰される場合があることを明言しており[30]，立法者意思は不可罰とするものではないと考えるべきである。実質的に考えても，情報提供者には類型的に違法性がないとか責任がないとかいうことはできないし，第1次情報受領者の行為に増幅不法があるということもないから，情報提供者を第1次情報受領者によるインサイダー取引の罪の共犯として処罰しうると考えるべきである。第1次情報受領者に処罰範囲を限定するためにこのような規定の仕方になっただけであろう。

Ⅳ 過失犯の共同正犯

1 過失と共犯

刑法61条1項の「人を教唆して」，62条1項の「正犯を幇助した」という

---

29) 必要な関与行為であっても，立法者は，まさにそれを共犯として処罰できるからこそ，規定しなかったと解することも可能である。そこで，林・429頁は，実質説だけによるべきだとする。
30) 横畠裕介『逐条解説・インサイダー取引規制と罰則』127頁（1989年）。なお，平山幹子「インサイダー取引規制と共犯の成立範囲」(http://www.21coe-win-cls.org/activity/pdf/8/06.pdf) 参照。

文言は，故意の場合を予定しており，過失による教唆・幇助は不可罰であると解するのが通説であり，実務上も過失による教唆・幇助を認めた裁判例は存在していない。これに対して，結果的加重犯の共犯については，判例は加重結果に過失を要求していないので，共同正犯，狭義の共犯ともに，実務上問題なく認められており，加重結果に過失を要求する学説においても，ほぼ異論なく認められている。したがって，議論があるのは主に過失犯の共同正犯についてである。

2 判例の状況

大審院の判例は，共犯に関する総則規定は過失犯には適用されないとしていたが[31]，最高裁の判例は，過失犯の共同正犯を肯定している。すなわち，最判昭和28・1・23刑集7巻1号30頁は，以下のように判示している。「原判決は，被告人両名は，飲食店Aから仕入れた『ウイスキー』と称する液体には『メタノール』（メチルアルコール）を含有するかも判らないから，十分にこれを検査し，『メタノール』を含有しないことを確めた上で，客に販売すべきであったに拘らず，不注意にも何等の検査をせず，被告人両名は，『意思を連絡して』本件液体を販売した事実を認定したのである。即ち，原判決は，被告人両名の共同経営にかかる飲食店で，右のごとき出所の不確かな液体を客に販売するには『メタノール』を含有するか否かを十分に検査した上で，販売しなければならない義務のあることを判示し，被告人等はいずれも不注意にもこの義務を懈り，必要な検査もしないで，原判示液体は法定の除外量以上の『メタノール』を含有しないものと軽信してこれを客に販売した点において有毒飲食物等取締令4条1項後段にいわゆる『過失ニ因リ違反シタル』ものと認めたものであることは原判文上明らかである。しかして，原判決の確定したところによれば，右飲食店は，被告人両名の共同経営にかかるものであり，右の液体の販売についても，被告人等は，その意思を連絡して販売をしたというのであるから，此点において被告人両名の間に共

---

[31] 大判明治44・3・16刑録17輯380頁，大判大正3・12・24刑録20輯2618頁。もっとも，大判昭和10・3・25刑集14巻339頁は，過失致死罪の共同正犯を認めた原判決に対する上告を棄却しており，大審院の立場に変化があった可能性もある。

犯関係の成立を認めるのを相当とするのであって原判決がこれに対し刑法60条を適用したのは正当であって，所論のような違法ありとすることはできない」。

その後の下級審裁判例も，過失犯の共同正犯を肯定する立場に立っているといってよい。その代表的裁判例である東京地判平成4・1・23判時1419号133頁（世田谷ケーブル事件）は，電話ケーブルの接続部を被覆している鉛管をトーチランプの炎により溶解開披して行う作業に共同で従事していた被告人両名が，作業で使用した計2個のトーチランプを確実に消火したことを相互に確認し合い，共同して火災の発生を未然に防止すべき業務上の注意義務があったのにも拘わらず，これを怠り，両名共に同所を立ち去った過失により，2個のトーチランプのうちとろ火で点火されたままの状態にあった1個のトーチランプから炎を電話ケーブル等に延焼させ，よって公共の危険を生じさせた，として業務上失火罪の共同正犯の成立を認めた。判決は，「いわゆる過失犯の共同正犯の成否等に関しては議論の存するところであるが，本件のごとく，社会生活上危険かつ重大な結果の発生することが予想される場合においては，相互利用・補充による共同の注意義務を負う共同作業者が現に存在するところであり，しかもその共同作業者間において，その注意義務を怠った共同の行為があると認められる場合には，その共同作業者全員に対し過失犯の共同正犯の成立を認めた上，発生した結果全体につき共同正犯者としての刑事責任を負わしめることは，なんら刑法上の責任主義に反するものではない」と判示している[32]。過失犯の共同正犯の成立を否定した裁判

---

32) 過失の共同正犯を認めたその他の裁判例として，XとYが事務室で共同して煮炊きをして過失で建物を焼損した事案について失火罪の共同正犯を認めた名古屋高判昭和31・10・22裁特3巻21号1007頁，船舶運航技能のないXとYが好奇心からXが船の操舵をYが船の機関部の操作を行い過失で船を座礁させた事案について過失往来妨害罪の共同正犯を認めた佐世保簡略式命令昭和36・8・3下刑集3巻7＝8号816頁，共同して踏切警手の業務に従事していたXとYがともに不注意で遮断機を閉鎖しなかったため衝突事故で被害者を死亡させた事案について業務上過失致死罪の共同正犯を認めた京都地判昭和40・5・10下刑集7巻5号855頁，XとYが交替で溶接作業を行っていた際に，溶接箇所と可燃物との遮蔽措置を講じなかったため，建物を焼損した事案について，業務上失火罪の共同正犯を認めた名古屋高判昭和61・9・30判時1224号137頁，不適切な薬剤を準備した看護師とそれを漫然注射した看護師に業務上過失致死罪の共同正犯を認めた東京地判平成12・12・27判時1771号168頁〔都立広尾病院事件〕などがある。

例[33])も，過失犯の共同正犯の存在を理論的に否定しているわけではない。

　もっとも，実務で過失犯の共同正犯が認められることは少なく，過失犯の同時犯（過失競合）が認められることが多い。例えば，ホテルの火災事故におけるホテルの代表取締役 X と取締役専務で X の妻である Y（宇都宮地判昭和 60・5・15 刑月 17 巻 5・6 号 603 頁，最決平成 2・11・16 刑集 44 巻 8 号 744 頁〔川治プリンスホテル事件〕），HIV ウィルスに汚染された非加熱製剤の回収を怠って患者を死亡させた製薬会社の代表取締役社長，同社代表取締役副社長兼研究本部長，代表取締役専務兼製造本部長（大阪地判平成 12・2・24 判時 1728 号 163 頁，大阪高判平成 14・8・21 判時 1804 号 146 頁〔薬害エイズ事件ミドリ十字ルート〕），がん患者に抗がん剤を過剰投与して死亡させた主治医，指導医，科長（さいたま地判平成 15・3・20 刑集 59 巻 9 号 1570 頁〔埼玉医科大学事件〕），患者の同一性確認を怠って患者を取り違えて手術をしてしまった病棟看護師，手術室看護師，執刀医，麻酔医（東京高判平成 15・3・25 刑集 61 巻 2 号 214 頁〔横浜市大付属病院事件〕）などについても，過失犯の同時犯とされている。これらの判決が共同正犯の成立を明示的に否定したわけではないので（検察官の起訴をそのまま認めただけなので）確定的なことは言えないが[34)]，実務は過失犯の共同正犯をかなり限定的に解しているのではないかと推測される。

---

33) 患者の主治医である医師 X および Y と誤って患者に薬を注射した看護師 Z の過失競合であって，X と Y の共同正犯を認めた原判決は誤りであるとした広島高判昭和 32・7・20 裁特 4 巻追録 696 頁，工事責任者 X と部下 Y および Z が工事中に喫煙をして建物を焼損したが，誰の煙草から出火したか特定できない事案について，過失犯の共同正犯を否定して，X は，自ら喫煙を慎む注意義務と配下の従業員に喫煙を避けしめる注意義務を怠ったとして重失火罪の成立を認めた秋田地判昭和 40・3・31 下刑集 7 巻 3 号 536 頁，過失で被害者を死亡させた従業員 Y と経営者 X の間に共同実行の相互的な意思の連絡があったとは認められないうえ，現場にいなかった X に結果を予見できたとは限らないとして，X の過失責任を否定した越谷簡判昭和 51・10・25 判時 846 号 128 頁などがある。さらに，過失犯の共同正犯を否定した明石市歩道橋事件第 1 審判決（神戸地判平成 16・12・17 刑集 64 巻 4 号 501 頁）について，後掲注 43)参照。

34) 訴訟法的には，過失犯の共同正犯が成立する場合であっても単独正犯を認定してかまわないと考えられる。故意犯に関する最決平成 21・7・21 刑集 63 巻 6 号 762 頁参照。

3　学説の状況

以前の学説においては，犯罪共同説は，故意の共同が必要であるとして否定説に立ち，行為共同説は肯定説に立っていた。しかし，現在では，(部分的) 犯罪共同説の立場からも，過失の実行行為を共同していれば共同正犯を認めることができるとする見解が一般的になっており，このような対立はほぼ解消されている[35]。

過失犯の共同正犯を肯定する見解が通説化すると，議論の中心は，どのような場合に共同正犯を肯定することができるかという問題に移った。この点については，上記下級審裁判例と同様に，相互利用・補充による共同の注意義務を負う複数の者に，その注意義務を怠った共同の行為があると認められる場合に，過失犯の共同正犯の成立を認めることができるとする見解が有力（おそらく通説）である[36]。

肯定説が通説化した現在でもなお否定説が有力に主張されている。その根拠は，従来の否定説のように過失犯の共同正犯の理論的可能性を否定するのではなく，これを認めながら，通説のように「共同義務の共同違反」を要求するのであれば，過失同時犯に解消することができるので，共同正犯を認めることは不要であり，過度の処罰を招く虞がある点で危険でもある，と主張するものである[37]。この他に，過失犯の共同正犯を認める特別の規定がないので過失の共同正犯を認めることはできないという指摘もなされている

---

[35] 大塚・281頁，福田・273頁など参照。先駆的論文として，内田文昭『刑法における過失共働の理論』（1973年）参照。近時の論文として，山口厚「過失犯の共同正犯についての覚書」『西原春夫先生古稀祝賀論文集(2)』387頁以下（1998年），嶋矢貴之「過失犯の共同正犯論——共同正犯論序説(1)(2・完)」法協121巻1号77頁，10号1657頁（2004年），金子博「過失犯の共同正犯について——『共同性』の規定を中心に」立命館法学326号26頁以下（2009年），内海朋子「過失共同正犯論について」刑法50巻2号135頁（2011年）など参照。

[36] 内田・前掲注35)60頁以下，藤木英雄「過失犯の共同正犯」研修263号13頁（1970年），大塚仁「過失犯の共同正犯の成立要件」曹時43巻6号3頁以下（1991年），橋本正博「過失犯の共同正犯について」研修743号10頁（2010年），内海・前掲注35)135頁，伊東・376頁，大谷・414頁以下，川端・539頁，佐久間・371頁，福田・270頁など参照。なお，金子・前掲注35)168-169頁は，共同義務の共同違反によって共犯全体を基礎づける「共同性」が示され，さらに正犯と狭義の共犯の区別が問題になるとする。

[37] 井田・476頁，高橋・438頁参照。また，前田・506頁は，過失の共同正犯を観念することは不可能ではないが，過失単独正犯の認定をできるだけ追及すべきであるとする。

が38），個別の過失犯処罰規定が刑法60条により拡張されると解すれば，刑法38条の問題はないと思われる39）。したがって，検討されるべきなのは，過失犯の共同正犯はどのような要件のもとで認められ，それは同時犯に解消され得るのか，という問題である。

4 若干の検討

まず最初に，後者の共同正犯を認める実益について検討しておくと，過失犯の共同正犯が「共同義務の共同違反」の場合に限定されるとしても，これを過失同時犯に解消することはできないであろう。否定説は，世田谷ケーブル事件のような事案においては，自己の行為だけでなく相手の行為にも注意する義務を各自に認めることができるとするのであるが，監督的地位にない者に，他人の行為に対する注意義務を認めることは困難であり，共同正犯を認める実益があると思われる40）。また，共同決定の場合のように，共同正犯関係を認めなければ決定行為と結果との間の因果関係ないし結果回避可能性を認めることが困難な場合も存在している。例えば，欠陥商品の販売を，取締役会において，全員一致で決定した場合，1人が反対しても決定は覆らないから，個々の取締役についていえば，決定に賛成したことと結果との間の条件関係を肯定することが難しいが，共同正犯とすればこれを肯定することができる41）。さらに，過失身分犯について身分のない者を処罰するためには，共同正犯として65条1項を適用する必要がある42）。

仮に同時犯と構成することが可能であっても，共同正犯を認めることには，量刑上の意義のほかに，公訴時効（刑訴254条2項）や告訴の効力（刑

---

38) 浅田・426頁参照。
39) 山口・356頁参照。
40) 大塚裕史「過失犯の共同正犯」刑事法ジャーナル28号14頁（2011年），松原芳博「刑法総論の考え方(29)」法セ680号134頁（2011年），山口・358-359頁など参照。さらに，他人の犯罪を阻止すべき作為義務の懈怠は原則として幇助にとどまり，過失の幇助は不可罰である，直接過失と監督過失の択一的認定を認めることができるかは議論の余地がある，といった指摘もなされている。松原・前掲134頁参照。
41) 松宮・270頁参照。西田・384頁は，過失犯の共同正犯は，因果関係の証明ができないため不可罰とする不合理を回避するためにのみ限定的に認めるべきとする。
42) 嶋矢貴之「過失競合と過失犯の共同正犯の適用範囲」『三井誠先生古稀祝賀論文集』209頁注5（2012年）参照。

訴238条) など訴訟法上の意義もある[43]。したがって, 共同正犯を認める実益は否定できないであろう。

それでは, 過失犯の共同正犯を理論的に認めることができるか, できるとすると, その範囲は「共同義務の共同違反」に限定すべきか。故意犯であれ過失犯であれ共同正犯を認める以上は, 共同正犯の要件が備わっていなければならない。共同正犯の要件として, 共同実行の事実, すなわち重大な因果的寄与は, 過失犯の場合でも認めることが可能である。問題は, 共同実行の意思であるが, 結果惹起の認識(故意) の共同まで要求すれば, 過失犯の共同正犯は否定される。しかし, 故意の共同まで要求する根拠は必ずしも明らかではなく, 故意犯の要件と共同正犯の要件が混同されているように思われる。否定説には, 過失犯の場合には心理的一体性がないことを理由とする見解があるが[44], 過失犯の場合にもその実行行為を共同で行う心理的一体性は存在し得るのであり, それ以上に結果惹起の心理的一体性まで要求する理由はないように思われる[45]。工事現場の高い所から2人で一緒に石を持ち上げて下に落としている際に, 下にいる人に石が当たることを認識(認容)していれば共同正犯になるが, そうでないと共同正犯にならない, というの

---

[43] 松原・前掲注40)136頁注17参照。この点が明確になったのが, 2001年7月に明石市で開催された夏まつり花火大会において, 群衆なだれが発生して11名が死亡し, 183名が傷害を負った明石市歩道橋事件である。この事件では, 夏まつりの開催業務に従事していた明石市市民経済部長 X_1, 同部次長 X_2, 同部課長 X_3, 明石警察署地域官で本件夏まつりの現地警備本部指揮官であった Y_1, 明石市との契約に基づく警備員の統括責任者であった Z の計5名が, 業務上過失致死傷罪で起訴され, 有罪となった (神戸地判平成16・12・17刑集64巻4号501頁。Y_1 および Z の上訴が控訴審および上告審で退けられている。最決平成22・5・31刑集64巻4号447頁)。その後, 明石警察署の副署長であった Y_2 について, 改正検察審査会法に基づき2010年4月に起訴強制がなされたが, 当時の公訴時効の期間は5年 (現在は10年。刑訴250条1項3号) であったので, 時効が成立していないかが問題となった。Y_1 と Y_2 の間に過失の共同正犯が成立するのであれば, 時効は成立しない (刑訴254条2項)。前掲神戸地判は, 「市役所関係被告人相互間においても, 本件夏まつりの準備状況や本件夏まつり当日の状況についての認識は異なり, 本件事故発生の予見義務を認めるべき事情は同じではないのであるから, 被告人 X_1, 被告人 X_2 及び被告人 X_3 についても, 過失の共同正犯ではなく, 過失の競合とみるのが相当である」と判示している。神戸地裁平成25年2月20日判決は, Y_2 の過失を否定して免訴を言い渡した (朝日新聞2013年2月21日朝刊)。

[44] 北川佳世子「我が国における過失共同正犯の議論と今後の課題」刑法38巻1号53頁 (1998年), 曽根・285頁, 高橋・438頁参照。

[45] 内田・前掲注7)259頁, 金子・前掲注35)57頁以下参照。

は適当でないであろう。

そして、故意の共同正犯と過失の共同正犯を同様にとらえる立場からは、「共同義務の共同違反」も不可欠の要件ではないことになると思われる。故意犯の場合には、まったく異なる役割を担う者の間でも共同正犯は成立すると考えられているからである[46]。共同正犯と認められるためには、結果に対する重大な因果的寄与が必要であるが[47]、さらに、単独犯や教唆犯との区別の観点から、結果回避義務違反に関する意思連絡ないし結果回避義務違反の因果的相互促進という相互的作用がなければ過失犯の共同正犯は認められない、という指摘がなされている[48]。相互的作用の内実についてはなお検討が必要であるが、基本的に妥当な見解だと思われる[49]。

V 不作為と共犯

不作為と共犯については、不作為犯に対する共犯と不作為による共犯の問題がある[50]。

1 不作為犯に対する共犯

真正身分犯においては法文に身分が規定され、不真正身分犯においては解釈によって保障人的地位が定められているが、いずれの身分も違法身分であり、身分のない者も、身分のある者と共同で、または身分のある者を介して、構成要件該当事実を実現することができるので（65条1項により）共同

---

[46] 林・405頁、嶋矢・前掲注42)214頁など参照。批判として、塩見淳「過失犯の共同正犯」法教385号70-71頁（2012年）参照。
[47] 山口・前掲注35)400頁、甲斐克則『責任原理と過失犯論』181頁（2005年）参照。松原・前掲注40)134頁は、他の行為者を通じた結果への因果性と不可欠な役割の分担を通じた機能的行為支配や合意の拘束力による（緩和された）意思支配の存在が必要とする。
[48] 嶋矢・前掲注42)214頁参照。
[49] 類型ごとの検討として、西田ほか・注釈848頁以下〔島田聡一郎〕、大塚仁＝佐藤文哉編『新実例刑法』348頁以下〔杉田宗久〕（2001年）など参照。
[50] 神山敏雄『不作為をめぐる共犯論』（1994年）、西田典之『共犯理論の展開』135頁以下（2010年）〕、齊藤彰子「不作為の共同正犯(1)(2・完)」法学論叢147巻6号102頁以下（2000年）、149巻5号25頁以下（2001年）、島田聡一郎「不作為による共犯について(1)(2・完)」立教法学64号1頁以下（2003年）、65号218頁以下（2004年）など参照。

正犯を含めて不作為犯の共犯となり得る[51]。母親に不作為を教唆すれば不作為犯の教唆犯であり，意思の連絡と共同正犯といえるだけの関与があれば（共謀）共同正犯となる。

2 不作為による共犯

まず第1に注意が必要なのは，共謀（と重要な心理的寄与）が認められる場合には，共謀共同正犯が成立し[52]，不作為の共犯は問題とならないことである[53]。会社に報告義務が課されている場合に，共同経営者が独立に報告を怠った場合，共謀があれば報告義務違反の共謀共同正犯，共謀がなければ，報告義務違反の同時犯ということになろう。

第2に，不作為による共犯が成立するためには，共犯者に保障人的地位が必要である[54]。

(1) 作為に不作為で関与した場合

不作為による共犯のうち，作為に不作為で関与した場合については，原則として正犯になるとする見解[55]，原則として幇助になるとする見解[56]，保障人的地位を保護義務と監視義務に分ける立場を前提として，被害者の保護義務を負っている者は正犯となり，監視義務を負っている者は幇助となるという見解[57]などが主張されている。

まず，原則正犯説は妥当でないであろう。保障人的地位は作為と不作為の

---

51) 山口・361頁参照。
52) 例えば，強盗犯人が被害者を脅迫している時にその傍らに立っていた者を強盗の共同正犯とした最判昭和23・6・22刑集2巻7号711頁，暴力団組長と身辺警護の組員との共謀を認めて拳銃不法所持の共同正犯を認めた最決平成15・5・1刑集57巻5号507頁など参照。近時，殺害現場に同行した共犯者について，原判決が殺人罪の共謀共同正犯の成立を認めたのに対して，殺人行為への不作為による共同正犯を認めるべきであるとした東京高判平成20・10・6判タ1309号292頁が注目されている。判決のような構成も可能ではあるが，意思の連絡と結果に対する重要な寄与が認められるのであれば，共謀共同正犯を認めてもよかった事例であると思われる。西田・357頁参照。
53) 西田・356-357頁は，共謀・意思の連絡があれば，共謀共同正犯または幇助犯となるので，不作為による共犯は片面的共犯しかあり得ないとする。
54) ただし，排他的支配の要件は共犯者間で一体として判断されなければならない。
55) 井田・493頁参照。
56) 内藤・(下Ⅱ) 1445頁参照。
57) 中義勝『刑法上の諸問題』356頁以下（1991年），高橋・473頁など参照。

同価値性を担保するための要件であって，正犯性を担保するための要件ではない。例えば，拳銃を貸すという作為は幇助になるのに，貸した拳銃を取り戻さないという不作為は正犯になるというのは不均衡である[58]。

保護義務と監視義務で分ける見解も疑問である。2つの義務は重なり合う場合があるし，最終的に問題となるのは法益を保護する義務である以上，義務の由来によって区別する考えに合理的根拠はないと思われる[59]。

不作為の場合も作為の場合と同様に正犯性を判断すべきだとすれば，因果的寄与の重要性によって正犯と幇助犯を区別すべきであり，そうすると，作為によって結果を惹起した者と比較すれば，これを不作為で阻止しなかった者の寄与は通常は2次的なものであり，原則として幇助にとどまると解すべきであろう。例外的に正犯になる場合があるとすれば，作為者に対する心理的拘束が以前から存在しており，これを利用して結果を発生させたといえるような場合である。

原則幇助説をとると，自分の子供を第三者が殺害するのを阻止しなかった母親は幇助となるが，野犬がかみ殺そうとしているのを阻止しなかった母親は（正犯なき共犯を認めるのでなければ）正犯となり，不均衡ではないかという問題が生じるが[60]，それはしかたがないであろう。

実務では，作為に不作為で関与した者の罪責は幇助とされている。例えば，選挙干渉行為を阻止しなかった選挙長に選挙干渉罪の幇助を認めた大判昭和3・3・9刑集7巻172頁，配給の基礎となる通帳の事実が異なっているのにこれを放置した町内会長に詐欺罪の幇助を認めた大判昭和19・4・30刑集23巻81頁，不動産侵奪の事実を所有者等に知らせなかった不動産の借り主に不動産侵奪罪の幇助を認めた大阪地判昭和44・4・8判時575号96頁，被害者を拉致して暴行・脅迫を加えた共犯者の一人が他の共犯者による被害者の殺害行為を阻止しなかったとして殺人罪の幇助を認めた大阪高判昭和62・10・2判タ675号246頁，夫が自分の子供に暴行を加えているのを阻止しなかった母親に傷害致死罪の幇助を認めた札幌高判平成12・3・16判時

---

58) 松原・前掲注40) 132頁参照。
59) 西田・360頁，松原・前掲注40) 132頁など参照。
60) 井田・493頁は，自然現象と第三者を区別する理由はないとする。

1711号170頁[61]などである[62]。このような実務の運用については、判例は片面的共同正犯を認めていないので、幇助になっているという理解もある[63]。たしかにそのような面もあるかもしれないが、不作為正犯の同時犯とすることも可能なので、正犯性に関する実質的判断も入っているものと思われる。現に、前掲大阪高判昭和62・10・2は、不作為による殺人罪（正犯）の予備的訴因を、「作為によって人を殺害した場合とは等価値なものとは評価し難（い）」として否定している。

原則幇助説をとる論者も、第三者が自分の子供をプールに突き落として立ち去った後に、子供を救助しなかった母親は正犯になるとする[64]。幇助は正犯の実行行為を促進しなければならないと解すると、正犯の余地しかないからである。しかし、幇助は、結果発生を促進すればよいと解するのであれば、因果経過の全体を見渡して2次的寄与にとどまると評価できれば、幇助としてよいと思われる[65]。突き落とすところから見ていて助けなかった場合には幇助になるのに、後からやってきて放置すると正犯になるのは不均衡だと思われる。

なお、不作為者が作為に出れば確実に結果を回避できた場合には正犯、結果発生を困難にした可能性がある場合は幇助とする見解[66]も主張されている。たしかに、幇助は促進的因果関係で足りるが、条件関係がある場合をすべて正犯としてよいかは疑問の余地があろう[67]。

---

61) 原判決（釧路地判平成11・2・12判時1675号148頁）は、不作為の幇助が認められるためには、「作為義務を有する者が、犯罪の実行をほぼ確実に阻止し得たにもかかわらず、これを放置」したことが必要だとしたが、本判決は、不作為によって正犯者の犯罪の実行を容易にした場合には成立すると判示している。
62) 幇助を否定した裁判例としては、名板貸しをした料理店が売春に使用されていたのにこれを放置した者について、場所提供罪の幇助を認めた原判決を破棄して、無罪とした大阪高判平成2・1・23判夕731号244頁、A社パチンコ店の売上金の強奪計画を知りながらこれを阻止しなかった同社ゲームセンターの従業員について、強盗致傷罪の幇助を認めた原判決を破棄して、無罪を言い渡した東京高判平成11・1・29判時1683号153頁などがある。
63) 西田・357頁参照。
64) 島田・前掲注50)立教法学64号51頁以下、松原・前掲注40)132頁参照。
65) 神山・前掲注50)182-183頁、内海朋子「不作為の幇助をめぐる問題について」法学政治学論究56号12頁（2003年）など参照。
66) 西田・362頁。
67) 松原・前掲注40)136頁注11参照。

(2) 不作為に不作為で関与した場合

　不作為と不作為の場合は，因果的寄与の程度を比較することは困難であり，原則としては，いずれも正犯性が肯定されるであろう。父親と母親がともに子どもに食事を与えないで餓死させた場合，意思の連絡があれば，不作為の殺人の共同正犯，意思の連絡がなければ（通常は考えにくいが），不作為の殺人の同時犯ということになる。

　あるいは，保障人の作為義務の強さに差をつけて，これを正犯性の判断に反映させることも考えられるかもしれない。父親は仕事で家を留守にすることが多く，主に世話をしていたのが母親であった場合，あるいは，母親と同居の愛人で，愛人も時々子どもの世話をしており保障人的地位が肯定される場合[68]などについて，主たる作為義務者を正犯として，従たる作為義務者を幇助とするといった処理である[69]。

　いずれにしても，意思の連絡が肯定されて共同正犯となる場合がほとんどであろう。裁判例としても，故意の不真正不作為犯について同時犯を認めた判決は見たことがない。

---

[68]　さいたま地判平成18・5・10（平成17年(わ)第209号）は，不作為の殺人の共同正犯を認めている。

[69]　齊藤・前掲注50)法学論叢149巻5号40頁は，直接結果を阻止しうる保障人は正犯で，他人を通じて間接的に阻止しうる保障人は狭義の共犯にとどまるとする。

事項索引

あ行

一般予防論 …………………………… 1, 3
違法性阻却事由に属する事実の錯誤 …… 42
因果関係 ……………………………… 45
因果関係の錯誤 ……………………… 272
因果経過の予見可能性 ……………… 302
ウェーバーの概括的故意 …………… 276
応報刑論 …………………………… 1, 317
遅すぎた構成要件の実現 …………… 275

か行

拡張解釈 ……………………………… 24
過失 ……………………………… 39, 290
過失犯の共同正犯 …………………… 424
過剰避難 …………………………… 197
過剰防衛 …………………………… 161
片面的共同正犯 …………………… 383
片面的幇助 ………………………… 383
過料 ………………………………… 12
間接正犯 ……………………… 328, 341
管理・監督過失 …………………… 305
危惧感説 …………………………… 292
危険の引受け ……………………… 233
客体の錯誤 …………………… 258, 261
客観的帰属論 …………………… 46, 60, 72
旧過失論 …………………………… 291
急迫性 …………………………… 130, 162
共犯からの離脱 …………………… 388
共犯と身分 ………………………… 413
共犯の因果性 ……………………… 370
共犯の従属性 ……………………… 373
共謀共同正犯 ……………………… 393
強要による緊急避難 ……………… 190
緊急避難 ………………… 103, 132, 177

偶然防衛 ……………………… 99, 138
具体的符合説 ……………………… 257
具体的法定符合説 ………… 258, 300
傾向犯 ……………………………… 110
結果回避可能性 ……………… 46, 53
結果無価値論 …… 8, 98, 125, 137, 208, 210,
309, 342, 349
原因において自由な行為 ……… 325, 335
故意 ……………………… 39, 108, 263
行為無価値論 …… 8, 98, 99, 125, 136, 210,
291, 309, 341, 349
構成要件 …………………………… 31
構成要件的故意 …………………… 40
構成要件的符合説 ………………… 281
誤想過剰防衛 ……………………… 164
誤想防衛 …………………………… 41

さ行

罪刑法定主義 ………………… 17, 34, 81
罪名従属性 …………………… 380, 386, 417
自救行為 ……………………… 122, 133
自招危難 …………………………… 193
自招侵害 …………………………… 155
実行行為 …………………………… 60
実行行為を行う従犯 ……………… 408
実行従属性 ………………………… 374
実行の着手 ……………………… 61, 338
質的過剰 …………………………… 161
社会的相当性 ……………………… 101
自由意思 …………………………… 2, 6, 317
主観的違法要素 …………………… 106
承継的共犯 ………………………… 385
条件関係 ……………………… 45, 47
新過失論 …………………………… 291
心神喪失者・心神耗弱者 ……… 321, 324

信頼の原則	312	不能犯	348
推定的同意	227	防衛行為の相当性	140
制裁	11	防衛の意思	136
正当防衛	114	法益関係的錯誤説	218
責任故意	40	法益均衡	194
責任主義	2, 25, 317	法確証の利益	117
責任能力	321	幇助の因果関係	372
積極的加害意思	134, 137, 154	法定的符合説	258
相当因果関係	45	方法の錯誤	260
相当因果関係説	63	法律主義	17
相当性	191	補充性	191
遡及処罰の禁止	17, 19	保障人的地位	81

た 行

対向犯	420
対物防衛	125
択一的競合	47, 49
多衆犯	420
注意義務違反	291, 294
中止犯	354
抽象的事実の錯誤	280
抽象的符合説	280
抽象的法定符合説	258, 300
挑発防衛	155
治療行為	232
適正処罰の原則	17
同意傷害	102
特別予防論	1, 3, 317

は 行

排他的支配	88, 89, 93
早すぎた構成要件の実現	276
判例の不遡及的変更	20
被害者の同意	103, 200, 223
必要的共犯	420
表現犯	112
不作為による共犯	431
不作為犯に対する共犯	430
不真正不作為犯	80

ま 行

未遂の教唆	384
未必の故意	236
明確性の原則	17, 26
目的刑論	1, 3, 5
目的犯	109

や 行

柔らかな決定論	319, 320
優越的利益	100, 117
許された危険	309
要素従属性	374
予見可能性	295

ら 行

離隔犯	341
量的過剰	161
類推解釈	17, 24

判例索引

[大審院]

大判明治36・5・21（刑録9輯874頁） …………………………………… 27
大判明治37・5・5（刑録10輯955頁） …………………………………… 421
大判明治43・4・28（刑録16輯760頁） …………………………………… 284
大判明治44・3・16（刑録17輯380頁） …………………………………… 424
大判大正元・12・20（刑録18輯1566頁） ………………………………… 201
大判大正2・11・18（刑録19輯1212頁） ………………………………… 362
大判大正3・5・18（刑録20輯932頁） …………………………………… 418
大判大正3・10・2（刑録20輯1764頁） ………………………………… 182
大判大正3・12・24（刑録20輯2618頁） ………………………………… 424
大判大正6・9・10（刑録23輯999頁） …………………………………… 352
大判大正7・11・16（刑録24輯1352頁） ……………………………… 61, 341
大判大正9・3・29（刑録26輯211頁） …………………………………… 284
大判大正11・4・18（刑集1巻233頁） …………………………………… 395
大判大正12・2・22（刑集2巻107頁） …………………………………… 418
大判大正12・3・23（刑集2巻254頁） …………………………………… 418
大判大正12・4・30（刑集2巻378頁） …………………………………… 275
大判大正12・5・26（刑集2巻458頁） …………………………………… 65
大判昭和3・3・9（刑集7巻172頁） ……………………………………… 432
大判昭和3・6・19（新聞2891号14頁） ……………………………… 116, 140
大判昭和4・4・11（新聞3006号15頁） …………………………………… 53
大判昭和6・12・3（刑集10巻682頁） …………………………………… 321
大判昭和9・8・27（刑集13巻1086頁） …………………………………… 211
大判昭和10・3・25（刑集14巻339頁） …………………………………… 424
大連判昭和11・5・28（刑集15巻715頁） ………………………………… 395
大判昭和12・6・25（刑集16巻998頁） …………………………………… 361
大判昭和12・9・21（刑集16巻1303頁） ………………………………… 366
大判昭和12・11・6（大審院判決全集4輯1151頁） ……………………… 196
大判昭和13・3・11（刑集17巻237頁） …………………………………… 86
大判昭和13・11・18（刑集17巻839頁） ………………………………… 386
大判昭和15・8・22（刑集19巻540頁） …………………………………… 27
大判昭和19・4・30（刑集23巻81頁） …………………………………… 432

［最高裁裁判所］

最判昭和 23・3・16（刑集 2 巻 3 号 227 頁）………………………………… 244
最判昭和 23・4・17（刑集 2 巻 4 号 399 頁）………………………………… 339
最判昭和 23・5・1（刑集 2 巻 5 号 435 頁）………………………………… 284
最判昭和 23・6・22（刑集 2 巻 7 号 711 頁）………………………………… 431
最判昭和 23・10・23（刑集 2 巻 11 号 1386 頁）…………………………… 283
最判昭和 24・8・18（刑集 3 巻 9 号 1465 頁）……………………………… 131
最判昭和 24・11・17（刑集 3 巻 11 号 1801 頁）…………………………… 134
最判昭和 25・3・31（刑集 4 巻 3 号 469 頁）………………………………… 74
最判昭和 25・4・11（裁判集刑 17 号 87 頁）………………………………… 284
最判昭和 25・7・6（刑集 4 巻 7 号 1178 頁）………………………………… 409
最大判昭和 25・10・25（刑集 4 巻 10 号 2126 頁）………………………… 9
最判昭和 26・9・20（刑集 5 巻 10 号 1937 頁）……………………………… 317
最決昭和 27・2・21（刑集 6 巻 2 号 275 頁）………………………………… 211
最判昭和 27・9・19（刑集 6 巻 8 号 1083 頁）……………………………… 418
最判昭和 28・1・23（刑集 7 巻 1 号 30 頁）…………………………………… 424
最決昭和 28・12・24（刑集 7 巻 13 号 2646 頁）…………………………… 330
最判昭和 28・12・25（刑集 7 巻 13 号 2671 頁）…………………………… 197
最判昭和 30・10・14（刑集 9 巻 11 号 2173 頁）…………………………… 130
最判昭和 30・10・25（刑集 9 巻 11 号 2295 頁）…………………………… 134
最決昭和 32・9・10（刑集 11 巻 9 号 2202 頁）……………………………… 367
最判昭和 32・11・19（刑集 11 巻 12 号 3073 頁）…………………………… 417
最大判昭和 32・11・27（刑集 11 巻 12 号 3113 頁）………………………… 317
最大判昭和 33・5・28（刑集 12 巻 8 号 1718 頁）…………………………… 395
最判昭和 33・11・21（刑集 12 巻 15 号 3519 頁）…………………………… 216
最判昭和 34・2・5（刑集 13 巻 1 号 1 頁）…………………………………… 166
最大判昭和 34・8・10（刑集 13 巻 9 号 1419 頁）…………………………… 396
最判昭和 35・2・4（刑集 14 巻 1 号 61 頁）………………………………… 197
最判昭和 37・3・23（刑集 16 巻 3 号 305 頁）……………………………… 352
最決昭和 40・3・9（刑集 19 巻 2 号 69 頁）………………………………… 339
最決昭和 40・3・26（刑集 19 巻 2 号 83 頁）………………………………… 317
最決昭和 40・3・30（刑集 19 巻 2 号 125 頁）……………………………… 419
最判昭和 42・3・7（刑集 21 巻 2 号 417 頁）………………………………… 419
最決昭和 42・5・25（刑集 21 巻 4 号 584 頁）……………………………… 294
最判昭和 42・10・13（刑集 21 巻 8 号 1097 頁）…………………………… 312
最決昭和 42・10・24（刑集 21 巻 8 号 1116 頁）…………………………… 74
最決昭和 43・2・27（刑集 22 巻 2 号 67 頁）………………………………… 329
最判昭和 43・12・24（刑集 22 巻 13 号 1625 頁）…………………………… 421

439

最大判昭和 44・4・2（刑集 23 巻 5 号 305 頁）……………………………………… 22
最判昭和 44・12・4（刑集 23 巻 12 号 1573 頁）………………………………… 141
最判昭和 45・1・29（刑集 24 巻 1 号 1 頁）……………………………………… 110
最決昭和 45・7・28（刑集 24 巻 7 号 585 頁）…………………………………… 339
最判昭和 46・6・17（刑集 25 巻 4 号 567 頁）……………………………………… 74
最判昭和 46・11・16（刑集 25 巻 8 号 996 頁）…………………………… 134, 136
最大判昭和 48・4・4（刑集 27 巻 3 号 265 頁）……………………………………… 9
最大判昭和 48・4・25（刑集 27 巻 4 号 547 頁）…………………………………… 23
最決昭和 49・7・5（刑集 28 巻 5 号 194 頁）……………………………………… 74
最大判昭和 50・9・10（刑集 29 巻 8 号 489 頁）…………………………………… 18
最判昭和 50・11・28（刑集 29 巻 10 号 983 頁）………………………………… 136
最判昭和 51・2・6（刑集 30 巻 1 号 1 頁）…………………………………………… 9
最判昭和 51・4・30（刑集 30 巻 3 号 453 頁）……………………………………… 27
最決昭和 52・7・21（刑集 31 巻 4 号 747 頁）…………………………………… 134
最決昭和 53・3・22（刑集 32 巻 2 号 381 頁）……………………………………… 67
最判昭和 53・5・31（刑集 32 巻 3 号 457 頁）………………………………… 9, 104
最判昭和 53・7・28（刑集 32 巻 5 号 1068 頁）………………………………… 266
最決昭和 54・3・27（刑集 33 巻 2 号 140 頁）…………………………… 281, 417
最決昭和 54・4・13（刑集 33 巻 3 号 179 頁）…………………………………… 380
最決昭和 55・4・18（刑集 34 巻 3 号 149 頁）…………………………………… 299
最決昭和 55・11・13（刑集 34 巻 6 号 396 頁）……………………… 102, 203, 224
最決昭和 57・7・16（刑集 36 巻 6 号 695 頁）…………………………………… 398
最決昭和 58・9・13（判時 1100 号 156 頁）……………………………………… 321
最決昭和 58・9・21（刑集 37 巻 7 号 1070 頁）………………………… 324, 376
最決昭和 59・3・27（刑集 38 巻 5 号 2064 頁）………………………………… 215
最大判昭和 60・10・23（刑集 39 巻 6 号 413 頁）………………………………… 26
最決昭和 61・6・9（刑集 40 巻 4 号 269 頁）…………………………………… 284
最決昭和 62・7・16（刑集 41 巻 5 号 237 頁）……………………………………… 22
最決平成元・3・14（刑集 43 巻 3 号 262 頁）…………………………………… 300
最決平成元・6・26（刑集 43 巻 6 号 567 頁）…………………………………… 390
最決平成元・7・7（刑集 43 巻 7 号 607 頁）…………………………………… 130
最決平成 2・11・16（刑集 44 巻 8 号 744 頁）…………………………… 306, 426
最決平成 2・11・20（刑集 44 巻 8 号 837 頁）……………………………………… 66
最決平成 2・11・29（刑集 44 巻 8 号 871 頁）…………………………………… 306
最判平成 3・11・14（刑集 45 巻 8 号 221 頁）…………………………………… 306
最決平成 4・6・5（刑集 46 巻 4 号 245 頁）……………………………………… 378
最決平成 4・12・17（刑集 46 巻 9 号 683 頁）……………………………………… 75
最決平成 5・11・25（刑集 47 巻 9 号 242 頁）…………………………………… 306
最決平成 6・6・30（刑集 48 巻 4 号 21 頁）……………………………… 115, 143

最判平成 6・12・6（刑集 48 巻 8 号 509 頁）……………………………………… 173
最判平成 8・2・8（刑集 50 巻 2 号 221 頁）……………………………………… 16, 29
最判平成 8・11・18（刑集 50 巻 10 号 745 頁）………………………………… 20
最判平成 9・6・16（刑集 51 巻 5 号 435 頁）…………………………… 162, 169, 174
最決平成 12・12・20（刑集 54 巻 9 号 1095 頁）……………………………… 303
最決平成 13・10・25（刑集 55 巻 6 号 519 頁）……………………… 211, 324, 376
最判平成 15・1・24（判時 1806 号 157 頁）………………………………… 53, 312
最大判平成 15・4・23（刑集 57 巻 4 号 467 頁）……………………………… 358
最決平成 15・5・1（刑集 57 巻 5 号 507 頁）………………………………… 396, 431
最決平成 15・7・16（刑集 57 巻 7 号 950 頁）………………………………… 74
最決平成 16・1・20（刑集 58 巻 1 号 1 頁）……………………………… 215, 226
最決平成 16・3・22（刑集 58 巻 3 号 187 頁）………………………… 277, 340, 345
最決平成 17・7・4（刑集 59 巻 6 号 403 頁）…………………………………… 96, 381
最決平成 17・11・15（刑集 59 巻 9 号 1558 頁）……………………………… 313
最決平成 19・3・26（刑集 61 巻 2 号 131 頁）………………………………… 313
最判平成 20・3・4（裁判集刑 293 号 683 頁）………………………………… 339
最判平成 20・4・25（刑集 62 巻 5 号 1559 頁）……………………………… 322
最決平成 20・5・20（刑集 62 巻 6 号 1786 頁）……………………………… 156
最決平成 20・6・25（刑集 62 巻 6 号 1859 頁）……………………………… 167
最決平成 21・2・24（刑集 63 巻 2 号 1 頁）……………………………… 167, 171
最決平成 21・6・30（刑集 63 巻 5 号 475 頁）………………………………… 391
最決平成 21・7・21（刑集 63 巻 6 号 762 頁）………………………………… 426
最決平成 21・12・7（刑集 63 巻 11 号 2641 頁）……………………………… 304
最決平成 21・12・8（刑集 63 巻 11 号 2829 頁）……………………………… 322
最決平成 22・5・31（刑集 64 巻 4 号 447 頁）………………………………… 429
最決平成 22・10・26（刑集 64 巻 7 号 1019 頁）……………………………… 77
最決平成 24・2・8（裁時 1549 号 14 頁）……………………………………… 77
最決平成 24・11・6（平成 24 年（あ）第 23 号）……………………………… 388

[高等裁判所]

東京高判昭和 25・9・14（高刑集 3 巻 3 号 407 頁）…………………………… 388
福岡高判昭和 28・1・12（高刑集 6 巻 1 号 1 頁）……………………………… 389
広島高判昭和 29・6・30（高刑集 7 巻 6 号 944 頁）…………………………… 215
大阪高判昭和 29・7・14（裁特 1 巻 4 号 133 頁）……………………………… 226
仙台高判昭和 30・9・13（裁特 2 巻 18 号 947 頁）…………………………… 417
名古屋高判昭和 31・4・19（高刑集 9 巻 5 号 411 頁）………………………… 332
高松高判昭和 31・10・16（裁特 3 巻 20 号 984 頁）…………………………… 253
名古屋高判昭和 31・10・22（裁特 3 巻 21 号 1007 頁）……………………… 425

広島高判昭和 32・7・20（裁特 4 巻追録 696 頁）	426
東京高判昭和 35・7・15（下刑集 2 巻 7 = 8 号 989 頁）	284
広島高判昭和 36・7・10（高刑集 14 巻 5 号 310 頁）	353
広島高判昭和 36・8・25（高刑集 14 巻 5 号 333 頁）	255
仙台高判昭和 38・6・7（高刑集 16 巻 5 号 395 頁）	254
札幌高判昭和 38・12・17（高刑集 16 巻 9 号 809 頁）	238
東京高判昭和 39・8・5（高刑集 17 巻 6 号 557 頁）	367
大阪高判昭和 40・6・7（下刑集 7 巻 6 号 1166 頁）	226
東京高判昭和 41・3・30（判タ 191 号 200 頁）	331
大阪高判昭和 41・9・24（下刑集 8 巻 9 号 1202 頁）	332
東京高判昭和 42・4・11（判タ 210 号 218 頁）	238
大阪高判昭和 44・10・17（判タ 244 号 290 頁）	360, 362
東京高判昭和 47・12・18（判タ 298 号 441 頁）	340
札幌高判昭和 51・3・18（高刑集 29 巻 1 号 78 頁）	294, 313
大阪高判昭和 51・5・25（刑月 8 巻 4 = 5 号 253 頁）	295
東京高判昭和 52・3・8（高刑集 30 巻 1 号 150 頁）	267, 268
東京高判昭和 52・11・29（東高刑時報 28 巻 11 号 143 頁）	226
東京高判昭和 54・5・15（判時 937 号 123 頁）	333
仙台高秋田支判昭和 55・1・29（判タ 423 号 148 頁）	144
福岡高判昭和 55・7・24（判時 999 号 129 頁）	123
大阪高判昭和 56・9・30（高刑集 34 巻 3 号 385 頁）	330
福岡高判昭和 57・9・6（高刑集 35 巻 2 号 85 頁）	295
東京高判昭和 57・9・21（判タ 489 号 130 頁）	340
東京高判昭和 58・8・10（判時 1104 号 147 頁）	207
東京高判昭和 60・10・15（判時 1190 号 138 頁）	138
札幌高判昭和 61・3・24（高刑集 39 巻 1 号 8 頁）	288
名古屋高判昭和 61・9・30（判時 1224 号 137 頁）	425
大阪高判昭和 62・4・15（判時 1254 号 140 頁）	146, 155
大阪高判昭和 62・7・10（高刑集 40 巻 3 号 720 頁）	386
東京高判昭和 62・7・16（判時 1247 号 140 頁）	360
大阪高判昭和 62・7・17（判時 1253 号 141 頁）	414
福岡高判昭和 62・8・17（判時 1258 号 140 頁）	144
大阪高判昭和 62・10・2（判タ 675 号 246 頁）	432, 433
東京高判昭和 63・6・9（判時 1283 号 54 頁）	143
福岡高宮崎支判平成元・3・24（高刑集 42 巻 2 号 103 頁）	221
東京高決平成元・9・18（高刑集 42 巻 3 号 151 頁）	148
大阪高判平成 2・1・23（判タ 731 号 244 頁）	433
東京高判平成 2・2・21（判タ 733 号 232 頁）	373
東京高判平成 6・6・6（高刑集 47 巻 2 号 252 頁）	267, 269
大阪高判平成 7・11・9（高刑集 48 巻 3 号 177 頁）	376

大阪高判平成 10・3・25（判タ 991 号 86 頁）	303
東京高判平成 10・3・25（判時 1672 号 157 頁）	418
大阪高判平成 10・6・24（高刑集 51 巻 2 号 116 頁）	197
大阪高判平成 10・7・16（判時 1647 号 156 頁）	214, 283
東京高判平成 11・1・29（判時 1683 号 153 頁）	433
札幌高判平成 12・3・16（判時 1711 号 170 頁）	432
大阪高判平成 13・1・30（判時 1745 号 150 頁）	144
大阪高判平成 14・8・21（判時 1804 号 146 頁）	426
名古屋高判平成 14・8・29（判時 1831 号 158 頁）	390
大阪高判平成 14・9・4（判タ 1114 号 293 頁）	268
東京高判平成 14・12・25（判タ 1168 号 306 頁）	270
東京高判平成 15・3・25（刑集 61 巻 2 号 214 頁）	426
広島高判平成 16・3・23（高刑集 57 巻 1 号 13 頁）	340
東京高判平成 20・10・6（判タ 1309 号 292 頁）	431

[地方裁判所]

東京地判昭和 37・3・17（下刑集 4 巻 3＝4 号 224 頁）	361
静岡地判昭和 39・9・1（下刑集 6 巻 9＝10 号 1005 頁）	277
秋田地判昭和 40・3・31（下刑集 7 巻 3 号 536 頁）	426
京都地判昭和 40・5・10（下刑集 7 巻 5 号 855 頁）	425
宇都宮地判昭和 40・12・9（下刑集 7 巻 12 号 2189 頁）	341
東京地判昭和 40・12・24（判時 440 号 57 頁）	254
新潟地判昭和 42・12・5（下刑集 9 巻 12 号 1548 頁）	414
京都地判昭和 43・11・26（判時 543 号 91 頁）	340
大阪地判昭和 44・4・8（判時 575 号 96 頁）	432
徳島地判昭和 48・11・28（判時 721 号 7 頁）	294
広島地判昭和 49・4・3（判タ 316 号 289 頁）	277, 346
大阪地判昭和 51・3・4（判時 822 号 109 頁）	332
高知地判昭和 51・3・31（判時 813 号 106 頁）	130
松江地判昭和 51・11・2（刑月 8 巻 11＝12 号 495 頁）	389
鳥取地判昭和 51・11・16（判タ 349 号 286 頁）	143
横浜地川崎支判昭和 51・11・25（判時 842 号 127 頁）	409
京都地舞鶴支判昭和 51・12・8（判時 958 号 135 頁）	323, 331
東京地判昭和 52・6・8（判時 874 号 103 頁）	225
大阪地判昭和 52・12・26（判時 893 号 104 頁）	226
大津地判昭和 53・12・26（判時 924 号 145 頁）	409
大阪地判昭和 58・3・18（判時 1086 号 158 頁）	334
横浜地判昭和 58・7・20（判時 1108 号 138 頁）	277
大阪地判昭和 59・6・21（判タ 537 号 256 頁）	368

福岡地判昭和 59・8・30（判時 1152 号 182 頁）	409
東京地判昭和 60・3・19（判時 1172 号 155 頁）	414
宇都宮地判昭和 60・5・15（刑月 17 巻 5・6 号 603 頁）	426
神戸地判昭和 61・12・15（判タ 627 号 218 頁）	147
仙台地石巻支判昭和 62・2・18（判タ 632 号 254 頁）	225
東京地判昭和 62・9・16（判タ 670 号 254 頁）	111
東京地八王子支判昭和 62・9・18（判時 1256 号 120 頁）	142
岐阜地判昭和 62・10・15（判タ 654 号 261 頁）	353
東京地判昭和 63・7・27（判時 1300 号 153 頁）	410
東京地判平成元・3・27（判時 1310 号 39 頁）	373
大阪地判平成元・5・29（判タ 756 号 265 頁）	330
大阪地判平成 2・4・24（判タ 764 号 264 頁）	389
東京地判平成 2・10・12（判タ 757 号 239 頁）	417
大阪地判平成 3・4・24（判タ 763 号 284 頁）	148
長崎地判平成 4・1・14（判時 1415 号 142 頁）	334
東京地判平成 4・1・23（判時 1419 号 133 頁）	425
浦和地判平成 4・2・27（判タ 795 号 263 頁）	367
大阪地判平成 4・9・22（判タ 828 号 281 頁）	283
新潟地判平成 5・1・26（判タ 813 号 252 頁）	211, 216
名古屋地判平成 7・7・11（判時 1539 号 143 頁）	143
大阪地判平成 7・10・6（判タ 893 号 87 頁）	303
千葉地判平成 7・12・13（判時 1565 号 144 頁）	233
東京地判平成 8・6・26（判時 1578 号 39 頁）	190
東京地判平成 9・7・15（判時 1641 号 156 頁）	335
大阪地判平成 9・8・20（判タ 995 号 286 頁）	386
釧路地判平成 11・2・12（判時 1675 号 148 頁）	433
横浜地判平成 11・10・6（判時 1691 号 158 頁）	207
大阪地判平成 12・2・24（判時 1728 号 163 頁）	426
東京地判平成 12・12・27（判時 1771 号 168 頁）	425
東京地判平成 13・3・28（判時 1763 号 17 頁）	298
大阪地判平成 13・3・29（刑集 59 巻 8 号 1170 頁）	417
東京地判平成 13・7・12（判タ 1083 号 288 頁）	283
大分地判平成 14・11・22（LEX/DB28085218）	217
さいたま地判平成 15・3・20（刑集 59 巻 9 号 1570 頁）	426
旭川地判平成 15・11・14（LEX/DB28095059）	389
神戸地判平成 16・12・17（刑集 64 巻 4 号 501 頁）	426, 429
さいたま地判平成 18・5・10（平成 17 年（わ）第 209 号）	434
神戸地判平成 25・2・20（判例集未登載）	429

[簡易裁判所]

佐世保簡略式命令昭和 36・8・3（下刑集 3 巻 7 = 8 号 816 頁）·················· 425
越谷簡判昭和 51・10・25（判時 846 号 128 頁）································ 426

《著者紹介》
佐伯仁志（さえき　ひとし）
　1958年　愛媛県に生まれる
　1980年　東京大学卒業
　現　在　東京大学教授

〈主著〉
『刑法と民法の対話』［共著］（有斐閣，2001年）
『理論刑法学の最前線』『同Ⅱ』［共著］（岩波書店，2001年，2006年）
『制裁論』（有斐閣，2009年）
『ケースブック経済刑法〔第3版〕』［共著］（有斐閣，2010年）
『判例刑法総論〔第6版〕』『同 各論〔第6版〕』［共著］（有斐閣，2013年）

刑法総論の考え方・楽しみ方　　　　　法学教室LIBRARY
Thinking and Enjoying Criminal Law

2013年 4 月30日　初版第1刷発行
2014年11月25日　初版第3刷発行

　　　　　著　者　　佐　伯　仁　志
　　　　　発行者　　江　草　貞　治
　　　　　発行所　　株式会社　有　斐　閣

郵便番号 101-0051
東京都千代田区神田神保町 2-17
電話　(03)3264-1314〔編集〕
　　　(03)3265-6811〔営業〕
http://www.yuhikaku.co.jp/

印刷・株式会社暁印刷／製本・大口製本印刷株式会社
©2013, 佐伯仁志. Printed in Japan
落丁・乱丁本はお取替えいたします。

★定価はカバーに表示してあります。

ISBN 978-4-641-04289-6

JCOPY　本書の無断複写（コピー）は，著作権法上での例外を除き，禁じられています。複写される場合は，そのつど事前に，(社)出版者著作権管理機構（電話03-3513-6969, FAX03-3513-6979, e-mail:info@jcopy.or.jp）の許諾を得てください。

本書のコピー，スキャン，デジタル化等の無断複製は著作権法上での例外を除き禁じられています。本書を代行業者等の第三者に依頼してスキャンやデジタル化することは，たとえ個人や家庭内での利用でも著作権法違反です。